KB061919

비열한 시장과
도마뱀의 뇌

비열한 시장과 도마뱀의 뇌

경제학과 뇌과학이 밝혀낸
초수익을 내는
비상식적 투자 법칙

Mean Markets and Lizard Brains

테리 버넘
이주영 옮김
이상건 감수

다산북스

비열한 시장에서 분투하고 있는
한국의 독자들에게

초판이 출간된 지 약 20년 가까이 지난 나의 저서 『비열한 시장과 도마뱀의 뇌』가 한국에서 다시금 복간된다는 소식을 들었을 때 무척 기뻤습니다. 마침 최근 한국 경제의 변화를 눈여겨보고 있던 참이었기에 더욱 반갑기도 했습니다.

 이 책을 쓰던 시절보다 훨씬 더 혁신적인 정보기술 혁명이 이뤄진 덕에 나는 머나먼 미국 땅에서도 한국의 신문 기사를 볼 수 있습니다. '경제를 살리려면 개혁이 시급하다'[1], 'S&P, 한국 성장률 전망 또 하향 조정', '늘어나는 채무 불이행, 또 다른 위기의 전조'[2], 모두 최근 「조선일보」의 헤드라인입니다. 한국에서 수만 마일 떨어진 미국의 서재에 느긋하게 앉아 있는 나로서도 주목하지 않을 수 없는 기사였습니다. 비교적 최근까지 한국의 경제는 전 세계의 모범이었으니까요.

한국은 엄청난 현대화와 기술 발전으로 놀라우리만치 짧은 기간에 세계에서 가장 부유한 국가가 되는 데 성공했습니다. 대부분의 한국인이 가난에서 벗어났고, 많은 사람이 부자가 되었습니다. 그러나 오늘날의 한국 경제는 이전까지의 양상과 꽤나 다른 모습입니다. 전통적으로 한국인들은 돈을 빌리는 데 무척이나 인색했고 1964년 한국의 가계 부채는 GDP의 1.4%에 불과했습니다. 그런데 현재 한국의 누적 가계 부채는 GDP의 100%를 넘습니다. 이는 무척 흥미로운 지점입니다.

한국 경제는 정체기를 마주하고 있습니다. 한국 증시는 2021년 고점을 찍은 이후 큰 폭으로 하락해 고전 중입니다. 또한 한국의 노동시장은 견고하고 취업자 수는 사상 최고 수준이지만, 이는 기록적일 만큼 많은 60세 이상의 고령층이 경제적 압박 때문에 노동시장에 재진입했기 때문이라는 비판도 있지요. 한국 경제의 긍정적인 지점이라고 평가되는 부분에도 사실은 어둠이 도사리고 있는 것입니다.

결국 정리하면 과로, 저임금, 경제적 스트레스가 바로 오늘날 많은 한국인이 처한 상황이라고 할 수 있습니다. 나는 이번 기회로 한국 경제에 대해 깊이 탐구하며 스스로에게 끊임없이 이런 질문을 던졌습니다.

『비열한 시장과 도마뱀의 뇌』가 경제적 압박에 신음하고 있는 한국인들에게 도움이 될 수 있을까?'

그 대답을 말하기 전에, 우선 『비열한 시장과 도마뱀의 뇌』가 어떤 책인지부터 가볍게 이야기해 보려 합니다. 이 책은 금융시장의 비합리성에 대해 설명하고 더 나은 성과를 낼 수 있도록 안내합니다. 재무학에는 크게 두 가지의 학파가 있습니다. 주류 학파는 효율적 시장 가설을 주장하는 한편, 행동재무학은 이들의 주장이 동화에 불과하다고 비판합니다. 행동재무학에서는 개인은 비합리적이기에 자주 잘못된 선택을 하고, 시장 또한 비합리적이라고 말합니다. 비합리적인 개인이 참여해 만드는 비합리적 시장은 때로는 광기 어린 모습마저도 보입니다. 그리고 나는 이 책에서 두 개의 학파 중 후자, 즉 행동경제학과 행동재무학의 몇 가지 주요 연구 결과들을 다뤘습니다. 『비열한 시장과 도마뱀의 뇌』는 단순히 비합리성에 대해 설명하는 것을 넘어, 우리에게 손실을 가져오는 비합리성이 대체 왜 존재하는지를 알리고자 했습니다.

우리 인간은 농업이 발명되기 이전부터 존재했던 조상들의 세계—수렵과 채집으로 먹이를 찾고 맹수로부터 몸을 숨겨야 했던—에서 살아가도록 만들어졌습니다. 우리가 사는 물리적 세계는 그때와 아주 많이 변했지만, 우리의 정신은 여전히 그 과거의 세계를 반영하고 있지요. 조상들의 세계에서 살아남도록 설계된 우리 뇌는 현대의 금융시장에는 적합하지 않고, 그 결과 본능은 자꾸 우리를 잘못된 길로 인도합니다.

『비열한 시장과 도마뱀의 뇌』는 우리 투자자들이 그 본능을 피해 투자에서 실수하지 않는 법, 궁극적으로 본능을 이용해 투자에서 성공하는 법을 알려줍니다. 투자에 도움이 되는 분석 결과, 그리고 도구를 제공할 것입니다. 그러나 명심할 것이 있습니다. 금융시장에서 돈을 버는 것은 그 무엇보다도 어려운 게임이라는 사실입니다.

물론 누구에게나 주변에 주식, 금, 비트코인에 투자해 큰돈을 번 친구가 한 명쯤은 있을 것입니다. 이들은 모임에 적극적으로 참석해 자신의 성공담을 떠벌리고 으스대지요. 그것을 보며 우리는 경솔하게 같은 투자에 뛰어들거나, 혹은 형편없는 운을 원망하며 낙담합니다. 그러나 현실은 대부분의 사람이 금융시장에서 돈을 버는 데 실패한다는 것입니다. 투자자들의 평균적인 수익률은 시장 수익률을 하회합니다. 단지 사람들은 손실을 부끄러워하고 실수를 떠벌리지 않는 경향이 있기 때문에 실패담은 귀에 잘 들리지 않을 뿐이지요. 끊임없이 우리의 실수를 부추기는 본능을 완전히 거스르는 것은 결코 쉽지 않습니다.

그리고 드디어 '이 책이 경제적 압박에 신음하고 있는 한국인들에게 도움이 될 수 있을까?'라는 질문에 대한 답을 이야기하려 합니다. 스스로에게 되물은 끝에 나는 이런 결론을 냈습니다. 최소한 이 책을 읽고 노력하는 사람들에게, 투자라는 한 가지의 분야에서는 도움이 되리라는 것입니다. 도마뱀의 뇌를 봉쇄하고, 노력하고, 훈련하며, 약간의 운까지 따른다면 여러분은 투자 성과를 크게 향상시킬 수 있을 것입니다. 성공으로 가는 길이 결코 쉽지는 않다는 각오를, 그러나 꾸준히 노력한다면 어떤 상황에서든 시장에 이길 수 있다는 용기를 양손에 안고 머나먼 여정을 시작하길 바랍니다. 그렇다면 당신은 어떤 시장에서도 번영을 누릴 수 있을 것입니다.

한국 독자들의 번영을 빌며
테리 버넘

당신은 투자를 잘합니까?
돈을 잘 벌고 있습니까?

사람은 과연 합리적일까? 아마 합리적인 성격이냐는 질문을 받는다면 대부분의 사람들은 "그렇다"라고 대답할 것이다. '당신은 운전을 잘하는 편입니까?'라는 질문에도 대개 그렇다고 대답할 것이다. 그렇다면 '매사에 합리적이고 운전도 잘하는' 사람이 이런 질문을 받는다면 어떨까?

'당신은 투자를 잘합니까? 돈을 잘 벌고 있습니까?'

'당신은 합리적이고 자신감에 찬 사람이니 야식은 당연히 절대 먹지 않고, 주 3회 이상의 운동으로 철저히 체중 관리를 하고 있겠죠?'

이 두 질문에 선뜻 그렇다고 말할 수 있는 사람이 과연 얼마나 될까?

필자의 생각으로는 그리 많지 않을 것 같다. 그렇다. 투자와 저축, 다이어트는 결코 쉽지 않다. 왜 그럴까? 이 책의 저자 테리 버넘의 주장을 빌리자면, 우리가 다양한 분야에서 문제를 겪는 이유는 '인류가 우리 조상들이 직면했던 문제를 해결하기 적합하도록 진화해 왔기 때문'이다.

지금이야 이와 비슷한 주장을 하는 책이 간혹 있지만, 이 책이 국내에 처음 번역되었던 15년 전에는 아주 충격적이고 신선한 주장이었다. 우리가 저 먼 원시시대의 조상으로부터 물려받은 인간 본성이 다이어트와 투자에는 적합하지 않다는 참신한 주장은 당시 필자의 마음을 확 사로잡았다. 그러면서 유혹을 못 이기고 자꾸만 야식을 먹거나 형편없는 투자를 반복했던 것을 슬그머니 합리화했던 일도 한편의 추억으로 남아 있다. '역시 나는 본성에 충실한, 너무나도 인간적인 사람이군' 하면서 말이다.

돈 벌기가 어려운 이유

사실 돈과 관련된 어려움 중 상당수는 시장 상황 탓이라기보다는 자기 스스로의 문제 때문인 경우가 많다. 주식시장에 인격이 있어 우리에게 어서 투자하라고 보채지는 않으니 말이다. 주식시장은 우리와 독립해서 존재하는 하나의 객체이며, 참여 여부는 100% 자신이 주체적으로 내린 결정이다. 물론 언제, 어떤 종목을 사느냐 역시 나의 결정이자 책임이다. 주식시장만큼 완벽하게 자유 의지에 의해 작동되는 완전 경매

시장을 찾기란 거의 불가능하다.

문제는 대부분의 투자자가 주식시장에서 고통을 겪는다는 점이다. 주식시장은 비열해서 우리에게 '손실'이란 이름으로 걸핏하면 모멸감을 안겨준다. 왜 수많은 투자자가 이런 고통을 반복적으로 겪는 걸까? 그리고 시장에는 왜 승자보다 패자가 많은 걸까? 더 나아가 투자에서 돈을 벌기가 쉽지 않은 이유는 무엇 때문일까?

투자자들은 대부분 성공에 열광한다. 그리고 우리나라 사람들은 특히나 더 그런 듯하다. 한국에서는 패자의 목소리를 담은 콘텐츠가 전혀 흥행하지 못한다. 일례로 실패의 경험에서 성공 비결을 찾는 학문인 '실패학'은 옆 나라 일본에서는 엄청나게 흥행했지만 한국에서는 전혀 관심을 모으지 못했다. 유튜브에도 얼마든지 돈을 벌 수 있다는 복음과 같은 주장이 가득하고, 돈을 번 사람에게는 찬사와 부러움이 쏟아진다.

그런데 이렇게 점점 부자가 되는 비결을 다루는 정보—아니, 소음에 가깝지만—가 기하급수적으로 늘어나는데도 정작 돈을 벌었다는 사람을 만나보기는 참으로 어렵다. 이제는 그 이유를 알아야 하지 않을까? 정말로 정부 정책, 나쁜 대주주들, 투기꾼, 작전 세력, 외국인들 때문에 돈을 잃은 걸까? 물론 이런 요소들도 일부 이유가 될 수는 있을 것이다. 하지만 더 근본적인 이유가 있지 않을까? 존재론적 질문을 던져보자면, 애초부터 인간이란 존재와 투자 사이에 어떤 불협화음이 있는 게 아닐까? 이 질문에 대한 답이 바로 이 책이 탐구하는 주제다.

우리 조상, 즉 원시인들에겐 '내일의 삶'을 고려해야 한다는 개념이 없었다. 내일 굶을지도 모르니 일단 먹을 수 있을 때 왕창 먹어두는 게 생존에 유리했다. '내일 어떻게 될지 모르니 먹을 수 있을 때 잔뜩 먹어둬라, 그래서 몸에 지방을 비축해 둬라', 우리는 이런 지상 과제를 실천했던 원시인들의 후손이다. 그리고 이런 명령을 내리는 주체를 두고 저자는 '도마뱀의 뇌'라고 부른다.

하지만 우리가 사는 세상은 조상들의 것과는 완전히 딴판이다. 먹이를 찾고, 몸에 지방을 축적하고, 맹수 앞에서 싸울 것이냐 도망칠 것이냐를 빨리 결정해야 하는 상황은 현대인이 마주하는 그것과는 다르다. 근거리에 편의점이 가득한 현대에는 배가 고프면 24시간 중 어느 때라도 얼마든지 음식을 먹을 수 있다. 원한다면 단백질과 지방 역시 배가 불러 더 이상 들어가지도 않을 때까지 섭취할 수 있다. 맹수나 뱀을 마주쳐서 빠르게 의사 결정을 해야 할 일도 없다.

주식시장은 조상들의 삶에는 아예 존재하지 않았던 곳이다. 학자들은 호모사피엔스가 대략 35만 년 전에 출현했다고 추정한다. 그리고 세계 최초의 주식시장이 생겨난 것은 1602년, 네덜란드 암스테르담에서였다. 인류가 주식시장이란 것을 만난 지는 불과 422년밖에 되지 않았다. 인류가 걸어온 긴 여정에서 주식시장은 한낱 점點의 크기도 되지 않는다. 게다가 주식을 하지 않는다고 해서 인류의 진화가 멈추거나 퇴행하는 일도 없다.

이런 사실이 위안이 되는 점은 단 하나, 투자에 실패하는 것이 나만이 아닌 '인간'이라면 누구든 겪는 문제라는 사실뿐이다. 그러나 위안은 위안일 뿐, 돈을 벌어다 주지는 않는다. 그렇다면 우리는 도마뱀의 뇌가 작동하는 방식을 알고, 그것에 휘둘리지 않도록 전략을 짠 뒤 오히려 이 본능을 역이용하는 법을 배워야 할 것이다.

비열한 시장에서 살아남는 법

인간 본성이 실제 투자 세계, 경제 현장에서는 어떻게 작동할까? 그리고 어떻게 해야 도마뱀의 뇌를 제어하면서 또 거시경제 환경에 적합한 투자를 할 수 있을까? 이 책이 다른 책들에 비해 경쟁 우위를 갖는 부분이 여기에 있다. 저자는 이 책을 '심리학이라는 스튜에 경제학이라는 소금을 살짝 뿌려 맛을 낸 것'이라고 소개한다. 80%는 '도마뱀의 뇌'라는 핵심 키워드를 중심으로 이야기를 펼친다면 20%는 경제를 이해해 그것을 바탕으로 투자 전략을 짜는 법을 다루고 있다.

이 책의 놀라운 점 또 한 가지는, 무려 약 15년 전의 분석임에도 전혀 시간적 이질감이 느껴지지 않는다는 것이다. 특히 인플레이션과 통화량, 경상수지와 생산성의 중요성, 금리 문제 등에 대한 통찰은 지금도 무게감 있게 다가온다. 이 부분만큼은 꼭 밑줄을 그어가며 정독하길 바란다. 그렇게 심리학과 거시경제학의 세계를 건너오면 저자가 제시하는 현실적인 투자 전략과 조언을 만날 수 있다. 심리학, 거시경제학 그리고 생물학까지 자유자재로 넘나드는 저자의 활달한 입담을 만끽하고, 이 책을 읽는 모든 분들이 도마뱀의 뇌를 제어해 돈을 벌게 되기를 바라며 감수의 말을 마친다. 끝으로 필자 스스로 다짐하는 의미에서 메모해 둔 몇 가지 내용을 독자 여러분께 공유하려 한다.

- 흥분에 사고 공포에 파는 투자자에게 시장은 비열하다.
- 심리는 미래 수익을 예측해 볼 수 있는 변수다. 낙관적인 시기 뒤에는 하락이 뒤따르기 쉽지만, 좋은 일이 일어나기 전에는 비관주의가 지배적인 경향이 있다. 월스트리트는 탐욕과 두려움에 의해 움직인다.
- 외로움을 받아들여야 돈을 벌 수 있다.
- 유행할 때 팔고 소외될 때 사라.
- 항상 현금을 보유하고 있어야 하며, 모든 자산을 쏟아붓는 투자는 극히 드물어야 한다

미래에셋투자와연금센터장

이상건

투자라는 피의 게임에서
살아남기 위한 지침서

경제적 의사결정을 연구하는 내게 사람들은 종종 묻는다. 거대한 시장의 변화와 거시경제의 흐름을 인간 뇌로 과연 설명할 수 있냐고. 그럼 나는 '이제는 고전이 된' 테리 버넘의 『비열한 시장과 도마뱀의 뇌』를 추천한다. 제길, 호모 이코노미쿠스는 무슨! 주류 경제학이 골칫거리로만 여겨온 인간의 비합리성 때문에 개인의 투자 패턴은 착각과 충동이 가득 들어찼고, 덕분에 시장은 예측이 불가능할 정도로 복잡하게 뒤엉켜버렸다.

하버드대학교에서 오랫동안 경제학을 가르쳤던 테리 버넘 교수는 인간의 뇌가 어떻게 경제적 선택을 하는지 냉철하게 분석하고, 이 관점에서 거시경제적 현상들을 명쾌하게 설명한다. 심리학이나 뇌과학을 통해 합리적이지 못한 인간의 경제적 의사결정을 설명해 온 행동경제학적 접근은 많았지만, 테리 버넘처럼 이를 거시경제학까지 적용해 금융시장과 정부의 금융 정책에까지 적용한 연구는 매우 귀하다. 이 책은 '행동재정학 분야의 고전'이라 할 만하다.

위험이 도사리고 있는 시장에 뛰어들어 돈이라는 보상을 얻기 위해 투자라는 사냥에 목숨을 건 인간들의 모습은 도마뱀 같다. 정글에서 포식자를 피해 먹잇감을 찾아다니며 날마다 생존 게임에 목숨을 건 파충류들 말이다. 뇌과학에서는 이제 '파충류의 뇌' 같은 단어들을 사용하지는 않지만, 인간들도 비즈니스 정글에서 생존 게임을 벌일 때 오랜 진화의 역사 동안 위험, 보상, 충동, 불확실성에 반응해 온 뇌영역들을 주로 사용한다는 통찰은 부인할 수 없다.

그렇다면 우리는 살벌한 '피의 게임'에서 어떻게 살아남을 수 있을까? 이 책의 미덕은 행동경제학이라는 렌즈를 현미경으로 사용하지 않고 망원경으로 바꿔 시시각각 변화하는 세계 금융시장의 위기들을 전망하고, 위험한 시장에서 현명하게 대응할 수 있는 지침들을 제시해 준다는 것이다. 무언가 투자를 고민하고 있다면, 나를 이해하고 인간들이 모인 시장을 통찰하기 위해서라도 이 책부터 펼쳐보시길 바란다.

KAIST 뇌인지과학과 교수
정재승

서문

돈을 벌기에
당신의 뇌는 너무 낡았다

나는 『비열한 시장과 도마뱀의 뇌』에서 비합리성의 과학을 개인의 투자에 적용시키려 한다. 전통적인 투자 조언들은 인간과 시장이 모두 합리적이라는 가정을 기초로 했지만, 최근 나오는 연구들은 현실의 인간과 시장이 꽤 자주 비합리적인 선택을 한다는 점을 지적하며 그 원인을 밝히고 있다. 그리고 이 새로운 연구 결과는 우리가 어디에, 어떻게 투자해야 하는지에 대해 참신한 통찰을 준다.

이 책은 나의 금융시장에 대한 열정, 그리고 인간 본성을 과학적으로 연구하고 싶다는 열정이 합쳐진 결과물이다. 나는 1980년대 초 처음으로 단기투자의 단맛을 봤다. 당시 석면 관련 피해 소송이 걸려 있던 존스맨빌코퍼레이션Johns Manville Corporation의 주가는 거의 0원까지 떨어졌다. 나는 주가가 이렇게까지 낮아진 것은 충분히 비이성적이라고 생각해 주식을 매수했다. 그리고 매수한 그다음 날부터 주가는 20%가 넘게 뛰어올랐다. 나는 곧 이 주식을 매도해서 몇 주 치의 급여를 챙길 수 있었다. 이 투자는 내게 두 가지 영향을 미쳤는데, 첫째는 이 투자로 금융시장의 맛을 봤다는 것이다. 이후 나는 20년 이상 적극적으로 시장에 참여하면서 주식을 넘어 옵션, 채권, 금, 통화 등의 상품으로 투자 영역을 넓혔다. 둘째는 맨빌을 거의 공짜로 살 수 있는, 그런 말도 안 되는 기회를 시장이 만들어내기도 한다는 사실을 알았다는 것이다(워런 버핏도 맨빌의 가치를 알았고 결국 매수했다).

그리고 몇 년 후, 하버드대학교 경제학과에서 박사 과정을 밟던 중 나는 인간 본성에 대한 연구에서 지적으로 천착해 보고 싶은 곳을 발견했다. 처음에는 대학원생으로서, 이후에는 하버드에서 경제학을 가르치는 교수로서 나는 지금까지 10년이 넘도록 하나의 본질적인 질문에 매달려 왔다.

'왜 사람들은 음식에서부터 섹스, 돈에 이르기까지 그토록 많은 분야에서 문제를 겪는가?'

이 질문에 대한 해답을 찾기 위해 협상가들의 테스토스테론 수치를 연구하고, 야생 침팬지의 행동 양식을 관찰하며 아프리카의 연구소에서 지내는 등 흥미로운 연구들을 여럿 진행했다. 그리고 마침내 우리가 그토록 수많은 문제를 겪는 가장 큰 원인이 '인류는 우리 조상들이 직면했던 문제를 해결하기 적합하도록 진화했기 때문'임을 확신하게 되었다. 산업화된 사회는 조상들이 살던 세계와 시스템 자체가 다르므로 현대의 우리는 쉽게 문제에 빠지는 것이다. 나는 첫 번째 저서 『비열한 유전자』에서 공저자인 제이 펠런Jay Phelan과 함께 플라이스토세(약 200만 년 전부터 1만 1000년 전까지의 지질시대)에 형성된 인간의 뇌가 어떻게 비만, 약물 중독, 가난에 영향을 미치는지 조사했다.

이 책에서는 『비열한 유전자』에서 다루었던 주제 중 하나를 훨씬 더 구체적으로 살펴본다. '사람들은 금융시장에서 어떤 실수를 저지르며, 투자자들은 성과를 개선하기 위해 무엇을 할 수 있는가?'라는 문제다. 내 두 책의 제목은 모두 '비열한mean'이라는 단어로 시작한다. 두 권 다 본능이 우리를 실패로 몰아가는 영역을 다루기 때문이다. 현대사회에서 우리의 노력과 열정은 시장에서 매우 자주 배반당하기에 세상은 때때로 아주 비열해 보이곤 한다.

흥분에 사고 공포에 파는 투자자에게 시장은 비열하다. 우리는 지금과는 매우 다른 세상에 적합하도록 진화했고, 그렇기에 우리의 본능은 돈을 벌 수 있는 기회와 쉽게 조화를 이루지 못한다. 결론부터 말하자면, 돈을 벌기 위해서는 우리를 잘못된 투자 결정으로 이끄는 뇌 영역을 이해하고 통제해야 한다. 인지적인 뇌 영역 아래에 숨어 있는 이 '도마뱀의 뇌'는 토끼를 때려잡거나, 식용 버섯을 발견하거나, 맹수로부터 안전한 은신처를 찾는 데는 탁월하지만 시장을 다루는 데는 형편없다.

그래서 이 책에서는 80%의 심리학과 20%의 거시경제학을 바탕으로 시장에서 승리하기 위해 알아야 할 투자의 비밀과 법칙을 도출해 냈다. 그런데 도마뱀의 뇌는 시장에 비이성을 불러오는 가장 중요한 요인인데도 전통적인 재무학과 경제학은 이를 완전히 무시해 왔다. 도마뱀의 뇌에 대해 제대로 이해하지 못한 채 분석적인 계산만을 근거로 한 예측은 할머니의 조언이나 다트 게임보다 나을 것이 없다.

도마뱀의 뇌를 이해하는 것이 성공적인 투자의 핵심이긴 하나 이것만으로는 충분치 않기 때문이다. 만약 그걸로도 충분했다면 지크문트 프로이트Sigmund Freud는 억만장자가 되었을 것이다. 그래서 『비열한 시장과 도마뱀의 뇌』는 도마뱀의 뇌에 대한 연구에 적당한 거시경제학을 결합해 금융시장을 예측한다. 말하자면 '심리학'이라는 스튜에 '경제학'이라는 소금을 살짝 뿌려 맛을 낸 것이다.

이 책은 20년 전부터 시작된 내 질문에 대한 답을 알려준다. 시장은 인간 본성의 독특한 특성 때문에 비합리적이다. 이를 이해하고 도마뱀의 뇌를 '이용할' 줄 아는 사람만이 비열한 시장을 부로 바꿀 기회를 얻을 수 있다. 게다가 지금은 금융시장을 항해하기엔 너무 위험한 때다. 성공의 가장 큰 적은 바로 우리 머릿속 도마뱀의 뇌 안에 살고 있다. 앞으로 함께할 여정을 통해 도마뱀의 뇌를 받아들이고, 이해하고, 지배하는 법을 배우길 바란다. 그러면 아무리 어려운 시기일지라도 당신은 오래도록 번영할 수 있을 것이다.

매사추세츠주 케임브리지에서

테리 버넘

차 례

1부   당신은 왜 돈을 벌지 못했는가?

2부   비열한 시장을 움직이는 큰손

어디에
투자해야 하는가

우리는 어디에 투자해야 할까? 하버드경영대학원에서 나의 제자였던 애덤이 똑같이 물었다. "대체 돈을 어디에 투자해야 하나요?" 애덤은 경영학 석사 학위를 받은 후 투자 은행가로 일하고 있었다. 그는 기업들의 부채가 상당하다는 사실을 알곤 경제 상황에 대해 다소 비관적인 전망을 내놓았다. 그 이야기를 들은 나는 그래서 돈을 어디에 투자했느냐고 물었다. 애덤은 자산의 무려 60%를 주식에 투자했다고 말했다. 경제 상황을 비관적으로 바라보고 있는데도 말이다! 깜짝 놀란 내 표정을 보고 애덤은 조언을 구했다.

그는 자산의 60%만 주식에 투자했으니 틀림없이 스스로가 보수적이라고 생각했을 것이다. 주식이 장기적으로 엄청난 수익을 가져온다는 것이 수백 년 동안이나 입증되지 않았는가? 인내심 있는 투자자라면, 그리고 특히나 어린 투자자라면 거의 전 재산을 주식에 넣어야 하는 것 아닌가?

그럴 수도 있고, 아닐 수도 있다. 전통적인 관점의 소유자라면 인간은 이성적이며, 금융시장 역시 합리적이라는 오래된 가정을 전제로 애덤의 질문에 대답할 것이다. 반면 최근의 연구를 좀 더 신뢰하는 사람이라면 그와는 조금 다른 답을 내릴 것이다. 최근에는 흥분하기 쉬운, 인간의 비이성적인 면이 이 세상의 핵심적인 특징이라고 주장하는 새로운 학파가 생겨났다. 현실에서 금융시장은 늘 흥분과 공포 사이를 오가지만 사람들은 이를 잘 분간하지 못한다. 새롭게 떠오른 '비합리성의 과학'은 미래를 예측하는 참신한 방법을 제공하며, 투자자들에게 부를 키우고 보호할 수 있는 강력한 도구를 제공한다.

이 책은 단순히 금융시장의 비합리성을 설명하는 것을 넘어 인간이 왜 자꾸만 손해 보는 행동을 하는지 그 근본적인 논리를 발견한다. 그리고 그런 인간의 비합리적 행동을 만드는 주체가 바로 내가 '도마뱀의 뇌'라고 부르는 것이다. '도마뱀의 뇌'란 우리에게 강력한 영향력을 행사하는 원시적이며 종종 무의식적인 사고 과정을 말한다. 도마뱀의 뇌는 번식하고, 먹이를 찾고, 번성하는 데는 유용하지만 금융시장을 다룰 때는 그리 도움이 되지 않는다. 그리고 도마뱀의 뇌를 믿은 결과 우리는 비열한 시장에 뛰어들어 큰 손해를 입곤 한다.

이제부터 우리는 주식, 채권, 부동산을 평가하기 위해 새롭게 떠오른 비합리성의 과학과 도마뱀의 뇌에 대한 지식을 활용해 볼 것이다. 현재 상황이 투자 계획을 좌절시킬 수 있는 퍼펙트 스톰perfect storm 임을 알게 될 것이고, 애덤의 질문에 놀라운 해답을 찾아낼 것이다. 또한 이 책은 '어디에' 투자해야 할지뿐만 아니라 '어떻게' 투자해야 할지에 대해서도 새로운 의견을 제시한다. 그저 돈을 왕창 버는 것을 넘어 투자에 대한 자신감을 높이고, 금융시장에서 받는 스트레스까지 해소해 주는 것이 나의 목표다.

당신은 주식을 얼마나 믿는가?

애덤은 월스트리트의 유명한 투자은행에서 일한다. 그가 어디에 투자해야 할지에 대해 월스트리트에서 도움을 구했다면 아주 간단한 조언을 들었을 것이다.

"주식을 사!"

다음 장의 그림 0.1은 투자 대상에 대한 월스트리트 투자은행들의 공통된 견해를 보여준다. 월스트리트는 투자 자산의 대부분을 주식에 투자하라고 추천하며, 경제학자들도 연일 주식의 높은 수익률에 대해 떠들어댄다('채권은 겁쟁이들을 위한 상품이다'라는 말은 하버드대학교 교수인 그레고리 맨큐Gregory Mankiw의 말을 인용한 것이다).[1]

그리고 현실의 메인스트리트에 사는 우리에게도 '주식을 사라'는 메시지는 크고 또렷하게 들린다. 1980년 주식시장이 바닥까지 곤두박질쳤을 때 뮤추얼펀드에 투자한 가구는 미국 총인구의 5.7%에 불과했지

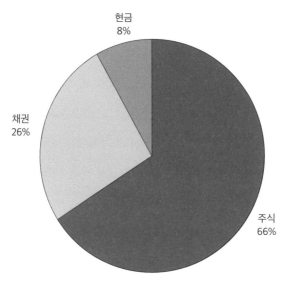

현금
8%

채권
26%

주식
66%

그림 0.1　**월스트리트가 권하는 투자 전략 (출처: 다우존스 뉴스와이어스)²**

만 현재 이 수치는 사상 최고치인 50%에 육박한다.³ 게다가 최근 연방
준비위원회가 발표한 소비자금융조사에 따르면 이 글을 쓰는 현재 주
식은 미국인 전체 금융자산의 56%로, 주식시장이 생긴 이래 사상 최고
치를 기록했다.⁴ 따라서 애덤이 자산의 대부분을 주식에 투자하기로
결정한 것은 통념과 보편적인 관행을 모두 반영한 결과였다. 하지만 이
렇게 계속 주식을 사들이고, 높은 수익률을 확신해도 괜찮은 걸까?

비합리성의 과학을 이해하라

영화 「베스트 키드」(1984)에서 주인공 대니얼은 캘리포니아로 이사를 온후 그 동네의 불량 청소년들에게 괴롭힘을 당한다. 대니얼은 스스로를 지키기 위해 아파트 관리인 미야기 씨에게 가라테를 배우러 가지만, 미야기 씨가 훈련이랍시고 시키는 것은 오로지 자질구레한 집안일뿐이다. 이를테면 그가 알려주는 조금 특별한 '왁스 바르기', '왁스 닦기' 기술을 사용해 몇 시간 동안이나 미야기 씨의 자동차에 광을 내는 식이다. 대니얼은 처음엔 당황하지만, 나중에 미야기 씨와 대련을 하면서 차를 청소하는 기술이 사실은 가라테 동작이었음을 깨닫고 놀란다. 마찬가지로 우리에게도 왁스 바르기를 배우는 과정이 필요하다. 일단 '핵심 원칙'을 다루고 나중에 이를 주식, 채권, 부동산에 적용함으로써 애덤의 질문에 답해보겠다.

일반적인 통념은 인간이 거의 완벽한 의사결정자라는 관점을 바탕으로 한다. 이런 관점에 따르면 분별 있는 투자자는 높은 수익률을 보장할 수 있을 만큼 가격이 충분히 낮을 때만 위험한 주식을 매수할 것이다. 따라서 주식 투자를 하라는 일반적인 조언은 시장 가격이 합리적이라는 가정을 전제로 한다. 만약 시장이 합리적이지 않다면 '장기적으로 주식을 매수하라'는 메시지는 틀릴 수도 있다. 그러므로 어디에 투자해야 할지를 알기 위해서는 일단 '합리성'이라는 개념을 조사해야 한다.

우리 인간은 정말 미적분으로 경제적 효과가 극대화되는 지점을 찾아, 냉철한 로봇처럼 침착하게 경제적 기회를 평가할까? 사람들이 이렇게 행동하는 곳은 세상에서 단 한 군데뿐이다. 바로 경제학 이론 속이다. 경제학은 기본적으로 사람들이 이른바 '최적'이라고 표현하는, '합리적인 선택'을 한다고 가정한다. 그래서 전통적인 투자 조언은 사람과 금융시장이 합리적이라는 기본적인 믿음을 바탕으로 하고 있다.

그러나 현실 세계에서 사람들은 합리성과는 거리가 멀다. 나는 이를 내 결혼식 사진작가였던 줄리 씨와 다투면서 뼈저리게 배웠다. 그녀는 결혼식에서 찍은 사진을 건네주지 않았고, 나는 사진을 받기 위해 온갖 방법을 모조리 동원했다. 그의 도덕성은 물론 이익 추구 본성에 호소해봤고, 심지어 돈을 더 주겠다고 구슬려보기도 했다. 이 모든 '합리적인' 작전에도 줄리 씨는 아무런 응답을 하지 않았다. 결국 그녀는 얼마간 교도소에 들어갔다 나온 후에야 비로소 우리에게 사진 원판을 줬다. 줄리 씨의 행동은 합리적이었는가? 글쎄, 고집을 부린 결과 그녀는 아무것도 얻지 못하고 되레 호된 처벌만 받았다. 그렇다면 이렇게 비합리적인 행동은 일반적일까? 그렇다. 인간은 합리적이지 않다.

우리 모두 이 사실을 알고 있다. 하지만 비합리성의 경제학적 의미를 밝히려는 연구는 1970년대 후반이 되어서야 본격적으로 시작되었다. 대니얼 카너먼Daniel Kahneman 교수와 작고한 아모스 트버스키Amos Tversky 교수가 함께 진행한 인간의 의사결정 오류에 대한 연구부터다. 그리고 2002년 카너먼 교수는 나의 대학원 지도 교수였던 버넌 스미스Vernon Smith 교수와 인간의 비합리성에 대해 과학적으로 새로운 접근을 한 공로를 인정받아 노벨경제학상을 공동 수상했다.

이를 보면 아무래도 투자 조언들은 학문적 발전의 속도를 따라가지 못하는 것 같다. 비합리성의 과학은 점점 발전하고 있는데, 투자에 대한 보편적인 조언들은 여전히 '인간은 이성적이고 시장은 합리적'이라는 오래된 이론을 바탕으로 하고 있는 걸 보면 말이다.

도마뱀의 뇌를 만나라

행동경제학자들은 우리의 투자 결정이 종종 비합리적이라는 사실을 입증해 왔다. 분명한 문제는, 우리는 왜 이렇게 중요한 일을 잘하지 못하도록 만들어졌느냐는 것이다. (어떤 측면에서는 그렇게 비합리적이지만도 않다고 밝혀진) 비합리적인 행동의 근본 원인을 찾기 위해서는 행동에 대한 일반적인 접근법을 넘어서 다른 분야의 획기적인 연구들도 살펴봐야 한다.

우리가 겪는 문제의 중요한 원인은 우리가 사는 현대의 세상과 조상들이 살았던 세상이 다르다는 데 있다. 우리 인간은 조상들이 당면했던 문제들을 해결하기에 적합하게 만들어졌고 그래서 때로 문제에 빠진다. 이런 통찰력을 뒷받침하는 가장 설득력 있는 예는 의학 부문에서 찾아볼 수 있다.

가령 모유 수유를 하는 아기들은 비타민 D를 보충해 주지 않으면 건강에 심각한 문제가 생길 수 있다.[5] 사실 아기에게 모유를 먹이는 것만큼 자연스러운 일은 없다. 그런데 왜 인간은 모유 수유만으로는 부족하게 만들어졌을까? 그 답은 어른은 물론 아기도 햇빛을 받아야 비타민

D를 생성할 수 있기 때문이다. 야외, 특히 햇빛이 강한 곳에서 많은 시간을 보낸 조상들의 아기는 비타민 D를 충분히 생성했기에 건강할 수 있었다. 그러나 오늘날에는 많은 아기와 엄마가 주로 실내에 있거나 피부암을 예방하기 위해 직사광선을 기피하므로 타고난 시스템이 작동하지 않는다. 즉, 우리가 조상들의 생활 방식과 다르게 살기 때문에 문제가 발생하는 것이다.

심장병 예방에서도 비슷한 논리를 찾을 수 있다. 심장마비의 위험을 줄이려면 하루에 한 알씩 아스피린을 복용해서 피를 묽게 하라고 한다.[6] 그렇다면 애초에 우리 피는 왜 묽지 않은 걸까? '점도가 높은' 피가 상처를 빨리 아물게 하기 때문이다. 조상들은 상처를 자주 입었고 대부분이 젊은 나이에 죽었기에 심장병을 걱정할 일이 없었다. 따라서 우리의 피는 심장병을 신경 쓰기보다는 자주 다치고, 젊은 나이에 비극적 결말을 맞아야 했던 고대의 참혹함에서 스스로를 보호하는 데 더 집중했다. 그래서 지금처럼 걸쭉한 피를 갖도록 진화한 것이다.

그렇다면 이 모든 것이 우리의 투자 결정과 무슨 관련이 있을까? 우리 몸이 그렇듯 우리 뇌 역시 조상들이 살던 세상을 반영해 만들어졌다. 특히 도마뱀의 뇌는 성공적으로 먹이를 찾고 효과적인 행동을 반복할 수 있게 패턴을 찾는 과거회고적backward-looking 체계를 가지고 있다. 이런 체계는 조상들의 생존과 번식에는 도움이 되었지만 금융시장에서는 큰 손실을 초래한다. '꼭지에서 사고 바닥에서 팔게' 하는 주범인 셈이다.

다행히도 도마뱀의 뇌가 투자 결정에 미치는 역할에 대해 좋은 소식이 하나 있다. 도마뱀의 뇌가 투자 결정에 미치는 영향은 결정에 재앙과도 같은 영향을 미칠 때는 몇 가지 특정적이고 드문 상황에 국한된다는 것이다. 그러나 세상사가 다 그렇듯 나쁜 소식도 있다. 바로 지금이 그렇게 '특정적이고 드문 상황'에 해당된다는 것이다.

지난 수십 년 동안 우리는 강력하지만 지속되기는 어려운 몇 가지 경제적 트렌드의 혜택을 누려왔다. 과거회고적인 도마뱀의 뇌가 우리를 빈곤으로 떨어뜨릴 가능성이 가장 높은 환경이다. 어떤 의미에서 지금 우리는 우리를 좌절과 손실로 몰아넣기 위해 잔인하게 설정된, 가장 비열한 금융시장에 직면하고 있다. 하지만 안심해도 괜찮다. 병의 근본 원인을 이해하면 이를 예방해 더 오래 살 수 있듯이 도마뱀의 뇌를 이해하고 길들이면 우리도 많은 돈을 벌 수 있으니 말이다.

비합리성의 과학을 이용해 이익을 얻는 법

영화 「베스트 키드」에서 우리의 주인공이 얼마간 자동차에 왁스 칠을 하다가 대련으로 넘어갔듯이, 이 책도 먼저 비합리성에 대해 알아보고 여기서 배운 가르침을 투자자들이 마주하는 가장 중요한 문제─경제의 건전성, 적자 재정, 생산성, 저축, 인플레이션, 무역 적자, 채권, 대출, 주식, 부동산 분야─에 적용해 보려 한다.

1부에서는 비합리성의 과학에 대한 주요 연구 결과들을 간략히 소개하고, 똑똑한 사람들조차 시스템적 실수를 한다는 증거를 살펴본다. 이러한 개인의 비합리성이 흥분과 공포를 유발하고 합리적이지 않은 시장을 만든다는 것을 알 수 있다.

2부에서는 경제, 인플레이션, 미국 달러 가치에 대해 기초적인 설명을 한다. 미국의 재정 적자가 경제에 타격을 줄까? 생산성 혁명이 우리를 더 부유하게 만들고 더 나은 삶으로 이끌 수 있을까? 미국 달러 가치의 하락이 투자자들에게 어떤 영향을 미칠까? 달러 가치의 하락은 언제 끝날까? 연방준비제도이사회는 인플레이션을 조장하고 있는가? 물가가 낮아서 걱정하는 사람이 있을까?

3부에서는 우리에게 가장 중요한 문제인 투자 결정에 지금까지의 분석을 적용해 본다. 금리가 얼마나 오를까? 주식 강세장이 돌아온 것일까, 아니면 21세기 초 주식시장 랠리는 함정인 것일까? 현재 부동산 가격에는 거품이 있을까?

마지막 4부에서는 구체적인 투자 조언을 제공하며, 이와 동시에 비열한 시장과 도마뱀의 뇌에 대해 알아보는 여정도 막을 내린다. 도마뱀의 뇌를 이해하면 돈을 벌 수 있을 뿐만 아니라 스트레스를 덜 받고 투자를 지속해 나갈 수 있는 영원불변의 청사진을 얻을 수 있다. 나아가 '어디에 투자할 것인가?'라는 애덤의 질문에 시기적절한, 그리고 예상치 못한 답변을 해줄 수 있을 것이다.

투자의 길 위에는 정말 100달러짜리 지폐가 놓여 있을까? 대답은 '그렇다'이다. 다만 이 돈은 도마뱀의 뇌가 만든 사각지대에 떨어져 있어 눈에 보이지 않을 뿐이다. 비합리성의 과학은 우리에게 사각지대를 볼 수 있는 방법을 알려준다. 그럼으로써 우리가 길거리에 떨어진 100달러를 주울 수 있게, 큰 스트레스를 받지 않고도 투자 수익률을 높일 수 있게 도와줄 것이다.

Mean Markets and Lizard Brains

1부

당신은 왜
돈을
벌지 못했는가?

'내 돈을 어디에 투자해야 할까?' 이것이 『비열한 시장과 도마뱀의 뇌』에서 던지는 핵심

질문이다. 전통적인 관점에서는 이 질문에 '높은 수익을 추구한다면 높은 위험을 감수하

라'고 말할 것이다. 또한 일반적인 통념에서는 어느 정도 위험을 수용할 수 있고 인내심이

충분하다면 주식을 사라고 조언할 테고 말이다. 그러나 이는 시장은 합리적이며, 따라서

주가가 너무 비쌀 수도 없다는 효율적 시장 가설에서만 타당한 말이다. 시장이 합리적이

지 않다면 기존의 이론에서 제시하던 것과 근본적으로 다른 방법으로 투자해야 한다.

따라서 우리 돈을 어디에 투자할지 결정하려면 먼저 시장이 합리적이란 생각이 옳은지부

터 검토해야 한다. 그것이 우리가 이 책의 첫 번째 여정에서 알아볼 내용이다. 가장 먼저

우리를 손실로 이끄는 도마뱀의 뇌부터 만나보자. 도마뱀의 뇌가 어떤 녀석인지 살펴봄으

로써 우리가 왜 가격이 비합리적으로 높을 때는 사고 싶어 하고, 비합리적으로 낮을 때는

팔고 싶어 하는지 그 비밀을 알 수 있을 것이다.

1장

비이성적 인간
투자에 실패하도록 설계된 도마뱀의 뇌

도마뱀의 뇌와 직면할 용기를 내라

"'세상에, 여기 음식은 정말 형편없어', '맞아. 게다가 양도 적지.' 이게 기본적으로 내가 느끼는 인생이야. 외로움, 괴로움, 고통, 불행으로 가득 찼는데 게다가 너무 빨리 끝나버리지."

영화 「애니 홀」(1977)의 오프닝 장면에서 앨비 역을 맡은 우디 앨런은 이렇게 말한다. 마찬가지로 투자에 대한 우리의 이성적인 기술들도 시스템적인 오류와 편향으로 가득 차 엉망이다. 게다가 형편없는 음식조차 충분히 먹지 못한다는 우디 앨런의 명언처럼, 우리는 투자 결정을 내릴 때 그나마도 부족한 분석 기술을 거의 사용하지 않는다. 우리는 투자에 관한 의사결정을 할 때 뇌의 이성적 부분을 사용하는 데 매우 서투르다. 하지만 그렇다고 해서 도마뱀의 뇌에 모든 지휘를 맡겨버리면 그때부터는 더욱 많은 문제에 봉착하게 된다.

이 책에서 나는 인간의 뇌를 전두엽 피질과 도마뱀의 뇌 두 부분으로 나눠 이야기하는데, 이는 극도로 복잡한 뇌를 극단적으로 단순화한 것이다. 전두엽 피질은 우리가 추상적 인지라고 생각하는 대부분의 뇌 활동을 담당한다. 그렇다면 도마뱀의 뇌는 어떻게 설명할 수 있을까? 도마뱀의 뇌는 인간 뇌의 여러 중요한 부분을 포괄하는 개념이다(파충류와는 아무 관련이 없다).[1] 즉, 이는 중요한 개념을 간단히 표현한 용어인데, 나는 노화 연구의 전문가인 피터 메더워Peter Medawar 경이 그의 유명한 논문「생물학의 미해결 문제An Unsolved Problem of Biology」에서 언급했던 바와 비슷한 의미로 이 용어를 사용했다.

> 나는 자꾸 분명하게 말하려는 강박 탓에 어느 정도 불구인 상태가 되었다. 완전히 잘못된 것은 아닐지라도 설명할 시간이 부족했다고 밖에 표현할 수 없는 사실을 진술해야 한다. 이러한 문제는 피할 수 없다. 모든 문장이 적절하고 품위 있다면 피할 수 있겠지만 말이다.[2]

'도마뱀의 뇌'라는 용어는 하버드경영대학원의 조지 베이커George Baker 교수와 함께 연구를 진행하면서 처음 사용하게 되었다. 인지행동 분야의 전문가들과 토론할 때도 이 용어를 사용하면 효율적이었다. 물론 진짜 뇌는 이렇게 간단한 말로는 표현할 수 없을 만큼 훨씬 더 복잡하지만, 어쨌든 여기서 내가 의도한 '도마뱀의 뇌'란 인간 행동에 영향을 미치는 덜 인지적이고, 덜 추상적인 정신 작용을 함축한 표현이라는 사실을 명심하길 바란다(다시 말하지만 파충류 도마뱀과는 아무런 관계가 없다).

도마뱀의 뇌는 음식과 은신처를 찾는 데는 탁월하지만 금융시장을 항해하는 데는 형편없다. 그래서 돈과 관련된 결정을 내릴 때 도마뱀의 뇌를 사용하면 여러 가지 문제가 발생한다. 문제는 우리가 돈을 다룰 때 냉철하고 분석적인 전두엽 피질 대신, 금융시장이 만들어지기 수만 년 전부터 인류의 생존을 도왔던 뇌의 이 낡은 부분—도마뱀의 뇌—을 너무 자주 사용한다는 것이다. 도마뱀의 뇌는 바보가 아니지만, 조상들이 한 번도 경험해 보지 못한 문제에 직면했을 때 우리가 이성을 잃게 만듦으로써 손실을 불러일으킨다.

도마뱀의 뇌가 경제적인 문제에서 우리를 어떻게 잘못된 선택으로 이끄는지 조사하기에 앞서, 인간의 또 다른 보편적 특성인 '비판을 불편해하는' 특성에 대해 먼저 짚고 넘어가야 한다. 무언가를 못한다는 말을 들으면 대부분의 사람은 약한 전기 충격을 받는 것과 비슷한 불쾌감을 느낀다. 나는 교수로서 MBA 과정을 밟는 학생들을 보며 매일 이를 확인한다. 하버드경영대학원에서는 소크라테스식 문답법에 따라 수업을 진행하는데, 이 방법은 어쩔 수 없이 학생들이 자신의 논리적 오류를 드러내게 만든다. 가르치는 데는 효과적이지만 학생들로서는 자기가 가진 지식의 한계를 알게 되니 고통스럽기 그지없다.

비합리성의 과학을 배우기 시작하면 알게 되는 불쾌한 사실이 하나 있다. 모든 인간은 어느 정도 실수를 하도록 만들어졌다는 것이다. 우리 머릿속에 비합리성이 자리 잡고 있다는 사실을 알기 전까지는 모든 게 재미있었을 것이다. 그러다가 머릿속의 비합리성을 깨달으면 우리의 본능은 무언가를 더 배우려 하기보다는 눈을 감고, 귀를 막고, 스스로가 비합리적이라는 진실을 부정하라고 지시한다.

호메로스가 쓴 모든 이야기 중 '쓰기writing'는 딱 한 번 언급되는데, 그 마저도 비밀 메시지의 형태를 띠고 있다. 『일리아드』에서 안테아 왕비는 잘생긴 벨레로폰에게 반해 사랑을 고백하지만 벨레로폰은 거절한다. 이에 분노한 안테아 왕비는 자신의 불륜은 숨긴 채 남편 프로테우스 왕을 속여 벨레로폰을 죽이라고 설득한다. 프로테우스도 벨레로폰을 죽이는 데는 동의하지만 자신의 손을 더럽히고 싶지는 않았기에, 대신 벨레로폰을 불러 이웃 나라 왕에게 편지를 전달하라는 명을 내린다. 그 편지에는 '편지를 전달한 사람을 죽여달라'는 내용이 적혀 있었다. 호메로스는 처음이자 마지막으로 언급한 '쓰기'에서 '전달한 사람을 죽이려는' 인간의 성향을 보여준 것이다.

하지만 전달자를 죽이지 않고 자신의 행동을 비판적으로 바라보면 더 큰 보상이 따라온다. 1997년 마스터스 골프 선수권 대회가 끝난 뒤 타이거 우즈는 스스로의 경기를 재평가했다. 이 경기에서 우즈는 필드를 지배했고 12타 차라는 기록적인 성적으로 우승을 거머쥐었다. 게다가 그는 프로 투어에 참가한 지 1년도 채 되지 않아 4개 대회 우승을 휩쓸었고 100만 달러 이상의 상금을 벌어들였으며 세계적인 유명 인사가 되었다.

명성과 성공을 가져다준 이 최초의 라운드 이후 타이거 우즈는 자신의 경기를 어떻게 평가했을까? 놀랍게도 그는 자신의 스윙을 근본적으로 바꿀 필요가 있다고 판단했다. 우즈는 2000년 8월 14일 《타임》과의 인터뷰에서 당시의 결정을 되돌아보며 이렇게 말했다.

"1997년 마스터스 대회에서 내 스윙 자세가 아주 좋지는 않다는 걸 알았어요. 하지만 운이 좋았기 때문에 큰 문제 없이 넘어갈 수 있었죠. 퍼팅도 거의 대부분 성공시켰고요. 스윙이 그렇게 좋지 않을 때도 이렇게 운이 좋을 수가 있습니다. 하지만 운이 좋지 않을 때도 이런 스윙으로 토너먼트에서 경쟁할 수 있을까요? 오랫동안 버틸 수 있을까요? 내 스윙이 바뀌지 않는 한 이 질문에 대한 답은 '아니'였습니다. 나는 스윙을 바꿔야 했습니다."

타이거 우즈는 처음으로 다시 돌아갔다. 때로 낙심하기도 했지만 그는 스윙을 고쳤고 결국 게임을 지배하는 선수로 부상했다. 한때 우즈와 랭킹 2위 선수의 격차는 2위 선수와 100위 선수의 격차보다도 더 컸다.[3] 그는 그저 '잘하는 선수'에서 '역사상 최고의 선수'가 되었다. 여기에서 얻을 수 있는 교훈은 분명하다. 승자가 되려면 혹독한 자기 성찰이 필요하다는 것이다. 심지어 타이거 우즈의 골프마저도 개선할 점이 있었고 객관적인 검토를 통해 나아질 수 있었다. 하물며 우즈도 그랬는데 우리는 어떻겠는가? 말할 것도 없다. 우리도 투자 기술을 연마해야 한다. 그러면 결국은 이익을 얻을 수 있을 것이다.

개인은 합리적인가?

비합리성에 대한 논의는 크게 둘로 나눌 수 있다. 첫째, 개인은 합리적인 결정을 내리는가? 둘째, 시장 가격은 정확한가? 시장 가격의 효율성에 대한 논란은 여전히 존재하지만(이 주제는 다음 장에서 다룰 것이다) 첫 번째 질문에 대한 답은 이미 나와 있다. 지난 30년 동안 상당히 많은 연구가 인간의 결점을 명확하게 보여준 바 있다.

1970년대 후반 대니얼 카너먼 교수와 아모스 트버스키 교수는 인간의 의사결정 문제에 대한 연구를 시작했다. 카너먼 교수와 트버스키 교수의 유명한 실험 중 하나는 '린다'라는 가상의 여성을 이용한 것이다. 그들은 이 실험에서 다음과 같은 질문을 던졌다.[4]

> 31세의 미혼 여성인 린다는 솔직하고 아주 똑똑하다. 철학을 전공했으며 학생 때는 차별과 사회적 정의에 대한 문제에 깊은 관심을 가지고 반핵 시위에 참여하기도 했다. 다음 두 보기 중 무엇이 더 가능성 있어 보이는가?
>
> 1. 린다는 은행원이다.
> 2. 린다는 은행원이고 여성운동에 적극적이다.

잠깐 시간을 갖고 답을 생각해 보자(정답은 조금 이따 알려줄 것이다). 먼저 실험 참가자 중 대다수가 오답을 말했고, 이 오답을 어떻게 해석할 것인가에 대해 지적 논쟁이 존재한다는 사실을 알아야 한다. 전통적인 경제학자들은 실험 설계가 잘못되었기 때문에 오답이 발생한다고 항변했다. 즉, 이들이 보인 첫 번째 반응은 '인간은 실수를 한다'는 증거를 부인하는 것이었다. 행동경제학자들이 보여주는 바로 그 본능 말이다.

행동경제학자들은 기법을 다듬어 위 문제 외에도 사람들이 여러 다른 중요 분야에서 실수를 한다는 증거를 제시했다. 더 이상은 주류 경제학자들도 이런 증거들을 반박하지 못한다. 하지만 그들은 여전히 로봇처럼 냉철한 의사결정 모델이 타당하다고 주장한다. 이와 대조적으로 행동경제학자들은 이성적인 행동에 대한 기존 이론을 근본적으로 수정할 필요가 있다고 말한다.

그럼 다시 린다 문제로 돌아가 보자. 당신이 생각한 답은 무엇인가? 이 문제의 정답은 1번이다. 사실 어떤 속성이든 두 가지를 조합하면 마찬가지의 결과가 나온다. 대학 운동선수 100명을 생각해 보자. 이들 중 여자는 몇 명일까? 여자이면서 180센티미터가 넘는 사람은 몇 명일까? 100명에 대해 아무것도 모른다고 해도 '키 큰 여자'의 수가 '전체 여자'의 수를 넘어설 수는 없다. 마찬가지로 '은행원'의 수는 '여성운동가이며 은행원'인 수보다 많아야 한다. 린다 문제의 정답이 2번이라고 답한 사람들은 카너먼과 트버스키가 '결합 오류conjunction fallacy'라고 명명한 잘못에 빠진 것이다. 두 조건을 동시에 만족시키는 확률은 단일 조건 중 어느 한 조건을 만족시키는 확률보다 낮아야 한다. 그런데 이 실험에 참가한 사람들 중 무려 85%가 오답을 냈다. 이렇게 간단한 테스트조차 왜 이렇게 오답률이 높은 것일까?

로켓 과학자들도 틀리는 간단한 문제

개인이 비합리적인 이유 중 하나는 우리가 계산에 썩 뛰어나지 않기 때문이다. 내가 강의하는 하버드경영대학원의 한 수업에서 회사 재산의 낭비corporate waste(기업이 취득한 자산이 상대적으로 너무 작아 합리적인 기업가라면 기업이 거래에서 적절한 대가를 받았다고 결론 내릴 수 없는 거래)를 유발하는 원인에 대해 연구한 적이 있다. 우리는 임원들이 회사 자금을 개인적으로 유용하는 상황들을 조사했다. 가장 유명한 사례는 1980년대 초 RJR 나비스코 사건이다. 『문 앞의 야만인들』에서 알 수 있듯이 당시 CEO였던 로스 존슨Ross Johnson은 회삿돈으로 호화로운 파티를 열고 유명 인사들과 어울리며 값비싼 전용기들을 사들였다.[5]

존슨이 이렇게 회사 돈을 과도하게 유용했던 이유 중 하나는 존슨과 이사진 중 누구도 RJR 나비스코 지분을 많이 갖고 있지 않았기 때문이었다. 실제로 존슨은 회사 주식의 0.05%만을 보유하고 있었는데, 이것이 존슨의 전체 재산에서 차지하는 비중은 극히 작았다. 수업 중에 나는 학생들에게 RJR의 전용기 중 한 대 값인 2100만 달러에서 존슨의 지분은 얼마인지 계산해 보라고 했다. 2100만 달러의 0.05%면 얼마인가? 학생 한 명을 골라 답을 말해보라고 하자, 그는 계산기로 손을 뻗었다. 나는 학생에게 이렇게 물었다.

"미안하지만 학생은 MIT에서 학위를 두 개나 받지 않았나요?"

학생은 "네"라고 대답했다.

"게다가 그 학위들은 MIT에서도 수학적으로 아주 어렵다는 전기공학과 컴퓨터 과학에서 받은 것 아닌가요?"

"네, 맞습니다."

"그런데도 이렇게 간단한 계산을 하려면 계산기가 필요하군요?"

학생은 그렇다고 대답했다. 대부분의 사람들, 심지어 MIT에서 뛰어난 실력을 발휘한 사람들조차 기본적인 계산을 잘하지 못한다. 계산기는 RJR 소유 전용기에 대한 로스 존슨의 지분이 1만 500달러(2100만 달러의 0.05%)임을 쉽게 계산해 낸다. 물론 이런 문제는 계산기의 도움을 받으면 간단히 풀 수 있다. 그러나 애석하게도 우리 뇌가 잘 해결하지 못하는 다른 문제들의 해결책은 그리 간단하지 않다. UCLA의 제이 팰런 교수와 내가 공저한 『비열한 유전자』에 나오는 다음 두 가지 문제를 생각해 보자.[6]

> 문제 1. 중국인들은 아들을 선호하는데 중국 정부는 가족 규모를 제한하기 위해 강력한 출산율 제한 정책을 시행하고 있다. 여아를 출산할 확률이 정확히 50%라고 가정해 보자. 모든 부부는 일단 아들을 한 명 낳으면 더 이상 아이를 가질 수 없다. 따라서 어떤 가정은 아들이 하나 있고, 어떤 가정은 위로 딸 하나와 아래로 아들 하나가 있고, 어떤 가정은 위로 딸 둘과 아래로 아들이 하나 있는 식이다. 이런 시나리오에서 중국의 신생아 중 여아는 몇 퍼센트일까?

> 문제 2. 당신은 의사이고 환자 중 한 명이 HIV 검사를 받고 싶다고 찾아

왔다. 당신은 환자에게 이 병은 환자와 비슷한 연령대의 비슷한 성 경험을 가진 여성 중 1000명에 한 명만 걸리기 때문에 굳이 검사가 필요하지 않을 거라고 장담한다. 그래도 환자는 검사를 고집하고 안타깝게도 검사 결과는 양성이다. HIV 테스트의 정확도가 95%라면, 이 환자가 실제로 병에 걸렸을 확률은 몇 퍼센트인가?

은행원 린다 문제처럼 이 두 문제에서도 거의 모든 사람이 오답을 말한다. 나는 이것 말고도 대부분의 사람들이 틀릴 만한 문제를 얼마든지 제시할 수 있다.

실제로 하버드 의대의 의사와 직원들에게 HIV 검사에 대한 퀴즈를 냈을 때 대부분 환자가 감염됐을 확률은 95%라고 답했다.[7] 사실 이 문제의 정답은 2% 미만이다. 마찬가지로 여아를 임신할 확률이 정확히 50%인 한, 출생아 중 여아의 비중 또한 50%일 것이다. 이는 출산 중단 시기를 결정하는 어떤 정책을 쓰든 마찬가지다. 여기서 내가 전달하고 싶은 이야기의 핵심은, 우리 중 대다수가 수학적 계산에서 어려움을 겪는다는 것이다. 게다가 견실한 투자를 하려면 지금까지 논한 문제들에서보다 훨씬 복잡한 수학적 분석이 필요하다. 모든 투자의 핵심은 비용과 편익이고, 이는 여러 해의 다양한 시나리오를 통해 예측해야 한다. IBM의 주가나 우리 집의 가격을 계산할 때도 상당한 수준의 수학이 필요하다!

비단 평범한 사람들만 이런 문제를 틀리는 게 아니다. 하버드 의사들도 이런 문제에서 심각한 실수를 저지른다. 세계에서 가장 똑똑하다는 사람들도 그렇다. 내 친구 크리스는 로켓 과학자로, MIT에서 물리학 학사, 박사 학위까지 받을 만큼 명석한 두뇌를 가진 인재다. 이처럼 출중한 능력과 높은 교육 수준을 갖춘 크리스마저도 HIV 문제를 틀렸다고 시인했다. 우리 인간은 수학적 계산에 약하게 만들어졌다. MIT의 로켓 과학자들도 이런 간단한 문제에서 실수를 저지르는 판이다. 게다가 우리는 자기 자신을 지나치게 과신한다는 문제가 있다. 투자 분석에 필요한 계산도 잘 못하는데, 동시에 자신의 단점마저도 인식하지 못한다. 엎친 데 덮친 격이다.

우리의 지나친 자신감은 다양한 형태로 나타난다. 사람들에게 다른 사람들과 비교해 스스로를 평가해 보라고 하면 평균적으로 자신을 늘 평균보다 높게 평가한다. 가령 운전 실력에 대해 물었더니 50% 이상의 사람들이 스스로를 운전 실력 상위 50% 안에 든다고 평가했다. 이는 통계적으로 불가능함에도 말이다.[8] 또한 여러 부부를 대상으로 가사 노동에 대한 기여도를 평가해 달라고 했더니 총합이 100%를 넘는 경우가 다반사였다.[9]

이처럼 자기분석에서 나타나는 편향을 탐구한 연구 중 내가 가장 좋아하는 실험은 남성들에게 자신의 운동 능력을 평가하게 한 것이다. 자신의 운동 능력을 하위 50%로 평가한 남성이 과연 얼마나 될까? 아마도 여러분은 답을 알 것이다. 실험 참가자 중 자신의 운동 능력이 평균 이하라고 응답한 남성은 단 한 명도 없었다.[10]

지나친 자신감은 자기분석뿐만 아니라 세상을 바라보는 시각에도 영향을 미친다. 간단한 테스트를 해보자. 2004년 1월 기준 전 세계의 월마트 직원은 몇 명이었을까? 아무 정보도 찾아보지 말고 구체적인 추정치를 적어보라. 아니, 사람마다 월마트에 대해 아는 정보가 다르니 이렇게 물어보면 좀 불공평하게 느껴질지도 모르겠다. 그렇다면 질문에 공정성을 기하기 위해 추정치 외에 상한과 하한도 적어보라. 이때 상한과 하한의 범위는 실제 직원 수가 그 범위 안에 있음을 90% 이상 확신할 수 있도록 넓게 잡도록 하라. 이런 종류의 질문 10개에 답을 한다면 그래도 9개 정도는 당신이 정한 상한과 하한의 범위 사이에 정답이 있어야 할 것이다. 자, 그럼 월마트에 대한 숫자 3개—추정치와 상한, 하한—를 다 적었는가?

정답은 조금 이따가 알아보기로 하고, 우선 테스트 결과를 살펴보자. 같은 조건에서 비슷한 질문을 10개 정도 던지면 사람들은 보통 2~4개 정도 오답을 낸다.[11] 10개 질문 중에서 한 개만 틀릴 정도로 추정 범위를 넓게 잡으라고 조언했는데도 이런 저조한 성적이 나왔다. 사람들은 자신의 추정치를 지나치게 자신하기에 이와 같은 추측 게임에서 실패한다. 사실 나 역시도 이런 식의 테스트에서 내 추정치를 과신했으니, '우리'가 실패한다고 표현하는 게 더 맞겠다. 나는 10개 질문을 보기 전에 추정치의 상한과 하한을 극단적으로 넓게 잡아야겠다고 결심했다. 이렇게 마음의 준비를 했음에도 상한과 하한의 범위에 정답이 들어간 경우가 질문 10개 중 8개밖에 없었다. 월마트 문제로 돌아가면, 2004년 1월 월마트의 전체 직원 수는 150만 명이었다.

요약하자면 우리는 투자 분석에 필수적인 몇 가지 핵심 도구를 빠뜨린 채 투자라는 게임에 뛰어들고 있다. 설상가상으로 지나친 자신감에 가득 차서 내게는 투자에 필요한 기술이 있다고 확신하면서 말이다.

이성적 사고를 교란시키는 도마뱀의 뇌

우리는 완전한 투자 분석 도구를 갖고 있지 않으면서도 좋은 선택을 하길 간절히 바란다. 놀라운 사실은, 우리가 '분석'을 통해 의사결정을 하는 경우는 아주 드물다는 것이다.

1990년대 초 내가 가장 크게 투자한 종목은 마이크로소프트Microsoft 였다. 어느 날 저녁, 하버드 기숙사 밖에서 친구 매트와 수다를 떨던 중 나는 이렇게 말했다.

"매트, 너랑 상의하고 싶은 문제가 있어. 마이크로소프트는 굉장히 잘하고 있는데 몇 달간 주가가 오르지 않았단 말이야."

나는 전 세계에 소프트웨어를 파는 마이크로소프트의 환상적인 사업에 대해 계속 떠들다가 문득 매트에게 물었다.

"그런데 마이크로소프트의 주가수익비율(PER)이 얼마지?"

내가 마이크로소프트의 주가수익비율에 대해 대략적인 추정치조차 모르고 있다는 사실을 깨달았을 때, 우리 사이에는 침묵이 흘렀다. 경제 신문을 매일 몇 시간씩 탐독하면서도 정작 중요한 사실은 몰랐던 것이다. 게다가 주가수익비율은 매우 쉽게 알 수 있는 정보였다. 한참 전인 1993년 기술력으로도 단 5분이면 내 방에 올라가 《월스트리트저널》

에서 마이크로소프트의 주가수익비율을 찾을 수 있었다. 21세기에는 인터넷으로 즉시 찾아볼 수 있고 말이다.

나는 호기심이 많은 사람이므로 다행히 나의 무지가 드러난 후에도 부끄러워하며 숨지 않았다. 그 대신 사람들에게 그들이 한 투자에 대해 묻기 시작했다. 한 금융 전문가는 애플의 주식을 보유하고 있다고 말하며 사용하기 쉬운 애플 운영체제의 장점을 극찬했다. 나는 그에게 주가가 아니라(그는 애플의 주가가 매우 낮다고 생각했다) 애플의 상장주식수가 얼마냐고 물었다. 그러자 그는 이렇게 답했다.

"세상에, 나도 모르겠는데요. 수백만 주쯤 있겠죠."

주식수는 회사의 총가치를 파악하는 데 주가만큼이나 중요한 정보다. 주식수를 모르면 주식을 평가하는 것이 불가능하다. 다시 말해서, 이 사람은 내가 마이크로소프트를 선택했을 때처럼 애플에 대해 무지했던 것이다. 당신도 주변 친구들에게 질문해 보라. 자신이 한 투자임에도 십중팔구는 이런 정보를 모르고 있다. 그나마 이런 투자의 사각지대는 정보에 쉽게 접근할 수 있으니 적어도 이론적으로는 바로잡기가 수월하다. 의사결정을 내리기 전에 탄탄하게 분석을 마쳤다고 확신하는 사람들의 생각에도, 뭐, 찬성할 수 있다. 다만 투자라는 게임은 보다 미묘하다. 투자 결정을 포함한 인간의 행동은 도마뱀의 뇌에 놀라울 정도로 큰 영향을 받기 때문이다.

대부분의 이성적인 계산은 눈 위에 위치한 뇌의 전두엽 피질 부분에서 이루어진다. 전두엽 피질은 투자를 분석적으로 바라볼 때 큰 역할을 한다. 인간은 다른 동물에 비해 전두엽 피질이 엄청나게 크고, 이는 인간의 우월한 추론 능력을 설명하는 근거가 된다.[12] 인간은 유일무이하게 이성적인 결정을 내릴 수 있는 존재다. 그런데 도마뱀의 뇌 역시 이 결정에 관여한다. 그것도 우리가 생각하는 것보다 더 많이!

정신의학은 오랫동안 뇌의 여러 부분을 연구하며 뇌의 각 부분들이 어떻게 상호작용하는지를 탐구해 왔다. 프로이트는 인간의 마음을 자아ego, 초자아superego, 원초아id로 나누어 연구한 것으로 유명하다. 물론 프로이트의 관점은 최소 플라톤까지 거슬러 올라간 오랜 전통에 기반을 두고 있다. 현대의 마빈 민스키Marvin Minsky 교수는 사람의 뇌에 프로이트가 구분한 세 가지의 경쟁적인 힘 말고도 다른 영역이 더 있다고 주장한다. 인간 정신이 여러 영역으로 이루어져 있다는 민스키 교수의 생각은 그가 쓴 책의 제목인 『마음의 사회』에서도 잘 드러난다.[13]

나는 MIT에서 민스키 교수의 강의를 수강한 적이 있는데 그때 그는 자신의 뇌에 대해 재미있는 이야기를 했다.

"한번은 제럴드 포드 대통령과 조찬 약속이 잡혔어요. 나는 평소에 약속을 잊는 경우가 없는데 이날 아침은 그냥 계속 자버렸어요. 이때만큼 나의 잠재의식이 자랑스웠던 적이 없답니다."

민스키 교수의 이야기에는 여러 중요한 포인트가 있다. 첫째, 전두엽 피질은 행동을 완전히 통제하지 못한다. 둘째, 잠재의식은 종종 전두엽 피질이 계획한 목표와 다른 목표(어쩌면 대립될 수도 있는)를 가진다. 마지막으로 셋째, 잠재의식은 때때로 전두엽 피질보다 더 똑똑하다.

우리 집에서 '맨디'라는 별명으로 불렸던 할아버지는 내게 잠재의식의 힘에 대해 처음으로 알려주셨다. 그는 프로이트와 함께 수학했으며 프로이트의 딸인 안나와는 수년간 우정을 유지한, 꽤 유명한 정신과 의사였다. 수련의 일환이었지만 맨디 할아버지는 뛰어난 최면술사이기도 했다. 나는 한 번도 최면에 걸린 적이 없지만 할아버지는 내가 딸꾹질을 할 때면 늘 암시의 힘을 사용하셨다. 나는 절대 따라 할 수 없는 독특한 말투로 딸꾹질을 세 번만 더 하면 25센트를 주겠다고 말씀하셨던 것이다. 할아버지가 이렇게 말씀하시면 나는 이 애처로운 딸꾹질을 한 번 이상 더 할 수 없었다. 나도 다른 사람들에게 이 속임수를 시도해 봤지만 실패에 그쳤다. 할아버지가 수련 과정에서 배운 어떤 것이 나의 잠재의식에 말을 걸어 행동을 바꾸게 했음이 분명하다.

그런가 하면 한국전쟁 때 중국인들은 미군 포로를 다루는 데 잠재의식에 대한 지식을 사용했다. 미군 포로들이 협력하기를 바랐던 중국인들은 아주 효과적이며 잔인하고 교활한 전술을 다양하게 사용했다. 로버트 치알디니Robert Cialdini 교수는『설득의 심리학』에서 한국전쟁 때 중국인들이 사용했던 전술들을 자세히 설명한다. 그중에는 사람의 잠재의식을 조종하기 위한 점증적 접근법도 포함되어 있다. 잡히자마자 전적으로 협력하려는 사람은 거의 없었지만 시간이 지나면서 사람들은 점점 더 극단적인 행동을 하도록 내몰렸다. 결국에는 미군 포로 세 명 중 한 명이 심각한 협력 행위를 했고, 일부는 다른 미국인들을 학대하기까지 했다.[14]

완강히 저항하는 미국인들에게 중국인들은 때때로 간단한 요청을 하곤 했다. "당신이 미국에 반하는 진술을 할 생각이 없다는 것을 안다. 하지만 당신 동료 중 한 명이 쓴 진술서를 다시 쓰기만 하면 된다. 미국에 반하는 진술서에 이름을 쓸 필요도 없고 당신이 뭘 했는지는 아무도 알지 못한다." 중국인들은 이 간단한 단계가 협력으로 가는 중요한 과정이라는 것을 알고 있었다. 이 단계를 받아들인 포로는 스스로 미국에 반하는 진술을 할 가능성이 훨씬 더 높아졌다.[15] 단순히 무언가를 말하거나 쓰게 하는 것만으로도 태도를 바꾸게 만들 수 있는 것이다.

사실 이 사례 중 어떤 것도 잠재의식의 중요성을 증명해 주지는 못한다. 마빈 민스키 교수는 포드 대통령과 약속이 잡혀 있던 날 아침에 단순히 게으름을 부렸는지도 모른다. 마찬가지로 우리는 어째서 맨디 할아버지가 내 딸꾹질을 멈출 수 있었는지, 무언가를 말하거나 쓰는 것이 왜 의견을 바꾸게 하는지 확실히 알 수 없다.

장애가 있는 사람들을 연구하다 보면 때로 뇌의 정상적인 기능에 대해 통찰력을 얻기도 한다. 말 그대로 분리뇌split-brain를 가진 사람들을 연구함으로써 우리는 분리뇌의 영향을 이해할 수 있다. 대부분 사람의 좌뇌와 우뇌는 '뇌량'을 통해 서로 소통한다. 그런데 드물게 뇌량 없이 태어난 사람들이 있고, 이런 사람들의 뇌에서는 좌뇌와 우뇌가 서로에게 무슨 일이 일어나고 있는지 모른다. 그리고 이들을 연구함으로써 뇌의 의식적인 부분이 늘 주도적 역할을 하지는 않는다는 것을 알 수 있다. 마이클 가자니가Michael Gazzaniga 교수의 『마음의 과거The Mind's Past』와 같은 책들이 분리뇌에 대한 연구 내용을 상세히 기술하고 있다.[16]

뇌 기능을 연구하기 위해 과학자들은 분리뇌 환자들에게 지시가 적힌 종이를 보여줬다. 예를 들어 종이에 '지금 손을 흔들어주세요'라고 적혀 있다면 환자들은 이 지시를 따르는 것이다. 이렇게 분리뇌에 대한 연구를 진행하던 중, 환자들에게 자신의 행동에 대해 설명해 보라고 요청하자 흥미로운 양상이 나타났다. 과학자들은 분리뇌 환자가 왼쪽 눈으로만 종이를 볼 수 있도록, 우반구만 지시를 인식하는 환경을 만들었다. '말하기'를 담당하는 좌반구는 지시를 볼 수 없는 것이다. 이들은 뇌가 분리되어 있으므로 손을 흔드는 행위가 지시에 따른 반응이라는 것을 뇌의 우반구만 알고 있었다. 즉, 좌반구는 이유를 전혀 모르는데도 왜 손을 흔들고 있는지 설명해야 하는 상황이었다.

"왜 손을 흔들고 있습니까?"라고 질문하자 말하기를 담당하는 뇌의 영역은 딜레마에 빠졌다. 손을 흔드는 이유에 대해 아무런 정보가 없기 때문이다. 그럼에도 손을 흔들었다는 사실은 감지할 수 있다. 그러면 뇌에서 언어를 담당하는 부분은 손을 흔든 이유를 모른다고 인정하는 대신 이야기를 지어낸다. 가령 "아는 사람을 본 것 같아서요"라는 답이 돌아왔다. 마찬가지로 한쪽 뇌에만 웃으라고 지시를 내린 후 왜 웃느냐고 질문하면, 지시를 모르는 다른 한쪽은 "당신들이 웃겨서 웃고 있다"라는 식으로 설명을 지어냈다.

이런 연구들은 놀라운 결론을 이끌어낸다. 우리 인간은 도마뱀의 뇌가 우리에게 영향을 미친다는 사실을 은폐하도록 만들어졌다는 것이다. 우리가 이성적인 뇌를 써서 어떤 결정을 했다고 생각할 때도 사실은 단순히 행동의 이유를 지어낸 것일 때가 많다. 민스키 교수의 말처럼 전두엽 피질 외의 일부 영역이 방향을 정하면 설명은 다른 영역이 맡는 것이다.

또 다른 흥미로운 연구들은 의식적인 뇌의 한계를 보여준다. 맥거크 효과McGurk effect라고 알려진 현상이다. 인터넷에서 맥거크 효과를 검색해 보면 직접 체험해 볼 수 있다. 맥거크 효과란 감각이 의식적으로 인식되기 전, 무의식적인 두뇌 시스템이 그것을 변형한다는 것이다. 예를 들면 이런 식이다. 다른 사람이 말하는 것을 들을 때 우리는 눈과 귀를 모두 사용한다. 독화술을 배운 적이 없는 사람들도 마찬가지다. 1976년 해리 맥거크Harry McGurk와 존 맥도널드John MacDonald 교수는 한 실험으로 이를 증명해 냈다. 두 사람은 어떤 사람에게 '바Ba' 소리를 내게 하고 이를 녹음한 다음, 이 소리를 동일한 사람이 '가Ga'라고 말하는 영상과 합쳤다.[17] '가'라고 말하는 입 모양을 보면서 '바' 소리를 들으면 우리는 어떻게 인식할까? '다Da'에 가까운 혼합된 소리로 인식한다. 맥거크 효과의 가장 흥미로운 점은 이 효과가 절대 사라지지 않는다는 사실이다. 눈을 감고 영상의 소리를 들으면 분명히 '바'로 들리는데, 눈을 뜨면 다시 '다'로 들린다. 수백 번 테이프를 보고, 심지어 진짜 소리를 알아도 효과는 사라지지 않는다. 이성적인 뇌를 사용해도 정보의 무의식적인 전처리preprocess를 무효화할 수 없는 것이다. 맥거크 효과는 의식 단계 이전의 과정이 세상에 대한 우리의 기본적인 인식에 영향을 미친다는 것을 보여준다. 전두엽 피질이 인식하는 정보가 뇌의 다른 영역에 의해 변형된 것이라면, 전두엽 피질이 우리를 완전히 통제한다고는 말할 수 없다.

정리하자면, 뇌는 아주 단순화했을 때 전두엽 피질과 도마뱀의 뇌로 나눌 수 있다. 전두엽 피질은 우리 뇌의 보다 이성적인 영역이고, 도마뱀의 뇌는 우리 조상들이 자연 환경에서 잘 살아남을 수 있도록 발달해온 본능적인 영역이다. 우리는 어떤 의사결정을 내릴 때 전두엽 피질로 합리적 선택을 한다고 생각하지만 전두엽 피질은 종종 완벽하지 않다. 그리고 도마뱀의 뇌는 우리가 생각하는 것보다 행동에 강력한 영향을 미친다. 우리는 실수를 저지르고 다양한 함정에 빠지도록 만들어졌으며, 자신의 행동에 대해 그럴듯한 이야기를 만들어내기까지 한다.

월스트리트에 간 도마뱀의 뇌

윈스턴 처칠은 "민주주의는 최악의 정부 형태다. 그동안 시도했던 나머지 모든 정부 형태를 제외한다면"이라고 말했다. 나도 처칠의 말을 한번 빌려보겠다. "불완전한 분석 시스템을 이용한 합리적 투자는 돈을 버는 최악의 방법이다. 도마뱀의 뇌를 사용한 투자를 제외한다면."

도마뱀의 뇌는 우리를 파괴적인 행동으로 몰아간다. '결함이 있는 전두엽 피질이 약하게 통제력을 발휘하는 것'보다 더 나쁜 것은 '전두엽 피질이 아예 통제력을 발휘하지 않는 것'이다. '피니어스 게이지'라는 남자의 안타까운 이야기가 이를 보여주는 가장 유명한 사례다. 다음은 게이지의 사고에 대해 쓴《프리소일유니언Free Soil Union》이라는 지역 신문의 기사 원문이다.

캐번디시에서 철도 공사 현장 감독으로 일하던 피니어스 P. 게이지가 화약을 다져 넣던 중 폭발 사고가 일어나 둘레 3.5센티미터, 길이 1미터의 쇠막대기가 그의 머리를 통과했습니다.

놀랍게도 게이지는 이 거대한 금속 막대기가 뇌를 통과한 사고에서 상당히 잘 회복했다. 게이지의 머리를 통과한 막대기는 무게가 5킬로그램이 넘었고 실제 지름은 3.5센티미터가 넘었다(신문에서 보도된 둘레보다 더 컸다). 사고가 발생한 지 1년도 지나지 않아 게이지는 철도 회사로 돌아갈 수 있을 만큼 건강해졌고, 그의 정신 작용도 대체로 온전해 보였다. 그러나 게이지의 동료들은 곧 그가 예전의 게이지가 아니라는 걸 알게 되었다. 게이지는 전에 없던 여러 가지 부정적인 성격을 갖게 되었으며, 동료들은 그 모습을 보고 '저 사람은 더 이상 게이지가 아니다'라고 결론지었다. 게이지는 특히 미래를 위해 계획을 실행하는 능력을 완전히 상실했다. 설사 정신적 기능이 손상되지 않았다고 해도 게이지의 전두엽 피질은 더 이상 통제력을 발휘할 수 없었기에 그는 감독관으로 복귀할 수 없었고, 결국은 철도 회사를 떠나야 했다.[18]

인간의 결점과 약점을 나열하자면 끝도 없다. 이제 우리는 투자에서 개인의 비합리성을 보여주는 가장 중요한 실제 사례들을 살펴볼 것이다. 이 주제에 관해 더 알고 싶은 독자들은 리처드 탈러Richard Thaler의 『승자의 저주』나 대니얼 카너먼의 『불확실한 상황에서의 판단』을 읽어보길 바란다.[19]

'얼마 못 버느니 아예 안 벌고 말지!'

폴 튜더 존스 2세Paul Tudor Jones II는 수억 달러를 벌어들인 전설적 트레이더다. 그가 이룬 업적은 내로라하는 월스트리트 트레이더들과의 대화를 다룬 책『시장의 마법사들』에도 생생하게 실려 있다.[20] 미시간대학교에 다니던 시절 내 룸메이트였던 피터 보리시는 폴과 함께 일한 적이 있었는데, 그 덕분에 나도 이 전설적 트레이더를 만나 얼마간의 시간을 함께 보낼 수 있었다.

위대한 트레이더는 우리처럼 편향적일 리 없다고 생각할지도 모르겠다. 물론 이 생각이 맞을 수도 있다. 하지만 나는 그들 역시 편향에서 피해갈 수 없고, 단지 인간 본성의 자기파괴적 측면 때문에 생기는 손해를 제한하는 데 매우 뛰어날 뿐이라고 느꼈다. 내가 폴 튜더 존스를 찾아갔을 때 그의 책상 위에는 손으로 쓴 메모가 두 개 놓여 있었다. 아마도 자신의 전두엽 피질이 도마뱀의 뇌를 통제할 수 있도록 직접 써놓은 메시지 같았다. 그중 하나에는 이렇게 적혀 있었다.

"잔디 깎는 기계에 저항하는 잔디는 잘려나가지만 구부러지는 잔디는 잘리지 않는다는 것을 알아라."

우리는 인생에서 여러 번 갈림길을 마주한다. 그리고 그중 올바른 길은 대개 자존심을 버리고 손해를 받아들이되 계속 나아가는 것이다. 잔디 깎는 기계에 저항하는 풀잎처럼 굽히려 하지 않으면 오히려 고통을 받을 뿐이다.

행동경제학에서 가장 많은 연구가 이루어진 영역 중 하나는 사람들이 고집을 부리다가 어떻게 손해를 보게 되는지를 설명하는 것인데, 그 중 하나가 '최후통첩 게임Ultimatum Game'이라고 불리는 실험이다. 실험에서 두 참가자는 매우 간단한 협상을 한다. 참가자들은 불공평한 과정을 거쳐 돈을 나눠야 하는 상황이며, 우선 실험 참가자 중 제안자가 돈을 어떻게 나눌지 제안한다. 상대방인 응답자는 역으로 제안할 수는 없고 최종 제안을 받아들이거나 거절하는 것만 가능하다.

나도 지도교수이자 노벨경제학상 수상자인 버넌 스미스 교수가 진행한 워크숍에서 최후통첩 게임을 해본 적이 있다. 이때 나는 퀴즈에서 높은 점수를 받아 먼저 금액을 제안할 기회를 얻었다. 내게는 100달러를 받아서 다른 워크숍 참가자에게 최후통첩을 할 수 있는 제안권이 생겼다. 게다가 결정은 익명으로 이루어졌다. 상대방과 나는 서로 누구인지 몰랐고, 앞으로도 모를 것이었다.

나는 익명의 상대방에게 10달러나 20달러처럼 10의 배수로 돈을 가져가라고 제안할 수 있었다. 상대방이 제안을 받아들이면 나는 나의 몫을, 그는 내가 제안한 금액을 가질 수 있다. 만약 제안을 거절한다면 우리는 둘 다 한 푼도 갖지 못한다. 이제 어떻게 해야 할까? 실험 참가자의 목표가 가능한 한 많은 돈을 갖는 것이라고 잠시 가정해 보자(어쨌든 100달러짜리 최후통첩 게임에서 내 목표는 이것이었다).

나는 이 게임을 다음과 같이 분석했다. 응답자는 불리한 입장이다. 응답자는 내가 얼마를 제안하든 그 금액을 그대로 받아들이거나 아니면 한 푼도 갖지 못하는 선택지밖에 없다. 따라서 내가 아무리 적은 금액을 제안한다 해도 응답자는 제안을 받아들여야 더 많은 돈을 벌 수 있다. 이런 생각을 바탕으로 나는 상대방에게 10달러를 제안하고 나는 90달러를 갖기로 결정했다.

워크숍에서 스미스 교수는 우리에게 진짜 돈으로 먼저 최후통첩 게임을 한 다음, 결과를 보기 전에 이 주제에 관한 이전 연구 결과를 살펴보라고 했다. 내 몫의 90달러를 어떻게 쓸까 고민하면서(나는 내 제안이 당연히 받아들여지리라 확신했다) 기존 연구 결과를 확인했는데, 나처럼 낮은 금액을 제안하면 많은 응답자가 '엿 먹어라'는 식으로 거절한 경우가 매우 많았다.

최후통첩 연구를 처음으로 시작한 사람은 베르너 귀스Werner Guth 교수와 동료들로, 1982년 연구 결과를 발표했다. 이들은 10마르크를 놓고 실험 참가자들의 자존심 또는 공정성을 테스트했다. 실제로 응답자의 20%가 제안을 거절했는데, 제안액의 평균은 심지어 내가 제안한 금액보다 더 높았다. 나는 전체 금액의 10%를 제안했는데 최후통첩 게임의 최초 제안자들은 평균적으로 전체 금액의 30%를 제안한 것이다.[21]

최초의 실험 이후 진행된 말 그대로 수백 번의 연구에서 기본적으로 같은 결과들이 반복해서 나타났다. 전 세계적으로 거듭된 실험에서 피실험자들은 스스로가 얼마나 자존심 있는 사람인지를 드러냈다. 이들은 자존심을 지키기 위해 기꺼이 돈을 잃는 길을 택했다.[22]

처음에는 많은 사람이 이런 결과를 믿지 못해, 걸린 돈이 너무 적어서 거절하기 쉬웠을 뿐이라고 반론을 제기했다. 버넌 스미스 교수와 동료들은 이 반론의 타당성을 확인하기 위해 미국에서 판돈을 100달러로 높여 실험했다. 그러나 100달러를 놓고 실험할 때와 10달러 23센트를

놓고 실험할 때의 결과에는 아무런 차이가 없었다.[23]

최후통첩 게임은 전 세계에서 진행되었다. 문화의 영향을 알아보기 위해 다양한 나라에서 진행되기도 했고, 판돈이 더 높아지기도 했다. 심지어 인도네시아 같은 나라에서는 몇 달 치 월급을 판돈으로 하는 최후통첩 게임을 설계했다. 그러나 결과는 크게 달라지지 않았다. 아무리 판돈을 높여도 사람들은 제안이 불공평해 보이면 기꺼이 거절 의사를 표명했다.[24] 문화가 달라도 마찬가지였다. 아직 산업화되지 않은 문화에서 수렵 채집을 하고 살아가는 사람들에게조차 귀스 교수의 실험 결과는 똑같이 나타났다.[25]

최후통첩 게임에서 제안을 거절하는 것은 비합리적인가? 반드시 비합리적이라고 할 수는 없지만 거절이 실험 참가자들에게 금전적 손해를 입히는 것은 분명하다. 이 게임은 일반적으로 다시는 서로 만날 일이 없는 익명의 사람들 사이에서 단 한 번 이루어진다는 것을 명심해야 한다. 이런 조건에서 제안을 거절한다는 건 금전적 손실을 결코 만회할 수 없다는 의미다.

여러 가지 경제적 상황에서 우리는 당장의 작은 손실을 받아들이거나 혹은 자기 입장을 완강히 고수해야 하는 상황에 직면한다. 사실 돈을 벌고 싶다면 가장 좋은 방법은 작은 패배 따위는 인정하고 넘어가는 것이다. 내가 보기에 폴 튜더 존스가 책상 위에 걸어놓은 글은 전두엽 피질이 도마뱀의 뇌에게 보내는 편지 같았다.

"도마뱀의 뇌 님, 당신이 고집도 세고 자존심도 강하다는 것을 알고 있습니다. 당신은 그렇게 행동하고 싶으시겠지만 나(전두엽 피질)는 돈이 더 좋아요. 그래서 나는 당신이 자존심을 세우는 쪽보다 이익을 취하는 길을 택하게 할 것입니다."

신경경제학 분야에서 진행된 새로운 최후통첩 게임은 정확히 뇌의 어느 부분 때문에 사람들이 손실을 보는지를 보여준다. 앨런 샌페이Alan Sanfey 교수와 동료들은 최후통첩 게임을 하는 동안 피실험자들의 뇌를 기능적 자기공명영상fMRI 장치로 스캔했다. 그 결과, 10달러 중 1달러 또는 2달러의 적은 금액을 제안받은 사람들은 전두엽 피질이 아닌 양쪽 앞섬엽의 활동이 더 활발했고, 이 영역이 더 적극적으로 활성화되는 피험자일수록 적은 금액의 제안을 거절할 가능성이 높게 나타났다.[26]

이러한 최후통첩 게임의 결과는 전두엽 피질 바깥에서 일어나는 활동이 바로 우리에게 금전적 손실을 가져다주는 범인이라는 직접적이고도 과학적인 증거가 된다. 이 책을 쓰는 시점에는 다른 경제적 편향들이 뇌의 어떤 부분에서 유발되는 것인지 밝혀지지 않았다. 하지만 이것도 곧 밝혀지리라고 생각한다. 내 예상에 대부분의 '비이성적' 행동은 전두엽 피질 바깥의 영역에서 일어날 것이다.

마지막으로 내가 연구한 결과 최후통첩 게임에서 적은 금액을 제안했을 때 거절하는 남자들은 수락하는 남자들보다 테스토스테론 수치가 훨씬 더 높았다.[27] 근육량과 관련이 높은 테스토스테론은 지배 계층 구조를 유지하는 데 중요한 역할을 한다. 가령 미국의 라디오 쇼인 「하워드 스턴 쇼The Howard Stern Show」를 이끄는 하워드 스턴과 팀원들의 테스토스테론 수치를 측정해 봤더니 그 그룹에서 사회적으로 가장 우세한 남성인 하워드의 테스토스테론 수치가 단연코 가장 높았다. 그리고 CBS의 거물이자 쇼의 단골 게스트인 내 친구 비니 파발은 테스토스테론 수치가 두 번째로 높은 사람이었다. 하워드와 비니는 둘 다 쇼를 만드는 그룹 내에서 하위 계층에 있는 젊은 남자들(개리, KC, 존)보다 테스토스테론 수치가 높았다.

이상의 연구 결과들은 결국 도마뱀의 뇌가 그렇게 비합리적인 것만은 아니라는 사실을 시사한다. 사람들이 만남을 반복하는 자연스러운 환경에서는 목표를 달성하기 위해 '갈등'을 활용하는 편이 테스토스테론이 높은 사람들에게 이익이 된다. 테스토스테론은 도마뱀의 뇌를 활성화하고 사람들을 더 대립시킨다. 반면 실험실처럼 부자연스러운 환경에서 갈등은 손해만 될 뿐 이익이 없다. 최후통첩 게임에서 상대방과 대치를 하면 결국 땡전 한 푼 얻지 못하는 것처럼 말이다. 문제는 금융시장이 실험실처럼 부자연스러운 환경이라는 점이다. 이것이 인간의 본능이 종종 우리를 손실로 이끄는 이유다.

자, 그렇다면 100달러 중 10달러를 주겠다고 했던 나의 제안은 어떻게 되었을까? 적은 돈을 받느니 차라리 돈을 아예 안 받겠다고 결정하는 사람이 많다는 것을 알게 된 후 나는 돈을 몽땅 날릴까 봐 걱정이 됐다. 게다가 우리 그룹에서 나온 결과를 보니 대학원생들은 자존심이 매우 강했다. 대학원생 세 명이 10달러를 제안받았는데 그중 두 명이 제안을 거절했던 것이다. 심지어 어떤 사람은 100달러 중 30달러를 제안받고도 거절했다! 그러나 10달러라는 나의 보잘것없는 제안은 운 좋게도 받아들여졌다.

손실에 대한 혐오가 낳은 손실

다음과 같은 위험한 도박을 어떻게 생각하는가? 승패는 동전 던지기로 정한다. 지면 5달러를 내야 하지만 이기면 상금을 받는다. 카너먼 교수는 사람들에게 최소 얼마의 상금을 주어야 5달러를 잃을 위험을 감수하고도 도박에 뛰어들 만한지 알려달라고 했다. 이 질문에 어떻게 대답할 것인가? '5달러 이상'이라고 대답한다면 당신은 손실회피적인 사람이다. 사실 이 질문을 받고 사람들이 대답한 금액은 평균 10달러 이상이었다. 이 실험 결과를 보고 카너먼 교수는 사람들이 동일한 이득을 누리는 것보다 손실을 입는 편을 훨씬 더 싫어한다고 해석했다. 우리는 단돈 5달러를 얻을 가능성 때문에 5달러를 잃으려 하지 않는다. 위험을 정당화하려면 더 큰 상금이 걸려 있어야 한다.[28]

카너먼 교수는 이런 현상을 '손실 회피 성향loss aversion'이라고 부른다. 손실 회피는 안전을 추구하는 성향이니 언뜻 좋아 보인다. 그러나 때로는 오히려 손실의 원인이 되기도 한다. 악명 높은 트레이더 닉 리슨Nick Leeson의 이야기는 손실 회피 성향이 야기할 수 있는 문제를 보여주는 전형적인 예다. 리슨은 영국 베어링스은행Barings Bank을 파산시킨 '로그 트레이더rogue trader'(회사 몰래 투기하다가 입은 막대한 손실을 감추는 트레이더)였다. 베어링스은행은 영국에서 가장 명망 높은 은행 중 하나였으나 리슨이 실패한 투기 거래로 10억 파운드에 가까운 손실을 기록해 결국은 파산하고 말았다. 재미있게도 리슨은 자신의 잘못을 책으로 자세히 써냈고, 이 책은 이완 맥그리거 주연의 영화로도 만들어졌다(멋진 배우가 내 역할을

맡아준다는 확신이 있다면 조금은 악행을 저지르고 싶어질 것 같기도 하다).[29]

회사에 손실을 숨긴 리슨의 행동에는 여러 이유가 있겠지만 그중 하나가 손실 회피 성향이었던 것은 확실하다. 언뜻 손실 회피 성향은 합리적으로 보인다. 돈을 잃는 걸 누가 좋아하겠는가? 그런 사람은 아무도 없다. 하지만 돈을 '조금' 잃었을 때를 생각해 보자. 손실에 대한 강한 혐오가 비뚤어진 인센티브를 만들어낸다. 바로 '패배자'라는 꼬리표를 피할 수도 있다는 작은 가능성을 핑계로 크고 어리석은 위험에 기꺼이 뛰어드는 것이다.

닉 리슨도 한 번에 10억 파운드를 잃은 것은 아니었다. 사실 리슨의 거래 손실은 그리 크지 않았다. 그러나 그는 작은 손실을 받아들이는 대신 거래 규모를 파격적으로 늘렸다. 만회할 수 있다는 희망을 품고 판돈을 계속해서 늘린 것이다. 결국 그를 막대하고 파괴적인 손실로 이끈 것은 바로 손실에 대한 혐오였다. 닉 리슨이 나락으로 떨어진 데는 손실 회피 성향 이상의 이유가 있었겠지만 그래도 보편적인 교훈을 전달해 준다. 손실에 대한 혐오는 우리를 더 나쁜 위험을 감수하도록 몰아붙이고, 끝내는 돈을 잃게 만든다는 것이다.

바보야, 그냥 아무 논리가 없는 거라고!

행동심리학으로 유명한 스키너B. F. Skinner 교수는 자신의 가장 유명한 실험 중 하나에서 '미신을 믿는 비둘기'를 만들어냈다.[30] 이 실험에서 그는 비둘기들에게 일정한 간격으로 먹이를 제공했다. 그동안의 여러 실험에서는 특정한 행동을 하면 비둘기들에게 보상을 했다. 그리고 특정 행동을 강화함으로써 탁구를 칠 수 있는 비둘기, 심지어 폭탄을 조종하는 비둘기를 생각해 내기도 했다. 그러나 미신을 믿는 비둘기 실험에서는 어떤 행동도 유도하지 않고 비둘기들에게 그냥 먹이를 줬다. 정확히 말하자면 '비둘기들이 어떤 행동을 하든 상관없이' 일정한 주기로 먹이를 줬다. 그리고 이 실험에서 나온 결과가 바로 미신을 믿는 비둘기였다.

정해진 시간에 따라 먹이를 나눠줬음에도 비둘기들은 결과를 이해하려고 애썼다(물론 비둘기들이 진짜 '결과를 이해하려고' 노력한 것은 아니다. 비둘기들은 작은 뇌, 그보다 더 작은 대뇌피질을 가지고 있으니 말이다). 그러나 비둘기들은 꽤 이성적으로 보이는 방식으로 행동을 바꿨다. 먹이 제공에 앞서 자기만의 행동을 반복하는 경향을 보인 것이다.

어떤 새 한 마리는 먹이를 제공받기 전에 새장 안에서 시계 반대 방향으로 두세 바퀴를 돌았으며, 또 다른 새는 반복적으로 새장의 한쪽 모서리 위로 머리를 들이밀었다. 머리를 눈에 보이지 않는 막대기 밑에 뒀다가 들어 올리듯이 흔드는 행동을 반복하는 비둘기도 있었다. 그런가 하면 두 마리는 머리를 앞으로 내밀고 오른쪽에서 왼쪽으로 휙 돌린 다음 조금 천천히 되돌아오며 머리와 몸을 시계추처럼 흔드는 동작을 했다.

원래 이 비둘기들은 전형적인 '자극 반응stimulus response' 기계였다. 비둘기들은 좋은 결과로 이어지는 행동은 반복하고 나쁜 결과로 이어지는 행동은 피했다.

실제 실험 결과는 상당히 놀라웠다. 비둘기들이 저마다 나름의 미신적인 행동을 발달시켰던 것이다. 이는 굉장히 비논리적인 행동이었다. 먹이는 비둘기들의 행동과 아무 상관 없이 제공되었기 때문이다. 그럼에도 이 작은 뇌를 가진 생물들은 실험실이라는 미친 세계에서 어떻게든 패턴을 찾아 그 행동을 수도 없이 반복했다. 스키너 교수는 이 실험이 일종의 미신을 보여주며, 비둘기는 자신의 행동과 먹이 제공 사이에 아무런 인과관계가 없음에도 마치 인과관계가 있는 것처럼 행동한다는 결론을 내렸다.

우리 인간은 이 비둘기들보다 확실히 더 똑똑한가? 더 큰 전두엽 피질을 갖고 있으므로 그렇다고 할 수 있을 것이다. 그러나 전두엽 피질 밖 도마뱀의 뇌에서는 비이성적인 생각이 자라고 있다. 우리 인간의 뇌 구조는 다른 동물들의 뇌 구조와 크게 다르지 않다. 심지어 꽤 원시적이라고 분류할 수도 있는 부분들까지 말이다. 도마뱀의 뇌는 인간의 의사결정에서 종종 조용하지만 능동적인 역할을 한다. 다음 일련의 순서를 보자.

A: H-T-H-T-H-T-T-H-H-T-T-T-T-T-H-T-H-H

B: T-H-H-T-T-H-T-H-H-T-H-H-T-H-H-T-T-H-T-T

나는 A와 B를 매우 다른 과정을 거쳐 만들었다. 하나는 분석적인 과정을 거쳐 구성했고, 다른 하나는 방금 내 방에서 25센트짜리 동전을 스무 번 던져서 구성했다. 즉, 하나는 동전 던지기로 무작위하게 만든 것이고 다른 하나는 치밀한 구성으로 만든 것이다. 그렇다면 A와 B 중 어떤 것이 동전 던지기로 만든 것일까? 힌트를 알려주기 전에 먼저 맞혀봐라.

치밀한 구성이 무엇인지 더 자세히 알려주면 그 답을 맞힐 수 있을 것이다. 작위적으로 구성한 순서에서 나는 H와 T를 두 번 이상 연속해서 넣지 않았으며, 마찬가지로 H, T, H로 교차하는 경우는 세 번 이상 반복되지 않게 했다. 따라서 T가 길게 연속되는 A가 무작위적인 수열이고, B는 작위적인 수열이다. 그런데 이런 종류의 실험에서 사람들은 잘못된 수열을 고르는 경우가 많았다. [31]

요점은, 도마뱀의 뇌가 비논리적인 행동에서 자꾸만 논리적인 패턴을 찾아내려 한다는 것이다. 주가에는 무작위적인 요소가 적지 않지만 우리 인간은 잡음에서 패턴을 찾도록 만들어졌다. 많은 투자 전략이 미신을 믿는 비둘기의 춤보다 더 나을 바가 없다(그리고 재미도 더 없다).

미래는 질 수밖에 없는 게임

개인의 비합리성에 대한 학계의 공방은 대체로 마무리가 되었다. 인간은 논리 법칙에 반하는 비합리적인 행동을 한다는 확고한 증거도 있다. 대니얼 카너먼 교수와 버넌 스미스 교수가 공동 수상한 2002년 노벨경제학상은 비합리성이 인간 본성의 기본적인 부분이라고 생각하는 사람들이 승리했다는 상징이다. 다음 장에서는 이러한 특이점과 편향이 금융 분야에서 어떻게 작용하는지 살펴볼 것이다.

그러나 다음 장으로 넘어가기 전에 우리는 모든 비합리성의 어머니, 자기 통제의 어머니라고 할 수 있는 것부터 살펴봐야 한다. 거의 모든 이성적 행동 과정에서 사람들은 냉정하게 현재를 미래와 맞바꾼다. 예를 들어 현재 담보 대출금을 더 많이 갚아서 미래에 갚을 돈을 줄여야 할까? 정답은 '적절한 공식을 사용해 비용 대비 편익을 따져본 후 결정한다'이다. 의사결정은 이렇게 합리적으로 해야 하고, 나 역시 이런 방식을 쓴다. 하지만 훨씬 더 별난 과정을 거쳐 선택을 하는 경우도 많다.

내가 아내 바버라와 일주일에 거의 네 번 정도는 벌이는 논쟁을 예로 들어보자. 저녁에 차를 몰고 집에 가면서 나는 사람 없는 주유소에 들러서 기름을 가득 채우자고 제안하지만, 아내는 연료 게이지가 바닥을 가리키지 않는 한 주유소에 들르지 말자고 주장한다.

"제발, 오늘은 그냥 가고 다음에 하자. 너무 피곤해서 지금 당장 집에 가고 싶어."

밤에 기름을 채워놓지 않으면 나중에 어딘가에 가야 할 때 주유소에 들러야 하고, 보통 이런 일은 바쁜 오후에 일어나기에 늦은 밤에 주유할 때보다 시간이 훨씬 더 오래 걸린다. 그러나 바버라는 매번 시간도 빠듯하지 않고 피곤하지도 않은 미래를 예상하며 '다음'을 주장한다.

밤마다 벌어지는 우리 부부의 주유소 논쟁은 어느덧 영국의 코미디쇼 「몬티 파이튼Monty Python」에 나오는 '치즈 가게 게임'과 비슷한 양상으로 바뀌었다. 이 게임에서 손님이 다양한 치즈의 이름을 대며 달라고 하면 가게 주인은 치즈를 줄 수 없는 이유를 댄다. 예를 들어 손님이 줄줄 흐르는 치즈를 달라고 하면 주인이 '고양이가 방금 전에 마셔버렸다'라고 대답하는 식이다. 손님을 맡은 사람은 독특한 치즈를, 가게 주인을 맡은 사람은 그럴듯한 변명을 생각해 내야 하고 어느 쪽에서든 새로운 아이디어가 바닥나면 게임은 끝난다. 우리 부부의 '주유소 게임'도 마찬가지로, 내가 주유소에 들러야 하는 새로운 이유를 제시하면 바버라는 지금 가는 것이 왜 특별히 나쁘고 불편한지 이유를 댄다.

주유소 게임은 자기 통제력에 문제가 있다는 것을 보여주는 사소한 예다. 잘못된 결정은 대부분 오늘과 내일이 부적절한 타협을 한 결과다. 지금 열심히 일하고 나중에 놀아야 한다는 사실을 모두 너무 잘 알고 있지만 지금은 그저 너무 바쁠 뿐이다.

행동경제학자들은 왜 인간의 자기 통제력에 문제가 있는지 연구해 왔다. 여러 흥미로운 실험에서 우리는 현재를 지나치게 중시하고 미래는 거의 중시하지 않는 모습을 보였다.[32] 전두엽 피질을 사용해야 할 때 도마뱀의 뇌를 사용하는 것이다. 지금까지 살펴본 것처럼 우리 뇌는 합리성을 지키는 단단한 보루가 아니다. 뇌에는 특별한 분석력을 갖춘 데다가 강력하기까지 한 '전두엽 피질'이 있지만, 아쉽게도 그것만으로는 야생적이고 강력한 도마뱀의 뇌를 통제하기에 한계가 있기 때문이다.

2장

비합리적 시장
호시탐탐 투자자를 노리는 빌런

시장은 어떻게 비열할 수 있는가?

월스트리트에는 '시장은 대개 사람을 좌절시키기 위해 움직인다'라는 격언이 있다. 그리고 몇몇 사람들은 이 말이 사실이라고 믿는다. 역발상 투자자들은 '시장은 사람들이 낙관할 때 하락할 가능성이 높고, 비관할 때 상승할 가능성이 높다'고 말한다. 투자자들의 심리가 극단적일수록 시장의 움직임은 더 강렬해진다. 단, 그 방향은 대중의 심리와는 정반대다.

비열한 시장에서 인간은 기회와 어긋나게 행동하도록 타고났다. 도마뱀의 뇌는 우리로 하여금 시장 붕괴 직전에 사고 싶게 하고, 상승세가 시작하기 전 공포에 팔고 싶게 만든다. 만약 시장이 우리를 손실로 이끌기 위해 이렇게 감정적으로 잔인하게 구는 것이라면 정말 '비열'하다고 말할 수 있을 것이다. 그런데 시장은 정말 비열하며 우리를 좌절시키기 위해 움직이는 걸까?

결코 비열하지 않은 시장이 하나 있다면 그것은 바로 '합리적인 시장'이다. 이 말을 증명하기 위해 동전 던지기의 결과를 완전히 틀리게 예측하려고 해보자. 예를 들어 동전을 100번 던진 다음 결과를 예측해 보는 것이다. 이때 절반 넘게 틀리기란 거의 불가능하다. 점성술을 따르든, 친구의 조언을 따르든, 계속 앞면이라고만 대답하든 어떤 방법을 사용해도 마찬가지다. 동전 던지기는 예측할 수 없기에 예측하려는 모든 노력에 대해 똑같이 잔인하고 똑같이 친절하다.

합리적인 시장에서 가격은 동전 던지기처럼 움직인다. 이런 시장에서는 단기간에 가격이 상승할 확률이 정확히 50%에 가깝다. 게다가 동전 던지기와 마찬가지로 가격의 움직임을 예측할 수 있는 방법이 아무것도 없다. 이런 시장에서 미래 가격의 변화를 예측하려는 모든 전략은 운에 기대는 것이나 다름없다. 이런 합리적인 시장에 대해서도 나쁜 소식과 좋은 소식이 하나씩 있는데, 나쁜 소식은 합리적인 시장에서 좋은 성과를 얻는 건 매우 운이 좋은 사람들뿐이라는 것이고, 좋은 소식은 정말 형편없는 성과를 얻는 것 또한 거의 불가능하다는 것이다.

그러므로 시장이 비열하려면 먼저 비합리적이어야 한다. 우리는 시장의 합리성에 대해 알아본 다음 비열한(그러나 누군가에겐 친절한) 시장에 대해 알아보겠다.

시장은 정말 비합리적인가?

우리는 사람들이 비합리적이라는 사실을 안다. 지난 수십 년 동안 축적된 과학적 증거들, 1장에서 검토했던 내용들 외에도 우리의 일상적인 경험을 들여다보면 인간이 생각만큼, 혹은 기존의 경제학자들이 가정했던 것만큼 합리적이지 않다는 사실을 분명히 확인할 수 있다.

이처럼 '개인의 합리성'에 대한 논란은 종결되었지만 이것만으로 '시장'이 비합리적이라는 사실을 입증하기는 불충분하다. 비합리적인 사람들을 한 무리 모아두면 어떻게 될지 생각해 보라. 더 혼란스러워질까? 아니면 이런 집단에서도 질서가 생길 수 있을까? 답은 혼란과 질서 둘 다 나타날 수 있다는 것이다.

2004년 2월, 사우디아라비아 메카 인근에서 수백 명의 사람들이 압사당하는 사고가 있었다. 성지순례 행사의 일환으로 엄청나게 많은 이슬람 순례자들이 악마를 상징하는 기둥에 조약돌을 던지는 의식에 참여하고 있었다. 그런데 뒤에 있던 사람들이 기둥에 닿으려고 일시에 사람들을 앞으로 밀면서 희생자들이 깔린 것이다. 엄청난 인파 때문에 이는 결국 끔찍한 압사 사고를 불러일으키고 말았다.

이러한 사고는 콘서트에서도 자주 일어난다. 1979년 신시내티에서 열린 영국 록밴드 '후'의 콘서트에서는 11명의 팬들이 목숨을 잃었으며, 2000년 미국 록밴드 '펄 잼'의 콘서트에서는 8명이 목숨을 잃었다. 이런 압사 사고의 원인은 매우 사소한 경우가 많다. 사소한 문제를 많은 사람이 증폭시킬 때 치명적인 상황으로 변하는 것이다. 펄 잼 콘서트 압사 사고의 생존자는 "모든 게 너무 좋아서 앞으로 가고 싶었다"라고 말했다. 사람들이 자꾸만 더 무대에 가까이 다가갔고, 뒤에서 미는 힘이 너무 세지면서 콘서트를 더 잘 보고 싶다는 욕망이 죽음으로 이어진 것이다.

그런가 하면 벨라루스에서 53명이 사망한 끔찍한 압사 사고는 콘서트 후 우박을 동반한 폭풍이 몰아쳐 사람들이 지하철역으로 몰리면서 발생했다. 폭풍을 피하려고 서두르다가 하이힐을 신은 젊은 여성 몇 명이 넘어지면서 끔찍한 연쇄 사고로 이어졌다. 압사 사고의 경우 합리적으로 행동하는 개개인들이 모여 군중을 이루며 아주 나쁜 결과가 나타난다. 전체가 문제를 확대시키는 것이다.

이와는 반대로 적절한 안내 덕분에 제멋대로 구는 개인들의 무리가 효율적인 팀으로 바뀌는 경우도 있다. 나는 딱 한 번 이런 경험을 한 적이 있는데, 비행기를 탈 때마다 그때 일이 떠오른다. 보통 비행기에 타는 과정은 매우 비효율적이다. 비행기에 타자마자 모두 앞으로 돌진해 머리 위 짐칸에 가방을 쑤셔 넣는다. 내 자리로 가려면 예외 없이 통로가 뚫리기를 기다려야 한다. 그런데 이렇게 비효율적이고 꽉 막힌 난장판과는 대조적으로, 마법처럼 손쉽게 비행기에 탑승한 적이 있다. 독일 프랑크푸르트에서 미국으로 돌아가는 아주 혼잡한 비행기였다. 이날 탑승 게이트에서 일하던 한 직원은 승객들을 마구잡이식으로 태우지 않고 효율적으로 탑승을 지시했다. 이 직원은 단 몇 분의 노력으로 승객들을 매우 완벽하게 정리해 56열 승객들은 맨 앞에, 55열 승객들은 그다음에 오는 식으로 줄을 세웠다. 이렇게 탑승을 준비하니 통로가 막

히지 않았고, 수백 명이나 되는 승객들이 단 몇 분 만에 비행기에 탑승할 수 있었다. 내가 비행기를 탈 때마다 바라던 기적이 일어난 것이다.

버넌 스미스 교수에게 노벨상을 안겨준 연구 중 하나는 이런 현상이 비행기 탑승에만 국한되지 않는다는 것을 보여줬다. 우리는 종종 합리적인 기대 이상으로 효율적인 결과가 나타나는 것을 목격한다. 내가 경험한 미국행 비행기 탑승처럼 말이다. 스미스 교수는 이럴 때 나타나는, 수요와 공급이 일치하는 마법 같은 능력에 관해 연구했다.

그가 풀고자 했던 질문은 '전구를 갈아 끼우는 데 경제학자가 몇 명이나 필요할까? 아무도 필요 없다. 보이지 않는 손이 해결할 테니까'라는 농담과 관련이 있다. 마찬가지로 질문해 보자. 어떻게 하면 나는 우리 아파트 편의점이 문을 닫기 5분 전에 그곳에 가서 벤앤제리스 초콜릿 퍼지 브라우니 아이스크림을 살 수 있을까? 답은, '편의점 주인의 이익 추구 행위가—단, 법의 테두리 안에서—내가 원하는 상품(이 경우에는 아내 바버라가 원하는 아이스크림이지만)을 거의 마법처럼 가져다준다'는 것이다. 애덤 스미스가 쓴 것처럼 말이다.

버넌 스미스 교수는 수요와 공급의 원칙이 예상보다 훨씬 더 잘 작동한다는 사실을 발견했다. 경제학자들은 '사람들이 합리적이고, 세상에 대한 정확한 정보를 가지고 있을 때' 수요와 공급의 원칙이 잘 작동한다는 것을 증명해 왔다. 그런데 스미스 교수의 연구는 설사 사람들이 비합리적이고 세상에 대해 아무것도 모르는 경우라 해도 수요와 공급의 원칙이 보이지 않는 손의 마법을 부릴 수 있다는 것을 보여줬다. 이처럼 집단적 효율성은 때때로 개인의 무지와 비합리성 속에서도 발생한다.[1] 개개인이 비합리적이라는 증거는 명확히 있지만, 시장에서 활동하는 '개인이 모인 집합'은 경제적으로 합리적인 결정을 내릴 수도 있다는 것이다. 그렇다면 여기서 이런 질문이 남는다. 금융시장은 사소한 문제가 증폭돼 비극으로 이어지는 압사 사고와 비슷한가, 비합리적인 개인들이 효율적인 결과를 내도록 유도된 기적적인 비행기 탑승 상황과 유사한가?

모두에게 이로운 거래는 있을까?

금융시장에 대한 일반적인 견해는 시장이 개인의 비합리성을 제거한다는 것이다. '효율적 시장 가설'은 개인의 이익 추구 덕분에 내가 5분 만에 벤앤제리스 아이스크림을 살 수 있었던 것처럼, 보이지 않는 손이 가격을 적정 수준으로 맞춘다고 주장한다.

나도 최근 일상적인 상황에서 효율적 시장 가설을 경험했다. 우리 아파트의 입주자단체에서 아파트에 있는 작은 헬스장을 보수하면서 내가 정기적으로 사용하던 턱걸이 기구를 없애버리는 일이 일어났다. 나는 새로운 턱걸이 기구를 들이기 위해 입주자단체회의에 참석했는데, 회의에 가보니 그들은 거의 50만 달러(이 돈의 일부는 내 돈이다)를 들여 건물관리인을 위한 집을 사려고 하고 있었다. 이 계획을 지지하는 논리 중에는 건물관리인을 위한 주택 매매가 '실패할 수 없는' 투자라는 의견도 있었다. 우리 아파트는 하버드, MIT와 가까워서 주택 수요가 꾸준할 것이 확실하고 주택 가격도 분명히 오를 것이다, 뭐 이런 주장이었다.

나는 이두박근에 대해 논의하고 싶었지만 '실패할 수 없는' 투자라는 유혹은 매우 설득력이 있었다. 그래서 이두박근 이야기는 접어두고 우선 이렇게 물어봤다. "주택 가격이 너무 낮아서 앞으로 오를 게 뻔하다면 집주인이 왜 팔려고 할까요?" 입주자단체는 이 질문에서 상당한 깨달음을 얻었는지, 내게 앞으로도 회의에 꼭 나오라고 거듭 당부했다.

질문은 실로 타당하지만 칭찬은 내가 아닌 루이 바슐리에Louis Bachelier 라는 프랑스인이 받아야 한다.[2] 그는 약 100년 전 대학원생이었을 때 금융시장에 대해 이와 비슷한 질문을 던진 공로가 있다. 바슐리에는 두 사람이 거래할 때 한 사람에게 좋은 거래는 곧 다른 한 사람에게 나쁜 거래가 된다고 주장했다. 따라서 두 사람 다 이익을 추구한다면 이들 사이의 거래는 모두 적정 가격으로 이루어져야만 하며, 가격 변동은 오로지 새로운 정보가 있을 때만 일어난다고 추론했다. 다시 말해 예상치 못한 정보만이 주식, 주택, 채권 등 자산의 가격을 변화시킨다는 것이다. 바슐리에는 아무도 예상치 못한 새로운 정보가 있을 때만 가격 변화가 일어나므로, 이를 예측하는 것은 완전히 불가능하다는 이단적인 주장을 펼쳤다. 그리고 시장의 효율성은 주택시장에도 똑같이 작용하기에 '실패할 수 없는 투자'란 있을 수 없다.

흥미롭게도 지금은 전통적인 이론이 된 바슐리에의 생각은 당시에는 매우 진보적이었다. 그의 조언자들조차 바슐리에의 연구를 비판했으며, 연구 결과는 크게 무시당했다. 바슐리에는 남은 인생을 무명의 학자로 살았고 아무런 명성도 얻지 못한 채 1946년에 사망했다. 그러나 그가 죽은 지 얼마 되지 않아 바슐리에가 창안한 개념들은 '효율적 시장 가설'이라는 이름으로 1970년대에 학계를 휩쓸고 월스트리트로 퍼져나 갔다.[3]

『랜덤워크 투자수업』의 저자 버턴 말킬Burton Malkiel의 말을 빌려 바슐 리에의 통찰력을 현대적으로 풀면, "침팬지가 다트를 던져서 포트폴리 오를 구성해도 전문가들이 엄선한 포트폴리오만큼 수익률을 낼 수 있 다." 말킬의 책은 1973년에 출판됐고 지적으로 거대한 물결을 일으켜 투자업계를 재구성했다.[4]

만약 효율적 시장 가설이 옳다면 투자자는 비싼 주식을 사는 것을 두 려워할 필요가 없다. 효율적 시장 가설에 따르면 주식은 결코 비쌀 수 없고 시장 또한 비열할 수 없기 때문이다. 시장 효율성과 주식에 대한 믿음은 1980년대와 1990년대 엄청난 강세장을 거치며 더욱 몸집을 불 려갔다. 1998년 출판된 제러미 시겔 교수의『주식에 장기투자하라』의 책 표지에는 "사실 주식은 은행 예금보다 안전하다!"라고 적혀 있다.[5]

주식이 은행 예금보다 안전하다는 생각은 오늘날에는 약간 어리석은 이야기처럼 들린다(이 문안은 이후 책이 개정되면서 표지에서 삭제되었다). 그럼 에도 시장이 합리적이라면, 모든 장기적인 금융 포트폴리오에서 주식 이 압도적인 비중을 차지해야 한다는 시겔 교수의 조언은 타당할 것이 다. 그러나 시장이 합리적이지 않다면 투자자들은 비합리적으로 높은 가격에 주식을 살까 봐, 그리고 비이성적으로 낮은 가격에 주식을 팔까 봐 걱정해야 한다. 주식뿐 아니라 주택, 채권, 금 등 모든 자산의 가격에 대해서도 전전긍긍할 수밖에 없다.

효율적 시장 가설의 본질은 '한 사람에게 좋은 거래는 다른 사람에게 나쁜 거래'라는 것이다. 따라서 아무도 비합리적으로 낮은 가격에 매도하려 하지 않을 것이고 아무도 비합리적으로 높은 가격에 매수하려 하지 않을 것이다. 효율적 시장 가설은 참 아름다운 이론이다. 그렇다면 이 이론은 사실인가?

효율적 시장 가설이 내미는 오리발

"내가 아니야."

팝스타 섀기는 노래에서 바람피우다 들킨 남자들에게 이렇게 충고한다. '아내가 들어와 옆집 여자와 노닥거리고 있는 나를 현행범으로 잡은' 경우 올바른 대응은 무엇일까? 무조건 부인하는 것이다. 섀기는 사진이 찍혔어도 "내가 아니야"라고 계속 잡아떼라고 말한다. 위대한 코미디언 레니 브루스도 자신의 개그에 비슷한 철학을 녹여냈다.

"이렇게 말하는 남자가 있어요. '나는 바람을 피우면 아내에게 솔직하게 말할 거야. 거짓말은 못 해. 나 자신에게 솔직해야 해.' 그런데 이봐요, 당신이 아내를 정말 사랑한다면 절대 그렇게 이야기하면 안 돼! 여자들은 그런 말을 듣고 싶어 하지 않는다고! 아내가 사진을 갖고 있다면 무조건 부인해! 이런, 여보, 대체 이 여자가 어떻게 여기 들어왔는지 모르겠다니까. 이 여자 목에 '나는 당뇨병 환자입니다. 내 위에 누우세요. 아니면 나는 죽을지도 모릅니다'라는 안내문이 걸려 있었어. 아니,

내가 속옷을 어떻게 뒤집어 입었는지는 나도 모르겠다니까."

효율적 시장 가설을 옹호하는 사람들도 비슷한 '잡아떼기 전술'을 사용한다. 시장의 비합리성을 보여주는 증거에 대해 "내가 아니야"라고 무조건 오리발을 내미는 것이다.

사진에 찍힌 불륜 현장만큼이나 확실해 보이는 시장의 비합리성은 우리 주변 어디에서나 그 예를 찾을 수 있다. 예를 들어 금융버블은 시장이 존재한 이래 모든 사회의 역사에서 발생했다. 가장 유명한 사례는 17세기 네덜란드의 '튤립 열풍'이다. 1635년 튤립 투기 광풍이 한창일 때 튤립 구근 하나의 가격은 무려 암스테르담에 있는 집 한 채의 가격보다 높았다.[6] 집 한 채 값으로 튤립 구근 한 뿌리를 사는 것이 어떻게 합리적일 수 있을까? 튤립 구근 하나에서 작은 튤립 구근 여러 개를 무한히 만들어낼 수 있다는 점을 생각하면 이는 더 말이 안 된다. 토끼만큼은 아닐지라도, 튤립은 꽤 빠르게 번식하기에 높은 가격을 유지하기가 불가능하다. 실제로 네덜란드의 튤립 광풍은 단 몇 주 만에 일부 품종의 가격이 90% 하락하며 빠르게 붕괴되었다(그에 비해 선마이크로시스템스는 2000년에 정점을 찍은 후 가치의 90%를 잃기까지 2년이 걸렸다). 거품이 터지기 전 튤립 구근의 높은 가격, 그리고 이후의 가격 급락은 시장의 비합리성을 보여주는 증거다. 앞으로 보게 되겠지만 효율적 시장 가설의 진정한 신봉자들은 이러한 거품과 붕괴가 시장의 비합리성을 보여주는 증거임을 한결같이 부정한다.

시장은 수 세기 동안 늘 비슷하게 움직였지만 비합리성에 대한 논쟁은 최근 몇 년 동안 극적으로 바뀌었다. 특히 행동재무학 분야는 시장의 비합리성에 대한 새롭고 과학적인 증거들을 찾아냈고, 새로운 연구들은 이 평범한 지혜를 통계적으로 확인해 줬다. 그렇다면 시장의 비합리성을 보여주는 과거와 현재의 설득력 있는 증거들, 그리고 그것을 부정하는 사람들의 반응을 살펴보자. 나는 시장이 비합리적이라는 사실은 증명할 수 없어도 그 증거들은 설득력이 있다고 생각한다. 물론 효율적 시장 가설을 진정으로 믿는 사람들은 여전히 "내가 아니야"라고 잡아떼겠지만 말이다. 만약 시장이 비합리적이라고 확신한다면 '왜 교수는 일반석에 타고 투기꾼은 전용기를 소유하는가' 장으로 넘어가도 좋다.

첫 번째 증거, 주식시장의 붕괴

1987년 10월 19일 월요일, 다우존스 산업평균지수는 23% 하락했다. 다음 날 정오쯤 주식시장은 사람들이 시장의 완전 붕괴를 두려워할 정도로 거대한 위기에 직면했다. 앨런 그린스펀Alan Greenspan 의장이 이끌던 미국 연방준비제도이사회는 특정 거래를 보장해 구제에 나섰고, 그날 오후가 되어서야 시장은 안정을 되찾았다.

　많은 사람이 왜 1987년에 이러한 붕괴가 발생했는지 조사했다. 그중 『비이성적 과열』의 저자인 로버트 실러Robert Shiller 교수와 『주식에 장기투자하라』의 저자인 제러미 시겔 교수가 진행한 독자적인 연구들은 꽤 주목할 만하다.[7] 이 두 교수는 주식시장에 대한 논쟁에서 종종 대립하곤 했다. 실러 교수는 1990년대 후반 주식이 과대평가되었다고 주장한 반면, 시겔 교수는 2000년 버블 붕괴 이전에도, 그 기간에도, 그 이후에도 주식에 대해 한결같이 긍정적인 시각을 유지해 왔다. 이처럼 주가전망에 대한 상반된 시각 때문에 이들은 종종 곰과 황소 진영의 대표 주자로 비교된다.

그러나 1987년 주가 하락에 관해서는 두 사람의 의견이 일치했다. 주가가 뉴스와 같은 합리적 요인 때문에 붕괴한 것이 아니라는 것이다. 실러 교수는 "19일과 그 전 주말에 나온 어떤 뉴스나 소문도 투자자의 행동을 촉발시키지 않았다"[8]라고 자신의 의견을 밝혔고, 시겔 교수 역시 "1987년 10월 19일이나 그 무렵의 어떤 경제적 사건도 주가의 기록적인 하락을 설명할 수 없다"라고 썼다.[9]

모두들 잘 아는 것처럼 2000년부터 나스닥은 1987년의 폭락보다 극적이지는 않지만 더 가혹하고, 더 오랜 하락을 겪었다. 표 2.1은 '나스닥의 4대 기수'로 불렸던 대표주들의 수익률을 보여준다.

이 표를 보면 붕괴 전 가격이 비이성적으로 높았거나 붕괴 후 가격이 비이성적으로 낮았다는 것을 알 수 있다. 시스코Cisco의 주가를 보라. 버블 정점에는 비이성적으로 높았으며(80달러), 버블 붕괴 후에는 비이성적으로 낮았다(8달러). 효율적 시장 가설을 믿는 사람들은 이처럼 갑작스러운 가격 변화가 비합리성을 보여주는 증거란 사실을 부인한다. 게다가 이들은 시스코를 비롯해 다른 모든 주식까지도 가격이 적정했다고 주장한다. 이들의 주장에 따르면, 시스코가 80달러에서 8달러로 하락한 것은 주가가 최고점일 때는 알 수 없었던 예상치 못한 정보 때문

	버블 정점(2000년)	버블 붕괴 후 저점	2004년 7월
시스코	80달러 이상	8달러	23달러
EMC	100달러 이상	4달러	11달러
오라클	45달러 이상	8달러	12달러
선마이크로시스템스	60달러 이상	3달러 이하	4달러

표 2.1 **나스닥 4대 기수의 하락과 부분적인 회복** (출처:《월스트리트저널》)

이다. 이들의 주장은 주가가 미래를 반영한다는 사실에 근거한다. 가령 2000년 시스코의 가치는 2010년 중국의 수입 정책에 따라 달라지므로 중국의 향후 수입 정책에 대한 투자자들의 기대가 조금이라도 변하면 시스코의 가치 또한 크게 변화할 수 있다는 것이다.

그러나 이런 논리대로라면 어떤 구체적인 이유 없이 일어난 엄청난 가격 변화마저도 합리적이라고 이해해야 한다. 그들의 논리로는 결국 1987년 주식시장 붕괴 때의 주가 하락 또한 '미래 기대에 따른 합리적 반응'이라는 설명이 가능하다. 실러 교수도, 시겔 교수도 그 원인을 규명하지 못했음에도 말이다. 우리는 그런 기대가 무엇인지 알 수 없기에 주가의 급격한 변화가 비합리적이라는 결론을 내릴 수 없다.

현실에서 우리는 비합리성이 버블과 붕괴를 초래한다는 사실을 결코 증명해 낼 수 없다. 붕괴는 알 수 없는 변수들 때문에 일어나기도 하기 때문이다. 그래서 경제학자들은 버블이 발생하는 이유를 조사하기 위해 모든 정보가 알려진 인위적인 주식시장을 만들어봤다. 이렇게 만들어진 인위적인 시장에서 버블과 붕괴가 일어난다면 그것은 거기에 참가한 사람들 때문일 것이다.

실제로 버넌 스미스 교수의 연구는 인위적인 주식시장에서도 버블과 폭락이 나타난다는 사실을 밝혀냈다. 이 실험에서 참가자들은 진짜 돈으로 주식을 거래했다. 만들어진 시장의 거래자들은 실제 주식시장과는 대조적으로 주식의 진짜 가치를 알고 있었다. 그럼에도 인공 시장의 거래자들은 주가를 비합리적으로 높은 가격으로 올리고, 이후 폭락시켰다.[10] 인공 시장에서는 인간의 본성 때문에 자연적으로 발생한다는 것 외에는 버블과 폭락을 설명할 수 있는 길이 없다. 그러나 합리적 시장의 신봉자들은 시장이 인위적이었기에 이런 결과가 나온 것이며, 실제 주식시장에서는 비합리적인 가격으로 거래하는 사람들이 제거될 것이라고 주장한다. 역시나 오리발을 내미는 것이다.

두 번째 증거, 비합리적이거나 혹은 비열하거나

투자자들은 투자에 실패하는 이상한 능력을 가지고 있는 것 같다. 우리는 시장이 붕괴하기 직전에는 낙관하고 강세장이 오기 직전에는 비관하는 경향이 있다. 그림 2.1을 통해 1965년부터 1981년까지 미국 투자자들이 어떤 경험을 했을지 생각해 보자.

다우존스 산업평균지수는 1965년 969로 마감했고 16년 후에는 875를 기록했다. 거의 한 세대가 지났지만 주식시장은 거의 변하지 않

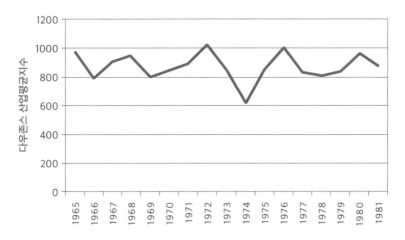

그림 2.1 **주식시장에서 이익을 얻지 못한 세대** (출처: 다우존스)

았다. 이 시기가 끝날 무렵 사람들은 주식에 대해 잊어버렸고 1980년에는 뮤추얼펀드에 투자한 가구가 전체 가구 중 5.7%뿐이었다.[11]

1979년 《비즈니스위크》는 '주식의 종말Death of Equities'이란 커버스토리로 잡지를 발간하며 투자자들이 주식을 피해야 한다는 내용을 담았다. 주식 증서로 만든 종이비행기가 추락하는 모습이 표지를 장식했다. 이 잡지는 주식이 조만간 어리석은 투자처가 될 것이며, 주식으로 노후자금과 은퇴자금의 초석을 마련하던 과거의 투자 태도는 사라졌다고 썼다.[12] 이처럼 주식에 대한 비관론이 만연했던 1970년대 후반은 다음 장의 그림 2.2에서 볼 수 있듯이 사실 금세기 최고의 매수 기회였다.

그림 2.2에서 볼 수 있듯이 1981년 말부터 현재까지 다우지수는 배당금을 고려하지 않고도 1000% 이상의 수익률을 기록했다. 1980년대와 1990년대에 걸쳐 주식시장이 상승하면서 주식에 대한 태도는 비관론

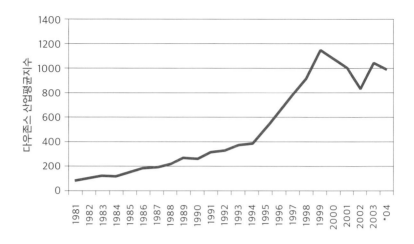

그림 2.2　**모든 강세장은 주식이 미움을 받을 때 시작되었다** (출처: 다우존스)

에서 낙관론으로 바뀌었고, 투자자들은 점차 주식 매수를 늘리기 시작했다. 마침내 2000년 주식시장이 정점에 달했을 때, 뮤추얼펀드에 투자한 가정은 미국 전체 가구의 거의 절반에 달했다.[13] 이와 동시에 월스트리트에 있는 투자 회사들은 자산의 70%를 주식에 투자해야 한다고 주장했는데, 이는 유례없이 큰 수치였다.[14] 주식에 대한 열광은 2000년 정점에 달했고 이때부터 대공황 이후 최악의 약세장 중 하나로 꼽히는 시기가 시작되었다.

심리는 미래 수익을 예측해 볼 수 있는 변수다. 낙관적인 시기 뒤에는 하락이 뒤따르기 쉽지만, 좋은 일이 일어나기 전에는 비관주의가 지배적인 경향이 있다. 월스트리트는 탐욕과 두려움에 의해 움직인다. 재미있는 사실은 도마뱀의 뇌는 두려워해야 할 때 사람을 탐욕스럽게 만들고, 막상 탐욕을 부려야 할 때는 두려워하게 만든다는 것이다. 잘못된 시기에 흥분하는 경향은 개별 주식을 매매할 때도 나온다. 테런스 오딘Terrance Odean 교수는 일반 투자자 1만 명의 실제 거래 기록을 조사했는데,[15] 그중에서도 한 종목을 매도하고 며칠 만에 다른 종목을 매수하는 투자자들을 집중해서 연구했다. 그의 연구는 매도한 주식의 수익률과 매수한 주식의 수익률을 비교해 보는 것이었다.

이 연구에 참여한 투자자들의 투자 실적은 어땠을까? 시장이 합리적이라면 투자자들이 매도한 주식은 매수한 주식과 평균적으로 똑같은 수익률을 보여야 할 것이다. 그런데 실제로는 어땠을까? 오딘 교수의 말에 따르면 그들이 1년 동안 매수한 주식의 수익률은 매도한 주식의 수익률보다 평균 3.3% 낮았다. 연구에 참여한 투자자들은 잘못된 시기에 흥분해서 매수하고, 또 잘못된 시기에 비관해서 매도했던 것이다. 투자자들의 심리는 실패의 예측 변수였다.

효율적 시장 가설은 주로 싼 물건은 없다는 사실을 설명하기 위해 이용된다. "싼 주식을 찾으려고 시간 낭비 하지 마라. 그런 주식이 있다면 이미 누군가가 샀을 것이다." 이 말은 뒤집어도 역시 참이지만 재미있게도 그렇게는 거의 언급되지 않는다. 만약 시장이 합리적이라면 시스템적으로 나쁜 결정을 내리는 것도 똑같이 불가능할 것이다. "잘못된 타이밍에 흥분해서 비싼 주식을 샀을까 봐 걱정하면서 시간 낭비 하지 마라. 그런 주식이 있다면 이미 누군가가 팔았을 것이다."

오딘 교수는 시장이 이런 사람들에게 비열하다는 사실을 발견했다. 연구에 참여한 투자자들은 시장과 완전히 엇나갔다. 이들은 오르는 주식을 팔고 떨어지는 주식을 샀다. 만약 세상이 정말 효율적 시장 가설의 규칙에 따라 돌아간다면 이러한 일은 일어날 리 없다. 모든 주식의 가격은 적정하므로 시스템적으로 나쁜 선택을 하는 것 자체가 불가능할 테니 말이다.

만화 「우주가족 젯슨」 중 한 에피소드에서는 움직이는 로봇 슬롯머신이 "이제 곧 잭팟이 터질 때가 되었습니다"라고 말하면서 사람들을 유인하며 돌아다닌다. 한동안 아무도 대박을 터뜨리지 않았기 때문에 지금이 게임하기에 좋은 순간이라는 것이다. 결정적인 장면은 어떤 운 좋은 도박꾼이 실제로 잭팟에 당첨된 후에 나온다. 로봇은 그에게 상금을 지불한 다음 다시 "이제 곧 잭팟이 터질 때가 되었습니다"라고 말하면서 유유히 자리를 떠난다.

현실의 슬롯머신에는 '이제 곧'이라는 개념이 없다. 과거는 완전히 잊도록 설계되었기 때문이다. 확률 용어로 말하자면 슬롯머신은 '무기억성memoryless', 즉 미래가 과거에 전혀 영향을 받지 않는다. 잭팟이 터진 이후 또다시 잭팟이 터질 확률은 몇 년째 당첨자가 없을 때 잭팟이 터질 확률과 똑같다. 효율적 시장 가설은 주식시장이 이상적인 슬롯머신처럼 무기억성이어야 한다고 말한다. 그 어떤 것도 다음 날의 주가 변화를 예측할 수 없다. 따라서 주가 및 주식시장이 하락하기 전에 낙관주의가 선행한다는 것이 사실이라면 이는 곧 시장이 비합리적이고 비열하다는 증거가 될 것이다. 그러나 효율적 시장 가설을 믿는 사람들은 심리로 미래의 가격 변화를 예측할 수 있다는 사실을 부인한다. 이들은 1970년대 후반 주식 경시 현상(가령, '주식의 종말'이란 기사가 커버스토리를 장식한 잡지 같은)은 단지 일화에 지나지 않으며, 과학적이지 않다고 주장한다. 그들은 주식시장의 비합리성을 보여주는 오딘 교수의 연구 자체에 결함이 있다고 말한다.

행동경제학의 일인자인 리처드 탈러 교수와 베르너 드봉Werner DeBondt 교수는 투자자 심리를 체계적으로 분석하는 연구를 했다.[16] 이들은 주가가 상승하면 사람들의 기분이 좋아지고, 하락하면 기분이 나빠질 것이라는 가설을 세웠다. 그리고 투자자들을 불쾌하게 만드는 주식(패자 주식)의 향후 수익률이 투자자들을 기쁘게 만드는 주식(승자 주식)의 향후 수익률보다 높을 것이라고 예측했다. 그러므로 가격이 하락해 미움을 받는 주식을 사아 돈을 벌 수 있을 것이라는 가정을 내놓은 것이다. 이들은 수년에 걸쳐 수백 개의 주식에 대해 체계적인 연구를 수행했는데, 같은 기간 동안 승자 주식과 패자 주식으로 포트폴리오를 구성해 이들 각각의 수익률을 비교했다. 이때 만약 효율적 시장 가설이 옳다면 미래의 가격 변화를 예측할 방법은 전혀 없고, 두 포트폴리오의 수익률 역시 똑같을 것이다.

그러나 탈러 교수와 드봉 교수는 개별 주식이 전체적으로 시장과 동일한 패턴을 보인다는 사실을 발견했다. 가격 상승 전에는 비관주의가 퍼졌고 가격 하락 전에는 낙관주의가 퍼졌다. 이들의 연구에서 가격이 하락했던 35개의 패자 주식으로 구성된 포트폴리오는 이후 36개월 만에 시장 수익률을 평균 19.6% 상회한 반면, 가격이 상승했던 승자 주식으로 구성된 포트폴리오는 시장 수익률을 약 5% 하회했다는 결과가 나왔다. 이 연구 결과는 세계적으로 권위 있는 학술지《저널오브파이낸스

Journal of Finance》에 게재되었다.

이 연구 결과는 효율적 시장 가설과 분명히 모순된다. 효율적 시장 가설에서는 시장은 무기억성이므로 과거 성과는 미래의 가격 변화에 아무런 영향을 미치지 못한다고 주장한다. 행동재무학 분야의 다른 여러 연구들도 효율적 시장 가설과 모순되는 증거들을 모았다(탈러 교수는 저서『고급 행동재무학Advances in Behavioral Finance』에 이런 연구 결과를 21개 모아놓았다[17]). 효율적 시장 가설을 믿는 사람들은 이런 연구가 부자연스러우며, 실제 시장에서는 비합리적인 가격으로 거래하는 사람들이 제거될 것이라고 주장한다. 역시나 "내가 아니야"라고 하는 것이다.

세 번째 증거, 워런 버핏의 빛나는 성과

1960년대부터 약 40년 동안 워런 버핏은 버크셔해서웨이Berkshire Hathaway의 가치를 매년 22.2% 복리로 증가시켜 왔다. 같은 기간 비교해 보면 S&P 500 주식은 매년 10.4%씩 상승했다. 이 기간 초에 워런 버핏에게 1000달러를 투자했다면 2003년 말에 투자금은 259만 4850달러가 됐을 것이다. 그러나 동일한 금액을 동일한 기간에 S&P 500 지수에 투자했다면 4만 7430달러에 지나지 않았을 것이다.[18]

효율적 시장 가설에 따르면 '유리한 가격'이란 결코 존재할 수 없다. 그런데 워런 버핏은 이렇게 유리한 가격에서 상당히 잘 사고 판 기록이 있다. 다트 던지는 원숭이보다 훨씬 뛰어난 성적이다. 버핏은 저평가된 주식에 투자하는 것을 적극 추구한다. 2003년 주주들에게 보낸 편지에서 그는 이렇게 썼다.

> 가치평가가 비슷하다면 우리는 주식을 보유하는 것보다 사업 자체를 소유하는 것을 훨씬 더 선호합니다. 하지만 우리가 자산을 운용한 대부분의 시기에는 주식 보유가 훨씬 싼 선택이었죠. 그래서 주식에 배분한 자산이 월등히 많았던 것입니다. ……그런데 최근 몇 년 동안 현저히 저평가된 주식을 찾기가 어려워졌습니다.

그는 간혹 저평가된 주식이 존재한다고 생각하며, 2003년의 주식시장에는 좋은 가격의 주식이 많지 않다고도 말한다. 만약 효율적 시장 가설이 사실이라면 주식을 사는 데는 더 좋은 시기도, 더 나쁜 시기도 없을 것이다. 효율적 시장에서는 모든 가격이 언제나 타당하기 때문이다. 버핏은 시장이 합리적이라면 자칫 어리석을 수도 있는 방식으로 부를 축적한 셈이다.

효율적 시장 가설의 지지자들은 버핏의 성공 역시 운일 뿐이라고 말하며, 그의 투자 기술이 뛰어났다는 점은 부인한다. 그들의 주장은 1024명을 한방에 모아놓고 각각에게 동전을 10번씩 던지게 하면 평균적으로 이들 중 적어도 한 명은 10번 연속으로 앞면이 나온다는 이야기와 다를 바 없다. 자, 이제 그 사람을 워런 버핏이라고 부르자. 이런 관점에서는 훌륭한 실적도 미래를 예측하는 데 전혀 의미가 없다.

그들의 말대로 지난날 버핏이 거둔 성공이 오로지 행운에 의한 것이었다면 내년에는 그의 수익률이 효율적 시장 가설에 따라 시장이나 다트를 던지는 원숭이보다 더 높으리라고는 기대할 수 없을 것이다. 이 사고 실험에서 10번 연속으로 앞면이 나온 '승자'가 그다음의 동전 던지기에서 11번째로 또 앞면이 나올 확률은 정확히 50%다. 10번 연속으로 뒷면이 나온 패자와 똑같은 확률이다.

리처드 탈러 교수는 비합리적인 시장 기회를 체계적으로 이용하기 위해 자산운용사를 설립해 운영하고 있다. 이 회사는 행동재무학의 연구 결과를 이용해 투자 결정을 내린다. 설립된 지 얼마 안 된 2003년 말 을 기준으로 이 회사가 운용하는 6개의 펀드는 벤치마크를 연평균 8.1% 상회하는 수익률을 거둔 바 있다.[19] 당연히 효율적 시장론자들은 워런 버핏의 성과처럼 이 펀드들의 성과도 기술이 아니라 운이 좋아서라고 주장한다.

특정한 투자 성과가 기술 덕분인지 운 덕분인지는 어느 누구도 알 수 없다. 다만 흥미로운 점은 어떤 투자자의 성과도 효율적 시장 가설이 거짓이라고 증명할 수 없다는 것이다. 워런 버핏이나 탈러 교수가 아무리 오래 좋은 투자 실적을 거둔다 하더라도 효율적 시장 가설의 옹호자들은 그 성과가 모두 순전히 운 덕분이라고 주장할 수 있다. 이 역시 "내가 아니야"와 같은 말이다.

시장의 효율성은 현실일까, 환상일까?

1812년 전쟁에서 아메리카 원주민 추장 테쿰세는 1000명밖에 되지 않는 원주민 전사들로 윌리엄 헐 장군이 이끄는 수많은 연방군과 주군을 이기고 디트로이트 요새를 점령했다. 여기에는 흥미로운 책략이 있었다. 테쿰세는 전사들에게 숲속에서 나왔다가 몰래 숲속으로 들어간 후 다시 나오라고 지시했다. 헐 장군은 그들이 다시 들어갔다 나오는 건 모른 채, 숲에서 계속해서 나오는 원주민 전사들을 보고 적의 수가 훨씬 더 많다고 생각했다. 그리고 총 한번 쏘아보지 못하고 항복했다.

어떤 싸움이든 적을 정확하게 아는 것이 중요하다. 헐 장군은 작은 군대를 대규모 병력이라고 착각했기 때문에 싸움을 시작하기도 전에 포기한 것이다. 시장이 효율적이라는 생각은 기껏해야 가설일 뿐이며 얼마든지 뒤집을 수 있다. 그러나 시장의 효율성이라는 환상에 굴복한 투자자들은 투자라는 전쟁을 시작하기도 전에 포기해 버린다.

세상에 대해 증명된 과학적 견해를 '이론'이라고 한다. 예를 들어 우리는 중력이 실제로 존재하다는 것을 알고 있으며 이를 이론으로 분류한다. '가설'은 증명된 이론과는 다르게 사실일 수도, 아닐 수도 있는 새로운 아이디어다. 중요한 건 시장의 합리성을 옹호하는 사람들조차도 자신의 생각을 '가설'로 분류하며, 이것이 증명되지 않았다는 사실을 인정한다는 점이다.

사실 효율적 시장에 대한 믿음은 '가설'이라 하기도 적합하지 않다. 위대한 과학 철학자 칼 포퍼Karl Popper는 "과학적 진술이 현실에 대해 말하는 한 그것은 반증 가능하다. 반증이 불가능하다면 현실에 대해 말하지 않는 것이다"라고 썼다.[20] 즉 어떤 생각이 가설의 기준에 도달하려면 증명이 가능해야 하는데, 이 말은 반대로 그 생각을 반증할 증거도 잠재적으로 존재한다는 의미다. 앞서 확인했듯이 효율적 시장에 대한 논리는 기본적으로 반증할 방법이 없다. 포퍼는 반증 불가능한 논리는 과학의 범주에서 제외시키고 단순한 믿음dogma으로 분류한다.

"두 배로 두 배로, 고통과 고난을. 불은 타오르고 가마솥은 끓고 있네."

『맥베스』에 등장하는 마녀들이 거품을 고난과 연결 지으면서 하는 말이다. 예를 들어 어떤 사람이 집을 팔아 터무니없이 비싼 튤립 구근을 살 때 다른 누군가는 튤립 구근 하나라는 낮은 가격으로 집을 살 수 있는 것이다. 시장이 효율적이라는 믿음을 받아들인 투자자는 시장이 비합리적이기에 존재하는 기회를 포기해 버린다. 효율적 시장에 대한 생각이 증명된 이론이라면 이런 항복도 그 나름대로 가치가 있을 수 있겠으나, 그것은 기껏해야 가설일 뿐이며 최악의 경우 비과학적인 주장에 불과하다. 헐 장군처럼 싸워보지도 않고 항복하는 것은 너무 아까운 일이지 않은가? 바로 눈앞에 100달러가 뿌려져 있을지도 모르는데 말이다.

왜 교수는 일반석에 타고 투기꾼은 전용기를 소유하는가

"나는 시장의 비효율성 덕분에 먹고삽니다."

금융가인 알프레드 체치Alfred Checchi는 하버드경영대학원 강의에서 이렇게 말했다. 재미있게도 하버드경영대학원에 있는 대부분의 교수들은 그와 대조적으로 시장 효율성을 믿으며, 그중 한 명은 일전에 내게 (틀림없이 진심으로) 2000년 기술주는 거품이 아니었다고 말하기도 했다. 체치는 하버드경영대학원에서 강의 요청을 자주 받지만 시장 효율성을 가정하는 재무 수업의 초청에는 응하지 않는다.

그렇다면 시장 효율성을 설파하는 교수와 비합리성을 이용하는 금융가 중 시장 기회를 더 많이 찾을 수 있는 사람은 누굴까? 알프레드 체치는 캘리포니아 주지사 선거에 출마하기 위해 자기 돈 3000만 달러를 내놓을 수 있었다. 교수들은 대개 항공권을 사서 비행기를 타지만 체치는 전용기는 물론이고 노스웨스트 항공사의 지분까지 상당량 살 수 있을 만큼 돈을 벌었다.

여기서 우리가 배울 점은, 이익을 추구하는 사람이라면 시장의 비효율성을 끝없이 의심하며 그것을 확실히 보여줄 증거를 찾겠다고 집착하는 일을 멈춰야 한다는 것이다. 그런 증거는 있을 수 없다. 체치처럼 뛰어난 성과를 얻길 원한다면 시장의 비합리성을 그냥 이익을 얻기 위한 첫걸음으로 기꺼이 받아들여라. 더 나아가 체치의 사례를 보면 비합리적인 시장이 그렇게 비열하지만도 않다는 사실을 알 수 있다. 사실 시장은 매우 친절할 수도 있다. 중요한 것은 비합리성을 유리하게 이용하는 방법이다. 즉, 비싸게 팔고 싸게 사면 된다.

모두의 찬사를 받는 주식은 하락밖에 갈 곳이 없다

기회는 여러 시장에서 주기적으로 발생한다. 승리를 쟁취하려면 그게 언제 어떤 경우든 통념에 도전하려는 의지가 필요하다. 1970년대 인플레이션 기간 동안 저명한 투자의 대가 앤드루 토비아스Andrew Tobias는 비이성적으로 가격이 높아진 은을 팔아 이익을 얻기 위해 말 그대로 폭도들을 상대해야 했다.[20]

1970년대 인플레이션 시기, 은 가격은 온스당 40달러를 넘을 때까지 1000% 이상 올랐다. 토비아스는 광란의 절정에서 보유하고 있던 은을 팔기로 하고 귀금속 가게로 향했다. 그런데 가게 근처에는 엄청난 인파가 몰려 있었고, 그 모습을 본 토비아스는 때를 놓쳤다고 생각해 낙심했다. 모든 사람이 은 가격이 너무 비싸다는 것을 깨닫고 은을 팔러 왔다고 생각했던 것이다. 그러나 막상 가게에 도착해 보니 그들은 팔기 위해서가 아니라 사기 위해 모여 있었다! 얼마 지나지 않아 은 가격은 폭락했고, 20년 이상이 지난 지금까지도 은은 온스당 10달러 아래에서 매매되고 있다. 마찬가지로 1970년대 금 가격도 온스당 900달러까지 올랐다가 폭락했고 이 글을 쓰는 현재는 그 절반 이하 값으로 거래된다.

1970년대 후반에 귀금속 투자 열풍이 불었지만 이는 어리석은 투자였다. 토비아스는 주변의 모든 사람이 귀금속을 매수할 때 지배적인 의견에 당당히 맞서 매도에 나섰다. 사실 군중이 실제로 이렇게 모이는 경우는 거의 없으며, 군중의 생각은 보통 지식인들의 견해를 통해 알 수 있다. 내게도 재미있는 일화가 하나 있다. 2000년에 지금의 아내 바버라와 사귀기 시작했을 즈음, 그녀에게 EMC의 주가가 100달러에서 50달러 이하로 떨어지면 우리의 결혼자금은 물론 나중에 낳을 아이 양육 비용까지도 벌 수 있을 것이라고 농담을 던졌다. 당시 나는 EMC에 공매도 포지션을 갖고 있었기 때문이다. 바버라는 고고학자인 데다가 이 이야기를 듣기 전까지는 경제 뉴스에 한 번도 관심을 기울인 적이 없었다. 그러나 그 후부터는 뉴스를 주의 깊게 듣기 시작했고, EMC에 대해 알면 알수록 걱정이 깊어졌다. 모두가 이 주식의 장점만 열거하며 주가가 계속 오를 것이라 예측하고 있었기 때문이다. 월스트리트의 애널리스트들과 펀드매니저들은 TV에 출연해 EMC의 성장성에 대해 설명하며 이 주식은 '생각할 필요도 없이' '꼭 매수해야 하는' 종목이라며 떠들어댔다. 그러한 예찬의 홍수 속에서 바버라는 전문가들은 모르는데 나 혼자 알고 있는 정보가 있느냐고 물었다.

과연 나는 EMC 제품에 결함이 있다고 생각했을까? EMC 매출이 좋지 않다는 내부 정보를 가지고 있었을까? 아니면 EMC의 고객을 빼앗아갈 경쟁자들을 알고 있었을까? 대답은 모두 '아니요'였다. 바버라는 내게 아는 것을 전부 털어놓으라고 재촉했다. 나는 모든 애널리스트와 펀드매니저가 EMC를 사랑한다는 사실을 알고 있으며 이걸로도 충분하다고 대답했다. 그러자 바버라는 "아주 속 편한 소리네"라고 대꾸했다. 그렇다. 모두의 찬사와 사랑을 받은 주식은 하락 외에 갈 곳이 없다. 주당 100달러가 넘던 EMC의 주가는 얼마 지나지 않아 4달러 아래까지 떨어졌다.

1970년대 귀금속 투자 열풍과 보다 최근의 사건인 EMC 사례는 보편적인 패턴을 형성하고 있다. 월스트리트든 메인스트리트든 대중은 투자에 실패하는 데 일가견이 있다. 앤드루 토비아스가 터무니없이 높은 가격에 은을 매도하던 그때, 소외된 주식들은 최저가에 팔리고 있었다는 사실을 기억하라.

'버려진 100달러를 주울 환경미화원을 구합니다!'

이런 구인 광고는 한 번도 본 적이 없을 것이다. 100달러가 오랫동안 길에 떨어져 있는 경우는 거의 없기 때문이다. 효율적 시장 가설의 신봉자들은 100달러가 길에 떨어져 있다면 누군가가 반드시 주울 것이므로 길에 떨어진 100달러는 애초에 존재할 수 없다고 말한다. 그러나 대안적인 가설을 믿는 사람들은 이익을 얻을 기회는 얼마든지 존재한다고 주장한다. 단지 그 기회가 도마뱀의 뇌가 만든 경제적 사각지대에 위치해 우리가 알아채지 못할 뿐이라는 것이다.

시장 기회는 쉽게 찾을 수 없는 게 당연하다. 돈을 버는 데 쉬운 길이란 게 어디 있겠는가! 영화 「대부: 파트 2」(1978)에서 젊은 비토 코를레오네는 이웃인 클레멘자에게 호의를 베풀어 총 몇 자루를 숨겨준다. 비토는 결국 대부가 되고, 클레멘자는 그의 충직한 부하가 된다. 총을 돌려받고 나서 클레멘자는 이렇게 말한다. "내 친구 중 멋진 양탄자를 가진 친구가 있는데, 당신 부인이 좋아할 것 같아요. 선물로 드리고 싶네요. 저는 은혜를 갚을 줄 알거든요." 그리고 두 남자가 '친구'의 집에 양탄자를 가지러 가는 장면에서 그들이 실제로는 그 양탄자를 훔치려 했다는 사실이 밝혀진다. 그 과정에서 경찰이 문 앞까지 들이닥치고, 클레멘자는 총을 쏠 준비를 하지만 다행히 그 장면은 아무런 폭력 없이 끝난다. 우리는 이 장면을 통해 합법적으로든, 불법적으로든 남의 소유물을 차지한다는 건 어쨌든 쉬운 일이 아니란 사실을 잘 알 수 있다.

이처럼 우리의 100달러짜리 지폐 찾기는 결코 쉽지 않지만, 흥미롭게도 발견하기 가장 어려운 것이 의외로 아주 평범한 곳에 숨어 있을 때가 있다. 예를 들어 요즘처럼 FBI가 전자 검색 기능으로 대부분의 사람을 매우 쉽게 추적할 수 있는 시대에는 아주 평범하게 있어야 그들의 추적을 피할 수 있다. 이 문제는 테러범의 비행기 탑승을 막으려는 미국 정부를 곤란하게 만들기도 하는데, 가령 공항에 모하마드라는 이름을 가진 사람을 엄청나게 보내는 것이다. 그러면 신원 조회에 문제가 생기고 국제선 항공편 여러 대의 일정이 취소되어 버린다. 따라서 FBI로부터 숨는 방법은 군중 중 일부가 되어 그들 앞에 똑바로 서는 것이다.

금융시장에도 기회는 존재한다. 다만 도마뱀의 뇌가 그 기회를 보지 못하게 할 뿐이다. IT 버블 당시 이토이스eToys는 수익을 내지 못하는 인터넷 소매 업체였는데, 수익성도 좋고 기업 규모도 훨씬 더 큰 토이저러스Toys R Us보다도 가치가 높았다. 이토이스의 가격이 비이성적으로 높고 이 회사가 곧 망할 것이라는 사실을 아는 데는 그다지 복잡한 수학이 필요하지 않았다. 다만 투자에서 이익을 보는 데 수학적 솜씨는 필요 없지만, 자기 자신과 타인, 시장의 비합리성에 대해 배우려는 의지만큼은 필요하다. 성공한 투자자가 되려면 나 자신의 한계를 포함해 인간의 약점에 대해 예리하게 이해해야 한다. 우리는 이미 1장에서 이런 한계를 여럿 확인했다.

도마뱀의 뇌가 가진 또 다른 두 가지 측면도 성공적인 투자에 방해가 된다. 첫 번째는 집단의 생각에 순응하려는 욕망이고, 두 번째는 우리 감정이 금융시장의 기회와 정말 잘 어긋난다는 사실이다. 이 두 가지 측면 모두 투자를 손실로 이끌곤 한다.

외로워야 돈을 벌 수 있다

인간이 가진 한계 중 '집단의 생각에 순응하려는 욕망'이 있다. 누구에게나 내재된 이 욕망은 우리에게 매우 불리하게 작용한다. 인기 있는 투자의 수익률이 흔히 더 낮기 때문이다.

나는 몇 년 전 디트로이트 라이온스와 샌디에이고 차저스의 경기에서 이를 뼈저리게 배웠다. 그날 내가 응원하는 팀인 라이온스가 경기에서 졌는데, 사실 이 팀은 오랫동안 지극히 평범한 성적을 내왔기 때문에 패배가 그리 놀랍진 않았다. 놀라운 것은 당시 내가 느낀 고통의 정도였다. 차저스의 홈경기였기에 경기장은 말 그대로 차저스 팬들의 바다나 다름없었고, 나는 거기서 거의 유일한 디트로이트 팬이었다. 그 상황에서 느낀 패배의 고통은 홈경기에서 패배했을 때보다 훨씬 더 컸다.

주변 사람들에게 순응하려는 인간의 욕망은 스포츠 경기장 밖에서도 나타난다. 솔로몬 애쉬Solomon Asch 교수 등이 진행한 일련의 심리학 연구는 순응에 대한 인간의 압박감을 잘 보여준다.[22] 이들이 진행한 한 실험에서 여섯 명의 사람들은 한방에 들어가서 분명한 답이 있는 질문에 대답하라는 지시를 받았다. 예를 들면 이런 문제다. 다음의 A, B, C 선분 중 기준선인 X 선분과 길이가 같은 것은 무엇인가?

```
X  ────────────────────
A  ──────────────────
B  ────
C  ──────────
```

이때 질문에 답해야 하는 여섯 명 중 다섯 명은 실험자와 미리 공모한 사람들이다. 그 다섯 명은 나머지 한 사람의 행동에 영향을 미치기 위해 거짓으로 답을 말한다. 실험자가 공모자들에게 먼저 답을 하라고 지시하면 그들은 모두 "X와 길이가 같은 선분은 C다"라고 틀린 답을 말하는 것이다. 그리고 이들 다섯 명 모두가 누가 봐도 거짓인 진술을 한 후, 마지막으로 진짜 피실험자에게 똑같은 질문을 한다. 이제 이 사람은 약간 난처한 입장에 처한다. 명백한 정답인 A를 골라야 할까, 아니면 다른 사람들처럼 C를 골라야 할까? 놀랍게도 이 실험에서 피실험자 중 75%가 틀린 답인 C를 선택함으로써 이른바 '거짓 합의'에 순응했다. 한때 이 실험 결과에 반론이 제기되기도 했으나, 기본적인 핵심은 그대로다. 우리는 다수의 의견이 나의 의견과 모순될 때조차 군중의 일부가 되기를 원한다.

선분의 길이를 비교하는 경우는 정답이 확실하지만 투자는 그렇지 않다. 이토이스와 토이저러스를 다시 생각해 보자. 돌이켜보면 이토이스가 망하리라는 것은 분명해 보인다. 그러나 당시 대세에 순응해야 한다는 압박감이 얼마나 컸을지 상상해 보자. 거품이 꼈던 이 시기에 사람들(심지어 이들 중 대부분은 전문가였다)은 날로 높아지는 가격에도 개의치 않고 주식을 사들였다. 이런 경우 우리 뇌는 다른 사람들이 하는 말을 믿기 시작한다.

높은 수익률을 얻으려면 투자자는 소외된 주식을 매수해야 한다. 그리고 그러기 위해서는 내가 남들과 다를 때 느끼는 감정적 고통을 받아들일 수 있어야 한다. 2000년 초 내가 만기 10년물 국채 매수 주문을 내자 중개인은 비웃었다. 그는 채권 가치가 지속적으로 하락하고 있으며 모든 '스마트 머니'는 국채를 매도하고 있다고 말했다. 그러나 디트로이트 라이온스의 경기를 보러 갔을 때와는 달리, 채권에 투자했던 이야기는 해피엔딩으로 끝났다. 늘 그렇듯 일반적인 합의는 틀렸고 내가 산 채권은 곧 가치가 오르기 시작한 것이다. 무시당했던 길은 사실 성공의 길이었다.

돈을 잃지 못해 안달 난 도마뱀의 뇌

월스트리트에서 일하는 어느 트레이더의 책상 위에 붙어 있던 글귀다.

"진퇴양난의 정의는 다음과 같다. 가만히 앉아서 시장이 폭등하는 것을 지켜봐야 하는가, 아니면 지금이라도 매수해서 폭락을 맞이해야 하는가?"

어떤 영역에서는 타고난 본능이 우리를 좋은 결과로 이끌기도 한다. 여성의 임신이 그 한 예다. 임신 초기에 태아는 자연적으로 발생하는 특정 독소에 특히 민감하다. 이 주제에 대한 연구로 맥아더재단의 지니어스상을 수상한 생물학자 마지 프로펫Margie Profet은 임신한 여성은 태아에게 해가 되는 독소(기형유발물질)가 포함된 음식을 본능적으로 피하게 되어 있다고 설명한다.[23] 프로펫은 임신한 여성들이 브로콜리와 콜리플라워 등 태아에게 해로운 화합물을 많이 함유한 양배추 계열의 채소에 구역감을 느낀다는 사실을 그 증거로 제시한다. 프로펫의 생각이 옳다면 임신한 여성들은 음식을 선택할 때 무조건 자신의 본능에 따라 기분 좋고 맛있게 느껴지는 것을 골라야 한다.

그리고 투자에서는 이와 정반대되는 메시지를 따라야 한다. 기분 좋은 거래는 손실로 이어지기 십상이다. 내 친누나 수는 최근에 내게 이런 이메일을 보냈다.

"나 주식 사는 데 아주 미쳐 있어! 매수할 때 어떤 이유가 있는 건 아니고 그냥 느낌이 좋아. 라스베이거스의 슬롯머신 같다니까!"

누나가 가진 도마뱀의 뇌가 누나에게 주식을 사라고 외치고 있었다. 주식을 얼마 사지도 못한 상태에서 거의 1년 동안 주식시장이 폭등하는 것을 지켜본 누나는 더 이상 그 패배감을 참을 수 없었다. 누나도 일확천금의 부푼 꿈을 안고 노다지판에 뛰어들었다. 그러나 불행히도 이 충동적인 매수가 이뤄진 시점은 곧 손실로 이어질 타이밍이었다. 실제로 내가 이 이메일을 받은 지 몇 주 지나지 않아 주식시장은 1년 만에 가장 큰 폭으로 하락했다.

친구 더그도 최근 비슷한 경험을 했다. 더그는 이 책의 몇 장에 걸쳐 등장하며 전체적으로 훌륭한 투자 성과를 얻은 인물이다(나중에 주식에 관한 장에서 그가 오후에 인터넷 서핑을 하다가 50만 달러를 번 날에 대해서 이야기하겠다). 2002년 초에 그는 자신이 잘 아는 몇몇 회사를 신중하게 분석했다. 그리고 주당 약 1달러에 노텔Nortel 주식을 사기로 결정했다. 노텔의 주가는 꾸준히 올랐고, 더그의 매수 결정은 옳은 것 같았다. 그는 노텔을 매수하고 몇 달 동안이나 내게 이 성공적인 투자에 대해 단 한 마디도 하지 않았다. 그러던 어느 날 '약간의 자랑'이라는 제목으로 다음과 같은 쪽지가 도착했다. "내가 1달러 정도에 노텔을 크게 매수했거든. 그런데 노텔 가격이 오늘 1달러 올라서 8달러가 넘었네. 앞으로 나를 워런이라고 불러줘."

몇 달 동안 노텔의 주가가 오르는 것을 지켜본 후 더그의 도마뱀의 뇌는 바로 이 순간 내게 이메일을 보내게 했다. 월스트리트에는 "아무도 팔아야 할 때 종을 울려주지 않는다"라는 상투적인 말이 있다. 하지만 더그가 이 자랑의 메시지를 보내며 종을 울렸을 때는 매도하기에 아주 완벽한 시점이었다. 그가 이메일을 보낸 지 얼마 지나지 않아 노텔의 주가는 3달러까지 떨어졌고, 상승할 때보다 훨씬 더 빠르게 하락했다. 내가 하고 싶은 말은, 자유로운 감정이 투자자의 친구가 아니라는 것이다. 더그의 매수 결정은 전두엽 피질의 분석을 거쳐 나왔지만 자랑은 도마뱀의 뇌에 의해 나왔다.

최근의 한 연구는 사람들이 새로운 시장 정보를 접했을 때 겪는 생리적 반응을 살펴보았다. 앤드루 로Andrew Lo 교수와 드미트리 레핀Dmitry Repin 교수는 전문 트레이더들에게 측정 기계를 부착했다.[24] 이 기계들은 심장 스트레스 테스트를 할 때 사용하는 기계와 비슷한 것으로, 체온과 피부 전도도 등 여러 다른 변수들의 미세한 변화를 측정했다. 트레이더들은 실제로 이 기계를 부착한 채 투자 은행에서 돈을 거래한 것이다. 새로운 뉴스가 터졌을 때 실험에 참가한 트레이더들에게 어떤 변화가 일어났을까? 로 교수와 레핀 교수는 두 가지 흥미로운 사실을 발견했다.

첫째, 모든 트레이더, 심지어 가장 경험이 많은 트레이더까지도 새로운 뉴스에 주목할 만한 감정적 반응을 보였다. 둘째, 경험이 많은 트레이더일수록 경험이 적은 동료들에 비해 감정적 반응의 정도가 약했다.

생리적 반응은 비열한 시장을 이해하는 데 도움이 된다. 주가 변화나 전 세계에서 일어나는 각종 뉴스를 볼 때 우리에게는 생리적 반응이 일어난다. 만약 우리가 그 감정에 따라 행동한다면 잘못된 행동을 하기 쉽다. 다시 말해, 돈을 벌려면 도마뱀의 뇌에 단단히 족쇄를 채워 투자 결정이 감정에 좌우되지 않도록 해야 한다.

투자에 성공하려면 감정적인 반응을 낮추거나(경험이 많은 전문 트레이더들이 낮은 반응을 보인 것처럼) 감정적인 반응 때문에 손실을 보지 않도록 해야 한다. 너무 걱정하지 말라. 이 여정의 막바지인 9장 '도마뱀의 뇌에 족쇄를 채워라'에 다다르면 우리 안에 도사리고 있는, 돈을 버는 데 하등 쓸모없고 충동적이기만 한 이 도마뱀의 뇌에 어떻게 족쇄를 채울 수 있는지 그 방법을 함께 알아볼 테니.

비열한 시장을 알면 돈이 보인다

제목에서 알 수 있듯이 영화 『놀랍도록 줄어든 사나이』(1957)는 몸이 아주 작게 줄어든 남자의 이야기다. 주인공은 계속 몸이 줄어들어 집에서 키우는 고양이의 공격을 받고, 마침내 거미보다도 작아져 거미에게까지 공격을 받는다. 결국 우리의 주인공은 언제까지나 겁먹고 있을 수만은 없다는 사실을 깨닫는다. 그는 거미에 맞서 싸워 자기보다 훨씬 더 큰 그 야수를 핀으로 찔러 죽인다. 영화는 우리의 영웅이 싸움에서 승리한 후 피가 묻은 무기를 어깨에 걸쳐 메고 자신만만한 걸음걸이로 집을 나서며 끝이 난다.

마찬가지로 우리도 이 책의 1부 엔딩에 도착했다. 앞으로는 아직 아무것도 모르는 위험한 미래로 떠날 시간이다. 비합리성의 과학은 사람들이 다양한 실수를 저지른다는 사실을 증명했다. 게다가 시장에서 이런 실수를 언제나 잘 만회할 수 있는 것도 아니다. 사람들은 잘못된 타이밍에 우르르 몰려갔다 다시 우르르 몰려나온다. 시장은 실제로 아주 비열할 수도 있다. 그러나 다른 한편으로 보면 시장이 이렇게 비합리적이기 때문에 투자로 돈을 벌 기회가 존재한다.

다만 100달러짜리 지폐는 도마뱀의 뇌가 만드는 경제적 사각지대에 숨어 있기 때문에 수익을 얻는 게 쉽지는 않다. 운전을 할 때도 사각지대를 살피기 위해 거울을 보고, 다른 장치를 활용하는 것처럼 시장의 기회를 발견하는 데도 도움이 필요하다. 지금까지 우리가 확인한 도구 하나는 바로 감정이다. 다른 사람들이 하지 않는 행동을 하고 도마뱀의 뇌를 제어하는 사람만이 돈을 벌 수 있다.

2부

비열한 시장을
움직이는 큰손

"최고의 시대였고, 최악의 시대였다. 지혜의 시대이자 어리석음의 시대였다. ……빛의 계절이었고 어둠의 계절이었으며 희망의 봄이었고 절망의 겨울이었다."

찰스 디킨스가 쓴 『두 도시 이야기』의 도입부다. 그의 감성은 지금의 시대를 잘 요약해 주고 있다. 누군가는 지금이 경제적으로 최악의 시기라며 종말론을 읊고, 또 다른 누군가는 최고의 시기임을 주장하며 물질적 풍요와 여가로 가득 찬 마법 같은 세상을 예견한다.

2부에서 우리는 경제에 대한 극단적 낙관과 극단적 비관 사이에서 줄타기를 하며 시장의 미래를 살펴볼 것이다. 이는 곧 주식, 채권, 부동산 중 어느 투자 대상을 골라야 하는지에 관한 문제와도 일맥상통한다. 시장이 비합리성과 거리가 멀다면 시장의 상황에 따라 투자자의 대처 방식도 달라져야 하기 때문이다. 재정 적자, 생산성 혁명, 인플레이션, 무역 적자 등의 거시경제학적 기반을 톺아보며 질문을 던져보자. 우리를 부자로 만들어줄 금광은 어디에 있는가?

3장

미국 경제의 갈림길
떠오르거나, 터져버리거나

미국은 경제적 숙취에서 벗어날 수 있을까?

디킨스의 독자들은 18세기 말 파리의 거리가 공포정치로 붉게 물들게 된다는 사실을 알고 있을 것이다. 현대 경제에 대한 논쟁의 중심에도 혁명이라는 주제가 있다. 현대의 혁명은 18세기 프랑스에서 일어났던 혁명만큼 피비린내 나지는 않지만 그에 못지않게 근본적인 변화를 가져왔다. 산업혁명은 육체노동과 경제적 부 사이의 연결을 느슨하게 바꿨다. 발전된 기계는 우리가 더 이상 동물처럼 일할 필요가 없도록 만들었지만, 그럼에도 일을 아예 하지 않을 수는 없었다. 그런데 지금의 정보기술 혁명은 일하지 않아도 물질적 사치를 얻을 수 있는 세상을 약속하고 있다.

유명한 경제학자 존 메이너드 케인스John Maynard Keynes는 단 한 번도 컴퓨터를 본 적이 없지만 1930년에 쓴 에세이『우리 손주들이 누리게 될 경제적 가능성The Economic Possibilities for Our Grandchildren』에서 낙관적인 견해를 펼쳤다.[1] 케인스는 여가 시간이 넘쳐나고 물질적으로 풍요로운 세상을 기대했다. 그는 손주들이 아주 풍요로울 것이며, 일은 단 몇 시간만 하고 나머지는 모두 예술적이고 지적인 탐구에 쓰게 될 것이라고 상상했다. 사실 케인스는 하루를 채울 일이 부족할까 봐 걱정하기까지 했다.

> 우리는 버터 위에 빵을 얇게 펴 바르려고 노력할 것이다. 아직 남아 있는 일이 있다면 그 일을 가능한 많은 사람들이 공유할 수 있도록 노력할 것이다. 3시간 근무 또는 주 15시간 근무가 (너무 일이 적다는) 문제를 상당 기간 해결할 것이다. 하루 3시간이면 충분하다.

만약 이런 세상이 우리의 손주 세대에 온다면 정보기술이 주요한 역할을 할 것이다.

1859년에 출판된『두 도시 이야기』는 변화를 준비하지 않는다면 결국 단두대 끝에 서게 될 수도 있다는 경고성 이야기를 담았다. 특히 영국은 프랑스 사회에 불어닥친 피비린내 나는 변화가 영국까지 휩쓸지 않도록 조심해야 했다. 미국에는 비슷하게 일본 경제의 망령이 떠돌고 있었다. 1980년대 후반 일본 경제는 급성장했고 애널리스트들은 자신만만하게 장밋빛 미래를 예측했다. 그러나 일본 경제는 거짓말처럼 1990년부터 엄청난 침체를 겪었고 실업률은 크게 상승했다. 자신감도 약화되었다. 이 책을 쓰는 지금도 일본은 여전히 여러 경제 부문에서 선진국 반열에 올라 있으나, 한편으로는 선진국들 중에서 자살률이 매우 높다. 그렇다면 미국은 어떤 길을 걸을 것인가? 케인스가 상상한 것처럼 정보기술의 발달로 마음껏 여가를 누리는 풍요의 길일까, 아니면 버블 이후 일본이 경험한 것과 같은 고통의 길일까?

3장에서는 이 질문에 대한 답을 알아볼 것이다. 이 질문을 이해하기 위해서는 부채, 적자, 생산성에 관한 경제 통계 자료들을 헤치고 나아가야 한다. 하시만 미국 경제에 대해 생각할 때 오직 데이터만 참고하는 것은 아니다. 나는 미국 경제를 고찰할 때면 종종 고등학교 동창 스티브가 1975년 가을에 보였던 행동들을 떠올린다.

1975년에 나는 고등학교 3학년이었고 그저 그런 크로스컨트리 달리기 팀에 소속돼 있었다. 사실 팀도 나도 실력이 별로였는데, 우리의 숙적이자 주 챔피언이었던 그로스포인트노스 팀은 그런 우리 팀과의 경기를 연습 경기쯤으로 여길 정도였다. 노스 팀은 우리와 경기를 할 때면 차를 타지 않고 출발선까지 13킬로미터를 달려오곤 했다. 그런 다음 5킬로미터 시합을 하고 우리를 가볍게 물리친 뒤 다시 13킬로미터를 뛰어 집으로 돌아갔다. 그들은 우리처럼 한심한 팀을 상대로 고작 몇 킬로미터 경기를 뛰려고 하루를 낭비하고 싶어 하지 않았다.

이렇게 침울한 우리 팀에 스티브가 신입 부원으로 들어왔다. 달리기에 엄청난 재능을 타고난 그는 팀에 소속되었던 적이 없었음에도 들어

오자마자 가능성을 보여줬고, 곧 우리 팀에서 최고의 선수가 되었다. 재미있는 점은, 스티브는 뛰어난 선수가 되기 위해 그다지 많은 노력을 하지 않았다는 것이다. 대회 전날이면 다른 친구 짐과 나는 식단도 조절하고 잠자리에도 일찍 들며 컨디션 관리를 위해 힘썼지만 스티브는 음주도 서슴지 않았다. 심지어 숙취가 깨지 않은 채 토요일 아침 경기에 나타날 때도 있었는데, 그런 날조차도 타고난 재능 덕분에 웬만하면 우리보다 빨랐다. 그러나 우리는 스티브가 과음한 다음 날 아침이면 그의 재능과 숙취 중 어느 쪽이 승리를 차지할지 확신할 수 없었다. 나는 전날 밤의 과음이 과연 스티브의 능력을 압도할 정도로 과했을지 궁금해하곤 했다.

미국 경제는 스티브가 겪었던 숙취와 재능의 싸움과 비슷한 어려움에 직면해 있다. 미국은 혁신과 생산에 있어 타의 추종을 불허하는 능력을 발휘해 왔다. 아마도 미국의 경제 시스템은 좋은 제품을 싸게 만드는 데 타고난 재능이 있는 것 같다. 그러나 사치가 야기하는 재정적 숙취는 이 재능을 약화시킨다. 그렇다면 재능과 숙취, 둘 중 무엇이 우세할까? 이를 알아보려면 거시경제학적 문제를 좀 더 깊이 파고들어야 한다.

내가 MIT에서 MBA 과정을 밟고 있을 때 경제학자인 레스터 서로 Lester Thurow 교수는 "무미건조한 데이터 테이블을 보는 것이 좋다면 경제학자가 되는 것을 고려해 봐야 한다"라고 말했다. 레스터 교수의 이야기는 나에게 딱 맞았다. 몇 년 후 박사 학위를 받기 위해 학교로 돌아가 경제학자가 되었으니 말이다.

사람들에게 경제학 교수라고 말했을 때 가장 흔히 듣는 말이 "대학 다닐 때 제일 싫어하는 과목이었어요"라는 대답이다. 나는 경제학 수업을 딱 하나 들어보고 질려서 거기서 멈춰버린 사람들을 말 그대로 수십 명쯤 만났다. 사람들이 경제학을 이렇게 싫어하게 된 데는 지루한 교수법도 한몫하지만, 무미건조한 데이터 테이블을 다뤄야 하는 이 과목의 본질적인 특성도 무시할 수 없는 이유다. 나는 이해하기 어렵지만, 경제 통계를 보는 것을 즐기지 않는 사람들도 있으니 말이다.

물론 경제 수치를 공부하지 않고도 투자에 성공하는 사람들이 있다. 뉴욕상업거래소New York Mercantile Exchange에서 원유 트레이더로 일하는 내 친구 데이비드를 예로 들어보자. 데이비드는 TV나 영화에서 나오는 것처럼 서로 고함치며 거래하는 거래소의 트레이드들 사이에서 원유를 사고판다. 실제로 그는 자신의 묘비에 '돈을 벌기 위해 매일 소리를 질렀던 데이비드, 영면하다'라고 새겨야 한다며 농담을 한 적이 있다.

데이비드는 그렇게 소리를 질러서 상당한 돈을 벌었다. 지금까지 1000만 달러 이상을 벌었고, 어떤 해에는 100만 달러 이상을 벌기도 했다. 데이비드는 어떻게 돈을 버는 걸까? 비밀을 알아내려고 애쓰던 초창기에는 데이비드를 마구 다그쳤다. "너는 미국이 새로운 원자력 발전소를 건설해서 원유 수요를 축소시킬 거라고 생각해? 1991년 사담 후세인의 군대가 유전에 불을 지른 사건은 쿠웨이트의 향후 생산력에 어떤 영향을 미칠까?"

이 모든 질문에 데이비드는 침착하게 대답했다. "나도 몰라." 데이비드는 심지어 석유로 돈을 버는 데는 석유 1배럴이 몇 갤런인지 알 필요조차 없다는 농담을 하기도 했다(답은 42갤런이다). 그렇다면 대체 데이비드의 비밀은 무엇일까? 그는 간단히 말했다.

"나는 언제가 사야 할 때고 언제가 팔아야 할 때인지 아는 것뿐이야."

데이비드는 트레이더들 속에서 듣고 관찰하고 행동한다. 거래하는 상대방의 감정적 신호를 이용할 뿐, 전통적인 경제 분석은 거의 이용하지 않는다. 그렇다면 경제 분석 없이 오직 정서에 대한 지식만으로 돈을 벌 수 있다는 것인가? 답은 '그렇다'이다. 다만 나는 비합리성의 과학에 경제적 분석까지 결합시킨다면 훨씬 더 많은 돈을 벌 수 있다고 믿는다. 그래서 앞으로의 장에서는 경제적인 세부 사항들을 깊이 탐구해 보려 한다. 일단 지금이 최악의 시기임을 보여주는 경제적 증거를 살펴보고, 또 최고의 시기라는 반대편의 주장을 살펴보겠다.

첫 번째 약세론, 애니멀 하우스가 국가라면

"이보게, 비만, 음주, 멍청함은 인생을 살아가는 데 전혀 도움이 안 돼."

영화 「애니멀 하우스의 악동들」에서 버넌 워머 학장은 애니멀 하우스의 멤버를 퇴학시키면서 이렇게 말한다. 이 말은 미국 경제에도 그대로 적용된다. 미국 경제에 대한 첫 번째 논쟁은, 살찌고 술에 취한 데다 멍청하기까지 한 경제는 좋은 결말을 맺을 수 없다는 것이다. 그럼 미국 경제의 세 기둥, 즉 정부의 재정 적자, 연방준비제도위원회의 완화 정책, 미국인들의 낭비적인 소비 습관을 살펴보도록 하자.

재정 적자: 재정이 적자일 때 연방정부는 국채를 발행해 지출을 보전한다. 1960년대 초반부터 1990년대 후반까지 미국 정부는 거둬들인 세금보다 더 많은 액수를 지출했고, 그래서 채권 발행액은 계속 늘어나기만 했다. 1990년대 후반부터 정부는 흑자를 내기 시작했다. 남는 돈으로는 다시 대량의 국채를 사들였다. IT 버블이 한창일 때 정부는 세금을 갈퀴로 긁어모으고 있었다(이 세금은 주로 주식시장에서 거둬들인 것이었다).

놀랍게도 어떤 경제학자들은 정부 부채가 지나치게 줄어들고 있다는 점을 걱정했다. 미국 정부가 계속 흑자를 내서 부채를 전부 갚게 되면 언젠가 미국 국채가 없어지지는 않을지 걱정한 것이다. 보험 회사 같은 투자자들은 핵심적인 투자 전략으로 미국 국채를 사들이기도 하기 때문에 국채가 사라지는 것은 분명 문제가 될 수 있었다. 그러나 그림 3.1에서 볼 수 있듯이, 정부의 재정 흑자로 국채가 부족해질지도 모른다는 걱정은 실현되지 않았다. 정부의 재정 흑자에 대한 우려는 놀랍도록 순식간에 사라졌고, 다시 적자의 시대가 돌아왔다. 2001년부터 2004년 사이, 재정은 4년 만에 2000억 달러 이상의 흑자에서 5000억 달러가 넘는 적자로 돌아섰다.

완화 정책: 주식시장의 버블이 꺼지자 연방준비제도이사회는 경제적 고통을 완화시키기 위해 금리를 대폭 인하했다. 언론은 이러한 통화 정책이 우리를 구해낼 수 있으리라고 믿었다.

소비 지출: 정부는 매달 미국의 소비 지출에 대한 자료를 발표한다.

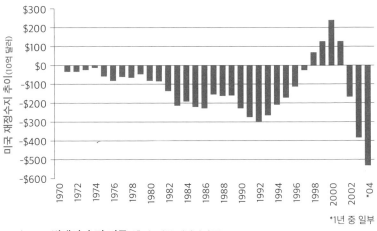

그림 3.1 **빚쟁이가 된 미국** (출처: 미국 예산관리국)

월스트리트는 우리가 1920년대 밀매업자들처럼 계속해서 돈을 쓰고 있다는 것을 보여주는 보고서에 환호하고, 반대로 조금이라도 소비가 줄어들 것 같은 기미가 보이면 야유를 보낸다. 이들의 기본적인 전제는, 소비 지출이 커질수록 경제가 나아진다는 것이다.

정말 버는 것보다 많이 지출하고 돈을 더 찍어내기만 하면 한 나라가 부자가 될 수 있을까? 아니다. 재정 적자는 낭비를 조장한다. 돈이 풀리면 부자가 되는 게 아니라 인플레이션이 일어난다. 일본처럼 소비자들이 돈을 너무 안 써서 문제인 나라도 있지만, 미국은 경우가 다르다. 미국의 개인 저축률은 극히 낮다. 낭비와 화폐 발행이 경제를 성장시키는 방법이라면 지금은 파산해 버린 많은 나라가 경제 대국이 되었을 것이다. 이는 '뒤룩뒤룩 살쪄서 술이나 먹고 멍청하게 7년을 보내는 것이야말로 대학 생활의 멋진 시작'이라는 말과 비슷한 헛소리다.

두 번째 약세론, 숙취 vs. 재능

나는 대학원생일 때 하버드대학교의 얼티미트 프리스비(원반을 주고받는 레저 스포츠 경기) 팀에서 활동한 적이 있다. 당시 우리의 라이벌이었던 윌리엄스대학교 소속팀은 몇 년째 뛰어난 성과를 보여주었는데, 어느 해 이 팀의 스타 선수들 대부분이 다 같이 졸업을 해버렸다. 그다음 해 윌리엄스 팀과의 경기에서 우리 팀은 엄청난 대승을 거두었다. 패배의 충격에 휩싸여 있던 윌리엄스 팀은 전열을 가다듬기 위해 하나로 모였다. 그중 낙관적이었던 한 선수가 쾌활하게 말했다. "배우면 나아질 거야!" 그러자 다른 선수가 대꾸했다. "하지만 누가 우리를 가르쳐주지?" 비관적이지만 맞는 말이었다.

마찬가지로 재정적 숙취에 관한 논쟁에서는 이런 질문이 등장한다. "누가 미국 제품을 구매할 것인가?" 비관적인 대답은 "아무도 없다"이다. 재정적 숙취의 영향을 자세히 살펴보기 위해 미국 제품을 구매하는 소비자들을 분류해 봤다(그림 3.2). 이 그림은 실제 구매자들의 비중을 보여준다.

정부가 사회보장제도를 위해 배정한 돈은 거의 즉시 개인에게 돌아가므로 정부가 징수하는 사회보장제도 세금은 미국 소비자들의 범주에 포함된다. 마찬가지로 미국 소비자들의 수입품 구매는 여기에 포함되지 않는다. 따라서 미국산 재화와 서비스의 구매자는 크게 국내 소비자, 국내 기업, 외국인, 정부의 네 그룹으로 나눌 수 있다. 이들의 재정적 상태를 살펴보면 대부분의 구매자들이 더 이상 구매를 늘릴 수 없다

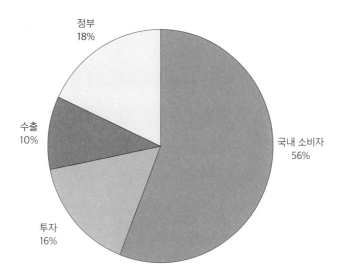

정부
18%

수출
10%

국내 소비자
56%

투자
16%

그림 3.2　**미국 제품의 구매자들** (출처: 미국 상무부)

는 사실을 알 수 있다.

미국 국내 소비자: 소비 지출은 부와 소득, 즉 우리가 얼마나 부유하고 얼마나 돈을 많이 버는지에 달려 있다. 2004년 금융시장의 침체로 미국 가계 총자산은 2000년과 거의 비슷해졌다.[2] 그러나 총자산이 증가하지 않았음에도 미국 소비자들은 소비를 지속했고, 불행히도 소득 증가율은 크게 둔화되었다. 연평균 가처분 소득 증가율은 2000년 말부터 5년 동안 4.0%에서 2.7%까지 떨어졌다.[3]

미국 소비자들의 자산이 그대로이고 가처분 소득은 심지어 줄어들었다면, 소비를 지속할 수 있는 희망이 과연 있는 걸까? 있기는 하다. 하지만 그러면 저축률이 낮아진다. 그림 3.3에서 미국 소비자들의 저축률 변화를 확인해 보자.

1984년까지 10% 내외였던 미국의 개인 저축률은 2000년대 거의 0%에 가깝게 하락했다. 이 차트를 보면 저축률이 반등할 가능성도 아예 없지는 않다. 또한 저축률이 높아진다는 것은 장기적으로 보면 긍정적인 현상이기도 하다. 하지만 이는 곧 미국 소비자가 향후 몇 년간은 경제 성장의 동력이 되지 않을 것이라는 뜻이기도 하다. 이처럼 저축을 늘리는 것이 경제에 악영향을 미칠 수 있다는 논리를 흔히 '절약의 역설Paradox of Thrift'이라고 한다. 개인의 입장에서 보면 저축은 미래를 대비하는 현명한 행동이지만, 사람들이 저축을 하면 할수록 소비는 줄어들고 결국 이는 소득 감소로 이어진다.

이 책을 쓰는 현재 미국 소비자들은 자산 증가와 소득 증가 모두 둔화된 상태다. 이들이 계속 경제를 뒷받침하려면 저축률이 더 하락하는 수

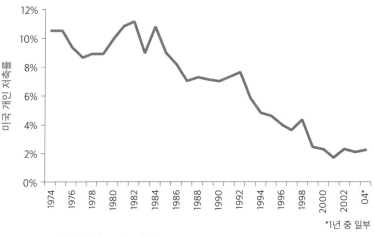

그림 3.3 **저축하지 않는 미국인들** (출처: 미국 상무부)

밖에 없다. 그러나 미국인들이 저축률을 높이고 전통적인 소비 행태로 돌아간다면 경제는 심각한 문제를 맞닥뜨리게 될 것이다.

미국 국내 기업: 기업이 투자를 결정하는 데 중요한 요인 중 하나는 유휴생산능력이다. 간단히 말해, 유휴 시설을 가진 기업은 신규 설비 투자에 적극적이지 않을 확률이 더 높다. 그림 3.4는 미국 기업들의 유휴생산능력이 어떻게 변화했는지 보여준다. 자료를 보면 미국 기업들은 생산 능력의 약 4분의 1을 유휴 상태로 두고 있음을 알 수 있다. 이 수치는 2000년 IT 버블 붕괴 이후 빠르게 증가해 왔다. 즉, 수년간은 추가적인 투자 없이도 경제 성장에 대처할 수 있을 정도로 미국 기업들이 충분한 유휴생산능력을 갖췄다는 뜻이다.

1980년대 초반과 1990년대 초반 두 번의 침체기를 겪을 때도 기업들

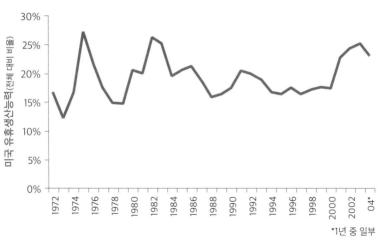

그림 3.4 **미국의 초과 생산 수용력** (출처: 연방준비은행)

의 유휴생산능력은 높았다. 개인 저축률을 보여주는 그림 3.3에서 확인해 보면 1980년대와 1990년대에 걸쳐 개인 저축률이 급격히 하락하면서 경기 침체가 끝났음을 알 수 있다. 침체기에 남아돌던 유휴생산능력은 소비자들이 소비를 늘렸을 때 고스란히 생산에 투입되었다.

결국 기업 지출 역시 소비자에게 달려 있다. 소비자가 소비를 늘리면 자연히 기업도 뒤따라서 투자를 늘린다. 그러니 소비자가 성장의 동력이 되지 못한다면 기업도 지출을 늘리지 않을 가능성이 높다.

외국인: 1990년대 주식시장 거품이 한창일 때, 많은 사람이 시스코는 중국에서 제품을 엄청나게 판매하게 될 것이므로 터무니없는 주가 상승도 합리적이라고 항변했다. 더 넓게 보면, 미국 기업들이 해외 시장에 제품을 수출함으로써 더 이상 미국 소비자에게만 의존하지 않아도 된다고 기대했던 것이다.

결과적으로 수출 가능성을 근거로 주가가 오르는 게 타당하다는 주장은 틀렸으나, 미국에서 생산된 제품의 상당수가 외국 소비자들에게 판매될 것이라는 주장은 맞았다. 이 비중이 점점 늘고 있으므로 해외 소비자들이 경제 성장을 이끄는 동력이 될 가능성도 존재한다.

안타까운 건, 해외 주요 국가의 경제 상황도 그리 좋지는 않다는 점이다. 경제 대국인 독일과 일본은 경기 침체에서 벗어나기 위해 계속 고군분투 중이다. 독일의 경제 성장률은 매우 미미한 수준이며[4] 일본 경제도 그리 나을 것이 없다. 2000년대 초반 일본의 증시 하락 폭과 기간은 미국의 증시 상황보다도 훨씬 심각한 수준이었다. 이는 일본인들의 자산을 감소시킴은 물론, 하방 압력을 가하며 세계 경제가 더 침체되도록 만든다.

심지어 저렴한 중국 제품이 날개 돋친 듯 해외로 팔려나가며 미국 경제에 부정적인 영향을 미치고 있다. 결국 수출은 잠재적으로 경제 성장을 이끌 수는 있지만, 미국 경제에서 차지하는 역할이 상대적으로 매우 미미하다는 점을 감안하면 그 효과는 크지 않을 것이다.

정부: 마지막 미국의 소비 주체는 지방 정부, 주 정부, 연방 정부다. 국내 소비자는 이미 과할 정도로 소비를 하고 있고, 기업의 유휴생산능력은 남아돌며 해외 경기도 좋지 않은 상황에서 과연 정부 지출이 경제를 활성화시킬 수 있을까?

이 장의 앞부분에서 논의한 것처럼 미국의 연방 정부는 막대한 적자를 내며 경제 성장을 이끌었다. 과연 연방 정부는 앞으로도 적자를 더 늘려 경제 성장에 기여할 수 있을까? 이는 가능하다. 5000억 달러 적자는 어떤 기준으로 봐도 크다. 그러나 경제 규모를 놓고 비교해 볼 때, 5000억 달러라는 적자는 가장 어려웠던 과거에 비하면 훨씬 적은 수준이기에[5] 연방 정부는 필요하다면 지출을 늘릴 수 있다.

다만 연방 정부가 적자를 늘리는 데는 위험이 따른다. 가장 분명한 위험은 금리 상승이다. 정부가 대규모로 부채를 늘리면 금리가 상승하고, 이에 따라 주택담보대출의 금리도 함께 상승하며 부동산 시장이 침체된다. 미국 주택시장은 낮은 주택담보대출 금리 덕분에 강세를 유지하고 있으므로, 연방 정부의 추가 지출 때문에 금리가 오르면 주택시장이 타격을 입을 가능성이 높다. 즉, 연방 정부가 재정을 늘림으로써 경제 활성화에 기여할 수는 있으나 금리가 동반 상승하며 주택시장에 부정적인 영향을 미칠 수도 있다.

첫 번째 강세론, 근시가 심하다면 안경을 써라

경제를 낙관적으로 전망하는 첫 번째 입장은 우선 과거 몇 년이 아닌 보다 장기적인 추세를 봐야 한다고 주장한다. 버블이 꺼진 직후로 눈을 돌리면 전망은 암울해 보이는 게 당연하다. '동트기 전이 가장 어둡다'는 말도 있지 않은가. 다만 말이 쉬울 뿐, 어려운 시기에 이렇게 낙관적인 관점을 유지하기는 사실 매우 어렵다.

조지 커스터 장군 휘하에서 싸우던 한 군인이 리틀 빅혼Little Big Horn 전투에서 이 말을 몸소 증명해 낸 바 있다. 잘 알려진 바와 같이 이 전투에서 커스터 장군의 부대는 전멸했고 살아남은 사람은 아무도 없었다. 그런데 전해오는 이야기에 따르면 기마병 하나가 도망칠 기회를 얻었다고 한다. 그는 말을 타고 도망쳤고, 추격자들을 따돌릴 가능성도 충분히 있었다. 그러나 도망에 성공할 것만 같았던 바로 그 순간, 그는 권총을 꺼내 자살해 버렸다고 한다.

몇 년간 경제가 심각한 타격을 입었다 해도 아직 권총을 꺼내기는 이르다. 바로 이때가 회복으로 접어드는 전환점일 수 있기 때문이다. 가장 어두운 때일지도 모르는 시점에 절망해서는 안 된다. 조금 더 장기적인 관점을 가지면 대부분의 경제 지표가 상당히 좋아 보인다는 걸 알 수 있다.

2004년 7월 기준 S&P 500 지수는 최고점 대비 3분의 1가량 하락했지만, 1980년대 초 증시가 바닥을 쳤을 때를 기준으로 본다면 거의 1000% 이상 상승한 셈이다. 끔찍해 보이는 거의 모든 경제 상황에서 비슷한 패턴이 나타난다. 금리는 최저점 대비 꽤나 상승한 것으로 보여도(한 번은 한 달 남짓한 기간 동안 50%나 상승했다) 50년을 기준으로 보면 여전히 최저 수준이다. 물가 상승률은 너무 낮아서 연방준비제도이사회가 물가 하락을 막고자 상당한 노력을 기울이고 있다.

실업률 또한 그렇다. 6%에 달하는 실업률이 2004년에는 매우 심각하게 여겨지지만, 장기적으로 보면 나쁜 수치가 아니다. 1980년대 후반만 해도 실업률이 6%라고 하면 희소식이라고 했을 것이다.[6]

연방 정부의 막대한 재정 적자는 어떠한가? 대규모의 흑자에서 입이 떡 벌어질 만한 규모의 적자로 급변했다는 사실은 분명 간과할 수 없다. 그러나 장기적인 관점으로 보면 재정 적자 역시 매우 긍정적이다. 미국 전체 경제에서 정부 부채가 차지하는 비율을 비교해 보면 2004년의 수치는 1993년에 비해 현저히 적은 수준이며, 제2차 세계대전이 끝난 무렵과 비교하면 절반에 불과하다.[7] 그리고 결론적으로 몇 년간 경제 상황이 좋지 않았어도 장기적으로 보면 경제 호황이 완전히 끝났다는 증거는 없다고 할 수 있다.

두 번째 강세론, 복리 생산성의 마법

"이기는 것은 '전부'가 아니다. '유일한' 것이다."

이 말은 미식축구팀 그린베이 패커스의 전설적인 감독, 빈스 롬바르디가 한 말로 알려져 있지만, 사실 그가 한 말은 "이기는 것은 전부가 아니다. 이기기 위해 노력하는 것이 전부다"였다. 자신이 하지도 않은 말로 유명해지다니, 이는 실로 역사라는 것의 미스터리다.

어쨌건 롬바르디는 다양한 주제로 훌륭한 명언을 남겼는데, 이 명언들 중 대다수는 투자에도 그대로 적용할 수 있다. 그리고 그중 내가 가장 좋아하는 것은 "이기는 것은 습관이다. 그리고 안타깝게도 지는 것도 습관이다"라는 말이다. 경제 성장에서 생산성은 '전부'가 아니다. '유일한' 것이다. 롬바르디 감독이 이렇게 말했을 리는 없지만, 어쨌든 이는 수학적인 사실이다.

부를 쌓는 데는 두 가지 방법이 있다. 하나는 더 열심히 일하는 것이고, 나머지 하나는 더 똑똑하게 일하는 것이다. 당연히 거의 모든 사람이 '더 똑똑하게 일하는 편'을 선호한다. 그리고 경제가 얼마나 똑똑하게 일하는지를 보여주는 지표가 바로 생산성이다. 이는 장기적인 경제 성장의 핵심과도 같다.

낙관론자들은 그림 3.5에서 보이는 미국의 생산성을 근거로 미래가 긍정적일 것이라고 주장한다. 1990년대에서 2000년대 사이의 생산성 증가율은 제2차 세계대전 이후 그 어느 때보다도 높았다. 그런데 정말 생산성은 과거보다 높아졌을까? 그리고 이렇게 좋은 상황이 지속될 수

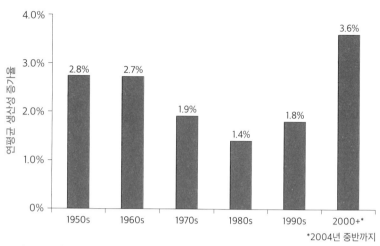

그림 3.5 **매우 가파른 미국의 생산성 증가율** (출처: 미국 노동통계청)

있을까? 답은 '지속 가능해 보인다'는 것이다. 일부 경제역사학자들은 정보기술 혁명과 산업 혁명을 비교한다. 기계를 효과적으로 다루는 법을 알기까지 수십 년이 걸려서 산업 혁명의 영향이 곧바로 눈에 보이지 않았던 것처럼, 정보기술 혁명의 영향도 향후 엄청난 힘을 발휘하리라는 것이다.

정말로 우리는 정보기술 덕분에 더 부유해질 수 있는 시점에 도달했는지도 모른다. 만약 그렇다면 생산성 향상은 단순히 지속될 뿐 아니라 오히려 가속화될 수도 있다.

생산성 향상은 매우 대단한 일이다. 복리의 마법 때문이다. 복리의 효과를 보여주는 사례 중 나는 찰스 다윈의 『종의 기원』에 나오는 예를 가장 좋아한다.[8]

코끼리는 알려진 모든 동물 중에서 가장 느리게 번식하는 동물로 알려져 있으며 나는 코끼리의 최소 자연 증가율을 추정하기 위해 애를 먹었다. 코끼리가 30살부터 90살까지 번식을 하며 이 기간 동안 암수 세 마리씩을 낳는다고 가정하면, 500년 뒤 첫 번째 코끼리의 후손은 1500만 마리가 될 것이다.

다윈은 코끼리의 개체 수를 복리로 계산했다. 어떤 것이 1년에 2.3%씩 성장한다면 30년 뒤에는 2배가 된다. 복리의 마법 같은 점은, 아무리 성장률이 낮아도 충분한 시간만 있다면 나중에는 놀라운 성장을 이룰 수 있다는 것이다(세상에 이렇게 많은 코끼리가 살 수 없다는 사실은 다윈의 연구에서 매우 중요한 단서였다).

'생산성 증가율'의 차이가 어떤 의미인지 이해하기 위해 다시 케인스의 말을 살펴보자. 우리 손주들의 향후 경제적 가능성은 어떠할까? 두 가지 시나리오로 손주들의 부를 비교해 보자. 생산성이 지난 2000년대와 같이 평균 3.62%로 성장한다는 고성장 시나리오, 그리고 1970년부터 1999년까지와 같이 평균 1.72%로 성장한다는 저성장 시나리오다. 당신이 지금 일주일에 40시간 일하고 누리는 삶의 질을 얻기 위해 당신의 손주는 일주일에 몇 시간을 일해야 할까? 네 가지의 선택지가 있다.

(1) 주당 29.3시간

(2) 주당 20.2시간

(3) 주당 15.9시간

(4) 주당 9.6시간

　당신의 직감을 믿고 고성장 시나리오와 저성장 시나리오 각각에 대한 답을 한번 골라보라. 만약 세상이 (2)번처럼 된다면 손주들은 일하는 시간당 당신보다 약 두 배의 돈을 벌 것이다. 일하는 시간당 두 배 많은 자동차, TV, 냉장고, 휴가를 얻을 수 있다는 뜻이다.

　일단 정답을 맞히기 전에 한 걸음 물러나서 생산성 증가율 1%도 매우 드물고 놀랄 만한 수치라는 것부터 알아야 한다. 우리의 조상과 가장 가까운 종인 침팬지의 생산성 증가율은 얼마일까? 이상한 질문처럼 보일 수 있지만 정답은 쉽게 계산할 수 있다. 현대의 침팬지가 정해진 양의 음식을 얻기 위해 일하는 시간을 계산해 보자. 그리고 현대 침팬지의 작업량과 1000년 또는 100만 년 전에 살았던 침팬지의 작업량을 비교해 보면 된다. 물론 침팬지에 대한 역사적 자료는 전혀 없지만 답은 명확하다. 침팬지의 생산성 증가율은 0이다. 이는 다른 동물도 마찬가지다. 아무리 문화를 가진 동물일지라도 세대를 초월한 진보는 이루지 못한다.

　현대 침팬지의 손자들이 얻을 경제적 기회는 현대 침팬지보다 높지 않을 것이다(어쩌면 환경 파괴 때문에 더 열악해질지도 모른다). 동물들의 생산성 증가율이 0인 것은 분명하다. 사실 오랜 역사 동안 인간의 생산성 증가율도 거의 0이었다! 대부분의 시대에서 인간은 침팬지, 아니 박테리아보다도 더 나을 것이 없었다. 케인스도 손자들을 위한 에세이에서 '선사 시대와 근대 사이에 현대적인 기술 발명이 없었다는 점이 정말 놀랍다'고 기술한 바 있다. 고고학적 기록에 따르면 케인스의 이 기술은 대부분의 시대에 적용된다. 인간이 존재하기 시작한 후 거의 대부분의 시간 동안 기술력의 발전은 기본적으로 '제로'였다. 과거와 비교해 1인당 훨씬 많은 제품을 만들 수 있게 된 현대의 능력은 실로 놀라운 것이다.

우리 손주들의 이야기로 돌아가 보자. 아까 문제의 답은 저성장 시나리오에서 주당 20.2시간, 고성장 시나리오에서 주당 9.6시간이다. 앞으로 펼쳐질 40년이 1970년부터 1999년까지와 같다면 우리 손주들은 같은 물질적 성과를 내기 위해 우리의 반만큼만 일하면 되고, 만약 2000년대처럼 생산성이 빠르게 증가한다면 우리의 4분의 1만 일하면 된다. 이처럼 생산성이 더 높아진다면 손주들은 케인스가 말한 것처럼 일주일에 15시간만 일하고도 우리보다 훨씬 더 부유한 삶을 영위할 것이다. 생산성 증가는 더 많은 TV를 살 수 있다는 데 그치지 않는다. 더 나은 의료서비스, 더 나은 교육도 받을 수 있다.

경제적 부의 측면에서 생산성이 조금 향상되면 우리와 우리 자녀들, 손주들의 삶은 크게 개선된다. 경제적 부에서 생산성 향상은 '전부'가 아니라 '유일한' 길이다. 경제적 부는 거의 전적으로 생산성 증가율에 달려 있다고 해도 무방하다.

그러나 이러한 장밋빛 꿈이 쉽게 실현될 리 만무하다. 2000년부터 2004년까지의 급격한 생산성 향상과 달리 이후 2005년부터 2007년까지의 생산성 증가율은 평균 수준이었다. 게다가 개인 저축률 또한 0%에 가깝게 떨어져 있다. 그렇다면 사람들이 얼마나 저축해야 하는지부터 생각해 보자.

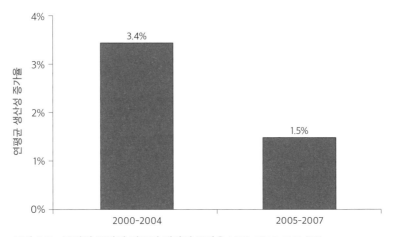

그림 3.6 　급격히 둔화된 미국의 생산성 증가율 (출처: 미국 노동 통계청)

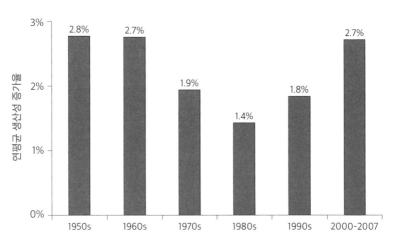

그림 3.7 　견고하지만 눈부시진 않은 미국의 생산성 증가율 (출처: 미국 노동통계청)

미국보다 저축을 더 많이 하는 나라로 호주를 들 수 있다. 호주의 모든 근로자는 법에 따라 강제적으로 소득의 9%를 적립해야 하며, 이는 슈퍼애뉴에이션 펀드Superannuation Fund라는 개인연금 계좌에 예치된다. 이렇게 강제로 저축을 시킨 결과 슈퍼애뉴에이션펀드의 규모는 2007년 기준 자그마치 1조 달러가 넘었다. 또한 적은 인구에 비해 1인당 간접투자 규모는 전 세계에서 가장 높은 수준이다.

호주의 저축 제도에 대해 애널리스트들은 어떻게 평가했을까? 놀랍게도 그들은 입을 모아 저축률 9%가 너무 낮다고 말했다! 은퇴 후에도 이전과 같은 생활수준을 유지하고 싶다면 소득의 15% 가까이를 저축해야 한다. 이를 보면 미국의 저축률은 터무니없이 낮다고 할 수 있다.

0에 가까운 저축률이 결국 빈곤으로 이어진다는 사실을 이해하기 위해 경제학자가 될 필요는 없다(아니, 오히려 경제학자가 되지 않는 편이 도움이 될 것이다). 은퇴 시기가 다가오면 사람은 저금의 필요성을 절감하고 결국 더 많은 돈을 저축하게 되지만, 이 불가피한 절약은 매우 광범위하고 지속적으로 영향을 미친다.

'빚쟁이'에서 '짠돌이'로 바뀌는 과정에는 당연히 고통이 따른다. 이때 고통의 수준을 결정하는 핵심 요인은 생산성 증가율이다. 경제학에서 흔히 공짜 점심이란 없다고들 말하지만 생산성만큼은 예외다. 생산성이 높아질수록 허리띠를 졸라매지 않아도 성장을 통해 자연스레 더 많이 저축할 수 있기 때문이다.

물론 생산성에 관한 논쟁에는 이 책의 범주를 넘어서는 중요한 단서 조항들이 많이 달려 있다. 첫째, 환경이 파괴된다면 경제적 부는 별 의미가 없을 것이다. 둘째, 부의 분배가 부의 총합보다 중요할 수 있다. 셋째, 무엇보다도 부가 증가한다고 해서 사람들이 더 행복해진다는 증거

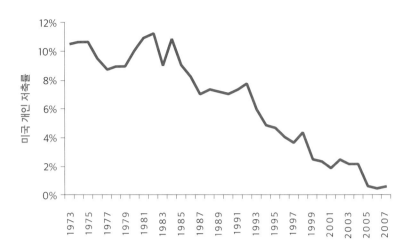

그림 3.8　**저축하지 않는 미국인들** (출처: 미국 상무부)

는 거의 없다. 대개 돈이 우리를 더 행복하게 만들어주리라고 생각하지만, 사실 세계 각국에서 수행된 연구들이 하나같이 부는 행복과 상관이 없다는 사실을 알려주고 있다.[9] 이 모두 중요한 주제이긴 하나, 투자자들이 돈을 벌도록 도움을 주기 위해 쓰인 이 책에서는 다루지 않을 것이다. 결론적으로 극도로 높은 생산성이 앞으로 좋은 시기가 다가올 징조라면, 우리는 훨씬 더 부유해질 것이고 부채는 큰 문제가 되지 않을 것이다.

재능 있는 거지, 미국

우리는 앞으로 미국에 어떤 길이 펼쳐질지를 물으며 이 장을 시작했다.

케인스가 예상한 대로 정보기술이 만든 풍요로운 여가를 누릴 것인가, 아니면 거품이 꺼진 후 일본이 걸어야 했던 고통스러운 전철을 밟을 것인가?

지금이 최악의 시기라고 믿는 사람들은 미국이 버블 시대의 경제적 숙취에 시달리고 있다고 지적한다. 1990년대의 버블이 가져온 후유증은 불안한 소비자 지출, 기업의 유휴생산능력, 거대한 정부의 재정 적자에서 여실히 드러난다. 한편 지금이 최고의 시대라고 믿는 사람들은 매우 높은 생산성 증가율에 무게를 두고 있다. 결국 핵심은 생산성이다. 미국이 경제적으로 행복한 결말을 맞는다면 그것은 정보기술과 생산성 증가를 통해 이루어질 것이다. 이는 투자자들에게 간단한 투자 팁이 될 수 있다. 생산성 지표를 살펴보라. 만약 향후 생산성이 3% 이상 유지된다면 타고난 재능 덕에 술을 마시고도 엄청난 달리기를 보여주었던 스티브처럼 미국도 숙취를 극복하고 달릴 수 있을 것이다. 그러나 생산성이 크게 떨어진다면 1990년대 버블에서 회복하기 위해 감당해야 했던 괴로움보다도 더 큰 고통을 견뎌내야 할 것이다

4장

인플레이션
거대한 괴물의 귀환

화폐라는 미스터리의 등장

1920년대 초 독일이 하이퍼인플레이션을 겪을 때 화폐의 가치는 한없이 추락해서 사람들은 돈을 커다란 자루에 넣어서 낑낑거리며 가지고 다녀야 했다. 돈의 가치가 너무 하락한 나머지, 돈을 가득 실은 수레를 세워놓고 잠시 자리를 비우면 도둑이 돈은 놔두고 수레만 훔쳐갈 정도였다. 이는 우스운 이야기지만 사실 하이퍼인플레이션 자체는 전혀 재미있지 않았다. 하이퍼인플레이션이라는 괴물은 수백만 가구가 평생 모은 돈을 한순간에 아무것도 아닌 휴지 조각으로 만들어버렸다.

　인플레이션이 극심했던 1970년대에 나는 투자자로서 첫발을 뗐다.

당시 인플레이션은 미국은 물론 세계 경제까지도 유린하는 어마무시한 괴물이었다. 그때 대학생이었던 나는 매일 저녁 식사를 마치면 친구들과 함께 학생 라운지로 가서 전통 코미디 쇼인 「겟 스마트Get Smart」를 보곤 했다. 학생 라운지에는 TV가 딱 하나밖에 없었기 때문에 우리는 초기 민주주의의 형태로 채널을 선택했다. 간혹 웃고 떠들기보다는 배우는 것을 좋아하는 학생들이 시청권을 차지했는데, 그런 날이면 어쩔 수 없이 저녁 뉴스를 봐야 했다. 그리고 인플레이션이 휩쓸던 1970년대에 TV 뉴스는 암울하기 그지없었다. 정부는 매달 인플레이션 증가율을 발표했는데, 우리는 걸핏하면 TV 앞에 앉아서 인생을 즐기기에 돈이 모자라지는 않을지 걱정했다. 인플레이션이라는 괴물 앞에서는 대통령조차도 무력해 보였다. 1974년 제럴드 포드 대통령은 미국인들을 '이제 인플레이션을 몰아내자Whip Inflation Now'라는 운동에 참여시키기 위해 'WIN'이라고 적힌 배지를 수백만 개나 제작했다(다만 그는 우리가 이 과제를 어떻게 달성해야 하는지에 대해서는 정확히 말하지 않았다). 경제적으로 험난했던 이 시기에 포드 대통령은 1976년의 선거에서 지미 카터에게 패했다. 그리고 카터 대통령 또한 그로부터 4년 후의 선거에서 로널드 레이건에게 패했다. 어떤 사람들은 카터 대통령이 연방준비제도이사회가 벌인 인플레이션 억제 캠페인의 희생자라고 말하기도 했다.

그림 4.1에서 보듯이 1970년대에 나타난 인플레이션이란 괴물을 길들이는 데 성공한 미국은 그로부터 2000년대에 이르기까지 낮은 인플레이션율을 누려왔다. 그래서 사람들은 인플레이션을 머나먼 남아메리카의 어느 나라 혹은 나이 든 사람들에게나 해당되는 이야기로 생각해

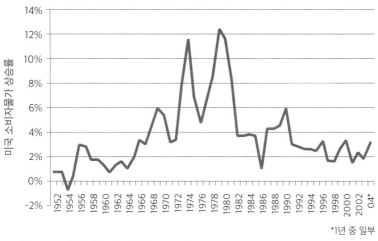

그림 4.1　**수년간 낮은 인플레이션을 누려온 미국** (출처: 미국 노동통계국)

왔을지도 모르겠다. 하지만 2000년대에 들어서며 금값이 급격히 상승하고 미국 달러 가치는 크게 하락했다. 이 두 가지 현상은 인플레이션 위험이 높아질 수 있다는 아주 고전적인 징후들이다. 이런 상황에서 인플레이션율을 어떤 모습을 보일까? 그리고 그러한 시기에 적절한 투자는 무엇인가?

　화폐와 관련된 대부분의 분야가 그렇듯, 인플레이션에 관한 가장 훌륭한 통찰 역시 밀턴 프리드먼Milton Friedman 교수가 제시했다. 1976년 노벨경제학상을 수상한 프리드먼 교수는 통화량을 늘리거나 줄이는 행위를 통해 금융 세계를 이해하려는 통화주의 학파의 수장이다.

　"화폐는 미스터리와 역설이 가득하다는 점에서 대단히 흥미로운 연구 대상이다. '돈'이란 이름이 붙은 초록색 종잇조각은 신문지나 잡지에서 찢은 같은 크기의 종잇조각과 다를 바가 없다. 그러나 전자는 소비자가 음식, 음료, 의복을 비롯해 삶에 필요한 모든 물품을 사는 데 쓰는 반면, 후자는 불을 붙이는 데나 쓰인다. 그 차이는 대체 어디에서 오는 것일까?"[1]

프리드먼 교수와 안나 슈바르츠Anna Schwarz가 공저한 『미국 화폐사A Monetary History of the United States』에는 이렇게 적혀 있다. 그가 말한 것처럼 인플레이션을 이해하려면 화폐의 미스터리를 일부 벗겨내야 한다. 따라서 우리는 인플레이션을 알아보기에 앞서, 왜 화폐를 지금과 같은 형태로 사용하고 있는지 그 이유부터 탐구해 봐야 할 것이다.

화폐의 발행: 이 콩팥은 판매하지 않습니다!

우선 화폐를 전혀 사용하지 않는 현대의 시장부터 살펴보자. 신장 이식은 한 사람의 신장을 다른 사람에게 옮겨 생명을 구하는 수술이다. 간혹 사망한 사람으로부터 신장을 기증받기도 하지만, 많은 경우 살아 있는 사람에게서 기증받는다. 대부분의 사람들은 신장을 두 개 가지고 태어나는데, 하나만 있어도 사는 데는 지장이 없기 때문이다.

하버드경영대학원의 동료인 알 로스Al Roth 교수는 신장 이식 시스템의 개선에 참여한 적이 있다. 언뜻 보기에 문제는 꽤 간단해 보였고, 굳이 경제학 원리를 적용하지 않아도 될 것 같았다. 이식이 필요한 사람들은 신장을 기증해 줄 친척이나 친구를 찾고, 기증자를 찾지 못한 환자들은 사망자에게 신장을 받기 위해 줄을 서서 기다리면 된다. 그런데 왜 의료 절차 개선에 경제학자인 로스 교수까지 참여한 걸까?

신장 기증 시장에는 경제학자의 특별한 기술이 필요해지는 특수 상황들이 있다. 일단 신장을 이식하려면 기증자와 환자는 몇 가지 생리학적 지표가 맞아야 한다. 가령, 신장 이식이 필요한 환자의 배우자가 기증을 희망한다고 해도 서로 조직이 맞지 않으면 이식이 불가능하다. 이런 문제로 고생하는 커플을 도울 수 있는 해결책은 비슷한 상황에 놓인 다른 커플을 찾아주는 것이다. 예를 들어 스미스 부인은 스미스 씨에게 신장을 기증하고 싶지만 생물학적으로 조직이 불일치한 상황이라고 해보자. 마찬가지로 존스 씨는 존스 부인에게 신장을 기증하고 싶지만 불가능하다. 만약 운이 좋게도 스미스 부인과 존스 부인의 조직이 일치하고 스미스 씨와 존스 씨의 조직이 일치한다면 문제는 해결된다. 스미스 부인은 존스 부인에게, 존스 씨는 스미스 씨에게 신장을 기증하면 된다. 두 환자 모두 필요한 신장을 얻는 것이다. 처음에 신장 이식 시스템은 단순한 의료 문제로만 보였지만, 사실 경제학자들이 연구해 온 '매칭 matching' 문제였던 것이다.

이런 종류의 매칭 문제는 경제학자들의 관심 분야이며, 특히 알 로스 교수는 이 분야의 전문가였다. 그는 이전에도 레지던트와 의과대학 병원의 매칭 시스템 개선에 참여한 적이 있었다.[2]

앞서 본 장기 교환은 합법적이며 실제로도 행해지고 있다. 이에 관한 뉴스를 하나 살펴보자.

테네시주 서쪽에 사는 두 가족의 삶은 장기 기증이란 행위에 의해 영원히 바뀌게 되었다. 하지만 이 일은 원래의 계획과는 전혀 달랐다. 케이 모리스(53세) 씨는 딸 멀리사 플로이드 씨로부터 신장을 기증받을 예정이었고, 톰 덩컨 씨는 친구이자 이웃인 퍼트리샤 뎀시 씨로부터 마찬가지로 신장을 기증받을 예정이었다. 그러나 검사 결과, 각각의 커플은 서로 이식이 불가능한 사이였다. 다행히 내슈빌의 영리한 면역학자 데비 크로우 박사는 두 커플이 서로 신장을 교환하면 이식이 가능하다는 사실을 발견해 냈다.

— 《더 리포터The Reporter》(밴더빌트대학교 메디컬센터, 2003년 11월 21일)

이 사례에서 멀리사는 자신의 신장을 난생 처음 보는 톰에게 기증했고, 멀리사의 어머니에게는 톰의 친구 퍼트리샤가 신장을 기증했다. 장기 교환 덕에 자칫 불가능할 뻔했던 이식이 가능해진 것이다. 정말 멋지지 않은가.

하지만 이 방식에는 몇 가지 문제가 있다. 첫째, 이식에 적합한 짝을 찾으려면 기증자와 환자가 두 커플보다 더 필요한 경우도 있다. 그 예로, 최근 존스홉킨스 병원에서는 세 커플의 신장 교환 이식 수술이 진행되었다. 커플의 수가 많아질수록 매칭 과정은 어려워지는데, 무엇보다도 수술을 하려면 기증자와 환자가 같은 병원에 있어야 하기 때문이다. 둘째, 장기 교환 이식 수술을 하는 외과 의사들은 모든 수술이 동시에 이루어져야 한다는 규칙을 따른다. 그래서 서부 테네시주의 사례에서는 네 건의 수술(기증자 두 명, 환자 두 명)이 동시에 이루어졌고, 존스홉킨스에서는 여섯 개의 수술 팀이 기증자 세 명, 환자 세 명의 수술을 동시에 진행했다.

어째서 동시에 교환 이식 수술을 해야 하는 걸까? 교환이 동시에 이루어지지 않는다면 일부 기증자가 마음을 바꿀지도 모르기 때문이다. 가령 존스 부인이 새 신장을 이식받은 후에는 존스 씨가 갑자기 신장을 기증하지 않겠다고 할지도 모를 일이다. 자신의 의지에 반해 신장을 기증하도록 강요하는 것은 불가능하다.

이런 문제를 피하기 위해 외과 의사들은 모든 수술을 동시에 진행해야 한다. 동시에 교환 이식을 해야 한다는 조건은 실제 수술을 훨씬 더 복잡하게 만든다. 각각의 수술에는 의료진이 여러 명 필요하므로 네 개 이상의 완전한 수술 팀이 동시에 수술해야 한다는 조건은 사실상 매우 까다롭다고 할 수 있다.

게다가 동시에 교환해야 한다는 조건은 어떤 교환을 아예 불가능하게 만들기도 한다. 예를 들어 어떤 환자에게 적합한 기증자가 1년 동안 나타나지 않을 수도 있다. 다만 시간이 지나도 가치를 보존할 방법이 있다면 이런 경우에도 교환을 할 수 있을 것이다. 기증자가 모르는 환자에게 지금 신장을 기증하고 나중에 자신과 일치하는 기증자가 나왔을 때 이식받을 수 있는 권리를 얻으면 된다. 하지만 모든 교환이 동시에 이루어져야 한다면 이처럼 시간차가 생기는 교환은 불가능하다. 로스 교수는 매칭에 대한 자신의 전문 지식을 이용해 장기 교환 시스템을 개선시키기 위해 노력하고 있지만, 동시 교환 조건 때문에 그 활용이 무척 제한적이고 어렵다고 얘기한다.

만약 모든 경제적 거래도 이처럼 동시 교환으로 이루어져야 한다면 세상이 어떻게 될지 상상해 보자. 자동차에 기름을 넣는 것처럼 간단한 일에서조차도 주유소 주인에게 어떤 상품이나 서비스를 가져와 협상을 해야 한다. 가장 심각한 문제는 은퇴 후의 생활이다. 은퇴 후에는 대부분이 이전에 축적해 놓은 부에 의지해서 수년 혹은 수십 년을 산다. 모든 교환이 동시에 이루어져야 한다면 은퇴 후에 필요한 만큼의 무언가를 축적해 놓기란 불가능할 것이다.

그런데 동시 교환이 이루어지는 세상은 신화 속 이야기가 아니다. 이런 세상을 우리는 '물물교환 경제'라고 부르며, 화폐가 발명되기 전 모든 인간 사회는 물물교환으로 경제적 거래를 했다. 심지어 산업화되지 않은 몇몇 사회는 최근까지도 이 방식을 고수했다. 신장 교환 사례에서 알 수 있는 것처럼 물물교환 경제에서 동시 교환 방식은 경제 활동에 찬물을 끼얹는다. 결과적으로 물물교환 경제는 화폐를 사용하는 사회보다 생산성이 떨어진다. 재무 설계에서 무엇보다 중요한 점은, 물물교환 경제에서는 은퇴 후를 위해서나 다른 활동을 위해 미래에 사용할 부를 축적하기가 무척이나 어렵다는 것이다.

화폐의 형태: 쌀, 치즈, 돌, 금, 종이

화폐는 경제 교류에 윤활유를 바른 놀라운 발명품이다. 밀턴 프리드먼이 쓴 것처럼 현재 종이 형태의 화폐는 거의 마법에 가깝다. 조잡한 종잇조각을 주면 음식, 음료, 교통편, 주택 같은 진짜 상품을 얻을 수 있다. 게다가 축적도 가능하기에 은퇴자들도 저축한 돈으로 수십 년을 살 수 있다.

나는 이국적인 곳을 여행할 때면 새삼 화폐의 힘을 느낀다. 정신없이 바쁘고 먼지가 가득한 공항을 나와 종이 한 장만 내면 낯선 사람들에게서 즉시 도움을 받을 수 있다. 이 낯선 사람들은 내가 준 종이로 재화와 서비스를 교환할 수 있다는 사실을 알기 때문에 기꺼이 나를 돕는다. 낯선 사람들도, 나도 거래가 가능한 이유는 모두 화폐라는 환상적인 도구 덕분이다.

그러나 이런 긍정적인 기능에도 불구하고 화폐는 물물교환 경제에서는 일어나지 않을 문제를 야기한다. 신장을 교환하는 기증자와 환자는 동시에 수술을 진행하기 때문에 상대방이 약속을 지킬 것이라고 확신하는 반면, 화폐를 사용하는 거래는 거래 당사자 중 한쪽이 미래 가치를 약속받는 대신 즉각적인 가치를 포기해야 한다. 오늘 1달러를 받고 햄버거를 팔아서 이 돈을 다음 주 화요일 또는 10년 후의 화요일에 사용할 사람은 돈을 쓰기도 전에 이 1달러의 가치가 떨어질 수도 있다는 위험을 감수해야 한다. 이 위험성은 다소 덧없는 화폐의 본질에 있다.

프리드먼 교수는 "재화와 서비스를 사적으로 거래하는 개인들이 왜 달러를 받아들이는가? 간단하지만 옳은 답은, 다른 사람들도 달러를 받아들일 것이라고 확신하기 때문이다. 이 종잇조각은 모든 사람이 가치가 있다고 생각하기 때문에 가치가 있다"[3]라고 말했다. 그렇다. 현대의 지폐는 다른 사람들이 그것의 가치를 인정하기 때문에 가치가 있는 것이다. 지폐와 달리 초기의 몇몇 화폐에는 본질적인 가치가 있었다. 이를테면 다양한 문화권에서 쌀 등의 곡식을 화폐로 사용했다.[4] '쌀'을 돈으로 받은 사람은 설사 다른 사람들이 더 이상 쌀의 가치를 인정하지 않는다고 해도 그것을 먹을 수 있었다. 비슷한 이유로 일부 북유럽 문화권에서는 치즈를 화폐로 사용했다.[5]

쌀과 치즈는 미래의 상환 능력이라는 문제를 해결했지만 대신 다른 문제가 있었다. 부피가 크고 보관이 어려운 데다 부패하기 쉽다는 것이다. 은퇴 자금을 전부 쌀로 보관하거나 자동차 딜러에게 거대한 치즈한 포대를 끌고 가는 것이 얼마나 어려울지 생각해 보라. 그래서 이런 상품 화폐를 개선한 다른 형태의 화폐가 나오기 시작했다.

기나긴 역사에서 사람들은 금을 얻기 위해 기꺼이 죽기도, 또 죽이기도 했다. 언뜻 이것은 터무니없는 일처럼 보일 수도 있는데 금은 실용적인 가치가 거의 없기 때문이다(심지어 먹을 수도 없다). 금은 그 실용성 때문이 아니라 쌀, 치즈 등 상품 화폐가 가진 여러 문제를 다수 해결하기 때문에 가치를 인정받았다.

그렇다면 이상적인 화폐는 어떤 특징이 있어야 할까? 이상적인 화폐는 확인하기 쉽고, 위조가 불가능하며, 휴대가 가능하고, 부패되지도 않아야 한다. 금은 이러한 특징을 두루 가지고 있는 덕분에 인류의 화폐

역사에서 중요한 통화로 사용되었다. 금은 희소한 자원이기에 아주 작아도 가치가 있었고, 따라서 소지할 수 있는 정도의 양으로도 물물교환이 가능했다. 위조 여부를 구별하기도 쉽고 보관해도 썩지 않는다. 이 단순한 특징들 때문에 금은 함대를 출항시키기도(침몰시키기도) 했고, 우정을 배신하게도 만들었으며, 수많은 이의 꿈을 지배하기도 했다.

그러나 장점이 이렇게 많은데도 금을 포함한 자연적인 형태의 화폐에는 여전히 문제가 있었다. 태평양에 있는 얍Yap섬의 주민들은 흥미로운 경험을 통해 이 문제를 깨달았다.[6] 얍섬의 오래된 이야기는 그레고리 맨큐 교수의 베스트셀러 교과서『거시경제학』에 소개되면서 유명해졌다.[7]

얍섬 주민들은 지름이 최대 365센티미터에 이르는 동전 모양의 큰 돌 바퀴인 '페이'라는 화폐를 사용한다. 페이는 화폐로서 최적의 특징을 두루 갖추고 있다. 위조하기 어렵고 부패하지 않는다. 휴대할 수는 없지만 은행과 비슷한 곳에 두고 자주 옮기지 않는다. 페이는 물리적으로 옮기지 않고도 소유권을 변경할 수 있다. 사회가 충분히 작기에 구성원 모두 누가 어떤 페이를 소유하고 있는지 알았으며 따라서 도난당할 위험도 없었다.

그런데 어느 날, 폭풍우에 페이 하나가 떠내려갔다. 얍섬의 주민들은 선택해야 했다. 떠내려간 페이를 소유했던 사람이 그 손해를 떠안아야 하는가? 만약 그렇다면 소유자도 고통받겠지만 전체 사회도 고통받을 것이다. 프리드먼 교수가 주장하는 것처럼 화폐의 총량은 경제 활동에 영향을 미친다. 화폐 총량이 감소하면 전체 경제에 악영향을 끼칠 수 있다. 얍섬의 주민들은 떠내려간 페이가 여전히 주인에게 있다고 생각하기로 했다. 따라서 실제 페이는 사라졌지만 모든 주민들은 여전히 그 페이가 섬에 존재하는 것처럼 행동했다. 누가 페이를 소유하고 있는지 기록했고 수년이 지난 후에도 이 가상의 페이는 모두의 머릿속에 남아 거래에 사용되었다.

얍섬의 돌 화폐에 관한 이야기는 모든 유형有形의 화폐가 가진 문제를 잘 보여준다. 얍섬의 주민들이 떠내려간 페이를 잃어버린 것이라고 선언했다면 사회 전체의 화폐 총량은 줄어들었을 것이다. 이는 곧 페이와 같은 화폐를 사용한다면 화폐 발행은 정부의 손을 벗어나게 된다는 뜻이다. 금도 마찬가지다. 금의 양은 정부가 아니라 발견이나 채광 기술에 의해 결정된다.

앞으로 보게 되겠지만 정부의 화폐 통제는 종종 화폐 재앙을 초래하기도 한다. 그럼에도 금의 채굴 상황에 경제가 좌우되길 바라는 지도자는 거의 없을 것이다. 미국은 1944년부터 1971년까지 브레턴우즈 협정에 의해 사실상 금본위 제도를 따랐다. 그러나 이 체제에서는 경제를 활성화시키기 어려웠기에 닉슨 대통령은 미국 달러화와 금의 고정된 연결고리를 없애버렸다.

오늘날에도 모든 주요 국가가 비슷한 정책을 택해, 화폐를 모든 유형 자산과 분리시켰다. 우리는 소위 '피아트fiat', 즉 명목화폐fiat money의 시대에 살고 있다. 명목화폐는 그 자체로는 가치가 없고 정부의 명령에 의해 교환 수단이 되며, 통화 공급도 정부에 의해 결정된다.

얼핏 보기에 명목화폐는 위조화폐만 적절히 통제할 수 있다면 거의 완벽해 보인다. 확실한 가치가 있고, 가볍고, 저장하기도 쉽다. 또한 금과는 달리 정부가 통화를 공급할 수 있기 때문에 경제적 필요에 따라 통화량을 조절할 수도 있다.

인플레이션은 누구의 편인가

경제학은 흔히 '수요와 공급'으로 요약된다. 그리고 공급의 변화는 화폐에도 의미 있는 결과를 가져온다. 파푸아뉴기니의 고지대에 사는 사람들은 20세기 초에 이를 깨달았다.

파푸아뉴기니는 호주 북쪽에 있는 큰 섬이다. 해안가는 수 세기 동안 이웃 나라와 교류하는 사람들로 북적이지만 해안가를 벗어나면 이내 사람이 살기 어려운 험한 산악지대와 고원이 펼쳐진다. 그런데 20세기 초, 금을 찾으려는 호주인들이 그 고지대를 조사하기로 했다. 이 이야기에는 몇 가지 대단히 흥미로운 부분이 있다. 첫째, 고지대에는 사람이 전혀 살지 않기는커녕 수 세기 동안 다른 문화로부터 완전히 고립된 채 살아가는 사람들이 100만 명 가까이 있었다. 둘째, 호주인들이 녹화 장비를 가지고 간 덕분에, 산업화되지 않은 사람들과의 첫 만남을 찍은 유일한 영상 자료를 남겼다(이 원본 영상 중 일부를 「퍼스트 콘택트」라는 학술 영화에서 볼 수 있다). 셋째, 바로 이 지점이 우리의 이야기와 특히 관련이 있는데, 고지대에 사는 사람들은 조개껍데기에 높은 가치를 두었다.[8]

그들은 왜 조개껍데기를 화폐로 사용했을까? 대부분의 문화에서 조개껍데기를 화폐로 사용하는 것은 어리석은 일이다. 아무도 가치 있는 어떤 물건을 조개껍데기 따위와 교환하지는 않을 테니 말이다. 하지만 파푸아뉴기니 고지대의 사람들은 고대 그리스인들이 금을 귀하게 여기듯 조개껍데기를 귀하게 여겼다. 바다와 완전히 격리된 고지대에서는 조개껍데기가 희소해 높은 가치가 있었고, 가짜를 알아보기 쉬운 데다 보관해도 썩지 않았다. 그곳에서 조개껍데기는 온 세계가 금을 귀히 여기는 이유와 똑같은 특징을 갖고 있었던 것이다.

고지대가 바닷가에서 격리되어 있는 한 조개껍데기를 화폐로 쓰는 건 꽤 타당했다. 하지만 호주의 금광업자들이 이를 이용할 기회를 알아채는 데는 오랜 시간이 걸리지 않았다. 고지대에는 약간의 금이 있었지만 이를 캐내기 위해서는 힘든 작업이 필요했다. 호주인들은 조개껍데기를 비행기에 가득 싣고 와서 금을 채굴한 고지대 주민들에게 임금으로 지불했다. 고지대 사람들은 조개껍데기가 너무 흔해져서 가치를 잃을 때까지 그것을 벌기 위해 열심히 일했다.

호주인들이 파푸아뉴기니의 고지대 주민들을 착취했다는 사실에는 의심할 여지가 없지만, 고지대 주민들도 노동의 대가로 지폐를 받고 싶어 하지 않았다. 그들의 사회에서는 조개껍데기로 무엇이든 살 수 있었기 때문이다. 그들에게는 오히려 지폐가 쓸모없는 물건이었다. 이런 인식은 호주인들이 지폐를 내면 냄비, 팬, 도끼, 삽 등을 살 수 있는 가게를 열면서 바뀌기 시작했다. 호주인 광부 중 한 명이었던 댄 리는 가게를 열어 다양한 상품을 팔았다. 그의 가게에서 가장 인기가 많았던 품목은 무엇이었을까? 구혼할 때 사용하는 '키나'라는 이름의 커다란 조개껍데기였다. 파푸아뉴기니의 고지대 주민들은 고된 노동의 대가로 조개껍데기라는 임금을 받는 데 동의했다. 그러나 조개껍데기의 공급이 빠르게 급증하자 그 가치는 떨어졌고, 주민들은 손해를 입고 말았다.

고지대 주민들이 수년 동안 조개껍데기를 소중히 여겨온 이런 행동이 어리석게 보일 수도 있지만, 한번 역지사지로 상상해 보라. 금을 무한대로 가진 외계인들이 지구에 온다면 우리는 어떤 반응을 보일까? 외계인의 종이돈을 금보다 더 좋아하게 되기까지는 아마 시간이 꽤나 걸릴 것이다.

인플레이션은 '일정한 화폐의 구매력 감소'로 정의된다. 호주인들이 도착하기 전까지 아름다운 조개껍데기는 상당한 가치가 있었다. 그것 하나만으로도 결혼 상대를 찾는 데 지불해야 하는 돈의 대부분을 충당할 수 있을 정도였다. 그러나 조개껍데기가 흔해진 뒤 그 가치는 급락했고, 파푸아뉴기니의 고지대 주민들은 극심한 인플레이션을 경험해야 했다. 조개껍데기를 모아서 부를 축적했던 사람들은 그 부가 인플레이션으로 완전히 무너져 내리는 것을 목격했다.

1920년대 독일 바이마르 사람들도 비슷한 문제에 부딪혔다.[9] 일이나 물건의 대가로 지폐를 받던 사람들은 곧 그것에 아무 가치가 없다는 것을 깨닫게 되었다. 당시 독일의 인플레이션은 이해하기 힘든 수준이었다. 1920년에는 편지 한 통을 보내는 데 1마르크가 채 들지 않았다. 그런데 1923년에는 이 비용이 500억 마르크로 뛰어올랐다. 이 기간에는 물건이나 서비스의 가격이 하루에도 두 배씩 뛰곤 했다.

이러한 일화를 두고 존 메이너드 케인스는 "인플레이션이 심할 때는

택시를 타는 게 낫고, 인플레이션이 적을 때는 버스를 타는 게 낫다"라는 농담을 했다. 택시는 내릴 때, 버스는 탈 때 요금을 지불하기 때문이다. 하이퍼인플레이션 시대에는 요금을 늦게 낼수록 실제 경제적 비용이 낮아진다. 비슷한 이치로 1970년대 인플레이션이 극심하던 시기, 내 친구 제이의 아버지는 제이에게 항상 신용카드를 사용해 지불을 미루라고 가르치셨다.

독일의 하이퍼인플레이션을 겪은 할머니는 내게 그때의 경험을 말씀해 주신 적이 있다. 당시 할머니는 가족이 월급을 받으면 즉시 가게로 달려가 가격이 오르기 전에 가능한 한 많은 물건을 쟁여놓았다. 교사였던 할머니의 얼마 안 되는 월급조차도 나중에는 엄청난 지폐 더미가 되어서, 그 돈을 집에 가져가려면 유모차를 사용해야 할 정도였다.

가게들은 인플레이션을 따라잡을 만큼 가격을 빨리 바꿀 수 없었기에 몇몇 가게는 '배수 제도'를 도입했다.[10] 식료품점이 수프 한 캔당 가격을 '1만'이라고 적어놓는다면 구매 시 수프의 실제 가격은 가게 앞에 게시된 배수를 곱한 값이 되는 것이다. 예를 들어 어제의 배수가 3, 오늘의 배수가 4라면 수프의 가격은 각각 어제 3만, 오늘 4만이 된다. 이런 방식으로 가게들은 배수만 바꿔서 빠르게 모든 상품의 가격을 인상할 수 있었다. 배수를 3에서 4로 바꾸면 순식간에 가격을 33%나 인상할 수 있는 것이다. 할머니는 돈을 지불하기 전에 가격이 인상될까 봐 얼마나 두려웠는지, 그래서 줄을 서서 기다리는 것이 얼마나 스트레스였는지 그때의 이야기를 들려주셨다.

당시 독일에서 돈을 저축한 사람들은 치명적인 타격을 입었다. 평생 동안 열심히 일해 돈을 모아놓았던 사람을 상상해 보라. 좀 더 구체적으로, 2000만 마르크를 모아놓았다고 해보자. 1920년에는 이 돈이면 풍요로운 여가 생활을 즐길 수 있었을 것이다. 그러나 불과 3년 후 이 돈으로는 우표 한 장도 살 수 없게 되었다. 마르크화로 돈을 저축했던 독일인들은 완전히 망해버린 것이다.

그러나 '모든 구름에는 흰 가장자리가 있는 법이다'라는 말이 있다. 독일의 하이퍼인플레이션으로 망한 사람들도 있었지만, 덕분에 더 큰 부자가 된 사람들도 있었다. 하이퍼인플레이션이 미치는 영향 중 첫 번째는 모든 부채를 탕감하는 것이다. 성경에는 모든 빚이 탕감되는 '희년'이라는 말이 나온다.

"그러면 너희는 희년의 나팔 소리를 울릴 것이다. ……50년째가 되는 해를 거룩한 해로 정하고 온 땅에 있는 모든 이에게 자유를 선포하라."

희년이 되면 모든 빚이 탕감된다. 하이퍼인플레이션은 사실상 희년이다. 독일의 하이퍼인플레이션 시기 독일 주택담보대출 총액은 미국 달러 기준으로 환산하면 100억 달러에서 1페니 이하로 떨어졌다.[11] 채무자들은 무가치한 마르크를 손수레에 가득 싣고 가 빚을 갚을 수 있었다. 인플레이션은 저축자에게는 손해가 되지만 채무자에게는 득이 된다(여기서 이익을 얻는 방법에 대해서는 나중에 설명하겠다). 그래서 인플레이션은 돈을 모으는 사람과 돈을 쓰는 사람, 둘 중 누구의 편에 설 것인가에 따라 좋게도, 나쁘게도 볼 수 있다.

그러나 하이퍼인플레이션의 두 번째 영향은 오직 손해만 가져온다. 화폐의 가치가 불확실해지면서 많은 사람이 화폐 사용을 꺼리게 된 것이다. 결국 경제는 동시 교환이라는 비효율적인 물물교환 방식으로 되돌아가게 된다.

1920년대 독일 경제는 한 바퀴를 돌아 완전히 처음으로 되돌아갔다. 화폐가 만들어지기 전에는 모든 거래가 물물교환으로 이루어졌다. 그 다음으로 금이라는 상품 화폐가 나타나 물물교환을 대체했고, 그다음에는 지폐가 나타났다. 그러다가 하이퍼인플레이션으로 지폐의 가치가 떨어지면서 경제는 다시 물물교환으로 회귀하게 된다.

골디락스와 '적당한' 인플레이션

골디락스는 곰 세 마리가 사는 집에 들어갔다. 부엌에는 죽이 세 그릇 있었다. 배가 고팠던 골디락스는 첫 번째 그릇에 있던 죽을 먹어보고 "이 죽은 너무 뜨거워"라고 소리 질렀다. 두 번째 그릇에 있던 죽을 먹어보고는 "이 죽은 너무 차가워"라고 외쳤다. 그리고 마지막 남은 그릇에 있던 죽을 먹고서야 "아, 이 죽은 딱 맞네" 하고 행복해하며 먹어치웠다.

골디락스가 너무 뜨겁지도 차갑지도 않은 죽을 좋아했듯이 경제학자들도 너무 높지도 낮지도 않은 인플레이션을 좋아한다. 물가가 너무 높아지면 분명 안 좋지만, 너무 떨어져도 단점이 있다.

일본이 한창 디플레이션으로 신음하던 2000년대 초반에 아내 바버라와 나는 일본을 방문해 임대료에 대해 친구와 대화를 나눴다. 그는 매년 집주인을 만나 다음 해 임대료를 얼마나 낮출지에 대해 협상한다고 했다. 몇 년간 부동산 가격이 급격히 떨어져 집주인들이 임대료를 낮춰야 했기 때문이었다. 임대료 인하는 얼핏 들으면 아주 좋은 일 같지만, 넓게 보면 사실 상당히 부정적인 결과를 가져올 수 있다.

일본 경제는 1980년대 말 버블이 꺼진 후 계속 디플레이션에 시달려왔다. 디플레이션이 불러오는 문제 중 하나는, 경제에 해가 될 만큼 소비가 줄어든다는 것이다. 예를 들어 디플레이션 상황에서는 내년이 되면 컴퓨터를 훨씬 더 싸게 살 수 있다는 사실을 알고 있기 때문에 아무도 절대 지금 컴퓨터를 사려고 하지 않는다. 디플레이션이 오면 모든 물건과 서비스의 가격이 떨어지고 이는 악순환을 만들어낸다. 가격 하락은 사람들이 구매를 늦추게 하고, 결국 수요를 감소시켜 가격을 더 하락시킨다. 돈을 받자마자 쓰게 만드는 하이퍼인플레이션과 정확히 반대되는 효과다.

디플레이션의 두 번째 문제는, 임금 삭감을 사람들이 극렬히 싫어하게 된다는 것이다. 이는 얼핏 당연한 이야기처럼 들리지만, 디플레이션 상황에서 임금 삭감에 대한 사람들의 반감은 놀라울 정도로 크며 그 영향 또한 심각하다. 1980년대 초 호멜푸드Homel Foods의 노사 협상이 그 대표적인 예다(쓸데없는 이메일을 지칭하는 이름이 된 '스팸'도 호멜이 만드는 제품 중 하나다). 하버드경영대학원에서는 협상에 대한 수업에서 이 사례를 가르치기도 하는데, 그 내용은 「아메리칸 드림」(1990)이라는 훌륭한 다큐멘터리에도 기록되어 있다.

1980년대 초, 호멜푸드의 공장이 위치해 있던 미국 중서부 지역은 심각한 불황을 겪었다. 이에 따라 호멜푸드 공장에서 일하는 근로자들은 일시적인 임금 삭감에 동의했다. 그다음에 이뤄진 임금 협상에서 노동자들과 경영진은 보다 영구적인 합의를 이끌어내고자 했다. 장시간 동안 계속된 몇 번의 격렬한 협상 끝에 경영진은 시급 10달러를 제안했고, 이는 경기 침체 전의 시급보다 채 1달러도 낮지 않은 금액이었다. 그러나 노동자들은 최소한 이전 계약 당시의 임금만큼은 받아야 한다는 주장을 꺾지 않았다.

양측이 고작 시간당 몇 페니 때문에 합의에 이르지 못하자 노조는 파업에 돌입했다. 결과는 파국으로 치달았다. 파업에 참가한 노동자들은 해고되었고, 그들 중 대다수가 그 지역을 떠나야만 했다. 이 지역에서 비슷한 직종의 통상 임금은 당시 호멜푸드 경영진이 제안했던 임금의 절반 수준이었기에 사측은 쉽게 대체 인력을 확보할 수 있었다. 호멜푸드의 노동자들은 심각한 경제 상황에도 불구하고 조금의 임금 삭감도 받아들이려 하지 않았다. 그 결과, 그들의 생활은 심각하게 망가져 버렸다.

이 일이 화폐, 그리고 인플레이션과 무슨 관련이 있을까? 인플레이션과 호멜 파업 사이에는 다음과 같은 관계가 있다. 노동자들이 예전 임금대로 협상에 성공했지만 인플레이션 때문에 임금 가치가 경영진이 제안했던 수준으로 떨어졌다고 생각해 보자. 그래도 노동자들이 인플레이션이 야기하는 시간당 몇 센트에 불과한 임금 하락을 막겠다며 파업을 하고, 일자리를 잃고, 결국 살던 지역까지 떠났을까? 정답은 아무도 알 수 없지만 연구 증거들에 따르면 인플레이션이 가져온 몇 센트의 손해를 피하겠답시고 노동자들이 파업을 감행하지는 않았을 것이다.

인플레이션으로 결정이 바뀌는 것을 '화폐환상money illusion'이라고 부른다. 대부분의 경제 이론에 따르면, 경영진에 의한 임금 삭감이나 인플레이션이 가져오는 (사실상의) 임금 삭감이나 노동자들은 똑같이 반응해야 한다. 주류 경제학자들은 노동자들이 두 상황에 다르게 반응하는 것은 비이성적인 행동이라고 지적한다(행동경제학자들은 그들이 정상적으로 행동하고 있다고 말하지만 말이다).

현실 상황에서는 노동자들이 왜 이런 행동을 보이는지 아무도 확실히 알지 못한다. 호멜의 이야기에도 노동자들의 고집 외에 더 많은 요인이 있었을 것이다. 하지만 실험실에서 경제학자들은 인위적인 인플레이션과 디플레이션을 만들 수 있다. 에른스트 페르Ernst Fehr 교수와 장로베르티란Jean-Robert Tyran 교수 팀의 최근 실험 결과는 사람들이 화폐환상을 보인다는 사실을 증명한다.[12]

좀 더 일상적인 상황에서의 화폐환상이라면 사람들이 시계를 몇 분빠르게 맞춰두는 경향을 들 수 있다. 내 컴퓨터 시계는 몇 년째 6분 빠르게 맞춰져 있다. 만약 내가 완전히 합리적이라면 시계를 보자마자 실제 시간을 알 수 있을 것이다. 하지만 몇 년이 지나도 내 도마뱀의 뇌는 여전히 빠르게 맞춰진 시계에 속는다. 금방 실제 시간을 계산할 수 있지만, 처음 봤을 때는 시계에 보이는 시간 그대로 받아들이고, 그 결과 시계가 정확히 맞춰졌을 때보다 조금 더 빨리 문을 나서게 된다.

화폐환상은 경제학자들이 어느 정도 인플레이션이 있는 편이 더 좋다고 생각하는 이유 중 하나다. 사람들은 누구나 손해 보는 것에 감정적인 저항이 있기 마련인데, 인플레이션은 이런 감정을 불러일으키지 않고도 가격 조정을 가능하게 한다. 예를 들어 임금을 낮춰야 하는 상황이라고 가정해 보자. 실질 임금을 하락시키기 위해서는 첫째로 실제 임금을 삭감하는 방법이 있고(사람들의 저항이 클 것이다), 둘째로 인플레이션율보다 낮게 임금을 인상하는 방법이 있다. 어떤 방법을 택하든 경제적 효과는 같지만, 후자를 선택하면 노동자들의 민심을 들끓게 하지는 않을 것이다.

임금 경직성은 실험실 밖에서도 나타나는데, 일부 학자들은 대공황 당시 극도로 높았던 실업률의 주요 원인이 임금 경직성 때문이라고 지적하기도 한다.[13] 화폐환상과 디플레이션 때문에 임금이 충분히 내려가지 않아서 고용주들이 더 많은 노동자를 고용하지 못했다는 것이다.

골디락스 이야기처럼 '적당한' 인플레이션이 좋다는 견해에 대해 많은 경제학자가 광범위한 연구를 진행해 왔다.[14] 하버드대학교 경제학과 종신 교수인 래리 서머스Larry Summers도 1996년에 최적 인플레이션율에 대한 자신의 생각을 강의한 적이 있다. 그는 이런 경직된 임금 상황에서는 명목 임금을 깎지 않고는 실질 임금을 낮출 수 없어서 노동 시장을 필요한 만큼 조정하기가 힘들다고 말했다. 이를 포함해 여러 근거를 들며 그는 1~3%의 인플레이션율이 적정해 보인다고 주장했다.[15]

단지 화폐적 현상일 뿐

화폐에 대해 탐구하는 이 여정에서 우리는 지금 어디쯤 와 있을까? 첫째, 화폐는 경제에 윤활유를 역할을 하기 위해 만들어진 경제적 도구라는 사실을 확인했다. 화폐가 없다면 신장 이식 시장처럼 비효율적이고 복잡한 동시 교환 방식을 사용할 수밖에 없을 것이다. 둘째, 이상적인 화폐의 형태가 어떤 것인지 알아보고 화폐의 발전 과정에 대해 살펴보았다. 셋째, 낮은 수준의 인플레이션은 '아주 적절하다'는 골디락스 법칙을 배웠다.

하지만 아직 미스터리가 남아 있다. 1970년대에 내가 걱정했던 문제다. 우리는 화폐와 인플레이션에 대해 대단히 많은 지식을 갖고 있다. 하지만 인플레이션이 대통령을 끌어내리고, 심지어 사회까지도 파괴하는 통제 불가능한 괴물이라면 그 지식들이 무슨 소용이 있겠는가? 적을 아는 것도 물론 도움이 되지만, 적에게 족쇄를 채울 수 있다면 그 편이 훨씬 더 좋을 것이다.

인플레이션의 진정한 미스터리는, 미스터리가 전혀 없다는 것이다. 인플레이션을 일으키고 통제하는 숨겨진 마법 따위는 없다.『오즈의 마법사』에서는 도로시가 커튼 뒤에 숨어 있는 남자를 발견하자 마법의 전말이 모두 밝혀진다. 마찬가지로 인플레이션율을 결정하는 사람들이 있다. 인플레이션은 통제할 수 없는 짐승이라기보다는 통화 당국에 의해 탄생해 완전히 통제 가능한, 말하자면 '길들여진 개'와 비슷하다.

밀턴 프리드먼 교수는 인플레이션을 학문적으로 파헤쳐 명성을 얻은 인물이다. 하지만 야구선수 요기 베라는 (다른 많은 분야에서도 비슷한 일이 있지만) 경제학 박사 학위도 없이 인플레이션의 본질을 포착했다. 피자를 몇 조각으로 잘라야 하는지 묻는 질문에 베라는 이렇게 대답했다.

"네 조각이요. 다이어트 중이거든요."

베라는 자신이 이런 말을 한 적이 없다고 말했지만, 농담의 출처가 어디든 이 말은 분명한 진실을 담고 있다. 몇 조각으로 자르든 피자의 칼로리는 똑같다. 결국 몇 조각으로 자르느냐 하는 문제는 각 조각의 크기를 결정할 뿐 피자 전체의 크기에는 영향을 미치지 않는다. 그리고 프리드먼 교수도 돈의 가치에 관해 똑같은 발견을 했다. 얼마나 많은 돈을 찍어낼지가 경제의 전체적인 규모에는 큰 영향을 미치지 않지만, 돈의 가치에는 엄청난 영향을 미친다는 것이다. 밀턴 프리드먼 교수는 "인플레이션은 언제나 어디서나 화폐적 현상monetary phenomenon이다"라고 말했다.[16]

화폐 총량이 증가하면 그 결과로 인플레이션이 나타난다. 인플레이션은 파푸아뉴기니에서 조개껍데기의 가치를 떨어뜨렸다. 비행기 가득 조개껍데기가 들어오자 파푸아뉴기니 고지대에 화폐 공급이 늘어났고, 그에 따라 화폐, 즉 조개껍데기 한 개의 가치가 떨어졌다. 마찬가지로 독일의 하이퍼인플레이션도 독일 마르크가 대규모로 공급되며 발생했다. 인플레이션은 단순하다. 화폐를 더 많이 만들어내면 화폐당 가치가 떨어진다. 이것이 인플레이션이다.

그렇다면 1970년대 미국의 인플레이션은 어땠을까? 나는 인플레이션이 미스터리한 일이라고 보도하는 뉴스를 보고 특히 겁을 먹었다. 그림 4.2에서 알 수 있듯이 1970년대의 인플레이션은 전혀 '미스터리'하지 않았다. 밀턴 프리드먼의 말을 빌리면 그것은 화폐 공급이 급증하며 나타난 '화폐적 현상'이었다. 제대로 알고 있는 사람에게는 인플레이션

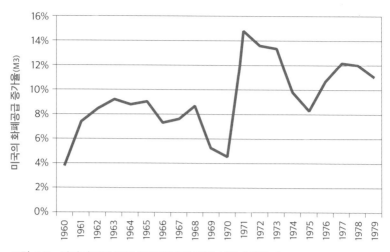

그림 4.2　**완화정책이 만든 1970년대의 미국 인플레이션** (출처: 미국 연방준비은행)

의 원인이 전혀 미스터리가 아니듯이, 그것을 해결하는 방법도 '미스터리'가 아니다.

1979년 연방준비제도이사회 의장이 된 폴 볼커Paul Volcker는 연간 인플레이션율이 약 13%에 달하자 이 광기를 멈춰야겠다고 결정했다. 그는 통화 공급의 증가율을 낮추었고, 그 결과 인플레이션율은 1983년 4%까지 떨어졌다. 1979년 10월 22일 자《타임》 표지에는 '긴축의 1979년'이라는 제목으로 볼커의 사진이 실렸다. 대신 볼커의 긴축 정책은 금리를 끌어올렸고 일부 금리는 20%를 넘어섰다. 이런 상황에서 자동차 대출이나 주택담보대출을 받는다고 생각하면, 긴축 정책이 경제를 얼마나 둔화시키고 인플레이션을 낮출지 쉽게 알 수 있을 것이다.

'왕이 되는 건 참 좋구나!'

영화감독이자 배우인 멜 브룩스는 영화 「세계사」(1981) 1부에서 "왕이 되는 건 참 좋구나!"라고 말한다. 왕은 자신의 목표를 달성하는 데 고유한 권력을 행사할 수 있다(비록 목표는 영화에서처럼 비도덕적인 것일 수도, 또 반대로 고귀한 것일 수도 있지만). 왕과 마찬가지로 연방준비제도이사회는 통화 공급을 통제함으로써 인플레이션을 조절할 수 있는 고유한 권리를 갖고 있다.

돈을 푸는 행위는 경제에 강력한 영향을 미친다. 나는 1997년 여름 우간다 서부에 살던 시절 이를 생생히 경험했다. 그때는 하버드대학교의 리처드 랭엄Richard Wrangham 교수가 운영하는 침팬지 연구소에서 연구를 진행하던 때였다. 일은 다 괜찮았지만, 언제까지나 연구소의 트럭에만 의존할 수는 없겠다는 생각이 들어 개인적인 이동 수단을 사기로 마음먹었다. 그래서 부모님께 우간다은행으로 오토바이를 구입할 돈을 좀 보내달라고 부탁했다. 나는 몇몇 연구소 직원들의 도움을 받아 2400달러라는 말도 안 되는 가격에 중고 오토바이를 구입했다.

오토바이를 타고 도로를 달리면 사람들은 내게 인사를 하다가도 웃음을 터뜨리곤 했다. 그들은 여러 이유로 그 상황이 웃기다고 생각했다. 일단 오토바이는 작은데 내 몸집은 터무니없이 컸고, 나는 그 오토바이를 현지인들보다 최소 1000달러는 비싸게 샀기 때문이었다. 그리고 오토바이 양쪽에 붙어 있는 스티커도 문제였는데, 스티커에 그려진 창을 든 사냥꾼이 바로 콘돔 사용을 촉구하는 캠페인의 상징이었던 것이다. 나는 영문도 모른 채 걸어 다니는 개그맨 노릇을 하고 있었다.

내가 오토바이를 구입한 과정은 다음과 같았다. 가격에 대해 합의를 한 후, 은행에 가서 현지 통화로 2400달러를 인출했다. 나는 그때 이 금액이 현지인들에게는 거의 10년 치 임금에 해당한다는 걸 분명히 알게 되었다. 지폐가 가득 든 배낭을 가져가서 그 콘돔 캠페인 오토바이를 인수받을 때 양쪽에 경호원들이 나를 삼엄하게 지키고 서 있었던 것이다. 오토바이의 전 주인은 은행이 문을 닫기 전에 돈을 입금하고 싶으니 서둘러 달라고 부탁했다. 그는 오토바이를 팔고 받은 돈을 그날 오후, 내게 돈을 인출해 준 바로 그 은행 직원에게 가져가 입금했다.

그날 밤 모기장 밑에 누워서 나는 은행의 전자거래 시스템이 가진 힘에 경탄했다. 부모님이 우간다은행으로 전자 송금을 한 지 채 24시간도 지나지 않아 나는 오토바이를 샀고 오토바이 전 주인의 계좌에는 2400달러가 생겼다. 전자거래 몇 번으로 나는 오토바이를 소유하게 되었다.

그리고 이는 우간다의 경제에 일련의 영향을 미쳤다. 오토바이의 전 주인은 오토바이를 판 돈으로 부자가 되었고, 그 돈으로 다양한 물건을 샀다. 그러자 그 물건들을 판 판매자들도 더 많은 물건을 사들였다. 나는 약간의 돈을 투입하는 행위로 서부 우간다 경제에 작은 번영의 물결을 일으킨 것이다. 단 이 경우, 우간다의 번영은 미국에서의 손해를 대가로 치러서 생긴 것이었다. 나는 2400달러만큼 더 부자가 되었지만 부모님은 2400달러만큼 더 가난해졌다. 손실과 이득이 상쇄하는 관계에 있는 제로섬 게임이었다.

하지만 연방준비은행은 통화의 세계에서 왕이므로 자기만의 규칙을 따른다. 내 경우에는 내가 돈을 얻으려면 부모님이 돈을 잃어야 했지만, 미국 연방준비은행의 경우 그들이 무언가를 산다고 해도 줄어드는 계좌는 없다. 그들이 은행 계좌의 전자거래 시스템을 통제하기 때문이다. 연방준비은행은 아무것도 상쇄시키지 않고도 계좌에 있는 돈을 2400달러든 2400억 달러든 마음대로 늘릴 수 있다. 그들이 오토바이가 아닌 미국 국채를 사들이는 데 돈을 쓰면 내가 우간다에 일으킨 작은 번영의 물결과 같은 효과가 일어난다.

차이점이 있다면, 연방준비은행은 무無에서 돈을 만들어낼 수 있다는 것이다. 무언가를 구매하고 지불할 때 판매자의 계좌에 있는 액수를 늘려주기만 하면 된다. 개인 간의 거래는 제로섬 게임이지만, 연방준비은행의 구매는 그렇지 않다. 이런 식으로 통화 정책을 통해 통화 공급 증가율을 좌우하는 것은 연방준비은행이지만 그 효과는 대중의 결정에 달려 있다. 예컨대 사람들이 새롭게 늘어난 돈을 얼마나 빨리 소비하느냐도 경제에 영향을 미친다. 그래서 연방준비은행은 화폐의 유통 '속도'를 고려한 후 화폐 공급을 조절해 인플레이션율을 결정하는 것이다.

연방준비은행의 보디랭귀지를 읽는 것

영화 「라운더스」(1998)에서 맷 데이먼은 재능 있는 포커 플레이어를 연기했다. 그가 포커를 잘한 이유는, 다른 플레이어의 마음을 읽어 그들이 어떤 카드를 갖고 있는지 파악할 수 있었기 때문이다. 대부분의 전문가들은 상대방을 읽어내는 능력이 포커 시합에서 이기는 결정적 기술이라는 말에 동의한다. 이런 게임을 할 때는 수학적 확률보다도 인간 본성에 대한 통찰이 더 중요하다. 인플레이션도 마찬가지다. 미국의 인플레이션을 예측하려면, 화폐 공급을 통제하는 연방준비은행이 앞으로 어떤 조치를 할지를 잘 알아야 한다.

많은 사람이 미래의 인플레이션율에 대해 대담한 예측을 한다. 다가올 디플레이션 시대를 대비하는 방법을 알려주는 책이 있는가 하면 누군가는 인플레이션 시대가 올 것이니 투자자들은 스스로를 지키려면 금을 매수해야 한다고 주장하기도 한다. 그러나 향후 인플레이션이나 디플레이션이 올 것이라고 장담하는 사람들의 말을 나는 잘 믿지 않는다. 미국의 인플레이션율은 통화 당국인 연방준비은행의 결정에 따라 달라질 것이다.

제1차 세계대전과 제2차 세계대전 사이의 시기를 생각해 보자. 독일은 하이퍼인플레이션 때문에 불황을 경험한 반면 미국은 디플레이션 때문에 불황을 경험했다. 독일 통화 당국은 막대한 돈을 찍어내 독일 마르크의 가치를 무너뜨렸다. 미국 통화 당국은 인플레이션을 만들지는 않았지만 정반대로 대공황 내내 물가가 크게 하락했다.

이 극단적으로 다른 결과는 다름 아닌 권력자들이 인플레이션율을 결정한다는 사실을 보여준다. 사실 당시 독일 당국에는 대안이 없었을 수도 있다. 마찬가지로 어떤 사람들은 일본 통화 당국이 디플레이션을 막을 수 없다고 생각하지만 밀턴 프리드먼은 일본 통화 당국이 간단히 화폐 공급을 늘림으로써 디플레이션을 손쉽게 끝낼 수 있다고 믿는다.

나는 통화 정책을 결정하는 사람들이 상황에 의해 통제되지는 않는다고 믿는 입장이다. 그러므로 인플레이션을 잘 예측하려면 인플레이션을 결정하는 사람들을 '밀고 당기는 힘'에 대해 자세히 이해할 필요가 있다. 인플레이션 예측 또한 인간의 행동을 예측하는 능력에 달려 있는 것이다. 마치 포커 게임을 할 때처럼 말이다.

미주리 주민처럼 의심하기

미주리주는 '의심이 많은' 주다. 이곳 주민들은 증거를 기다리고 행동하지, 멋대로 전망을 예측하고 행동하지 않는다. 나는 인플레이션을 예측할 때만큼은 미주리주의 주민처럼 언제나 의심하는 태도를 가져야 한다고 생각한다. 누군지도 잘 모르는 통화 당국 담당자들의 향후 행동을 예측하는 것보다 더 좋은 투자 전략은 '사실에 근거해' 인플레이션 시기든 디플레이션 시기든 상관없이 좋은 성과를 내는 것이다.

먼저 통화 실태를 살펴보자. 그림 4.3은 1994년부터 10년간의 미국 화폐 공급 증가율을 보여준다. 이 그림을 보면 화폐 공급이 가속화되었음을 알 수 있는데, 이 사실은 인플레이션이 높아질 것이라고 예측하는 사람들의 근거가 된다. 통화량의 변화는 어느 정도 시간이 지나야 인플레이션으로 나타나므로, 연방준비은행이 앞으로 몇 년 뒤에 싹을 틔울 인플레이션의 씨앗을 심어놨을지도 모를 일이다.

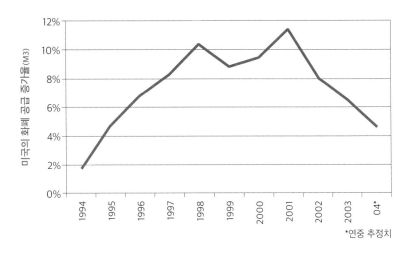

그림 4.3 **연방준비은행은 다시 인플레이션을 일으키고 있는가?**
(출처: 미국 연방준비은행)

금 가격과 달러 가치로도 인플레이션의 도래를 점쳐볼 수 있다. 이 시기에 금 가격은 온스당 250달러에서 400달러 이상으로 올랐고, 달러 가치는 다른 통화 대비 현저히 하락했다. 특히 유로에 대해서는 사상 최저치로 떨어졌다.[17] 이러한 변화를 보면 연방준비은행의 완화 정책이 미국 달러화의 가치를 떨어뜨리고 있다는 걸 알 수 있다.

그러나 인플레이션을 주장하는 논거가 완벽한 것은 아니다. 첫째, 이 시기의 통화 증가 속도는 1970년대에 비하면 훨씬 느렸고, 둘째, 통화 량 증가는 점점 둔화되었다. 어쩌면 연방준비은행의 정책이 완벽했을 지도 모른다. 낙관론을 주장하는 사람들은 연방준비은행이 주식시장 버블 붕괴가 가져올 충격을 줄이기 위해 화폐 발행을 늘린 것이고, 경기 가 침체기에서 벗어나면 다시 화폐 공급을 줄일 것이라고 말한다. 이들의 낙관적 시나리오가 들어맞는다면 인플레이션은 다시 나타나지 않을 것이다.

이쯤에서 밀턴 프리드먼이 말한 이 장의 핵심 문구를 다시 강조하려 한다. 인플레이션은 언제 어디서나 화폐적 현상이다. 따라서 통화량 증가를 예의 주시하다 보면 인플레이션에 대한 조기 경보를 쉽게 알아차릴 수 있다. 통화량이 늘어나면 인플레이션이 뒤따르고, 그러면 금과 토지 등 유형자산 및 미국 달러 이외의 통화에 투자해야 한다. 반대로 통화량 증가가 둔화되어 디플레이션이 일어날 가능성이 있다면 특정 채권 등 금융 자산이 좋은 투자처가 될 것이다. 예를 들어 미국 국채 수익률은 연 5%밖에 안 되지만, 디플레이션 시기에는 수익성이 매우 좋은 상품으로 인정받을 것이다.

인플레이션에서 돈을 버는 환상적인 보험들

통화량의 변화를 살피는 것 외에도 모든 상황에 적용할 수 있는 몇 가지 투자 전략이 있다. 나는 앞서 인간 본성에 대해 논의하며, 도마뱀의 뇌는 최근 경험을 훨씬 더 중시하는 경향이 있다고 말했다. 1979년 폴 볼커가 인플레이션을 멈춘 이후 2000년대 초반부터 미국은 거의 완벽한 인플레이션율을 경험해 왔고, 이 말은 곧 대부분의 투자자가 인플레이션이나 디플레이션 가능성에 대해 거의 무관심한 상태가 되었다는 뜻이다. 인플레이션율이 '높지도 낮지도 않고 적당한' 골디락스의 상태에서 오랜 시간을 보내다 보면 문제가 발생할 가능성을 간과하기 쉽다.

재난이 벌어진 후 보험사 주식에는 흥미로운 일이 일어난다. 허리케인, 화재, 지진 같은 재난이 발생하면 보험사는 수십억 달러에 달하는 보험금을 지급해야 한다. 그렇다면 재해가 발생한 직후 이들 회사의 주가는 어떻게 될까? 아마도 수십억 달러에 이르는 보험금을 지급해야 하니, 이것이 반영되어 주가가 하락하리라고 예측하기 쉽다. 하지만 의외로 주가가 오르는 경우가 많다. 왜 보험사의 주가는 악재에 오르는 걸까? 그 답은 큰 재난을 겪은 후엔 사람들이 보험에 새로 가입하는 경향이 있기 때문이다. 따라서 보험사는 보험금 지급으로 손실을 보긴 하지만, 한편으로는 상품을 팔아 이익을 얻는다. 종종 신규 가입에서 오는 이익이 손실보다 큰 경우가 있기 때문에 재난 후에 보험사의 주가가 상승하는 것이다.

이런 현상을 보면, 대부분의 사람들이 돈을 버는 전략과는 정확히 반대로 행동한다는 것을 다시 한번 확인할 수 있다. 보험을 가입해야 하는 시기는 사건이 터지기 전, 아무도 보험에 가입하지 않아 보험료가 낮을 때다. 사건이 발생한 후에는 여기저기서 보험을 가입하고 싶어 하므로 보험료는 잔뜩 높아질 테니 말이다.

1979년부터 이어진 인플레이션 골디락스는 투자자들 대다수가 앞으로도 가격이 안정될 것이라는 완전히 잘못된 생각을 갖도록 만들었다. 즉, 도마뱀의 뇌가 인플레이션이나 디플레이션 같은 불안정한 가격 상황에 준비되어 있지 않을 가능성이 매우 높다. 그리고 많은 사람이 같은 생각을 하고 있다는 점에서, 이런 때야말로 유리한 조건으로 '가격 불안정'이라는 재난에 대비해 보험을 들어둬야 한다.

지금부터 그 보험을 소개하려 한다. 앞으로 소개할 세 가지 전략은 골디락스 시기가 끝난 후, 인플레이션 혹은 디플레이션이 덮칠 때 양쪽 모두로부터 재산을 보호할 수 있는 방법이다.

현재 가격으로 매수한다: 첫 번째 기술은 단순하다. 현재 가격으로 매수하는 것이다. 한동안 거주할 계획으로 집을 산다면 가격 변동으로부터 안전할 것이다. 가격이 떨어지면 물론 가격이 떨어지지 않는 상황보다는 고통스럽겠지만, 최소한 그 집 안에서 당신은 안전할 것이다. 만약 천연 자원을 소유한 회사 주식을 산다면 상품 가격이 변화해도 보호받을 수 있다. 가령 석유 회사 주식을 보유하고 있다면, 이후 유가가 상승할 때 이익을 얻을 수 있을 것이다.

돈을 빌린다면 고정금리로 받는다: 인플레이션이 높아지면 사실상의 부채가 없어지는 '희년'이 온다. 인플레이션율이 높을수록 부채의 실제 상환 비용은 낮아지기 때문이다. 그 예로 1920년대 하이퍼인플레이션이 독일을 덮쳤을 때, 독일의 채무자들은 본질적으로 아무 가치가 없는 마르크로 대출금을 갚아버릴 수 있었다. 높은 인플레이션은 채무자들에게 뜻밖의 경제적 이익을 제공한다.

그러나 인플레이션으로 이익을 얻는 것은 고정금리로 돈을 빌린 사람들의 이야기다. 점점 더 많은 사람이 변동금리로 대출을 받고 있다. 인플레이션이 심해지면 이들은 그에 비례해 더 많은 이자를 내야 한다.

그러니 가격 변동에 대비하고 싶다면 모든 돈은 고정금리로 빌려라. 인플레이션 상황에서 고정금리를 취하면 부채의 실질 가치가 감소한다.

그럼 디플레이션 시기가 오면 어떻게 하느냐고? 디플레이션 상황에서는 금리가 더 낮은 상품으로 대환대출을 받으면 된다. 고정금리는 인플레이션 시기 변동금리보다 확실히 낫고, 디플레이션 시기에도 변동금리보다 나쁘지는 않다. 그렇다면 고정금리는 '공짜 점심'인가? 그런 것은 아니다. 고정금리는 기본적으로 변동금리보다 금리가 더 높게 책정되기 때문이다. 고정금리로 대출받음으로써 더 내야 하는 월 납입액은 말하자면 가격 변동에 대비한 보험료인 셈이다. 골디락스 시기에는 이런 보험들이 비정상적으로 저렴하고 매력적인 가격에 팔린다. 따라서 고정금리는 공짜 점심까진 아니어도, 충분히 가성비 있는 식사가 될 수 있다.

물가연동채권을 매수한다: 미국 정부는 인플레이션에서 완전히 보호받을 수 있는 채권들을 발행한다. 이 채권들의 수익률은 매년 인플레이션율에 따라 조정되며, 인플레이션율이 높을 때는 달러화의 가치가 낮아진 점을 고려해 수익률을 더 높여준다.

만기 10년짜리 물가연동채권에 투자했을 때와 인플레이션을 방어하지 못하는 전통적인 채권에 투자했을 때의 수익률을 비교해 보자. 좀 더 확실하게 확인하기 위해, 인플레이션을 방어하는 미국 국채와 방어하지 못하는 국채 각각에 1000달러를 투자했을 경우 그 수익률을 비교해 볼 것이다. 두 채권 모두 만기까지 매년 이자를 지급하고, 만기일에 원금을 일시금으로 지급한다. 인플레이션 방어가 되지 않는 채권은 단순히 1000달러를 지급하지만, 물가연동채권은 인플레이션율에 따라 조정한 원금을 지급한다. 즉, 물가연동채권은 최소 1000달러 이상을 원금으로 돌려준다는 것이다. 얼마나 더 많이 돌려주는지는 인플레이션율에 따라 다르다. 표 4.1은 네 가지 인플레이션 상황에서 물가연동채권과 물가비연동채권의 최종 원금 지급액을 비교한 것이다.

시나리오 1부터 시나리오 3은 인플레이션이 없는 상황, 인플레이션율이 연 3%로 유지되는 골디락스 상황, 인플레이션율이 연 13%에 이르렀던 1970년대 후반의 상황을 차례로 가정해 본 것이다. 그리고 시나리오 4는 재미 삼아 물가가 연 500% 상승하는 상황을 가정해 봤다(놀랍게도 하이퍼인플레이션 시기의 독일보다는 훨씬 낮은 인플레이션율이다). 그러면 이 네 가지 시나리오에서 물가연동채권과 물가비연동채권은 만기 때 얼마의 원금을 돌려줄까? 표 4.1은 만기 시 물가연동채권이 그렇지 않은 채권보다 대체로 더 많은 원금을 지급한다는 사실을 보여준다. 인플레이션

인플레이션율	물가비연동채권 (10년 만기)	물가연동채권 (10년 만기)
0%	1000달러	1000달러
3%	1000달러	1344달러
13%	1000달러	3395달러
500%	1000달러	600억 달러

표 4.1 **물가연동채권은 인플레이션율을 방어한다**

율이 500%에 달하는 극단적인 상황에서도 물가연동채권은 투자자를 보호한다. 하지만 인플레이션을 방어하는 데는 대가가 따른다. 물가연동채권은 일반 채권보다 이자율이 낮다.

행동경제학자들은 1979년 이래로 인플레이션을 방어할 필요가 없었기 때문에 도마뱀의 뇌와 시장이 물가연동채권의 가치를 저평가하고 있다고 말한다. 게다가 미국 국채는 디플레이션 시대에 투자하기에도 환상적이다. 인플레이션 시기와 디플레이션 시기 모두 투자하기 좋은 거의 유일한 상품이라고 할 수 있다. 나는 물가연동채권에 충분히 투자할 만한 가치가 있다고 생각한다.

그렇다면 인플레이션과 디플레이션을 모두 방어하는 주식은 어떤 것일까? 이는 언뜻 말이 안 되는 소리처럼 들릴 수도 있다. 일단 인플레이션과 디플레이션으로 가장 유명한 세 시기를 생각해 보자. 2000년대 버블 이후 일본의 디플레이션, 미국의 대공황 시기 디플레이션, 1970년대 인플레이션이다. 이 세 시기 모두 주식은 끔찍한 투자처였다. 골디락스 시기가 끝날 무렵이 되면 주식은 자산을 보호하기에 매우 취약한 투자처로 보일 것이다. 그러나 과거와 달리 지금은 주식도 좋은 투자처가 될 수 있다. 기업의 이익은 미국의 물가연동채권처럼 인플레이션을 방어할 수 있기 때문이다. 다른 경제적 변화가 없다면 기업의 매출과 비용도 인플레이션과 함께 증가할 것이다. 그러니 매출에서 비용을 뺀 순수익도 자연히 늘어나게 된다.

만약 기업 이익이 인플레이션을 방어할 수 있었다면, 과거의 가격 불안정 시기에는 왜 주식의 수익률이 저조했을까? 과거 인플레이션과 디플레이션에는 더 심각한 문제들이 숨어 있었기 때문이다. 가령 1970년 대 미국의 주식 수익률이 저조했던 이유는 인플레이션 때문이 아니라, 어쩌면 당시의 오일 쇼크가 인플레이션과 주식시장의 하락을 동시에 가져왔던 탓일 수도 있다. 따라서 미래에 다가올 가격 불안정 시기에는 주식이 당신의 자산을 인플레이션으로부터 방어해 줄 것이다.

마법의 종이, 화폐

프리드먼 교수가 말한 것처럼 돈은 대단히 흥미로운 주제다. 마법 같은 작은 종잇조각들과 은행의 전자거래 시스템은 물물교환의 비효율성을 뒤로하고 수년간 사용할 부를 축적할 수 있게 했다. 화폐의 형태는 시 간이 지남에 따라 물건에서 귀금속으로, 또 현재의 명목화폐로 변화를 거듭해 왔다. 지금의 화폐는 거의 완벽하다. 단, 통화 당국이 인플레이 션율을 결정하는 데 자신의 힘을 남용할 수 있다는 거대한 위험을 제외 하면 말이다. 잘못된 통화 정책은 지난 역사 동안 많은 가정을 파산으 로 내몰았다.

이 책을 쓰는 지금은 골디락스 시기가 끝나가고 있다. 그렇다면 인플 레이션율은 계속 높아질 것인가? 나는 그렇게 생각하지 않는다. 알 수 없는 미래를 논하기 전에 먼저 인플레이션에 대해 알고 있는 것을 다시 살펴보자. 인플레이션은 그것이 주는 불안감에 비해 사실 간단한 문제 다. 시중에 돈이 많이 풀려 있을수록 인플레이션은 심해진다. 결국 미국의 인플레이션율을 예측하는 것은 미국 연방준비은행이 취할 행동을 예측하는 것과 같다. 연방준비은행이 달러를 많이 풀수록 달러의 가치는 낮아지게 되어 있다.

연방준비제도이사회 의장을 통해 통화 당국의 행동을 예측해 볼 수 있다. 벤 버냉키는 의장으로 임명되기 전의 한 연설에서 '디플레이션은 화폐를 찍어내면 언제든 피할 수 있는 문제'라고 말해 '헬리콥터 벤'이라는 별명을 얻었다. 헬리콥터에서 돈을 뿌리면 디플레이션은 간단히 해결될 것이라는 밀턴 프리드먼의 말에서 유래한 것이다.

의장 취임 이후 헬리콥터 벤은 자신의 별명에 충실하게 행동했다. 진짜 헬리콥터에 지폐를 쌓아놓고 뿌리지는 않았지만, 반복적인 금리 인하로 인플레이션 압력을 높였다. 그렇다면 화폐 가치가 더 떨어지기 전에 얼른 금, 원유, 인상파 화가의 그림을 사 모아야 할까? 그렇지는 않다. 투자의 세계는 그리 단순하지 않다. 헬리콥터 벤이 인플레이션을 얼마나 사랑하든, 유동성이 너무 큰 고통을 가져오는 수준이 된다면 더 이상 인플레이션을 부추기지 않을 것이다.

인플레이션율이 높아지면 은행권에서는 달러의 가치가 떨어진 것에 대한 보상으로 주택담보대출 금리를 올린다. 그러면 완화 정책으로 주택 문제를 해결하려는 노력은 역설적으로 정반대의 효과를 가져올 수도 있다. 이런 시나리오가 펼쳐진다면 연방준비은행이 디플레이션을 선택할 가능성도 있다. 이처럼 연방준비은행은 인플레이션에 대한 완전한 통제권을 갖고 있지만, 동시에 자신의 행동이 불러온 결과에 의해 제약을 받기도 한다. 인플레이션을 편애하는 의장이 오히려 디플레이선을 주도하는 아이러니한 일이 일어날 수도 있는 것이다.

예로부터 투자의 진리 중 하나는, 다수의 의견에 따르는 것은 편하지만 이익을 가져다주지는 못한다는 것이다. 인플레이션에 대한 대중의 두려움이 높다는 것은, 역발상 투자자에게 디플레이션 가능성을 시사한다. 도마뱀의 뇌를 배운 학생들에게 가장 흥미로운 결과는 인플레이션이 높은 상황에서 디플레이션 상황으로 환경이 비교적 빠르게 변하는 것이다.

앞으로 주식, 부동산 등의 가격이 어떻게 변해나갈지는 알 수 없다. 하지만 인플레이션율이 크게 달라질 것을 대비해 자산을 보호할 투자 상품을 매수해야 한다는 의견에는 전적으로 동의한다. 골디락스 이후의 세계는 가격 안정에 대해 지나치게 낙관적이다. 이런 상황에서 가격 불안정, 특히 디플레이션 상황에서 자산을 보호해 줄 수 있는 상품은 매우 매력적인 투자처가 될 수 있다.

5장

달러와 환율
국제 거지가 된 미국

빌리지도 빌려주지도 마라

몇 년 전 나는 친한 친구 몇 명, 그리고 친해진 지 얼마 되지 않은 한 커플과 함께 로스앤젤레스로 저녁을 먹으러 갔다. 어떤 친구들은 음식을 거의 먹지 않았지만 몇 명은 칵테일까지 곁들여 매우 호화로운 식사를 했다. 그래서 우리는 음식값을 똑같이 나누지 않고 각자 먹은 만큼 내기로 했고, 계산서가 나오자 저마다 자기 몫이라고 생각하는 금액을 냈다. 그런데 다 걷어보니 계산서보다 40달러가 부족했다. 내가 먹은 저녁 메뉴는 칠면조 버거와 다이어트 콜라였고, 별로 비싼 메뉴가 아니었으니 내 몫을 계산하는 데는 실수가 없었으리라고 확신했다. 그럼에도 어쨌든 돈이 모자랐으니 나는 5달러를 더 냈고, 다른 친구들도 그렇게 몇 달러씩 더 내놓아서 우리는 음식값을 지불할 수 있었다.

그리고 며칠 후, 우리는 음식값이 모자랐던 그 당황스러운 사건에 대해 다시 이야기하며 퍼즐을 맞추기 시작했다. 우리는 모두 친한 사이였기 때문에, 그 커플이 가장 사치스러운 식사를 했음에도 계산할 때는 돈을 거의 내지 않았다는 사실을 금방 알아냈다. 우리는 그 남자에게 '구두쇠'라는 별명을 붙이고 앞으로는 그 구두쇠에게 절대 이용당하지 말자고 다짐했다. 심지어 계산할 때 그에게 맞서는 방법까지 연습했다. 또 돈이 부족하다면 "나는 칠면조 버거를 먹었는데 당신은 뭘 먹었나요?"라고 묻기로 한 것이다. 물론 이런 말을 하기가 무척 껄끄럽지만, 적어도 그 구두쇠에게 계속 돈을 뜯기는 것보다는 낫겠다고 생각했다.

하지만 역할극을 연습한 보람은 없었다. 그가 엘비스 프레슬리와 비슷한 운명을 맞았기 때문이다. 식당에서 우리를 속이고 몇 주 뒤, 그는 화장실에서 심장마비로 사망했다. 그가 죽은 후 그의 여자친구는 해결해야 할 문제가 엄청나게 남아 있음을 뒤늦게 알게 되었다. 그 구두쇠가 자신의 지인 거의 모두에게 돈을 빌리고 갚지 않았던 것이다. 그는 약물에 중독된 잔챙이 사기꾼이었다. 흥미로운 점은, 정말 수많은 사람에게 돈을 빌렸지만 총액은 몇천 달러에 불과했다는 것이다. 사람들은 금방 그와 관계를 끊었다. 그가 내게 5달러 이상을 얻지 못한 것처럼 다른 사람들도 그에게 돈을 빌려주는 실수를 두 번 다시 하지 않았다.

그의 삶에서 배운 교훈은, 영원한 채무자가 되기란 어렵다는 것이다. 사람들은 부당하게 이용당하는 상황을 피하려는 본능이 있다. 우리는 누군가에게 돈을 빌려줄 때 당연히 그가 갚으리라고 기대한다. 빚을 떼어먹으려는 사람에게는 아무도 돈을 빌려주려 하지 않는다.

이는 국가도 마찬가지다. 생산보다 소비가 많으면 빚을 갚아야지, 안 그러면 관계가 끊어진다. 경상수지는 한 나라가 생산량 대비 얼마나 소비하는지를 보여주는 지표다. 일본처럼 경상수지가 흑자인 나라는 소비량보다 생산량이 더 많다. 일본은 잉여 생산물을 해외로 수출하고, 그 대가로 화폐라는 형태의 차용증을 받는다. 경상수지는 한 나라의 소비를 측정하는 가장 광범위한 척도로 자동차부터 영화, 법률 서비스, 투자 소득에 이르는 모든 것을 포함한다. 경상수지는 무역수지와는 달리 모든 국제 거래를 포함하는 개념이다.

그림 5.1에서 보는 것처럼 미국은 경상수지 적자가 큰 나라다. 너무 오랫동안 경상수지 적자를 기록해 온 나머지, 음수로 표기해야 할 적자를 양수로 표현하기도 한다. 미국이 생산량보다 적게 소비하는 세상은 아예 상상할 수조차 없으니, '낭비를 했는지'가 아닌 '낭비를 얼마나 했는지'에 더 주목하는 것이다.

미국인들은 생산량보다 훨씬 더 많이 소비한다. 사우디아라비아의 석유, 캐나다의 목재를 사들이고 연간 약 5000억 달러에 이르는 차용증을 준다. 이는 얼마나 큰 금액일까? 간단히 말하면, 역사상 가장 큰 규모의 경상수지 적자다. 이는 미국 경제 규모의 약 5% 수준에 달한다. 미국은 어쩌다가 이렇게 되었을까?

경상수지의 불균형은 화폐 가치의 영향을 받는다. 가령 달러의 강세로 캐나다 목재가 저렴해지면 미국은 캐나다에서 더 많은 목재를 수입

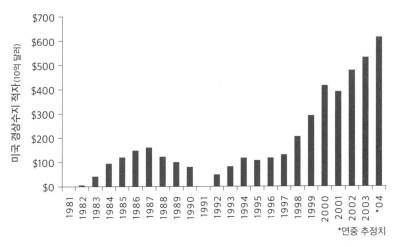

그림 5.1 **생산보다 소비가 훨씬 큰 미국 (출처: 미국 상무부)**

한다. 그래서 미국의 경상수지 적자를 이해하려면 먼저 환율부터 살펴

봐야 한다.

내가 처음 돈에 대해 배웠을 때, 영국의 파운드는 늘 2달러 50센트 정

도의 가치가 있었다. 당시 나는 화폐 가치가 정부 간의 협의에 의해 결

정된다는 사실을 몰랐다. 파운드당 2달러 50센트는 시장 가격이 아니

라 '정부'가 정한 가격이었다. 1944년, 정부는 비합리적인 시장에 맡겨

버리기에는 환율이 너무 중요한 문제라고 판단했다. 이에 경제학자들

도 1930년대 대공황은 화폐 가치의 급격한 변동 탓이라고 목소리를 높

였다. 그래서 제2차 세계대전이 끝날 무렵, 주요 경제 강국들은 브레튼

우즈에서 만나 각국의 화폐 가치를 고정시켜 버렸다. 세계 경제의 붕괴

로 이어지는 경제 과잉이 다시는 나타나지 않도록 확실한 대책을 세우

고자 한 것이다.[1]

그런데 1971년, 닉슨 대통령이 달러의 가치를 낮추고 브레튼우즈 협정을 파기했다. 고정환율제에서 자유로워진 달러는 비합리적인 저점과 고점 사이를 자유롭게 오가며 경상수지의 불균형을 만들어냈다. 그림 5.1에서 보듯이 1980년대부터 2000년대까지 달러 가치는 미국의 경상수지 적자를 점점 더 가중시켰다.

경상수지 적자는 일종의 차입금이다. 돈을 빌리는 행위나 경상수지 적자가 원래부터 나쁘다고는 할 수 없다. 대학생은 배우기 위해, 기업은 공장을 증축하기 위해, 국가는 상환하는 데 수년이 걸릴지도 모르는 큰 프로젝트를 수행하기 위해 돈을 빌린다. 예컨대 라스베이거스 외곽에 있는 후버 댐은 1930년대에 건설되었고 지금까지 아주 값싼 수력 발전 에너지를 생산하고 있다. 이 댐을 건설할 돈을 빌리려는데 재정 문제를 들며 반대하는 사람은 오로지 심술궂은 구두쇠밖에 없을 것이다 (물론 환경적인 이유로 댐 건설을 반대하는 주장은 합당하다). 대부분의 경우, 돈을 빌려서라도 무언가를 개발하는 편이 돈도 빌리지 않고 개발도 하지 않는 것보다 훨씬 낫다.

차용을 하든 대출을 받든 괜찮을 수 있지만, 어쨌든 빚은 언젠가 갚아야 한다. 『햄릿』에서 폴로니우스는 아들 라에르테스에게 "빌리지도 빌려주지도 마라"라고 말한다. 폴로니우스의 조언은 일견 타당한 것 같지만, 많은 학자는 셰익스피어가 이 문장을 통해 부탁하지도 않았는데 뻔한 잔소리를 계속 늘어놓는 아버지를 표현했다고 생각한다. 돈을 빌리는 경우 이 조언은 본질적으로 무의미하다. 빚은 되갚아야 하는 것이기 때문에 돈을 빌리든 빌려주든 그것은 영구적인 상태가 아니다. 평생을 채무자로 사는 것은 애초에 불가능하다(내가 식당에서 만난 구두쇠는 그랬던 것 같지만).

즉, 경상수지가 적자인 국가들도 언젠가는 흑자로 전환해야 한다. 따라서 세계 최대의 순 소비국인 미국도 언젠가는 결국 순 생산국이 될 것이다. 나중에 우리는 미국의 경상수지 흑자 규모에 대해 이야기하게 될 것이며, 엄청난 경상수지 적자 국가에서 흑자 국가로의 불가피한 조정은 세계 경제와 개인의 투자에도 심각한 영향을 미칠 것이다. 이제 이것이 어떻게 일어나고, 어떤 영향을 미칠지를 살펴보자.

당신이 생각하는 유로화

2002년 11월, 나는 아내 바버라와 함께 밀라노에 갔다. 유명한 쇼핑 거리인 비아 몬테나폴레오네를 따라 걷던 중 바버라는 보테가베네타의 지갑이 700유로에 팔리고 있는 것을 발견했다. 당시 환율로는 1달러가 1유로를 조금 넘었기 때문에, 이 지갑은 약 680달러인 셈이었다. 그녀와 나는 서로 다른 이유로 이 지갑의 가격이 터무니없다고 생각했다.

"뉴욕에서는 이 지갑을 800달러도 넘는 가격에 파는데!" 아내가 말했다. 나는 입술을 깨물고 공포를 억누르며 이렇게 말했다. "그럼 그건 당연히 사야겠네." 유럽에서 집으로 돌아오는 길에 우리는 독일 쾰른에서 비행기를 탔다. 스무 살 남짓으로 보이던 세관 직원은 "700유로 상당의 물건을 신고하셨는데 좀 보여주시겠어요?"라고 말했다. 내가 지갑을 보여주자, 직원은 "그게 다예요?"라고 물었다. 나는 "맞아요. 정말 말도 안 되는 가격 아닌가요?"라고 대답했다. 우리는 바버라의 지갑을 들고 미국으로 돌아오며 미국의 경상수지 적자에 680달러를 더했다.

만약 2004년의 유럽이었다면 그 지갑은 850달러였을 것이다. 이처럼 유로 대비 달러의 가치가 크게 떨어진 탓에 미국 소비자들이 부담해야 하는 비용은 그때에 비해 엄청나게 늘어났다. 화폐 가치의 평가절하는 사람들이 지갑을 닫게 만든다. 미국인들이 구매하지 않은 700유로짜리 지갑들, 벤츠들의 가격을 다 더하다 보면 달러 가치의 하락은 얼마 지나지 않아 경상수지 적자를 줄이게 될 것이다.

경상수지 적자는 한 국가가 생산량보다 더 많이 소비하고 있다는 뜻이다. 그래서 적자를 줄이는 가장 간단한 방법은 소비 가격을 올리는 것이고, 이는 화폐의 가치를 변화시킴으로써 마법처럼 달성할 수 있다. 1990년대 후반부터 유로화 대비 미국 달러화의 가치는 3분의 1이나 떨어졌다. 달러를 기준으로 했을 때 부는 전혀 변하지 않았지만 미국 소비자들은 몇 년 전보다 훨씬 더 가난해졌고, 이러한 달러 약세는 해외 소비를 줄인다. 또한 미국 제품은 상대적으로 더 저렴해지므로 외국인들의 구매를 증가시킬 수 있다. 달러 가치가 떨어지면 수입이 줄고 수출이 늘어나 경상수지 적자는 줄어들게 된다.

실질환율과 명목환율 사이의 간극

환율은 많은 이들에게 추상적인 개념으로 느껴지지만 어떤 사람들에게
는 매우 구체적이며 중요한 문제다. 1992년 빅토리아 폭포를 방문했을
때의 일이다. 당시 내가 머물던 곳은 강 하나만 건너면 잠비아로 갈 수
있는 잠비아와 짐바브웨의 경계였다. 어느 날은 리빙스톤에 있는 박물
관에 갈 작정으로 자전거를 빌려 잠비아로 가는 다리를 건넜다. 그 과
정에서 두 가지 흥미로운 일이 일어났다. 첫 번째는 자전거 타이어가
펑크 난 것이다. 주변에는 타이어를 고칠 곳이 전혀 없었기 때문에 어
쩔 수 없이 그 자전거를 그대로 타고 갔다. 고장이 나면 주인에게 손해
배상을 해줄 생각이었다. 타이어가 펑크 났기 때문에 엄청나게 뜨거운
태양 아래서 아까보다도 더욱 느리게 가야 했다.

두 번째는 잠비아인 한 무리가 내게 달려들었던 것이다. 이 사람들은
간절하게 짐바브웨의 돈을 구하고 있었다. 이 모습은 매우 흥미로웠는
데 나 역시 빅토리아 폭포에서 미국 달러를 짐바브웨 화폐로 바꾸면서
엄청난 돈을 받아 마치 부자가 된 듯한 기분이 들었기 때문이었다. 짐
바브웨 화폐는 미국 달러에 비하면 가치가 낮았지만 잠비아 화폐에 비
하면 가치가 높았다. 그래서 이 잠비아인들은 '안정적인' 통화를 얻겠다
는 의지로 내 고장 난 자전거를 따라 장장 1.6킬로미터를 넘게 뛰어왔
던 것이다.

그러나 그로부터 약 10년이 지난 지금 빅토리아 폭포에 간다면 상황
은 반대였을 것이다. 현재 짐바브웨 통화는 잠비아 통화에 비해 현저히

싸다. 무슨 일이 있었던 걸까? 짐바브웨의 현재 인플레이션율은 640퍼센트가 넘는다. 이에 비해 잠비아의 인플레이션율은 18.5퍼센트로 짐바브웨에 비해 안정적으로 보인다.[2] 이렇게 불안정한 인플레이션율 때문에 짐바브웨의 화폐는 매일 그 가치가 떨어지고 있다. 자신의 돈을 안정적인 화폐로 모으고 싶어 하는 사람들은 당연히 짐바브웨 화폐를 선호하지 않는다. 그리고 이 두 화폐를 비교하면, 잠비아의 화폐는 아주 안정적이다.

이 이야기가 주는 교훈은, 환율에 대해 논할 때는 상대적 인플레이션율을 고려해야 한다는 사실이다. 우리는 교환할 수 있는 화폐량(명목환율)이 아니라 화폐의 구매력(실질환율)을 따져봐야 한다. 실질환율은 인플레이션율을 고려한 개념이다.

인플레이션율이 높으면 명목환율과 실질환율 사이에 괴리가 생긴다. 단적으로 말하자면, 1913년 1월에 미국의 1달러는 4.2독일 마르크와 교환 가능했지만 1923년 10월에는 똑같은 1달러로 250억 독일 마르크를 얻을 수 있었다! 그러나 독일 물가는 환율보다 훨씬 더 빠르게 상승했기 때문에 250억 마르크의 구매력은 1913년의 4.2마르크보다 약했다.[3] 즉, 마르크로 표시되는 미국 달러의 명목가치는 천문학적으로 증가했지만 실질가치는 하락한 것이다.

실질환율과 명목환율의 차이를 그냥 무시할 수 있다면 좋지 않을까? 맞다. 앞으로 우리는 그렇게 할 것이다. 대부분의 논의에서 우리는 미국 달러, 유로화, 일본 엔화라는 세 가지 주요 통화에 초점을 맞추고자 한다. 세 국가 모두 안정적인 인플레이션율을 유지하고 있기에, 이런 나라들끼리는 명목환율을 사용해도 괜찮다.

맨해튼으로 가는 두 가지 방법

영화 「아웃 오브 타우너스」(1970)에서 주인공 조지와 그웬 켈러먼 부부
는 뉴욕으로 여행을 떠나는데, 이 여행에서 거의 지옥 같은 경험을 한
다. 뉴욕으로 가야 할 비행기가 보스턴에 도착하자 이들 부부는 즉흥적
으로 기차를 타고 맨해튼으로 향한다. 강도와 만나고, 경찰에 쫓기고,
노숙을 하는 등 아주 지난한 밤을 보낸 뒤 켈러먼 부부는 처음에 함께
비행기를 타고 왔던 승객 한 명과 마주친다. 기진맥진한 켈러먼 부부와
달리 그 사람은 평온해 보였다. 그는 보스턴에서 편안히 하룻밤을 쉬고
다음 날 아침 비행기를 타고 순조롭게 맨해튼에 도착한 것이다. 켈러먼
부부와 그 승객 모두 아침에 맨해튼에 도착한 건 똑같았지만, 지나온 길
은 판이하게 달랐다.

　마찬가지로 미국이 역사상 최대의 경상수지 적자국에서 경상수지 흑
자국으로 변화할 때, 경험할 수 있는 길은 다양하다. 실제로 멕시코는
켈러먼 부부처럼 힘겨운 조정을 경험해야 했지만 캐나다는 그 시기를
훨씬 더 편안하게 보낼 수 있었다.

　1960년대와 1970년대에 우리 가족은 캐나다의 포인트펠리 국립공원
에서 휴가를 보내곤 했다. 부지런했던 나는 저금할 돈을 벌기 위해 여
동생 미란다와 함께 공병을 찾아다녔다. 운이 좋은 날에는 100병도 넘

게 모았는데, 브랜드에 따라 병 하나당 2센트나 3센트가 매겨졌다. 몇 시간 정도 일하면 2달러 내지 3달러를 손에 쥘 수 있었다. 그러나 여기 에는 작은 문제가 하나 있었다. 우리가 받는 돈이 미국 달러가 아닌 캐 나다 달러('루니'라고도 부른다)였다는 점이다.

우리가 병을 모으기 시작했을 때 루니는 미국 달러보다 살짝 가치가 낮았다.[4] 그래서 우리는 루니를 약간 무시했다. 몇몇 동전은 크기가 비 슷했기에 디트로이트 주민들과 디트로이트에 인접한 도시, 캐나다 윈 저의 주민들은 종종 동전을 같은 환율로 교환했는데 나는 캐나다 동전 을 미국 동전으로 교환할 때는 기뻤지만 누군가가 내게 캐나다 동전을 슬쩍 넘겨줄 때는 속았다는 느낌을 받곤 했다.

그런데 1970년대 초반 마법 같은 일이 일어났다. 우리가 공병을 모아 서 번 캐나다 달러가 미국 달러보다 더 비싸졌던 것이다.[5] 그 차이는 상 당히 작았지만 캐나다 달러가 미국 달러보다 비싸졌다는 사실은 내게 엄청난 자부심을 안겨줬다. 나는 만물상 카운터 너머로 수줍게 캐나다 달러를 내밀며 혼나지 않기를 바라는 대신 빳빳한 캐나다 지폐를 당당 하게 내밀 수 있게 되었다.

그러나 2001년 말, 루니는 미국 달러로 63센트까지 가치가 떨어졌 다. 이런 때에 캐나다 지폐를 내민다면 만물상에서 그다지 환영받지 못 할 것이다. 사랑해 마지않던 루니에게 무슨 일이 생긴 걸까? 수년간, 특 히 1980년대에 캐나다는 큰 경상수지 적자를 기록했다.[6] 1973년 정부 가 환율을 조정하는 브레튼우즈 체제가 끝난 이후, 캐나다의 경상수지 적자는 선진국 중 가장 큰 규모였다. 다시 말해, 1980년대의 캐나다는

2004년의 미국만큼이나 생산량 대비 소비량이 극단적으로 많았다.

1980년대 캐나다는 「뽀빠이」의 윔피처럼 돌아오는 화요일에 갚겠다고 약속하며 신나게 버거를 즐기고 있었다. 캐나다 달러의 가치가 하락했다는 것은 이제 화요일이 되었으니 상환할 때가 되었다는 의미였다. 캐나다 달러의 가치 하락은 캐나다인들이 해외에서 제품을 수입할 수 없게 만들었다. 한편으로는 화폐 가치가 낮아짐으로써 캐나다 제품들은 가격 경쟁력을 얻어 수출이 활발해졌다. 캐나다는 교과서적인 과정을 거친 것이다. 몇 년 동안 생산량보다 소비량이 많았다가 상환 과정에 들어갔고, 경상수지 흑자의 형태로 나타난 이 상환 과정에는 자연히 통화 약세가 뒤따랐다.

캐나다는 지속적으로 경상수지 흑자를 기록했으며 조정 과정은 점진적이었다.[7] 캐나다 달러는 1976년에 미국의 1달러를 약간 웃돌던 수준에서 25년 동안 63센트까지 떨어졌고, 그 이후 10년 동안에는 75센트 이하로 유지되었다. 캐나다의 조정 과정은 분명 고통을 수반했지만 비교적 점진적이었고, 공황 상태는 나타나지 않았다.

그러나 멕시코는 이와 대조적으로 켈러먼 부부와 같은 힘겨운 길을 걸어야 했다. 1980년대 중반 나는 친구들과 샌디에이고에서 멕시코의 바하 반도까지 서핑 여행을 떠나곤 했다. 가는 길에 우리는 연간 40%의 수익률을 '보장'한다는 멕시코의 투자 광고를 봤다. 이는 아주 좋은 투자로 보였고, 친구들 중 몇 명은 실제로 이 상품에 투자했다. 한동안 그 친구들은 멕시코 투자로 높은 수익을 누렸다. 투자 과정은 아주 단순했다. 미국 달러를 멕시코 페소로 바꾸고 페소에 1년간 투자하는 것이다.

1년 동안 페소로 40퍼센트 이자율을 적용받은 다음 이 돈을 찾아서 다시 달러로 바꾼다. 1000달러를 투자하면 12개월 후 1400달러를 받는 것이다. 나쁘지 않다! 게다가 예금은 투자금의 40퍼센트를 더 돌려준다고 보장했다.

그러나 공짜 점심만큼 비싼 게 없는 법이다. 투자의 세계에서는 그렇다. 이 상품의 핵심은 40%의 금리가 '페소'로 보장된다는 것이었다. 페소에 대한 달러의 가치는 보장되지 않는데도 친구들은 아무 걱정이 없었다. 아무리 페소가 평가절하 된다 해도 고작 1년 동안 얼마나 변하겠는가?

예상했겠지만 이 이야기는 멕시코의 경상수지와 관련이 있다. 1990년대 초, 멕시코는 경제 규모의 7%에 달하는 경상수지 적자를 기록하고 있었다. 앞서 말했듯이 이런 적자는 지속될 수 없으며, 흑자로 전환되는 과정에서 대개 그 나라의 화폐는 평가절하 된다. 1994년 말 멕시코 페소는 미화 약 30센트의 가치가 있었다. 그리고 불과 1년 후에는 약 12센트로 떨어졌다.[8]

이제 40% 수익률을 보장한다고 광고해 내 친구들을 유혹한 멕시코 페소 투자 이야기로 돌아가 보자. 1000달러를 투자하면 40%의 이자는 여전히 보장되지만 이는 페소로 지급된다. 이 돈을 다시 달러로 바꾸면 총액은 약 500달러 정도밖에 되지 않는다. 40%의 수익률을 얻기는커녕 1년 만에 반토막이 나버린 것이다.

페소화의 평가절하는 외국인 투자자들에게는 단순한 악재였지만 멕시코인들에게는 큰 위기였다. 경상수지가 적자에서 흑자로 바뀌는 데는 자산의 변화가 필요하다. 캐나다인과 멕시코인은 모두 자국 화폐가 평가절하 되면서 더 가난해졌다. 그리고 페소의 급격한 가치 하락은 공황 상태를 유발했고, 심각한 재조정 비용을 야기했다.

미국의 경상수지 적자에도 끝은 온다. 다만 흑자로 전환되는 과정은 험난할 수도, 매끄러울 수도 있다. 물론 미국은 캐나다나 멕시코와는 다르며 여러 면에서 더 낫다. 이러한 차이 때문에 많은 전문가가 미국의 흑자 전환 과정은 훨씬 수월할 것이라고 자신 있게 예측한다. 그러나 미국의 경상수지 적자는 역사상 최대 규모이기 때문에 전례가 없다. 따라서 조정 과정에 대한 예측은 어느 정도 근거가 있긴 하나 단순한 추측에 지나지 않는다.

황금 뇌를 가진 미국

미국은 경제적으로 지배적인 위치에 있다. 이 때문에 향후 경상수지 조정을 가장 잘 예측할 수 있는 변수는 나라 바깥이 아닌 미국 자체의 역사에 있을지도 모른다. 1980년대 초 미국의 경상수지 적자는 그때 기준으로 사상 최고치였다(그러나 그림 5.1을 보면 1980년대 초의 적자 규모조차도 2000년대 초와 비교하면 별것 아님을 알 수 있다).

그렇다면 그때 미국에서는 사상 최대의 경상수지 적자를 기록한 후 어떤 일이 일어났을까? 이때는 대규모 경상수지 적자가 불러오는 가장 일반적인 결과가 나타났다. 경상수지 적자가 줄어들었고, 이 과정에서 상당한 달러 약세가 나타났다.[9] 조정 과정은 매우 순조로웠고 멕시코의 페소 사태보다는 캐나다의 점진적 조정에 훨씬 더 가까웠다. 그렇다면 앞으로 다가올 조정도 비교적 순탄할까?

2000년대 중반 이후 상황은 두 가지 이유로 그때와 다르다. 미국의 적자 규모가 1980년대에 비해 훨씬 더 커졌다. 지난 수십 년간 미국은 세계 최대의 채권국에서 최대의 채무국으로 바뀌었다. 알퐁스 도데의 단편소설 「황금 뇌를 가진 사나이」를 떠올려보자. 주인공은 말 그대로 황금으로 만들어진 뇌를 갖고 태어난다. 그는 일생 동안 부모님과 아름다운 아내를 위해 자신의 황금을 사용한다. 특히 아내를 무척 사랑해서 아내에게 계속 선물을 사 주곤 했는데, 그때마다 뇌의 일부를 떼어내 팔아 선물 비용을 마련한다. 아내가 죽었을 때도 주인공은 장례식 비용을 아끼지 않는다. 묘지에서 집으로 돌아오는 길, 그는 파란색 새틴 부츠 한 켤레를 사기 위해 한 가게에서 멈춘다. 그러곤 피가 날 정도로 뇌를 긁어대며 고통스러운 비명을 지른다. 이 소리를 듣고 달려온 가게 점원은 한 손에는 부츠를 들고 다른 한 손에는 피를 잔뜩 묻힌 채 서 있는 남자를 발견한다. 그의 손톱 끝에는 황금 한 조각이 반짝이고 있었는데, 자신의 뇌를 수년간 조금씩 긁어내 팔아온 탓에 결국 모든 금을 다 써버린 것이다.

이 이야기만큼 극적이지는 않지만 미국도 엄청난 규모로 황금을 소비해 왔다. 그림 5.2는 미국이 어떻게 세계 최대의 채권국에서 채무국으로 변화해 왔는지 보여준다. 이 수치는 미국의 전체 해외 투자 금액을 합산한 후 미국에 대한 외국인의 투자 금액을 뺀 것이다.

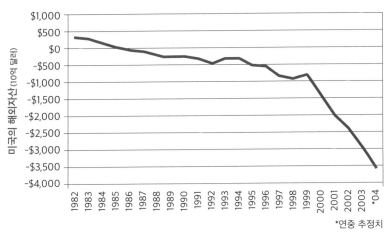

그림 5.2 **세계 최대 채무국 미국** (출처: 미국 상무부)

*연중 추정치

미국은 1980년대 초반은 물론 거의 역사 내내 채권국의 위치에 있었다. 미국의 해외 투자 금액은 미국에 대한 외국인의 투자 금액보다 항상 컸다. 1982년 미국의 총 저축액은 3280억 달러에 달했다.

한 국가의 경상수지가 적자라면 그것은 돈을 빌려 쓰고 있다는 뜻이다. 미국의 경우에는 유리한 입장에서 돈을 빌려 쓰기 시작했고, 차입을 시작한 초기에는 수십 년간 쌓아온 저축이 조금 줄었을 뿐이었다. 그러나 1990년대 후반부터 누적 부채는 급증해, 2004년 말 미국의 부채 규모는 3조 5000억 달러에 이르렀다.

경상수지 적자와 마찬가지로 미국이 세계에 진 부채 역시 역사상 최대 규모다. 다른 수치처럼 이 수치는 경제 규모와 자산의 현재 가치를 고려해 조정된 값이다(그림 5.2의 값은 현재 시장 가치가 아닌 역사적 투자 금액을 나타낸다). 이런 미세한 차이를 고려한다 해도 추세는 동일하다. 미국은 국제적인 채권자(저축국)에서 채무자(소비국)로 변했다.

미국은 어차피 안 망한다?

물론 3조 5000억 달러는 당신이나 내게는 엄청난 금액이지만 미국이라는 나라에게는 얼마 되지 않는다. 진짜 수수께끼는 이렇게 '소소한' 부채가 어째서 미국에 문제가 되었느냐는 것이다. 어쨌든 3조 5000억 달러는 미국 경제 생산량 약 3개월 치에 불과한 금액이니 말이다.

개인의 부채에 비하면 미국의 부채는 미미해 보인다. 가령 처남 헨리는 대학원을 다니면서 약 15만 달러를 빚졌다. 당시 처남의 수년 치 연봉에 해당하는 금액이었다. 다만 덕분에 처남은 의사가 될 수 있었고, 대출은 타당해 보였다. 실제로 많은 사람이 집을 사는 등의 이유로 과감하게 수년 치 연봉에 해당하는 돈을 빌린다.

결국 수수께끼는, 생산량 3개월 치에 지나지 않는 사소한 부채가 어째서 미국에 문제가 되었느냐는 것이다. 정답은 하버드경영대학원의 조지 베이커George Baker 교수가 말했듯이, 이용 가능한 신용의 양이란 '채무자의 소득'과 '채권자의 상환 강요 능력'의 함수이기 때문이다.

영화 「그리니치의 건달들」(1984)에서 폴리는 "찰리, 그 빈대가 내 엄지손가락을 가져갔어"라고 말한다. 여기서 '빈대'는 지역 마피아 단원들의 우두머리를 가리킨다. 폴리는 일련의 잘못된 과정으로 자신의 상환 능력보다 더 많은 돈을 빚지게 된다. 사실 폴리와 친척인 빈대는 폴리에게 관대하게 굴려고 하지만, 그럼에도 마피아의 세계에서 부채를 갚지 못하면 가혹한 처벌을 받을 수밖에 없다.

사람들은 왜 사채업자에게 돈을 빌릴까? 예상할 수 있겠지만, 대개 다른 대안이 없기 때문이다. 어떤 절박한 상황 때문에 돈이 필요한데 다른 문은 모두 닫혀 있고 오로지 사채업자만 문을 활짝 열어주는 것이다. 그렇다면 수수께끼는 왜 사람들이 사채업자에게 돈을 빌리느냐가 아니라, '왜 사채업자들은 다른 사람들이 모두 돈을 빌려주지 않을 때 흔쾌히 돈을 빌려주느냐'는 것이다.

빈대가 폴리의 엄지손가락을 가져갔다는 사실은 사채업자들이 왜 다른 데서는 돈을 빌리지 못하는 사람들에게도 기꺼이 돈을 빌려주는지 그 이유를 설명해 준다. 그들은 극단적인 방법까지 사용해 돈을 돌려받으려 하므로 대부분의 사람들은 그 돈을 갚기 위해 말 그대로 용을 쓰며 노력한다.

신용 한도를 이해하는 열쇠는 채무자의 재정 상황, 그리고 채권을 회수할 수 있는 수단이다. 이런 관점에서 보면 대부분 사람들이 가장 크게 일으킬 수 있는 대출이 주택담보대출인 이유를 쉽게 알 수 있다. 보통 은행은 신용대출을 받을 때보다 주택담보대출을 받을 때 훨씬 많은 돈을 빌려주는데, 만약 채무자가 돈을 갚지 않는다 해도 주택을 회수하면 쉽게 돈을 돌려받을 수 있기 때문이다. 엄지손가락이나 주택을 가져갈 수 없다면 마피아도, 은행도 많은 돈을 빌려주지 않을 것이다.

국제적 대출 기관들은 항상 채무 불이행의 가능성을 염두에 두어야 한다. 2001년 12월 아르헨티나는 채무 불이행을 선언하고 국제통화기금(IMF)과 같은 기관들에 상환하는 것을 중단했다. 당시 아르헨티나는 1000억 달러 이상의 빚을 지고 있었다. 아르헨티나는 이 부채를 갚을 수 있었을까? 당연히 가능했다. 1000억 달러는 아르헨티나의 약 1년 치 총생산에 불과한 금액이었다.[10] 주택 소유자가 비슷한 비율의 빚을 몇 년에 걸쳐 갚아나가듯이, 아르헨티나도 충분히 빚을 갚을 수 있었을 것이다.

그러나 국가는 빚이 너무 많아져서 감당이 안 될 때가 아니라, 빚을 안 갚는 편이 더 이익이라고 판단될 때 채무 불이행을 선언한다. 당시 아르헨티나의 대통령이었던 네스토르 키르치네르는 소비를 줄이느니 채무 불이행으로 인한 불이익을 감수하는 편을 택하겠다고 했다. 그는 "빚은 국민들의 땀과 노력으로 갚는 것"이라고 말했다.[11]

존 메이너드 케인스는 "만약 당신이 은행에 100파운드의 빚을 진다면 당신에게 곤란할 일이 생길 것이다. 그러나 그 대출액이 100만 파운드라면 곤란해지는 건 은행이 될 것이다"라고 말했다. 미국은 다른 국가들에게 3조 5000억 달러를 빚지고 있고, 케인스의 말에 따르면 이는 미국보다도 채권국들에 더 큰 문제가 된다.

채권국들은 이런 문제를 인식하고 있기 때문에 더 많은 돈을 빌려주기를 꺼린다. 이것이 경제 규모에 비하면 적은 금액임에도 미국의 부채가 문제로 거론되는 첫 번째 이유다. 그리고 두 번째 이유는, 어떤 은행이나 국가도 미국에 상환을 강요할 힘이 없기 때문이다. 이 상황에서 채무 상환은 오직 미국의 선의에 달려 있다. 이 이유만으로도 미국은 최악의 채무자라고 할 수 있다.

하지만 다음과 같은 특징들 때문에 사실상 미국이 채무 불이행을 선언할 위험은 낮다. 미국은 세계의 석유, 자동차, 기타 제품들을 소비할 때 미국 달러로 표시된 차용증을 발행한다. 그럼 상환에 필요한 만큼의 미국 달러를 창출할 능력이 누구에게 있을까? 바로 미국에 있다. 미국은 달러를 무한히 창출할 수 있기 때문에 채무 불이행을 할 리가 없다.

아르헨티나를 포함한 다른 나라들은 그들이 통제하지 못하는 화폐(대개 미국 달러)로 상환을 약속한다. 그래서 아르헨티나는 빚을 갚으려면 미국 달러를 마련하기 위해 가치 있는 무언가로 거래해야만 한다. 이와 대조적으로 미국은 아무 대가 없이 미국 달러를 만들 수 있다(정확히 말하면, 지폐를 인쇄하고 연방준비은행이 전자 기입을 하면 된다).

그러므로 어떤 면에서 미국은 최고의 채무국이다. 채권국은 아무도 미국의 채무 불이행을 두려워할 필요가 없다. 미국에 돈을 빌려준 국가들은 3조 5000억 달러의 채무를 마지막 한 푼까지도 모두 돌려받을 수 있다고 확신해도 좋다. 채무가 35조 달러든 350조 달러든 마찬가지일 것이다. 결국 우리는 아직도 세계가 미국의 부채에 대해 걱정하는 이유를 알아내지 못했다.

영화 「워터월드」(1995)에서 케빈 코스트너는 거래를 위해 어떤 지역에 들어간다. 코스트너는 식물을 재배해야 하는 수상 세계에 귀한 자원인 흙을 팔겠다고 제안한다. 그는 흙을 파는 대가로 돈을 받기로 하고, 약간의 흥정 끝에 거래를 마친다. 그러나 잠시 후, 코스트너는 다른 물건을 사러 갔다가 자신이 받은 돈이 무언가를 사기에는 터무니없이 적은 금액이라는 걸 알고 분노한다.

자, 당신 차를 팔면 내게 1경 6000조의 '크레디트'를 주겠다. 괜찮은 가격인가? 답은 '알 수 없다.' 이 금액이 적당한지는 크레디트로 실제 물건을 얼마나 살 수 있느냐에 따라 결정된다. 그러므로 코스트너의 행동은 이해가 되지 않는다. 가격 흥정은 화폐가 확실한 가치를 갖고 있을 때만 의미가 있는 행위다.

그것이 현재 채권국들이 미국의 부채를 걱정하는 이유다. 미국에 돈을 빌려준 사람들은 채무 불이행을 두려워할 필요가 없고, 빌려준 돈을 얼마든지 되돌려 받을 수 있겠지만 그렇게 되돌려 받는 달러의 실제 가치는 알 수 없다. 앞서 인플레이션에 대해 말했던 것처럼, 미국 달러의 가치는 미국 연방준비제도이사회가 결정한다. 총부채가 많을수록 연방준비제도이사회가 부채 상환을 위해 돈을 찍어낼 동기도 커지고, 그렇게 많은 돈을 찍어내다 보면 달러의 가치는 하락할 것이다. 그러니 3조 5000억 달러는 미국 입장에서 얼마 안 되는 빚이지만, 채권자들은 그 돈을 과연 온전한 가치로 상환받을 수 있을지 두려워하는 것이다.

미국 달러의 적정한 가치는 얼마인가?

장기적으로 보면 국가는 영원히 채무국일 수도, 채권국일 수도 없다. 미국 역시 막대한 빚을 져왔기 때문에 앞으로는 수년간 경상수지 흑자를 유지해야 할 것이다. 그리고 이 과정에서 달러 가치는 하락할 수밖에 없다. 몇몇 주요 화폐를 자세히 살펴보자. 그림 5.3은 이미 유로화에 대한 달러의 가치가 많이 떨어졌음을 보여준다.

달러는 2000년 말에서 2001년에 정점을 찍은 것으로 보인다. 달러는 수년간 거의 매일 가치가 상승했고, 방송에서는 유로화에 대해 부정적인 의견만 연신 떠들어댔다. 2000년 10월 17일 ABN 암로_{Amro}의 외환 애널리스트인 토니 노필드_{Tony Norfield}는 "사람들은 계속 유로화가 완전히 저평가되어 있다고 주장하는데, 터무니없는 말이다. 전혀 그렇지 않다"라고 말했고, 비슷한 시기 바클레이스 캐피털_{Barclays Capital}의 제인 폴리_{Jane Foley}는 "아직도 유럽은 구조 개혁을 빨리 해야 하는 상황이다. 구조 개혁이 이루어지고 생산성이 향상되기 전까지 투자자들은 계속 달러를 원할 것이다"라고 말했다.[12]

그러나 비열한 시장에서 흔히 그렇듯, 그림 5.3을 보면 이런 전문가들의 의견이 완전히 틀렸음을 알 수 있다. 노필드의 생각과는 반대로 유로는 완전히 저평가되어 있었다. 또한 폴리의 말과는 다르게 유럽이 구조 개혁을 하지 않았음에도 불구하고 투자자들은 이제 달러만 원하지 않는다.

2000년에 달러는 유로에 비해 분명히 고평가되고 있었다. 그리고 그 이후로 달러의 가치는 유로 대비 3분의 1이나 떨어졌다. 이 정도 하락이면 충분한 걸까? 시장이 합리적이라면 미국에서의 제품 가격과 유럽에서의 제품 가격이 같아지는 시점에 하락이 끝나리라고 예상할 것이다. 예를 들어, 《이코노미스트》는 빅맥 버거의 평균 가격이 미국에서는 2달러 90센트이고, 유럽에서는 3달러 28센트라고 계산했다.[13] 누구나

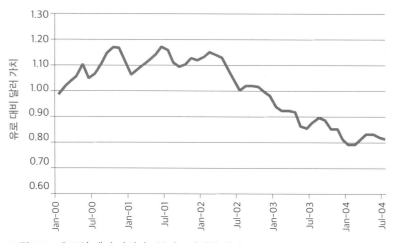

그림 5.3 **유로화 대비 가치가 3분의 1 하락한 달러** (출처: 연방준비은행)

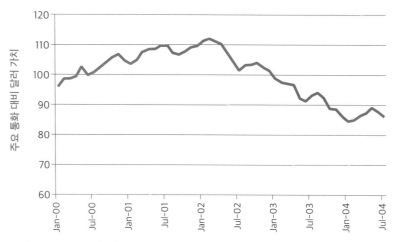

그림 5.4 **주요 통화 대비 가치가 4분의 1 하락한 달러** (출처: 연방준비은행)

빅맥을 3.28달러보다는 2.90달러에 사고 싶어 하므로 구매력평가설에
따르면 여러 국가의 가격은 비슷해지도록 압력을 받는다. 미국과 유럽

의 빅맥 가격이 같아지려면 유로 대비 달러 가치가 상승해야 한다. 따라서 버거 가격으로 본 구매력평가설에 의하면 달러는 유로 대비 충분히 하락했다고 볼 수 있다. 만약 빅맥 가격이 모든 가격, 특히 활발하게 거래되는 상품들의 가격을 대표한다면 달러 가치는 더 이상 하락할 필요가 없다.

결국 달러는 유로 대비 적절한 가격대일지도 모른다(물론 빅맥 말고도 훨씬 더 잘 이해되는 구매력평가설의 분석들이 존재한다). 또 어떤 화폐들이 미국의 경상수지 적자를 줄이는 데 영향을 미칠까? 그림 5.4는 주요 화폐들과 비교했을 때 달러의 가치가 4분의 1 정도 낮다는 것을 보여준다.

일본과 중국은 경제 규모가 매우 큰 국가이므로 엔화와 위안화에는 특히 더 관심을 가져야 한다. 중국 위안화는 중국 정부에 의해 미국 달러의 가치와 연동된다. 중국은 상당한 경상수지 흑자를 기록하고 있고, 중국의 대규모 경상수지 흑자는 위안화 대비 달러 가치가 하락할 것임을 시사해 준다.

일본 엔화는 어떤가? 나는 1980년에 전미 자동차 노동조합의 회장인 더글러스 프레이저의 강연에 참석한 적이 있다. 프레이저는 일본 자동차가 미국에서 잘 팔리는 이유는 엔화 대비 달러가 너무 강세이기 때문이라고 말했다. 당시 미화 1달러에는 250엔 이상의 가치가 있었다. 프레이저는 달러 가치가 200엔 정도로 떨어진다면 미국산 자동차가 일본산 자동차보다 가격 경쟁력을 갖게 될 것이라고 주장했다.

미국 달러는 이내 프레이저 회장이 바라던 수준을 훨씬 뛰어넘는 약세를 보였다. 2000년대 초반 기준으로 1달러에는 약 110엔 정도의 가치가 있다. 이처럼 달러가 크게 약세를 보이는데도 일본 자동차와 제품은 여전히 매우 싸서, 일본은 미국과의 무역에서 대규모의 경상수지 흑자를 내고 있다. 이러한 점을 볼 때 엔화 대비 미국 달러의 가치는 계속 약세를 보일 것이다.

게다가 일본과 중국 정부는 모두 인위적으로 자국 화폐 가치를 낮은 수준으로 유지하고 있다. 이러한 정부 개입은 장기적으로 보면 늘 실패한다는 점을 고려할 때, 위안화와 엔화의 가치는 향후에 적정한 수준으로 상승할 가능성이 높다. 1992년 영국 중앙은행도 영국 파운드의 가치를 인위적인 수준으로 유지하고자 했는데, 조지 소로스는 영국 중앙은행의 시도가 실패할 것이라는 데 베팅했고, 이 생각은 그대로 들어맞았다. 소로스는 무려 11억 달러를 벌 수 있었다. 그러므로 달러 가치는 엔화와 위안화 대비 하락할 가능성이 높다.

시장이 극단으로 흐를 때, 도마뱀의 뇌는 항상 기회가 있는 곳의 반대쪽을 가리킨다는 것을 기억하자. 이성적인 경제 수치들이 주요 화폐에 대한 달러화의 하락세가 끝났다는 것을 시사한다고 해도, 비열한 시장은 '적정 가격'에서 멈추지 않는다. 달러가 상승을 멈추기 전에 엄청나게 고평가되었듯이, 비합리성의 과학에 따르면 달러는 상당히 저평가되고 전문가들의 멸시를 받은 다음에야 하락세를 끝낼 수 있을 것이다.

무너지는 환율에서 안전하게 탈출하는 법

만화 속 캐릭터들은 저마다 재앙을 피하는 멋진 비법을 갖고 있다. 우리의 영웅들은 무너지는 집에 갇히기 일보 직전이라고 해도 간단히 해결한다. 이들은 으레 집이 무너지기 직전에 유유히 빠져나오곤 한다. 긁힌 데 하나 없이 말이다.

비록 우리에겐 무너지는 집에서 상처 하나 없이 빠져나올 방법이 없지만, 가치가 떨어지는 화폐를 남겨두고 떠날 수는 있다. 2000년대 초반부터 몇 년간 나와 아내는 독일 중앙은행이 발행한 채권에 상당한 돈을 투자했다. 이 채권의 금리는 연 4.5%도 안 될 정도로 낮았지만, 이렇게 낮은 이율로도 우리는 독일 채권에서 연간 10% 이상의 수익률을 얻었다. 유럽 채권에 투자하면 이자에다가 환율 변동에 따른 이익까지 챙길 수 있기 때문이다.

예를 들어 우리는 2001년에 독일 채권을 사들였다. 이때 미화 1달러는 1.1유로와 같았다. 1000달러를 투자하면 1100유로 이상의 가치를 지닌 채권을 받는 것이다. 1년 후 채권의 만기가 도래했을 때 1100유로는 1133유로가 되었다(당시 연간 금리는 3%였다). 게다가 그사이 달러 가치가 하락해, 1100유로를 달러로 환산하면 거의 1150달러에 가까웠다. 결국 이 독일 채권은 1년 동안 3%의 금리에 10% 이상의 환율 변동을 더해 총 15%의 수익률을 가져다준 셈이다.

미국 화폐 가치가 떨어져도 손해를 입지 않으려면, 무너지는 집에서 탈출하면 된다. 즉 우리를 보호할 수 있는 방법은 달러 외의 화폐에 투자하는 것이다. 미국 외의 주식이나 채권을 사는 것이 가장 간단하고 효과적인 해결책이다.

여기에는 두 가지 주의할 사항이 있다. 첫째, 어떤 기업의 달러에 대한 노출 정도는 본사의 지리적 위치로 정해지는 것이 아니다. 가령 일본 기업인 도요타가 오히려 미국 기업인 마이크로소프트보다도 달러의 하락 위험에 더 많이 노출되어 있을 수 있다. 도요타는 미국 내에서 자동차를 많이 판매하는 반면, 마이크로소프트는 미국 밖에서 소프트웨어를 많이 판매하기 때문이다. 따라서 '미국 외의 주식'을 찾아볼 때는 해당 기업의 판매가 어디에서 많이 이루어지는지도 중점적으로 살펴야 한다.

둘째, 달러 가치의 하락은 외국 기업에 압력을 가한다. 달러 약세는 독일 제품의 매력을 떨어뜨리고 결과적으로 독일 노동자들의 일자리를 줄이는 데 기여한다. 미국인들이 이탈리아제 가방과 독일제 자동차의 소비를 줄이면 미국의 경상수지 적자가 줄어든다는 점을 떠올려보라. 이는 곧 이탈리아제 가방과 독일제 자동차를 만드는 기업들의 고용이 줄어든다는 의미다. 현명한 투자자라면 달러 가치 하락이 미국에 가져올 영향은 물론, 해외에 전파할 영향까지도 피해야 한다.

그렇다면 달러 외의 자산에 얼마나 투자해야 할까? 나는 보통의 투자자에게는 순자산의 15% 정도를 추천한다. 환율 변동의 위험을 최소화하기 위해 자신의 소비 형태에 따라 투자를 결정하는 것이다. 예를 들어 미국인들은 평균적으로 수입의 약 15% 정도를 외국 상품 소비에 지출한다. 그러니 순자산의 15% 정도를 해외 자산에 투자하는 것은 충분히 합리적이고 위험이 낮은 전략일 것이다. 만약 나처럼 추가적인 달러 하락에 베팅하고 싶거나 외국 상품을 더 많이 소비하는 편이라면 해외 투자에 더 많은 자산을 배분해도 좋다.

3부

정글 같은
투자시장에서
살아남기

도마뱀의 뇌를 알아보는 우리의 여정도 이제 중반부에 이르렀다. 우리는 지금까지 시장이 합리적이지 않다는 사실을 배우고, 비열한 시장에서 이기기 위해 알아야 할 거시경제적 요소를 살펴봤다. 이제부터는 비합리성의 과학과 거시경제학 기술을 실제로 써볼 차례다. 3부에서는 상호 보완적인 이 도구를 이용해 시장에서 가장 중요한 세 가지 투자 상품—주식, 채권, 부동산—에 대해 알아본다. 주식시장의 활황은 정말 강세장의 예고편일까, 아니면 비열한 시장의 함정일까? 앞으로도 금리가 크게 상승할까? 부동산 가격은 버블인가? 모든 궁금증을 풀어보자.

6장

주식
사냥할 것인가, 사냥당할 것인가

운전자의 의무: 전방 주시할 것

"100만 달러가 있다면 그 돈으로 무엇을 하겠습니까?"

2001년 봄, 내 수업을 듣던 학생들이 받은 질문이다. 당시 나는 모교인 미시간대학교에서 초빙 교수로 강의를 하고 있었다. 그리고 학부 시절 룸메이트였던 피터 보리시를 초대해 내 수업을 듣는 경제학과 학생 150여 명에게 짧은 강연을 해달라고 부탁했는데, 그 자리에서 피터가 이런 질문을 던진 것이다.

피터 보리시는 꽤 알려진 투자자였다. 그리고 그날의 강의에서 피터는 자신이 얼마나 박식하며 세련된 투자자인지를 학생들에게 분명하게 보여주고 있었다. 그래서 학생들은 그들 나름대로의 답을 알고 있었지만 피터의 질문에 선뜻 대답하지 못하고 망설였다. 강의실에 약간의 긴장감이 감돌았다. 얼마간 시간이 흐른 후, 마침내 가일라라는 학생이 침묵을 깼다. 그녀는 그 수업에서 반장 역할을 하고 있었기에 나도 잘 아는 학생이었다. 가일라는 이렇게 대답했다.

"저라면 주식을 사겠어요. 분산투자를 하고 거래 비용을 최소화하려고 노력할 것 같아요. 그래서 개별 주식보다는 펀드에 투자하겠습니다. 그중에서도 다양한 규모의 기업에 투자하는 펀드, 해외주식에 투자하는 펀드를 고를 것 같습니다."

가일라는 모범생이었고 그녀의 대답은 교과서에 나올 법한 '정석'이었다. 실제로 가일라가 대답한 내용은 재무학의 구루인 펜실베이니아 대학교 와튼스쿨의 제레미 시겔 교수의 의견과 거의 일치한다. 시겔 교수의 저서 『주식에 장기투자하라』는 투자에 대해 종합적으로 분석했고, 이 책은 당시 미국인들의 투자 방식을 바꾸는 데 큰 역할을 했다. 일단 『주식에 장기투자하라』에 나오는 주요 통계들을 검토하기에 앞서, 시겔 교수에게 피터가 했던 질문을 던져보자.

"100만 달러가 있다면 그 돈으로 무엇을 하겠습니까?"

시겔 교수는 자신의 책 마지막 장에서 이 질문에 대해 대답한다.[1] 다음은 1998년판에서 시겔 교수가 투자자들에게 한 말이다.

"첫째, 장기투자를 위한 포트폴리오라면 상당 부분을 주식으로 구성하고 둘째, 그중에서도 잘 분산되어 있으며 비용이 낮은 펀드가 가장 큰 비중을 차지해야 하며 셋째, 주식 포트폴리오의 4분의 1 정도는 중소형

주 펀드에 투자하되 넷째, 마찬가지로 주식 포트폴리오의 4분의 1 정도는 해외주식에 투자한다."

스무 살짜리 대학생인 가일라가 시겔 교수와 똑같은 대답을 한 것이다. 주식을 사되 분산투자하며 비용을 낮게 유지하는 것. 이는 많은 책에서 투자자에게 전하는 주요 메시지이기도 하다. 실제로 부자가 되고 싶다면 주식을 사야 한다는 게 통설이다. 이 말은 너무 널리 퍼져 있어 거의 마법의 주문처럼 여겨진다. '주식은 최선의 투자 대상이다, 주식은 최선의 투자 대상이다, 주식은 최선의 투자 대상이다……'

가일라는 잘 대답했다. 대답은 투자를 직업으로 삼고 있는 전문가들의 조언과 아주 똑같았다. 그렇다면 피터 보리시는 가일라의 대답에 어떻게 반응했을까? 그는 가일라에게 이렇게 되물었다.

"학생은 백미러를 보고 차를 운전하나요?"

주식에 관한 한 피터의 질문은 아주 중요하다. 미국 주식이 지나온 과거는 부인할 수 없을 정도로 찬란했다. 하지만 안타깝게도 우리가 시간을 거슬러 올라가 1982년이나 1802년(시겔 교수는 그의 책에서 1802년 차트부터 분석을 시작했다)의 주식을 살 수는 없는 노릇이다. 우리에게 관건은 과거가 아니라 미래다. 주식시장의 미래를 전망하기 위해서는 과거를 분석하고, 과거 주식에 활황을 불러왔던 요인이 미래에도 과연 계속될지를 살펴봐야 한다.

유턴할 수 없는 도로에서 백미러로 돈다발을 본다면?

가일라가 『주식에 장기투자하라』와 같은 대답을 내놓은 것은 우연이 아니다. 시겔 교수는 더 많은 사람이 주식 투자에 뛰어들게 하는 데 중요한 역할을 해왔다. 따라서 그가 설명한 주요 내용을 먼저 요약해서 살펴볼 필요가 있을 것이다. 다음의 요약은 1998년에 출판된 『주식에 장기투자하라』 2판을 참고했으며, 이 내용은 '비합리성의 주기'를 이해하는 데 도움이 될 것이다. 1998년판은 기술주 버블이 정점을 이뤄 모두가 주식으로 돈을 벌고 있을 때 이미 출간되어 있었다. 1802년부터 1998년 이 책이 출간될 때까지의 역사를 살펴보면, 투자자가 돈을 벌 수 있는 전략 하나는 '주식 투자'였다. 시겔 교수의 연구에서는 다음과 같은 결과가 나왔다.

1. 과거 역사를 볼 때, 주식이 최고의 수익률을 제공했다.
2. 장기적인 관점에서 보면 주식은 모든 시기에서 가장 좋은 투자 대상이었다.
3. 주가가 낮을 때 주식을 매수하는 것이 최고의 전략이긴 하나, 주가가 높을 때(심지어 폭락 직전이라 해도) 매수하는 것도 충분히 괜찮은 전략이었다.

이 특별한 사실들(진짜 사실이다)을 하나하나 자세히 살펴보자. 다음의 표 6.1은 미국 주식이 다른 투자 대상들보다 훨씬 훌륭한 선택이었다는

1802년에 1000달러 투자	1997년의 가치
소비자물가지수	1만 3370달러
금	1만 1170달러
국채	1074만 4000달러
주식	74억 7000만 달러

표 6.1 **200년간 주식은 훌륭한 투자 대상이었다** (출처: 『주식에 장기투자하라』 제2판)

것을 보여준다.

1802년 주식에 1000달러를 투자했다면 1997년에 이 돈은 70억 달러 이상으로 불어났을 것이다! 이 계산은 배당을 포함해 주식으로 얻는 모든 수익이 주식에 재투자된다는 가정을 바탕으로 한 것이다. 따라서 1802년의 투자자에게 주식은 단연코 최고의 투자 대상이었다.

이에 비해 같은 기간 동안 금은 물가상승률도 따라가지 못했다. 1802년에 빵 10개로 금을 산 투자자가 1997년에 그 금으로 빵을 사려고 하면 10개도 받지 못한다는 것이다. 차라리 국채에 투자하는 것이 더 좋은 선택이었다. 물론 최고의 수익을 올린 것은 주식에 투자한 사람들이다. 이들은 채권에 투자한 사람들에 비해 약 1000배나 되는 수익을 얻었다. 그러므로 만약 타임머신을 타고 1802년으로 돌아간다면 당신이 해야 할 행동은 명확하다. 주식을 사는 것이다. 이것이 시겔 교수가 이 책에서 말하는 첫 번째 메시지다. 주식은 지금까지 최고의 투자 대상이었다.

그리고 시겔 교수의 두 번째 메시지는 '만약 타임머신이 당신을 1802년이 아닌 다른 시간에 내려준다면 어떻게 할 것인가?'라는 질문에 대한 답이다. 이를테면 1861년, 1914년, 1929년으로 간다 해도 주식을 사야 할까?

이 질문에 대한 답은, 미국이 존재한 이래 기의 모든 시기에 주식은 최고의 투자 대상이었다는 말로 대신할 수 있다. 분명 주가가 하락했던 해도 적지 않았으므로, 공정한 비교를 위해서는 다년간의 수익률을 비교해야 한다. 그래서 시겔 교수는 30년 동안의 수익률을 분석했다. 사회 초년생 시절부터 투자를 시작해 은퇴 자금 용도로 주식을 보유하고 있는 투자자에게 적절한 기간이다. 놀라운 사실은 1831년부터 1861년까지의 시기만 제외하면 기간을 언제로 설정하든 주식이 채권보다 높은 수익률을 기록했다는 것이다. 30년 동안 주식을 보유하겠다는 판단은 한 세기가 넘게 옳은 결정이었다. 대단하지 않은가!

시겔 교수가 전하는 세 번째 메시지는 타이밍, 구체적으로 말하면 '투자하기 나쁜 타이밍'에 관한 것이다. 몇 년 전 나는 최악의 타이밍에 투자한 어느 투자자의 인터뷰를 TV에서 본 적이 있다. 이 불운한 투자자는 브래니프항공Braniff Airlines이 파산 신청을 하기 전날에 주식을 대량 매수했다. 브래니프는 회생하지 못하고 파산해 버렸고, 주주들은 단 한 푼도 건지지 못했다. 기자는 그 투자자에게 "무슨 생각으로 파산하기 몇 시간 전에 브래니프에 수만 달러나 투자하셨습니까?"라고 물었다. 그러자 그는 "가격이 오를 거라고 생각했거든요"라고 대답했다. 심지어 그는 투자 전문가였다.

어떤 투자 결정을 내릴 때마다 나는 브래니프에 투자했던 그 불운한 사람과 같은 운명이 되지는 않을까 의심한다. 혹시 최악의 타이밍에 매수하는 것은 아닐까? 시겔 교수는 그런 두려움은 내려놓으라고 말한다. 지금까지 미국 역사상 최악의 시기에 주식을 매수해 결과적으로 손해를 본 경우는 없었다. 실제로 주식시장이 폭락하기 바로 전날에 주식을 매수했다고 해도, 30년 동안 보유했다면 다른 투자 상품보다 높은 수익률을 거두었다. 예를 들어 다우존스 산업평균지수는 대공황 시기에 89%나 하락했다.[2] 1980년대 후반에 주식을 매수했던 사람들은 자신의 재산이 눈앞에서 증발하는 것을 지켜봐야 했다. 그러나 인내심을 갖고 주식을 계속 보유한 사람들에게는 결과적으로 인생 최악의 날에 산 주식이 채권보다도 더 높은 수익률을 가져다줬다.

심지어 1929년 9월 3일 주식시장이 붕괴하기 전 최고점에서 주식을 산 불운한 투자자도 채권 투자자보다는 높은 수익률을 얻었다. 시겔 교수는 1929년 최고점에서 100달러를 투자하고 30년을 보유한다고 가정했을 때 채권에 투자했다면 141달러, 주식에 투자했다면 565달러가 된다는 계산 결과를 내놓았다. 그는 다른 시장의 정점에 대해서도 비슷한 계산을 했다. 미국 투자의 역사가 말해주는 사실은 분명하다. 언제 어디서나, 인내심 있는 투자자에게 최선의 선택은 '주식'을 사는 것이다.

그러나 알아둬야 할 것이 있다. 영화 「하버드대학의 공부벌레들」 (1973)에서 하버드 법대 교수인 찰스 킹스필드는 한 학생에게 사건에 대해 집요하게 질문한다. 학생은 사건에 대해 쓸모 있는 분석을 전혀 해

내지 못한다. 약간의 논쟁을 주고받은 끝에 학생은 무심결에 "저는 사진 찍듯이 기억할 수 있는 능력이 있다고요"라고 말한다. 그러자 킹스필드 교수는 "그런 건 자네에게 아무 도움이 되지 않아"라고 대답한다.

마찬가지로 어제 주식이 좋아 보였다는 사실은 현재와 내일 돈을 벌고자 하는 우리에게 전혀 도움이 되지 않는다. 현재와 미래, 주식이 좋은 투자 대상인지 판단하기 위해서는 『주식에 장기투자하라』를 뛰어넘어 과거의 주식이 보여준 수익률 그 이상을 살펴볼 필요가 있다.

동독에는 제레미 시겔이 없는 이유

"실력이라기보다는 운이 좋았다." 이 말은 성과에 대해 많은 이들이 느끼는 감정을 간단히 보여준다. 이길 자격이 있는지보다는 이기는 것이 더 중요하다는 뜻이다.

1802년 이후 투자자들은 미국 주식에서만큼은 정말로 승리를 쟁취했다. 그러나 현재 미국 주식에 얼마나 투자할 것인지를 결정하기 위해서는 과거의 성공이 행운에 의한 것이었는지, 실력에 의한 것이었는지를 나눠서 생각해 봐야 한다. 미국 주식이 호황을 맞이했던 이유가 단순한 운이 아니라 기업들의 펀더멘털이 성장했기 때문이었다면, 주식은 지금도 좋은 투자 대상일 것이다.

미국 주식이 올랐던 이유를 제대로 판단하려면 우리는 인간이 가진 한 가지 결점에 맞서야 한다. 실제로 나온 결과를 지나치게 믿는 경향이다. 이런 문제를 '생존편향Survivorship Bias'이라고 한다. 생존편향은 프로 농구선수를 꿈꾸는 재능 있는 어린 농구선수 두 명의 삶을 기록한 다큐멘터리, 「후프 드림스」(1994)에서도 잘 나타난다.

다큐멘터리에서 두 젊은이는 반드시 NBA 선수가 될 수 있을 거라고 지나치게 낙관하며 모든 의사결정을 내린다. 그들은 부자가 되고 유명해질 수 있다는 희망을 품고 농구에 인생을 바친다. 이처럼 지나친 낙관주의가 생기는 이유는, NBA 선수가 되기 위한 경쟁에서 모두가 승자만 쳐다보기 때문이다. 오직 승자만 보는 생존편향 때문에 우리는 성공 가능성을 과대평가한다. 그리고 이런 까닭에 많은 사람이 성공 가능성이 희박한 목표를 향해 온 인생을 바친다.

프로 스포츠 경기를 보면 생존편향에 속을 수밖에 없다. 경기장이나 TV에는 대성공을 거둔 선수들이 가득하고, 우리는 슬럼프에 빠진 선수조차도 막대한 부와 호화로운 집, 고급 자동차를 갖고 신나는 삶을 즐긴다는 것을 알고 있다(TV 쇼는 종종 그들의 삶을 보여준다). 이 선수들은 모두 아마추어 시절부터 시작되는 치열한 경쟁에서 승리를 거둔 이들이다. 똑같이 노력했지만 한 푼도 벌지 못한 선수들은 어쩌다 한 번 뉴스 보도나 다큐멘터리에서 다뤄질 뿐, 우리 눈엔 잘 보이지 않는다. 이처럼 항상 살아남은 사람들, 경쟁에서 이긴 사람들만 보기 때문에 프로 선수가 되기 쉽다고 착각하는 것이다.

「후프 드림스」에서는 NBA에 진출하는 고등학생 농구선수가 7600명 중 한 명꼴이라고 추정한다. 다큐멘터리는 어린 농구선수들이 프로 선수가 될 가능성을 지나치게 자신하는 모습을 보여준다. 결국 이들은 인생에서 실제 확률에 따른 결정과는 조금 다른 선택을 내리곤 한다.

생존편향은 운동 외의 다른 많은 영역에서도 나타난다. 정치, 모델, 연기, 예능에서도 우리 눈에 보이는 건 승자뿐이다. 문제는 성공을 지나치게 낙관적으로 보고 결정을 내릴 때 발생한다. 아무리 어떤 미래가 매력적으로 보인다 해도, 실현될 가능성이 극히 낮다면 누구든 별 흥미를 가지지 않을 것이다. 그러나 생존편향은 이런 미래에 우리가 시간과 돈을 투자하게 만든다.

어린 시절, 내 친구 제이도 생존편향에 속아 넘어간 적이 있다. 그는 영화 크레디트에 늘 포함되어 있는 '영화보험회사가 완성을 보장함'이라는 문구에 주목했다. 이 회사는 일종의 보험 회사로, 영화가 완성되지 않으면 보상을 해주는 곳이다. 이걸 보고 제이는 어른이 되면 영화보험회사를 세우겠다고 마음먹었다. 제이가 본 영화는 전부 완성된 것이었기에, 영화보험회사가 별 리스크 없는 좋은 사업으로 보인 것이다.

그렇다면 주식시장으로 돌아가 보자. 다른 여러 국가의 주식시장이 끔찍하게 형편없었다는 사실은 간과한 채 지난 역사 내내 상승해 온 미국 주식만 바라보게 만드는 것이 주식에서의 생존편향이다. 끈기 있게 주식에 투자해 온 동독의 한 투자자를 생각해 보자. 제2차 세계대전 후 공산주의자들이 동독을 점령했을 때 이 투자자는 모든 돈을 잃었을 것이다. 그에게 장기적인 주식 투자란 곧 완전한 손실이었다. 그 결과, 동독 주식에 투자하라고 권하는 제레미 시겔은 존재하지 않는다.

말하자면 미국 주식은 투자계의 마이클 조던이다. 제정신이 박힌 사람이라면 자신이 미래에 마이클 조던이 될 것이라고 믿으며 농구에 온

시간을 쏟아붓지는 않을 것이다. 마찬가지로 과거 미국 주식의 성과만을 근거로 주식에 얼마나 투자할지를 결정해서는 안 된다. 우리는 미국 주식시장의 성과 외에 다른 시장의 성과도 고려해야 한다. 지난 세기에 전 세계 주요 주식시장의 투자자들이 직면해야 했던 몇 가지 폭락 사태에 대해 생각해 보자. 러시아, 중국, 동유럽의 많은 지역들은 공산주의 국가가 되었고 대부분의 사업을 국유화했다. 독일은 하이퍼인플레이션과 제2차 세계대전을 겪었다. 아르헨티나는 불과 한 세기 전까지만 해도 프랑스보다 부유했지만 이후 심각한 빈곤을 겪었다.

　누군가는 동독 같은 나라의 저조한 수익률은 참고할 필요가 없다고 주장한다. 이들은 "재산권이 존중되지 않거나 세금이 지나치게 많이 부과되는 국가와 시대에 주식 투자는 좋은 선택이 될 수 없다. 모든 공산주의 체제의 시장은 정부가 인위적으로 조절하기 때문에 본질적으로는 허구나 마찬가지다"라고 말한다.

　그렇다면 주식시장을 분석할 때 동독도 포함시켜야 하는가? 그 대답은 '분석하는 기간에 따라' 달라진다. 정상적인 투자자라면 소련에 점령된 후 동독의 자산을 보유하고 싶어 하지는 않을 것이다. 그러나 1802년의 투자자였다면 세계의 일부가 공산주의 국가가 될 것이며, 그중에 동독이 포함될 것이라고는 전혀 생각하지 못했을 것이다(칼 마르크스는 1818년에 태어났다). 따라서 1802년(시겔 교수가 미국 주식시장의 수익률을 분석하기 시작한 시점)부터 주식의 수익률을 분석하면서 동독을 제외하는 것은 생존편향의 오류를 저지르는 일이다.

　사실 미국 시장만 살펴보는 것이 일종의 생존편향이라는 걸 알기 위해서는 공산주의 국가 이야기까지 할 필요도 없다. 엘로이 딤슨Elroy Dimson, 폴 마시Paul Marsh, 마이크 스탠턴Mike Staunton은 저서 『낙관론자들의 승리』에서 사람들이 주식의 수익률을 지나치게 낙관적으로 분석한다고 주장했다.[3] 주식 수익률이 부진했던 시기나 국가는 무시한 채 분석하는 경우가 대부분이라는 점을 지적한 것이다. 그들은 미국과 영국을 포함한 16개 주요 국가의 주식시장을 살펴보면 일반적인 분석들이 투자자들에게 주식의 장기적인 수익률에 대해 오해를 불러일으킬 만큼 지나치게 우호적이라고 쓴소리를 던진다.

생존편향에 대해 주장하는 학술 논문들도 있다. 이 연구들은 미국 주식이 좋은 수익률을 거둘 수 있었던 것은 일부 생존편향의 영향이 컸다고 이야기한다.[4] 즉 미국 주식의 환상적인 수익은 펀더멘털이 좋아진 덕도 있었지만, 운도 좋았던 것이다. 그렇게 생각하면 미국 주식의 미래가 과거처럼 한없이 밝을 것이라고 기대하는 게 얼마나 순진한 일인지 이해할 수 있다.

행운에 판돈을 건 낙관론자들

생존편향에 대한 연구는 충분히 진지하게 살펴볼 만하지만 완전하지는 않다. 동양철학에서는 가르칠 수 있는 선禪은 진짜 선이 아니라고 하는데, 마찬가지로 측정할 수 있는 생존편향 또한 진짜 생존편향이 아니다. 생존편향 측정이라는 난해한 문제를 이해하기 위해 우리는 우주론

cosmology에서 도움을 얻을 수 있다. 우주론은 우주의 형성과 같은 심오한 문제들을 연구하는 분야다.

우주론에서의 생존편향은 다음과 같은 관찰에서 시작된다. 우주는 어떤 기본적인 특성으로 만들어졌는데, 이 기본적인 특성이란 빛의 속도나 플랑크 상수처럼 대부분이 들어본 적도 없을 여러 매개 변수를 의미한다. 우주에 존재하는 모든 것은 이런 매개 변수의 영향을 받는다. 놀랍게도 과학자들은 이 기본적인 특성이 조금이라도 달랐다면 생명체는 존재할 수 없었을 것이라고 말한다. 스티븐 호킹Stephen Hakwing 박사는 저서 『시간의 역사』에서 "놀라운 것은 이 매개 변수의 값들이 생명체가 발달할 수 있도록 정교하게 맞춰져 있는 것 같다는 사실이다"[5]라고 말한다.

신 혹은 알 수 없는 지적인 힘이 우주를 설계했다고 이해하면 이런 행운도 설명이 된다. 하지만 과학자들은 지적 설계론의 세부사항을 이해하기 위해서, 또는 지적 설계론에 대한 대안을 위해 '엔트로피 이론Anthropic Principle'을 만들어냈다. 엔트로피 이론은 약 엔트로피 이론과 강 엔트로피 이론으로 나뉘는데, 스티븐 호킹은 이렇게 설명한다.

약 엔트로피 이론에서는 시공간이 무한한 우주에서 지적인 생명체가 발달하기 위해 필요한 조건은 아주 제한적인 특정 시공간에서만 충족될 것이라고 설명한다. 그래서 그 특정한 시공간에 존재하는 지적 생명체는 그들이 사는 제한된 시공간이 생명체가 존재하기 위해 필요한 조건을 만족시킨다는 사실을 관찰하게 되며, 그렇다 해도 놀라지 않는다.

부자 동네에 사는 부자는 가난을 전혀 보지 못하는 것과도 비슷하다.[6]

그런가 하면 강 엔트로피 이론은 이렇게 말한다.

우리가 사는 우주와 같은 우주가 여럿 존재하거나, 여러 개의 다른 지역으로 구성된 하나의 우주가 있다. 각각의 우주에는 저마다 고유한 최초의 구성과 과학 법칙이 있을 것이다. 이러한 우주 중 대부분은 복잡한 유기체가 발달하기에 적합한 조건이 아닐 것이다. 오직 우리 우주와 비슷한 소수의 우주에서만 지적인 존재가 발달하고, 이 존재들만이 "왜 우주는 이렇게 생겼을까?"라고 질문할 것이다. 그렇다면 대답은 간단하다. "우주가 이렇게 생기지 않았다면 우리가 존재하지 않았을 테니까."[7]

주식에서의 생존편향을 측정하려는 대부분의 연구는 약 엔트로피 이론을 적용한다. 미국뿐 아니라 다른 나라의 평균적인 주식 투자 결과까지 분석하는 것이다. 예를 들어 「후프 드림스」에서 약 엔트로피 이론을 적용해 생존편향을 분석한다면, 고등학교 농구선수 7600명을 모두 살펴봐야 한다.

강 엔트로피 이론을 적용하는 것은 훨씬 더 복잡하다. 다른 나라의 주식시장뿐 아니라 세계 역사가 바뀌었을 때 나타날 수 있는 결과까지도 고려해야 하기 때문이다. 이러한 발상은 주로 시간 여행을 주제로 한 영화에서 많이 볼 수 있다. 영화 「백 투더 퓨처」(1985)에서도 마이클

J. 폭스가 연기한 마티 맥플라이라는 인물은 부모님이 고등학생이던 때로 시간 여행을 떠나게 된다. 미래로 돌아가려고 애쓰던 중 마티는 과거를 변화시키고, 가족을 위험에 빠뜨린다. 그는 자신이 했던 행동 때문에 미래가 바뀜으로써 지갑에 넣고 다니던 가족사진에서 형제자매와 자신의 모습이 사라지는 것을 목격한다. 물론 영화는 현대의 맥플라이 가족이 더 잘 살게 되는 해피엔딩으로 끝난다.

이러한 강 엔트로피 이론을 적용해 본다면, 미국 주식의 수익률이 높았던 이유는 미국을 비롯해 전 세계도 운이 좋았기 때문이라고 할 수 있다. 시간 여행을 하는 마티 맥플라이의 사소한 행동이 미래에 큰 변화를 불러왔듯이, 역사가 조금만 바뀌었더라면 미국 주식의 가치는 완전히 달라졌을지도 모르는 일이다.

예를 들어 미국과 소련이 핵전쟁을 했다면 어떻게 되었을까? 이는 실제로 일어나진 않았지만, 일어날 수 있었던 수많은 일 중 명백히 가장 최악의 결과를 불러왔을 사건이다. 엄청난 행운 덕분에 우리는 이 전쟁을 모면할 수 있었다. 앞서 공개된 쿠바 미사일 위기 당시의 문서를 보면, 세계 핵전쟁이 정말 발발할 수도 있었다는 것을 알 수 있다. 미국과 소련이 한창 대치하고 있을 때, 두 명의 소련 지휘관이 핵무기를 발사하라는 명령을 내렸던 것이다. 노엄 촘스키Noam Chomsky는 일촉즉발이었던 당시 상황을 다음과 같이 전한다.

러시아 잠수함 선장 바실리 아르키포프는 세계를 핵전쟁으로부터 구한 주역이다. 그는 케네디의 봉쇄선 근처에서 미국에게 공격받았을 때

정글 같은 투자시장에서 살아남기 **221**

핵미사일 발사를 저지했다. 만약 그가 핵 발사에 동의했다면 아이젠하워가 경고했던 것처럼 '북반구를 완전히 파괴해 버릴' 전쟁이 일어났을 것이다.[8]

이런 범세계적인 행운들 덕분에 미국 주식은 얼마나 많은 이익을 얻었을까? 이는 실제로 일어나지 않은 사건에 확률을 부여해야 하므로 확인하기 매우 어려운 문제다. 게다가 이렇게 분석하려면 가능성이 있는 모든 대안적 시나리오를 검토해야 한다. 어쩌면 우리는 지금보다 훨씬 더 좋은 세상에서 살 수 있었을지도 모른다. 이를테면 오존층에 구멍이 없는 세상, 다이애나 왕세자비가 살아서 결혼 생활을 유지하는 세상, 세계를 볼모로 잡아놓는 핵무기가 없는 세상 말이다.

어떻게 하면 대안적인 시나리오를 계량화할 수 있을까? '몬테카를로 시뮬레이션'이라는 수학적 도구를 이용하면 가능하지만, 여기에는 여전히 여러 가지 전제가 필요하다. 강 엔트로피 이론을 적용해 생존편향을 분석한 연구 중에는 나심 니콜라스 탈레브Nassim Nicholas Taleb의 연구가 특히 탁월하다. 그가 연구한 내용은 여러 논문, 그리고 『행운에 속지 마라』, 『블랙 스완』이라는 저서에 잘 나와 있다.[9]

탈레브는 미국 주식이 지금처럼 높은 수익률을 낼 수 있었던 것은 펀더멘털 성장이 아니라 순전히 운 덕분일 가능성이 높다고 결론짓는다. 무엇이 정답인지는 확실히 알 수 없지만, 나 역시 미국 주식이 기대 이상으로 더 잘 풀렸다는 생각에 더 무게를 두고 있다.

미국 주식을 분석할 때 약 엔트로피 이론과 강 엔트로피 이론을 모두

1802년에 1000달러 투자	1997년의 가치
소비자물가지수	1만 3370달러
금	1만 1370달러
국채	1075만 달러
미국 주식	74억 7000만 달러
동독 주식	0달러
핵전쟁이 일어났을 경우 미국 주식	0달러

표 6.2 **운이 좋았던 미국 주식**

적용해 생존편향을 고려하면 시겔 교수의 표에 몇 줄을 더 추가해야 한다. 표 6.2는 그 몇 줄이 추가된 것이다.

그렇다면 우리는 어떤 입장에서 미국 주식시장의 성과를 평가할 것인가? 미국 주식은 분명 다른 나라의 주식보다 좋은 성과를 거두었고, 세계는 1945년 이후 핵전쟁 등의 대규모 전쟁을 운 좋게 피했다. 이 두 가지 사실은 행운이 미국 주식의 환상적인 수익률에 중요하고 지배적인 역할을 했다는 것을 의미한다.

지나친 낙관과 비관 사이

역사적인 생존편향을 분석해 보면, 미국 주식의 높은 수익률이 앞으로도 되풀이될 가능성은 낮다. 타임머신을 타고 과거의 미국으로 돌아간다면 당연히 주식을 사겠지만, 현재 주식을 살지 말지는 그렇게 간단하게 선택할 수 있는 문제가 아니다.

우리 아버지는 의사인데 매우 보수적이다. 아버지는 요즘 의사들이 너무 기술에만 의존한다고 지적하며, "모든 장비를 동원해 보고 실패하면 그제야 직접 환자를 보자고 하더군"이라는 농담을 종종 하신다. 치료를 하려면 당연히 환자부터 직접 봐야 한다는 뜻이다. 그리고 우리도 지금 실제 주식은 보지도 않고 수 페이지에 걸쳐 주식 이야기를 하고 있다. 이제는 주식이라는 환자를 직접 보고 분석해 보자.

먼저 마이크로소프트부터 시작해서 S&P 500 전체를 살펴보겠다. 마이크로소프트는 세계에서 가장 수익성이 높은 회사 중 하나이며, 주식의 시장 가치 또한 매우 높다. 또한 다우존스 산업평균지수, S&P 500, 나스닥 100 등 모든 주요 지수에 포함된 주식이기도 하다. 마이크로소프트는 높은 수익성과 훌륭한 주식 가치 외에도 윈도우 업데이트가 불러오는 짜증부터 엑셀 스프레드라는 황홀한 도구가 가져다주는 기쁨에 이르기까지, 우리에게 매우 강렬한 인상을 남겨왔다.

하지만 투자를 할 때만큼은 이런 인상이나 감정은 전부 제쳐두고 냉철하게 '숫자'를 봐야 한다. 주식을 분석할 때 일반적으로 사용하는 방법은 10년 만기 국채와 비교하는 소위 '페드 모델Fed model'일 것이다. 10년 만기 국채는 리스크가 큰 주식 투자에 비하면 안전한 대안이니 말이다. 그림 6.1은 마이크로소프트 주식과 10년 만기 국채에 100달러를 투자했을 경우 다음 해의 예상 수익률을 보여준다.

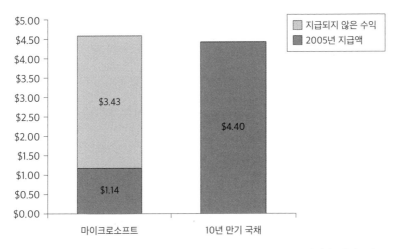

$5.00
$4.50
$4.00
$3.50
$3.00
$2.50
$2.00
$1.50
$1.00
$0.50
$0.00

지급되지 않은 수익
2005년 지급액

$3.43

$1.14

$4.40

마이크로소프트   10년 만기 국채

그림 6.1 **마이크로소프트에 투자했을 때와 10년 만기 국채에 투자했을 때의 1년 수익** (출처: 연방준비은행, 마이크로소프트사,《월스트리트저널》)

국채에 100달러를 투자하면 1년에 4.40달러의 이자가 발생한다(금리 4.4% 기준). 그런가 하면 마이크로소프트 주식을 주당 28달러에 100달러어치를 매수할 경우 1년에 배당금으로 1.14달러를 받게 된다. 또한 주식을 보유한다는 것은 회사가 주주에게 배당하지 않고 유보해 둔 잉여금에 대한 소유권도 갖는다는 의미다. 월스트리트 애널리스트들의 예상에 따르면 마이크로소프트 주식을 매수했을 때 2005년 기준으로 이에 해당하는 금액은 100달러당 3.43달러였다.

그래서 마이크로소프트 주식은 좋은 투자 대상인가? 이에 대한 답은 미래를 얼마나 낙관적으로 보느냐에 따라 다르다. 국채는 10년 동안 매년 4.40달러를 이자로 제공할 것이고 만기가 되면 원금 100달러를 돌려줄 것이다. 이는 10년 동안 변하지 않고 정해진 사실이다.

마이크로소프트 주식은 수익률이 훨씬 더 좋을 수도, 나쁠 수도 있다. 주식에 투자했을 때의 장점은 주가가 큰 폭으로 상승할 수 있다는 것이지만, 국채보다 리스크가 훨씬 더 크다는 단점도 있다. 대기업조차도 파산 가능성을 제로로 볼 수는 없다. 채권 투자자는 원금 100달러를 확실하게 돌려받을 수 있지만 주식 투자자는 원금을 보장받지 못한다.

그렇다면 주식 투자는 그런 리스크를 감수할 만한 가치가 있을까? 이 질문에 답하기 전에 그림 6.2를 보자. 그림 6.2는 S&P 500에 100달러를 투자했을 때와 10년 만기 국채에 투자했을 때의 1년 수익을 비교한 것이다.

S&P 500에 100달러를 투자하면 2005년에 예상되는 수익은 5.92달러로, 마이크로소프트에 투자했을 때의 예상 수익인 4.57달러보다 크

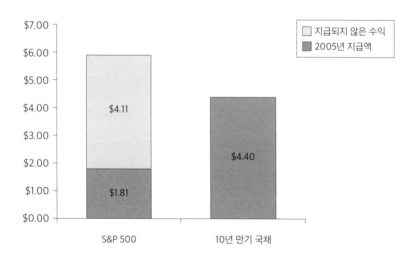

그림 6.2 **S&P 500에 투자했을 때와 10년 만기 국채에 투자했을 때의 1년 수익**
(출처: 연방준비은행, 스탠다드앤푸어스, 골드만삭스)

다. 또한 배당금도 S&P 500에 투자했을 때 더 많이 받을 수 있다. 그럼에도 주식시장은 마이크로소프트에 높은 밸류에이션을 부여하고 있는데, 이는 마이크로소프트의 독점 사업권이 갖는 우월한 가치를 반영한 것이라고 할 수 있다.

이 페드 모델을 이용해 미국 주식에 대한 낙관적 견해와 비관적 견해를 쉽게 요약할 수 있다. 비관론자들은 이익이 예상보다 낮을 것이라고 전망한다(그림 6.3). 향후 수익은 물론 경제 전반, 회계상 이익도 비관적으로 바라본다.

회계 규정은 회계상 수익에 스톡옵션 및 연금과 관련된 사항까지 반영하도록 되어 있다. 그리고 주식 시장에 비관적인 이들은 대부분 금리가 높아질 것이라고 예상한다. 즉, 비관론자들은 주식 수익률은 낮아지는 반면 채권 금리는 높아질 것이라고 보기에 주가가 과대평가되었다는 결론을 내린다.

그런가 하면 낙관론자들은 이익 증가에 초점을 맞춘다. 이들은 경제가 완만하게 성장할 것이며, 기업의 이익도 경제 호황과 함께 늘어날 것이라고 가정한다(그림 6.4). 나중에 설명하겠지만, 기업의 성과가 전반적인 경제 성장보다 좋아야 그 기업의 수익이 좋다고 할 수 있는 것이다. 하지만 좀 더 보수적인 가정하에서도 주식을 긍정적으로 볼 수 있다(그림 6.4는 예상치로, 생산성 증가율 3%, 인플레이션율 3%, 인구성장률 1%일 때 연간경제성장률 7%를 가정한다).

페드 모델은 간단하지만 주식의 가치 평가에 대해 몇 가지 중요한 시사점을 제공한다.

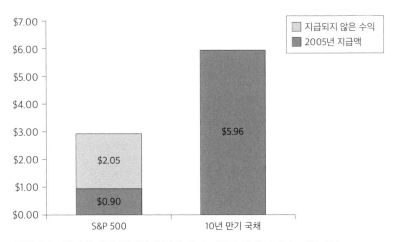

그림 6.3 **주가에 대한 비관적인 견해** (출처: 연방준비은행, 스탠다드앤푸어스)

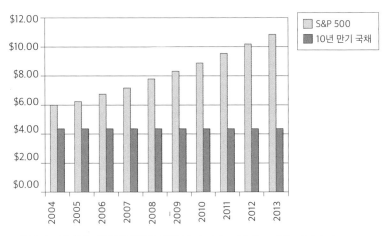

그림 6.4 **주가에 대한 낙관적인 견해** (출처: 연방준비은행, 스탠다드앤푸어스)

주가가 터무니없이 높아 보이지는 않는다: 주식과 채권의 수익률은 거의 비슷하다. 주식이 비싼지, 싼지에 대해서는 논쟁의 여지가 있는데,

이는 사실 수익과 위험이 균형을 맞추고 있을 때 나타나는 현상이다.

주가가 싼 것도 아니다: 주가가 터무니없이 비싸 보이지는 않는다. 하지만 2004년의 가치평가 수준은 역사적으로 보면 평균 이상이고, 또 시장이 바닥일 때보다는 훨씬 높은 상태다. 따라서 주가는 적정한 수준이거나 역사적 평균보다 조금 비싼 수준이다. 따라서 주가가 '정말 싸다'고 말하기는 어렵다.

성장률과 기대감

주식의 가치를 평가할 때 기대 성장률은 매우 중요한 요소다. 마이크로소프트 주식에 100달러를 투자한 경우 10년 만기 국채에 동일한 금액을 투자했을 때보다 배당금이 적다. 게다가 주식에 투자하면 투자금의 일부 혹은 전부를 잃을 가능성도 있다. 투자자들이 이러한 리스크도 기꺼이 감수하게 하려면, 시간이 지남에 따라 마이크로소프트의 수익률이 가장 안전한 투자 상품인 국채의 수익률보다 훨씬 높아져야 한다. 미래에 수익이 얼마나 상승할지는 주식의 가치 평가에 매우 중요하게 작용하므로, 좀 더 자세히 알아보도록 하자.

주가에는 기업의 펀더멘털 외에도 투자자의 심리가 큰 영향을 미친다. 어떤 때에는 투자자들이 미래를 낙관적으로 바라보며 기꺼이 위험을 감수하는가 하면, 또 어떤 때에는 회의적으로 변모해 리스크를 줄이고 현금을 보유하려 한다. 경제학자 존 케네스 갤브레이스John Kenneth Galbraith는 저서 『대폭락 1929』라는 책에서 이러한 투자자들의 심리 변화를 '베즐bezzle'이란 용어로 설명한다.

베즐은 '횡령embezzle'이라는 단어에서 유래했다. 갤브레이스는 베즐을 '사람들이 기업, 더 넓게는 세계로부터 돈을 빨아들여 없애는 것'이라고 설명한다. 호황기에 투자자들(그리고 아마 규제 당국도)은 긍정적이며 느긋하기에 베즐이 증가한다. 그러나 불황이 오면 모든 것이 뒤바뀐다. 모두가 편협하고 의심스러운 눈으로 돈을 바라본다. 돈을 관리하는 사람은 자신이 정직하다는 것을 증명할 때까지 부정직한 사람으로 의심받는다. 회계 감사가 철저하고 꼼꼼해지고, 상업적 도덕성이 엄청나게 높아진다. 따라서 베즐은 줄어든다.[10]

낙관주의와 비관주의는 투자에서 반복되어 나타난다. 만약 모두가 주식에 낙관적이라면 주식은 좋은 투자 대상이 아닐 가능성이 높다. 반면 주식에 대한 비관주의와 우울한 전망이 만연해 있다면, 이때는 주식시장의 상승을 예상해 볼 수 있다. 이러한 심리는 주가에 반영된다.

어떤 투자자가 채권이 주는 4.40달러의 확실한 이자를 포기하고 S&P 500을 선택해 약 1.81달러의 배당금만 받기로 결정했다고 해보자. 이 사람은 왜 기꺼이 더 낮은 수익률을 받아들이는 것일까? 이런 경우는 미래에 배당이 높아질 것이라고 생각하기에 오늘의 낮은 수익률을 받아들이는 것이다. 그러나 만약 주식 침체기라면 투자자들은 배당금이 채권 이자 이상으로 주어질 때만, 즉 수익률이 확실히 높을 때만 주식을 선택한다.

오늘날의 주식시장에서 채권 이자보다도 높은 배당금을 약속하는 곳은 특히 위험하다고 여겨지는 기업뿐이다. 예를 들어, 2004년 알트리아Altria에 100달러를 투자하면 배당으로 5.50달러를 받을 수 있었다.[11] 10년 만기 국채에 투자했을 때의 이자보다도 높은 금액이다. 알트리아는 흡연 관련 소송으로 파산할 위험이 있었다. 그럼에도 알트리아 투자자들은 위험 감수에 대한 보상이 주어지므로 그 주식에 투자할 가치가 있다고 받아들였다. 만약 리스크도 큰데 배당금조차 낮다면 아무도 알트리아에 투자하지 않았을 것이다. 이처럼 투자자들은 위험한 주식에는 보수적인 태도를 취하지만, 그를 제외한 일반적인 주식에 대해서는 낮은 배당금을 기꺼이 받아들인다.

낙관적인 투자자들은 미래의 이익을 기대하기에 낮은 배당 수익률을 받아들인다. 주식시장의 펀더멘털에 아무 변화가 없다 해도 베즐이 줄어들고 낙관론이 사라지기 시작하면 주가도 하락한다.

그렇다면 우리는 주가를 어떻게 평가해야 할까? 주식을 10년 만기 국채와 비교하는 페드 모델에 따르면 이 글을 쓰는 현재 2004년의 주가는 합리적인 수준으로 보인다. 이 페드 모델을 보며 낙관론자와 비관론자는 각자 다른 생각을 할 것이다. 낙관론자들은 이익 증대를 기대하며 주식을 매수하고, 비관론자들은 이익 감소와 금리 상승을 예측하며 주식을 매도한다. 그러나 주식의 가치를 평가할 때는 페드 모델 말고도 다른 것들을 함께 고려해야 한다. 주식은 기업의 성장률 그리고 투자자들의 심리, 즉 기대감에 큰 영향을 받기 때문이다.

마이크로소프트의 성장은 무한할까?

몇 년 전 아널드 슈워제네거가 보디빌딩의 매력에 대해 이야기한 인터뷰를 본 적이 있다. 기자가 "사람들은 왜 신체 사이즈에 집착할까요?"라고 묻자, 슈워제네거는 "쥐를 보려고 동물원에 가진 않잖아요"라고 대답했다. 인간은 원래 크기에 신경 쓰도록 만들어졌다는 것이다.

주식 전문가들은 기업 이익의 규모뿐 아니라 그 성장률에도 집착한다. 성장주에 돈을 베팅한 사람들은 슈워제네거와 비슷한 말을 한다. "장부가치만 보고 주식을 사지는 않죠." 주식은 기본적으로 리스크를 감수하는 투자 대상인 데다, 배당 수익률도 낮다는 사실을 감안하면 성장률에 집착하는 것은 어쩌면 당연한 일이다. 즉, 투자자들이 원금을 잃을 수도 있는 주식의 필연적 위험을 받아들이는 이유는 기업의 이익이 앞으로 성장할 것이라고 굳게 믿기 때문이다.

그렇다면 기업 이익은 앞으로 얼마나 성장할까? 나는 여기에 명확한 답을 내놓을 수 있다. 지난 수십, 수백 년간 그래 왔듯이 이익 성장, 그리고 이에 따른 주가 상승이 지속될 수는 없을 것이다. 이익 성장의 한계에 대해 추론하기에 앞서 말해두는데, 이는 투자의 세계에서 매우 드문, 명확한 답이 나오는 질문 중 하나다. 이것은 매우 놀라운 사실이다. '세상의 모든 경제학자를 줄줄이 세워놓아도 결론까진 도달하지 못할 것이다'라는 농담이 있을 만큼 경제학자들은 대부분의 질문에 명확한 대답을 하지 못하기 때문이다. 아니, 사실 그들을 한데 모아 세워놓을 수 있기만 해도 다행이겠다. 이 말에 반박하기 위해서라도 여기에서 명확한 답을 제시하고 그 이유를 설명해 보겠다. 답은 이것이다.

"기업 이익은 꽤 오랜 시간 동안 정상적인 수준보다 더 빠르게 성장해 왔다. 하지만 주식의 미래는 과거만큼 밝지 않다."

자, 우선 자연의 기본적인 법칙에 대해 이야기해 보자. 이를테면 박테리아는 어떨까? 거의 모든 생물학 교과서가 박테리아의 성장률이 엄청나다고 설명하는데, 어떤 박테리아는 두 시간마다 분열할 수 있다고 한다. 그리고 만약 이런 속도로 증식을 계속한다면 박테리아의 무게는 몇 주 안에 지구보다도 더 무거워질 것이라고 말한다. 아마 박테리아가 말을 할 수 있다면 "구글! 네 성장 속도는 왜 그렇게 느린 거야?"라면서 기업들을 조롱할 것이다. 그냥 놔둔다면 박테리아 하나는 하루면 4096마리가 되고, 이틀이면 1600만 마리 이상으로 늘어나며 사흘이면 600억 마리를 넘어서 2주 만에 지구보다 더 무거워진다.

이렇듯 박테리아는 말도 안 되게 빨리 자랄 수 있다. 그러면 장기적으로 박테리아의 성장률은 얼마나 될까? 놀랍게도 0%다. 박테리아는 정말 오랫동안 존재해 왔다. 그들의 기나긴 역사에서 연간 성장률을 간단히 계산해 보면 박테리아의 성장률은 0보다 아주 조금 더 큰 정도다.

두 시간마다 두 배씩 증식하는데 장기적인 성장률이 0이라니, 이는 불가변의 수학적 법칙으로 봤을 때 완전히 모순이다. 그러나 적어도 지난 수십억 년 동안 지구의 무게는 크게 변하지 않았다. 즉, 지구의 장기적인 성장률은 0이었다고 할 수 있다. 그렇다면 결국 박테리아를 포함한 지구의 모든 하위 집합은 장기적으로 0보다 그리 크지 않은 성장률을 가져야 한다. 이것은 수학적으로 자명한 이치다. 한 체계의 일부는

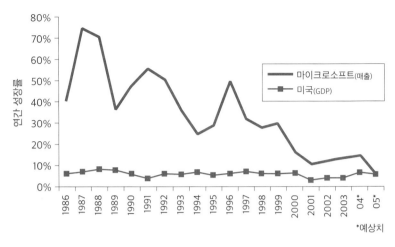

그림 6.5   미국의 경제 성장률보다 둔화된 마이크로소프트의 성장률
(출처: 마이크로소프트, 미 상무부, 국회 예산처)

체계 전체보다 더 높은 성장률을 무기한으로 지속할 수 없다. 박테리아가 지구의 일부인 것처럼, 모든 기업은 결국 세계 경제의 일부다. 그러므로 장기적으로 볼 때 어떤 회사도 세계 경제보다 빠르게 성장할 수는 없는 것이다.

그림 6.5는 미국 경제 성장률과 마이크로소프트의 상장일부터 현재까지의 매출 성장률을 비교해 보여준다. 마이크로소프트가 젊은 회사였을 때 그들의 성장률은 가히 눈부셨다. 그러나 수년에 걸쳐 성장률은 둔화되었고, 2000년대부터는 미국 경제 성장률과 비슷한 수준에 이르렀다. '장기적으로' 보면 마이크로소프트는 절대 전체 경제보다 빠르게 성장할 수 없다. 실제로 그림 6.5의 예상치를 보면, 2005년이면 마이크로소프트의 성장률과 미국 경제 성장률 사이의 격차가 사라질 것으로

보인다.[12] 특정 기간에는 한 기업 또는 기업군이 전체 경제보다 빠르게 성장할 수 있으나, 그러한 성장률을 언제까지나 지속하는 것은 불가능하다. 따라서 '성장률이 둔화될지'보다는 '성장률이 언제 둔화될지'가 더 타당한 질문이라고 볼 수 있겠다. 기업의 매출과 이익은 모두 자연적 한계가 있기 마련이다.

기업의 매출과 이익은 둘 다 경제 성장률을 무한정 넘어설 수 없다. 그림 6.6은 마이크로소프트가 상장한 날부터 2004년 중반까지 미국 기업들의 이익이 전체 경제 성장률보다 높았다는 걸 보여준다. 이익 성장률이 자연적 한계를 넘어선 것이다. 그러나 이러한 예외적인 성장률은 지속되기 어렵다. 언제 끝날지는 정확히 알 수 없지만, 결국에는 끝나게 되어 있다. 이는 죽음, 세금처럼 피할 수 없는 자연의 법칙이다.

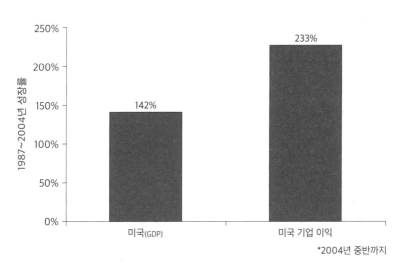

그림 6.6 **기업의 이익 성장률이 전체 경제 성장률보다 높다**
(출처: 상무부 경제분석국, 국회 예산처)

우리가 어깨에서 사고 무릎에서 파는 이유

미국 기업들의 이익은 전체 경제보다 더 빠르게 성장해 왔다. 이것이 주가에 대해 알려주는 시사점은 무엇일까? 어떤 일이 평균보다 더 잘 풀릴 때는 조금 조심해야 한다. 예를 들어 어떤 운동선수가 올해 환상적인 성적을 냈다면 다음 해는 올해만큼 잘하지 못할 것이라고 예상하는 게 좋다.

그런데 안타깝게도 투자자로서의 인간은 이와 정확히 반대로 생각하도록 만들어진 것 같다. 우리는 최근 사건에 지나치게 많은 무게를 두는 경향이 있고, 그래서 가장 잘못된 타이밍에 가장 낙관적으로 생각한다. 선마이크로시스템스의 경우를 생각해 보자. 1990년대 후반, 이 회사는 Y2K와 IT 버블로 매출과 이익 성장률이 한 해에 100% 가까이 치솟을 만큼 엄청난 상승세를 보였다.[13]

합리적인 투자자라면 1990년대 후반 선마이크로시스템스의 성과를 어떻게 평가해야 했을까? 이성적으로 생각하면 '100%의 성장률은 지속 불가능하다'고 판단하는 게 바람직하다. 따라서 신중한 투자자라면 선마이크로시스템스의 주가를 평가할 때 이 회사의 현재 실적에는 큰 비중을 두지 않았을 것이다. 보통 투자자들은 현재 기업 이익의 10~20배 사이로 가치를 평가하지만, 신중한 투자자라면 선마이크로시스템스의 가치를 이 범위보다 낮게 잡았을 것이다.

그러나 당시의 투자자들은 선마이크로시스템스의 눈부신 성장을 믿어 의심치 않았다. 그들의 도마뱀의 뇌는 이 회사의 주가가 현재 이익의 약 100배 수준까지 오를 것이라는 데 도박을 걸었다. 선마이크로시스템스의 수익률이 더 이상 지속되지 못할 그 타이밍에 투자자들은 주가를 가장 높게 평가했던 것이다. 그 결과, 주가는 90% 이상 하락했고 주주들은 엄청난 타격을 입었다.[14]

그림 6.7은 주가에 잠재적인 문제가 있음을 보여준다. 1987년 이후 오랫동안 주가는 기업 이익보다 훨씬 더 많이 올랐다. 심지어 이 그림은 1987년 지수가 폭락하기 전 다우존스 산업평균지수가 가장 높았을 때를 시작점으로 한 것으로, 주가 상승률을 가장 보수적으로 추정한 것이다.[15] 다른 때를 시작점으로 삼으면 주가 상승률은 훨씬 더 높게 나온다. 또한 배당도 무시했다. 마찬가지로 배당까지 감안했다면 주가 상승률은 훨씬 더 높게 계산된다.

결국 이 기간 동안 두 가지 측면에서 지속 불가능한 성장이 이루어졌

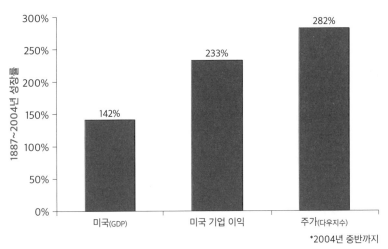

그림 6.7 **이익 성장률보다 높은 주가 성장률** (출처: 상무부 경제분석국, 국회 예산처)

던 셈이다. 기업의 이익 성장률은 전체 경제 성장률에 비해 지나치게 높았고, 이런 이익의 성장률에 비해 주가의 성장률 또한 지나치게 높았다. 이익 성장률이 둔화되어 결국 자연적 한계에 도달하면, 현재 이익에 대한 주가수익배율도 보수적으로 적용해야 한다. 그러나 투자자들은 정반대로 주가를 올려 이전보다 더 비싸게 주식을 매수한다.

그렇다면 기업 이익과 주가는 언제쯤 자연적 한계에 도달할까? 나는 어느 날 밤 『똑똑하게 다이어트하라The Ultimate Weight Solution』라는 저서를 홍보하러 TV 쇼에 나온 필 맥그로Phil McGraw를 보며 이 문제에 대해 곰곰이 생각하게 되었다. 진행자가 저자의 몸무게를 놀리자, 그는 "내가 다이어트 책을 쓰기에는 너무 뚱뚱하다는 건가요?"라고 되물었다. 진행자는 책 제목에 '궁극의ultimate'라는 말만 들어가지 않았어도 놀리지 않았을 것이라며, 필 박사 같은 체형을 가진 사람이 다이어트 책을 쓴다면 덜 극단적인 형용사를 쓰는 편이 낫지 않았겠느냐고 받아쳤다. 그렇다. '꽤 괜찮은 체중 감량 솔루션'이나 '뚱뚱한 사람들을 위한 손쉬운 다이어트' 같은 제목이라면 놀림거리가 되지 않았을 것이다.

제레미 시겔 교수는 필 박사와 같은 실수를 저지르지 않았다. 시겔 교수는 '주식에 초장기투자하라'나 '주라기 시대의 투자 비밀'이 아닌 '주식에 장기투자하라'라는 제목을 붙였다. 정말 '엄청나게' 장기적으로 보면 사실 시겔 교수의 주장은 맞을 수 없다. 그렇게 오랜 기간 동안 보면 성과는 평균적일 수밖에 없으므로, 주식이 '궁극의' 투자 대상은 될 수 없기 때문이다.

기업 이익과 주가가 언제 자연적 한계에 다다를지는 아무도 모른다.

존 메이너드 케인스는 이런 유명한 말을 남겼다. "장기적으로 우리는 모두 죽는다." 이 말의 요지는, '초장기'에 대한 논쟁은 고작 몇십 년밖에 살지 못하는 우리에게 거의 의미가 없다는 것이다. 마이크로소프트가 10년이 넘는 시간 동안 매우 **빠르게** 성장해 왔듯이, 주가 성장률이 어느 날 갑자기 둔화될 것이라는 증거는 없다. 하지만 언젠가는 떨어지게 되어 있다.

모두가 낙관할 때를 가장 조심하라

지금까지의 기본적인 분석을 통해 우리는 두 가지 결론에 도달했다. 첫째, 기업의 이익에 대한 전망과 금리를 감안했을 때 2000년대 중반의 주가는 적정 가격에 가깝다. 둘째, 1980년대 후반부터 지속된 이익과 주가의 상승률이 계속될 수는 없다.

우리는 이제 주식의 가치평가라는 퍼즐의 다음 조각을 찾아봐야 한다. 바로 투자자들의 심리를 파악하는 것이다. 보편적인 투자의 법칙에 따르면 인기 있는 투자는 수익성이 높지 않고, 사람들에게 외면받는 투자는 수익성이 좋다. 그렇다면 주식에 대한 지나친 낙관과 비관 사이에서 우리는 어디에 서 있는가?

그 단서를 찾기 위해 월스트리트의 투자 고수들을 살펴보자. 큰 투자 회사에는 앞으로의 전망을 예측하고 투자 전략을 추천해 주는 전략가들이 있다. 리처드 번스타인Richard Bernstein은 그런 전략가들 중 하나로

메릴린치Merrill Lynch & Co.에서 일했다. 그는 2003년에 주식을 너무 부정적으로 바라본다는 비판을 받았다.[16] 번스타인이 미국의 무역적자와 금리 인상 가능성 등 여러 문제에 우려의 목소리를 냈기 때문이다. 그는 다른 전략가들에 비해 수년간 미국 주식을 부정적으로 바라보았다. 그러다가 2003년 주가가 급등했고, 번스타인의 말을 믿은 투자자들은 다른 전략가들의 조언을 들은 사람들에 비해 돈을 벌지 못했다. 놀랄 것도 없이 번스타인은 해고됐다.

대체 번스타인은 얼마나 비관적이었던 것일까? 놀라운 사실은, 그렇게 비관적이라고 비판받았던 번스타인이 권했던 전략이 '위험자산인 주식에는 총자산의 절반만 투자하라'는 것이었다는 점이다. 이런 조언을 어떻게 지나치게 비관적이라고 말할 수 있을까? 투자의 세계에는 '주식이 최고의 투자 대상'이라는 시겔 교수의 견해가 만연해 있었기 때문에 주식 투자의 비중이 조금만 줄어도 비관론자로 간주되었다.

자산의 절반을 주식에 투자하라는 것은 사실 대담한 조언이다. 그럼에도 번스타인은 다른 전략가들에 비하면 매우 보수적이었다. 표 6.3은 번스타인이 해고될 당시 《다우존스뉴스와이어즈Dow Jones Newswires》에 실렸던 월스트리트 주요 회사들의 투자 권고 비중이다.[17] 알아두어야 할 것은, 월스트리트의 강세론자만 모아놓은 표가 아니라는 점이다. 《다우존스뉴스와이어즈》가 뽑은 '전체' 회사들이다! 이 표를 보면 번스타인이 상대적으로 얼마나 주식을 비관적으로 전망했는지 알 수 있다.

이 표는 앞으로 주식시장에 더 많은 시련이 닥칠 것임을 시사한다. 번스타인에 대한 비난은 줄었지만, 월스트리트는 여전히 주식에 대해

투자회사	전략가	주식 투자 비중
A.G. 에드워즈	마크 켈러	70%
뱅크오브아메리카	톰 맥마너스	70%
베어스턴스	프랑소와즈 트라한	60%
CIBC 월드마켓	수보드 쿠마르	70%
골드만삭스	애비 조셉 코헨	75%
레그메이슨	리처드 크립스	60%
리먼브라더스	칩 딕슨	70%
메릴린치	리처드 번스타인	45%
모건스탠리	스디브 갤브레이스	65%
레이먼드제임스	제프리 사우트	65%
살로먼스미스바니	빌 헬만	55%
와코비아	켄 리우	78%

표 6.3 **낙관적인 환경에서 신중한 태도는 비관주의로 여겨진다**
(출처: 《다우존스뉴스와이어즈》)

지나치게 낙관적이다. 사람들에게 미움받는 대상에 투자를 해야 수익률이 높다는 것을 잊지 마라. 1982년이 미국 주식을 사기에 가장 좋은 시기였다. 당시 주식은 보편적인 미움과 무시의 대상이었다.

그럼에도 주식 투자를 해야 하는 이유

10대일 때 나는 종종 동네 롤러스케이트장에 놀러가곤 했다. 내게는 1970년대의 패션—이를테면 나팔바지의 유행—과 롤러스케이트장의 규칙이 도무지 이해가 가지 않는 대상이었다. 엄청나게 잘 타는 건 아니었지만 스릴을 추구하는 스케이터였던 나는 '너무 빠르다'며 스케이트장 직원들에게 걸핏하면 경고를 받곤 했던 것이다.

내가 스케이트를 너무 빨리 탔다는 것은 인정하지만, 스케이트장 곳곳에 붙어 있는 '평균 속도 이상으로 주행 금지'라는 규칙은 말이 되지 않았다. 나는 그 논리를 이해하려고 노력하는 데 꽤나 많은 시간을 들였다. 한번 수학적으로 생각해 보라. 만약 평균보다 느리게 스케이트를 타는 사람이 한 명이라도 있다면, 다른 누군가는 평균보다 빠르게 스케이트를 타고 있어야 한다. 그래서 이 규칙은 말이 되지 않았다. 비록 스케이트장 직원들에게 내 논리가 먹히지는 않았지만, 나는 그때 평균이라는 수학적 개념을 배울 수 있었다.

투자 역시 평균의 논리를 피할 수 없다. 어떠한 투자 대상일지라도 평균 수익률을 무한정 넘어갈 수는 없다. 주식은 오랫동안 상승해 왔고 더 이상 가격이 저렴하지도 않다. 그래서 나는 다른 투자들보다 높은 수익률을 기대하며 주식을 매수하는 것은 추천하지 않는다.

다만 평균 수준의 수익률을 낼지라도 주식을 매수해야 하는 몇 가지 이유는 있다. 첫째, 주식은 인플레이션과 디플레이션을 방어한다. 주식을 매수하는 것은 주식이 나타내는 실질 자산을 보유하는 일이므로 현재의 구매력을 유지할 수 있다. 물가가 오르면 기초 자산의 가격도 함께 상승할 것이고, 물가가 떨어지면 기업이 보유한 자산의 가격도 함께 하락할 것이다. 따라서 주식 투자는 인플레이션율에 어떤 지각변동이 닥친다 해도 우리의 자산 가치를 지켜줄 수 있다.

둘째, 주식은 화폐 가치의 변동을 방어한다. 미국의 많은 기업이 해외 판매를 통해 상당한 매출을 얻기 때문에, 주가는 달러 가치의 변동에 완충 작용을 한다. 예를 들어 2003년 달러 가치는 유로화 대비 약 20% 하락했고, 이 밖의 다른 통화에 대해서도 상당히 가치가 하락했다.[18] 달러 가치의 하락은 미국인들을 더 가난하게 만들었다. 프랑스 와인이나 일본 자동차를 살 때 이전과 같은 돈으로는 더 적은 양을 살 수밖에 없게 된 것이다.

하지만 달러 가치의 하락은 미국 기업의 이익에는 상당히 도움이 되었다. 다시 한번 마이크로소프트의 경우를 보자. 소프트웨어를 개당 100유로에 팔던 마이크로소프트는 2003년 초에는 개당 100달러밖에 벌지 못했는데 2003년 말에는 120달러가 넘는 돈을 벌게 된 것이다. 똑같은 제품을 똑같은 가격에 판매했지만, 외화로 판매했기 때문에 더 높은 수익을 거둘 수 있었다.

이처럼 위험을 줄여준다는 점에서 주식은 여전히 좋은 투자 대상이다. 꽤 흥미로운 전환이다. 주식은 보통 고수익·고위험 투자로 알려져 있지만 사실은 위험을 낮추면서 평균 수준의 수익률도 챙길 수 있는 투자 대상이다. 또한 합법적으로 세금을 피할 수 있다는 것도 주식의 장점이다. 자본 이익과 배당금에는 모두 낮은 세율이 적용된다. 게다가 세금 혜택을 받는 뮤추얼펀드를 직접 구성해 볼 수도 있다. 이를테면 일단 주식을 대량 매입해 놓았다가, 연말에 손실이 난 종목들을 처분해 실제 부담하는 세율을 제로 수준으로 낮추는 것이다.

자녀가 슈퍼스타가 아닐지라도 부모는 그들을 사랑한다. 주식도 마찬가지다. 주식이 다른 투자 대상들과 비슷하게 평범한 수익률밖에 내지 못할지라도 주식을 사랑할 이유는 충분하다.

당신은 이미 상승장의 수혜자다, 주식 계좌가 없을지라도!

이 책의 마지막 장에는 투자에 대한 나의 조언들이 요약되어 있다. 다만 내 조언들은 월스트리트 전문가들의 주장보다 보수적으로 느껴질 것이다. 당신이 내 조언을 굳게 따르거나, 그 밖에 다른 이유로 주식 투자의 비중을 보수적으로 유지하기로 마음먹었다고 상상해 보자. 그리고 이제 약 30년 뒤로 빨리 감기를 해보자. 자, 2035년이 되었다. 주가는 놀랄 만큼 올라 있고 당신은 2000년대 중반에 내린 결정을 되돌아보고 있다.

내가 아는 투자자들 중 대다수가 적절한 타이밍에 거액을 베팅해 큰돈을 벌 수 있다는 근거 없는 자신감을 갖고 있다. 실제로 내 친구 중 한 명은 1990년대 후반 바이오 관련주가 급등할 것을 정확하게 예측하긴 했다. 그는 덕분에 돈을 약간 벌긴 했지만 많은 기회를 놓쳤다(친구가 계속 가격 추이를 관찰했던 종목 중에는 1년 만에 5달러에서 100달러로 오른 것도 있었다).

이 친구는 대화를 하면 거의 항상 돈을 '영혼까지' 끌어모아서 바이오 주식을 사들이는 환상에 대해 말하곤 했다. 이 친구 말고도 많은 투자자가 비슷한 꿈을 이야기한다. 버블 시기에 주식을 공매도할걸, 2001년 9·11 테러 이후에 매수할걸……

앞서 가정했던, 30년간의 주식시장을 돌아보고 있는 신중한 주식 투자자를 다시 떠올려보자. 그가 가진 돈을 전부 주식에 투자해 엄청난 돈을 벌었다면 물론 환상적이었을 것이다. 타임머신이 발명되어 2035년의 투자자가 과거로 돌아가 그때의 결정을 번복할 수 있다면 더욱 좋을 테고 말이다. 몇 년 후 은퇴 계좌를 들여다봤을 때, 내가 했던 투자 결정이 마법처럼 바뀌어서 엄청난 돈이 생긴 것을 본다면 정말 행복하지 않겠는가?

앞에서 말한 영화 「백 투더 퓨처」에서 주인공 마티 맥플라이도 간절히 세상을 바꾸고 싶어 한다. 영화 초반, 그는 자신의 멘토였던 미치광이 교수가 테러리스트들의 총에 맞는 것을 목격한다. 마티가 과거로 돌아가 교수가 공격에 대비할 수 있게 만들어 미래를 바꾼다면 정말 멋지지 않을까? 영화에서 마티는 정확히 이렇게 행동한다. 앞으로 벌어질 일을 알고 있었던 교수는 똑같이 총격을 당하긴 하지만, 그 안에 방탄조끼를 입고 있었다.

만약 미국 주식이 200년 동안 계속 상승세를 유지한다면 우리는 '옛날로 돌아가서 투자 결정을 바꿀 수만 있다면……' 하고 아쉬워할 것이다. 그런데 재미있는 사실이 하나 있다. 주식의 경우, 실제로 주식을 매수하지 않더라도 주식시장의 상승세에 동참할 수 있다는 것이다. 나는 친구 더그에게 몇 년째 이 이야기를 하고 있다.

더그는 내 대학 시절 룸메이트로 현재는 남부 캘리포니아에서 여러 사업체를 운영하고 있다(그리고 그는 꽤 훌륭한 서퍼다). 그는 퀄컴Qualcomm에 투자해 IT 버블 당시 엄청난 돈을 벌었다. 그 호시절에 더그는 퀄컴의 주식을 8000주나 보유하고 있었다. 어느 날, 그는 서핑하러 다녀온 불과 두 시간 사이에 주가가 주당 70달러 이상 올라 있는 것을 발견했다. 그날 아침에 더그는 한 종목만으로 50만 달러 이상을 벌어들였다! 나쁘지 않았다.

버블이 끝난 후에도 더그는 여전히 주식 투자에 앞장섰다. 2001년과 2002년 초, 나는 더그에게 주식 투자 비중을 줄이라고 계속 조언했다. 그러자 더그는 "너는 주식이 더 하락할 거라고 생각하는 거야?"라고 물었다. 주식시장의 전망을 예측해서 이런 조언을 하는 게 아니라고 대답하자, 그는 당황한 표정으로 주식이 오를 텐데 왜 주식을 팔아야 하느냐고 되물었다.

나는 더그에게 자산 목록을 작성해 보라고 했다. 그는 수백만 달러를 가진 부자였고, 그의 재산은 각각 캘리포니아의 부동산, 사업체, 주식 등으로 고루 분산되어 있었다. 그리고 나서 어떤 경우에 사업이 어려워지는지 설명해 보라고 말하자, 더그는 "불경기가 되면 어려워지겠지"라고 대답했다. 나는 마지막으로 물었다.

"그럼 그런 경우에 네가 보유한 주식과 부동산은 어떻게 될까?"

더그가 답했다.

"불황이 오면 주식이든 부동산이든 사업이든 다 가치가 떨어지겠지."

즉 결론은, 더그가 주식을 직접적으로 보유하지 않더라도 그의 재산은 주식시장이 상승하면 자연히 따라서 늘어난다는 것이었다.

설사 주식을 직접 보유하지 않는다고 해도 주식시장의 활황에 동참하고 있는 것이나 다름없다. 주식의 가치가 상승하는 호황기에는 더그가 보유한 부동산과 사업체의 가치도 높아진다. 더그뿐 아니라 대부분의 사람들도 그렇다. 주식을 직접 보유하고 있지 않아도 우리는 사실상 주식 활황이 주는 효과를 그대로 누린다. 일자리 전망도 주식시장과 더불어 좋아지기도, 나빠지기도 할 것이다. 그런데 만약 우리가 자산의 대부분을 주식으로만 보유하고 있다면, 갑자기 돈이 필요해졌을 때 투자해 놓은 자산의 가치가 떨어져 어려움을 겪을 가능성이 높다.

주식시장의 상승세를 놓칠까 봐 걱정할 필요는 전혀 없다. 2035년의 시점에서 되돌아봤을 때 시장 환경이 장밋빛이었다면 우리는 충분히 그 호황을 누렸을 것이다. 이를테면 높은 연봉, 집값 상승 같은 것들로 말이다. 그리고 반대로 시장 상황이 좋지 않았다면 돈을 모두 주식에 투자하지 않았다는 사실에 크게 안도할 것이다.

주식을 향한 사랑이 끝나지 않는다면

2000년대 중반을 지나고 있는 시점에서 주가는 '공정한 가격'에 아주 가까워 보인다. 물론 주식이 저렴해 보인다는 시나리오도, 반대로 너무 고평가되어 있다는 시나리오도 둘 다 그럴싸하게 느껴지긴 한다. '공정한 가격'이란 위험과 보상이 균형을 이루고 있는 것을 의미한다.

내가 주식 투자를 걱정하는 이유는 이러한 기본적 분석 때문이 아니라 투자 심리에 '주기'가 있기 때문이다. 1990년대 후반처럼 시장의 광기가 극도로 높아진 경우에는 극도의 비관주의가 세상을 한번 지배한후에야 균형을 회복할 수 있다. 버블이 꺼진 후 상당한 약세장을 지나듯이 말이다.

내 주장의 결정적인 증거는, 거의 아무도 내 주장을 믿지 않는다는 것이다. 사실 나조차도 믿기가 어렵다. 나는 1980년대 초 본격적으로 주식에 투자하기 시작했다. 그때는 빠르게 성장하는 멋진 기업들을 한 자릿수의 주가수익비율로 매수할 수 있었다. 나는 흥분해서《월스트리트저널》을 들고 샌디에이고 아파트 근처를 걸어 다니며 "지금이야말로 주식을 사기에 역사상 최고의 적기야"라고 혼자 중얼거리곤 했다. 그때나는 주식이 매우 저렴하다는 걸 알고 있었다.

내 인생에서 주식은 최고의 투자 대상이었다. 그랬던 만큼 나는 월급보다 주식으로 훨씬 더 많은 돈을 벌었다. 그러나 내가 지금까지 공부해 온 바에 따르면, 2004년 이후 주식은 한동안 1980년대 후반부터 2000년대 초반까지의 황금기처럼 좋은 투자 대상이 아닐 것이다. 그럼에도 나는 이 사실을 진심으로 받아들이지 못한다. 더 정확히 말하자면, 과거회고적인 나의 도마뱀의 뇌가 주식으로 많은 돈을 벌었다는 사실을 잊지 못하고 있다.

수십 년 동안 주식에 투자해 돈을 번 사람이 그 습관을 버리기는 극도로 힘들다. 경험으로 배운 것과는 완전히 다른 선택을 하는 것이기 때문이다. 이제는 주식의 호황이 끝났다고 말하는 내 머릿속 이성과 달리, 도마뱀의 뇌는 여전히 모든 돈을 주식에 쏟아부으라고 부추긴다. 머리의 이성적인 부분으로 투자를 통제할 수는 있지만, 도마뱀의 뇌가 주식을 사랑하는 것만큼은 막을 수 없다.

대상이 돈이든 사람이든, 사랑에는 공통점이 있다. 영화 「셰익스피어 인 러브」(1998)에서 젊은 극작가는 남장을 한 바이올라와 사랑에 빠진다. 해피엔딩으로 끝나는 그들의 연애에는 여러 차례 위기가 닥치는데, 바이올라와 필립 헨슬로의 공개 약혼도 그중 하나다. 바이올라의 약혼자는 귀족이기에 여러 귀족들과 엘리자베스 여왕 앞에서 약혼식을 한다. 그중 한 귀족이 여왕에게 이 이야기가 어떻게 끝나는지를 묻자 여왕은 이렇게 대답한다. "사랑이 이루어지지 못하면 이야기는 눈물과 이별로 끝나기 마련이지요."

우리도 주식에 대한 사랑 때문에 때로는 눈물을 흘린다. 하지만 우리는 울면서도 주식과 헤어지지는 못했다. 그림 6.8을 보면 1994년부터 2003년까지 10년 동안 장기 주식 뮤추얼펀드에 1조 5000억 달러가 추가로 유입된 것을 알 수 있다. IT 버블이 꺼진 이후로 주식에 붙어 있던 화려한 미사여구가 일부 사라지긴 했지만, 사람들은 여전히 주식을 투자 대상에서 제외시키지 않는다. 이러한 추세를 볼 때는 주가가 다시 정점에 오르기 전, 그러니까 투자자들이 주식에서 자금을 회수해 이탈하기 전까지는 꽤 오랜 시간이 소요될 것으로 보인다.

『주식에 장기투자하라』 1998년판에서 시겔 교수는 주식이 은행 예금보다도 안전하다고 주장한다. 그리고 우리 모두가 알고 있듯이, 이 책

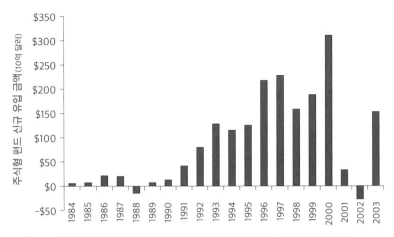

그림 6.8 **주식을 향한 미국의 사랑은 끝나지 않았다** (출처: 투자신탁회사협회)

이 출간된 지 2년 만에 S&P 500은 반토막이 났고 나스닥은 70% 하락했으며, 이후 『주식에 장기투자하라』 2002년판 표지에는 '주식이 은행 예금보다 안전하다!'라는 문안이 삭제되었다. 그럼에도 책의 메시지는 달라지지 않았다.

시겔 교수는 버블과 상관없이 주식은 장기적인 포트폴리오에서 압도적인 비중을 차지해야 한다고 조언한다.[19] 주식에 장기투자해야 한다는 생각은 여전히 통설로 받아들여진다. 온라인 투자 정보 사이트인 모틀리 풀The Motley Fool은 2004년에 한 은퇴 설계에서 '바보들은 장기투자를 위해 다른 어떤 금융 상품보다도 주식을 택한다'라고 말했다(모틀리 풀의 회원들은 스스로를 '바보'라는 애칭으로 부른다).

월스트리트 또한 여전히 투자 포트폴리오의 3분의 2는 주식으로 구성해야 한다고 조언한다. 셰익스피어식으로 표현하자면, 우리는 약세장에서 눈물을 흘렸으면서도 아직 주식과 이별하지 못한 것이다. 미국 주식은 변함없이 가장 사랑받는 투자 대상이다. 만약 가장 사랑받는 투자 대상이 수익성도 가장 높다면 그것은 투자의 역사상 유례없는 일이 될 것이다. 이제 이 장을 시작하며 이야기했던 피터 보리시의 질문으로 돌아가 보자. 나라면 이렇게 대답하겠다.

"지금 주식을 사는 건 백미러를 보며 운전하는 것이나 다름없어요."

나는 여전히 주식 투자를 추천하지만, 주식이 다른 투자 대상들보다 수익률이 더 좋을 것이라고 기대하기 때문이 아니다. 주식을 통해 세제 혜택을 누릴 수 있고, (일반적으로 많이 알려지진 않았지만) 위험 요소도 줄일 수 있기 때문이다. 나는 주식에 상당히 투자해야 한다는 입장을 지지하는 동시에, 시겔 교수나 월스트리트보다는 주식의 미래를 훨씬 더 낙관적으로 바라보고 있다.

다시 한번 정리하면, 주식의 가치 평가가 적당한 수준인지 확인하는 방법은 두 가지다. 거시경제학과 일반적인 분석을 활용하는 것이다. 이 관점에서 2000년대 후반을 향하고 있는 현재 미국 주식은 공정 가격에 가까워 보인다. 예컨대 평균 주가수익비율을 보면 지나치게 높지도, 낮지도 않다. 이러한 합리적 관점에 따르면 미국 주식은 그리 열광할 대상도, 또 두려워할 대상도 아니다.

하지만 미국 주식을 바라보는 도마뱀의 뇌는 실망스러운 상태에서 벗어나지 못하고 있다. 사람들은 여전히 투자 대상으로 주식을 매우 선호하며, 투자자들이 미국 주식에서 이탈하려는 움직임은 크게 보이지 않는다. 미국 주식이 계속 투자자들의 사랑을 받는 한, 역사적 기준으로 높은 수익률을 달성할 가능성은 낮다. 이 사랑이 끝나지 않는다면 미국 주식은 당분간 평범한 수익률을 유지할 것이다.

7장

채권
겁쟁이들의 반격

미국은 대담한 사람들을 편애해 왔다

내가 박사 과정을 밟던 1993년, 하버드대학교의 그레고리 맨큐 교수
는 거시경제학 수업에서 "채권은 겁쟁이들을 위한 투자 상품이다"라고
신랄하게 비판했다. 맨큐 교수는 세계적인 연구자일 뿐만 아니라 화술
에도 탁월한 사람이었다. 그는 훌륭한 선생님이었고, 경제학을 흥미있
게 만드는 재주가 있었다. 그 재주를 십분 발휘해 그는 여러 권의 교과
서를 써서 베스트셀러로 만들기도 했다. 나는 '채권은 겁쟁이들을 위한
것'이라는 맨큐 교수의 말이 어디에 투자를 하라고 투자처를 추천하는
것은 아니었다고 생각한다. '주식 프리미엄 퍼즐Equity Premium Puzzle'이라

는 어려운 기술적 용어 대신 생생한 말을 사용해 학생들에게 더 잘 전달하려 했을 뿐이다.[1]

주식 프리미엄 퍼즐에 대한 학술적인 연구에서는 미국 주식과 채권의 수익률을 비교한다. 1993년 기준으로 이 연구의 결론은 어떻게 났을까? 채권 투자는 안전하지만 평범한 수익률을 얻었다. 일단 2000년대 초반까지 미국에서는 위험한 주식에 베팅한 투자자들이 채권에 투자한 이들보다 훨씬 더 많은 돈을 벌었다. 심지어 변동성을 감안해도 주식의 수익률이 더 높았다. 따라서 돌아보면, 극도로 소심한 사람—소위 겁쟁이—이 아닌 이상 채권보다는 주식을 샀어야 한다.[2]

다만 여기서 꼭 짚고 넘어가야 할 점이 있다. '과거'의 수익률이 '미래'의 수익률을 보장하지 않는다는 것이다. 모든 뮤추얼펀드에도 이런 면책 조항이 있다. 그리고 맨큐 교수가 요약한 모든 학술 연구는 과거의 자료를 담고 있다. 1993년 기준으로 과거를 돌아보면 채권이 늘 주식보다 수익률이 낮았던 것이 사실이다. 그러나 분명한 사실은, 투자자라면 과거가 아니라 미래에 관심을 가져야 한다는 것이다. 따라서 이번 장에서는 채권의 '과거 수익률'이 아닌 '향후 전망'을 살펴볼 것이다.

채권에 대해 공부하기 전에 몇 가지 알아둘 것이 있다. 먼저 채권의 세계에는 정크본드(신용등급이 낮은 기업이 발행하는 고위험·고수익 채권), 지방채 등 다양한 종류가 있지만 우리는 미국 국채만 살펴볼 것이다. 왜 그런지는 다음의 '염소 이야기'를 통해 알아보자.

두 남자가 구형 자동차의 부품을 찾으려고 폐차장에 갔다. 폐차장 주인은 폐차장이 너무 넓으니 직접 둘러보며 필요한 부품이 있는 자동차를 찾아보라고 했다. 그러면서 자신의 애완용 염소를 주의하라고 당부했다. 두 남자는 폐차장을 걷던 중 땅에 난 구멍을 발견했다. 한 남자가 구멍에 조약돌을 발로 차 넣자, 놀랍게도 조약돌이 바닥에 닿는 소리가 들리지 않는 게 아닌가. 두 남자는 자동차 부품을 찾겠다는 목적은 까맣게 잊은 채 바닥이 없는 듯한 그 구멍에 점점 더 큰 물건을 던지기 시작했다. 그렇게 몇 분이 지나고 바닥에 닿는 소리는 여전히 들리지 않을 때, 남자들은 구멍에다 무거운 변속기를 던져 넣었다. 잠시 후 염소한 마리가 구멍 근처로 달려오더니 잠깐 멈췄다가 구멍 속으로 뛰어들었다. 염소의 자살에 놀란 남자들은 폐차장 주인에게 갔다.

주인은 "당신들이 원하는 부품은 찾았습니까?"라고 물었다. 남자들은 자신들이 구멍에 물건들을 던져 넣었다는 말은 빼고, 주인에게 염소가 구멍에 뛰어들어 죽었다고만 이야기했다. 그러자 주인은 이렇게 말했다. "그것 참 이상하네요. 하지만 제 염소일 리가 없어요. 제 염소는 변속기에 단단히 매두었거든요."

채권 세계에서 국채가 자동차 변속기라면 다른 채권들은 염소와 같다. 국채의 가치가 떨어지면 다른 모든 채권의 가치도 함께 떨어진다. 물론 다른 염소보다 더 긴 줄에 묶여 있는 염소처럼, 어떤 채권이 다른 채권보다 늦게 하락할 수는 있다. 그럼에도 미국 국채의 가치가 하락하면 다른 미국 채권들도 언젠가는 가치가 하락하게 된다. 이 장이 주는 첫 번째 메시지는 다음과 같다. 국채는 채권 시장의 하락 속도와 침체 기간을 측정할 척도가 되고, 따라서 우리는 국채를 집중적으로 살펴봐야 한다는 것이다.

두 번째 메시지는 채권 가격이 금리와 반대 방향으로 움직인다는 것이다. 다시 말해, 금리 상승은 채권에 투자한 사람에게 악재다. 왜 그럴까? 혼란스럽겠지만 한번 살펴보자. 채권으로 4%의 이자를 받는 것이 좋은가, 8%의 이자를 받는 것이 더 좋은가? 당연히 8% 이자를 받는 편이 더 좋다. 그렇다면 금리 상승은 채권 투자자에게 좋은 것 아닌가? 그러나 답은 정반대다. 채권 보유자에게는 오히려 금리가 떨어지는 것이 유리하다.

이런 혼란은 채권의 '현재 가격'과 '미래의 수익'을 분리하면 쉽게 해결된다. 최근에 친구 크리스(앞서 말했던 MIT 로켓 과학자)와 나는 경제와 아무 관련 없는 상황에서 비슷한 사실을 경험했다. 크리스는 운동을 잘한다. 그는 대부분의 스포츠에서 나보다 뛰어났다. 그런데 최근 보스턴에 강추위가 닥치며 우리는 실내 스포츠를 하기로 했고, 그중 라켓볼을 선택했다. 나는 전에 라켓볼을 많이 쳐봤기 때문에 첫 경기에서는 크리스를 크게 이겼다. 나에게 대패하고 나서 크리스는 조금 뚱해 보였다. 지금까지 여러 스포츠에서 나를 이겼던 것을 생각하면 당연히 기분이 좋지 않았을 것이다. 내가 "차라리 완패하는 편이 너에게 좋을 거야"라고 말하자 크리스는 무슨 뜻이냐고 물었다. 나는 이렇게 대답했다.

"이제 네게는 올라갈 일밖에 남지 않았거든."

정말로 경기를 하면서 크리스는 꾸준히 나아졌다. 첫 경기는 크리스에게 패배감을 안겨줬지만 덕분에 그는 이후 몇 달 동안 크게 발전할 수 있었다. 첫 경기에서 크게 질수록 발전 가능성은 높아진다.

채권, 특히 국채도 비슷하다. 국채의 현재 가치가 낮을수록 만기가 될 때까지 가치는 점점 더 커진다. 옛날 농담 중 '인간과 채권의 차이점이 무엇일까?'라는 게 있다. 이 농담의 답은 채권은 성숙하다 보면 결국 만기에 도달한다는 것이다. 모든 국채는 정확히 예정된 날짜에 만기가 도래하며, 이때 가격은 정확히 100달러다. 만기에는 최종 가격이 항상 100달러이므로, 국채의 현재 가격이 낮을수록 더 많은 이익을 얻을 수 있다. 즉, 채권 가격이 낮을수록 미래의 수익률이 더 높다는 의미다. 마찬가지로 채권 가격이 높으면 향후 수익률은 더 낮다.

채권은 '현재의 보유자'와 '미래의 매입자' 관점으로 나눠서 볼 수도 있다. 가령 집값 폭락은 현재의 주택 소유자들에게는 나쁜 소식이지만, 앞으로 주택을 구매할 사람들에게는 좋은 소식이다. 마찬가지로 채권 가치의 하락 또한 현재의 보유자들에게는 나쁘지만 미래의 매입자들에겐 좋다.

채권 투자에 대한 결정은 금리의 방향을 어떻게 예측하느냐에 따라 달려 있다. 채권을 매수한다면 금리가 안정세를 유지하거나 하락할 것이라는 데 베팅하는 것이다. 반면 금리가 오르리라고 예측하는 사람들은 채권 투자를 피할 것이다. 따라서 채권에 투자하기 전에 가장 먼저 해야 할 일은 금리의 방향을 전망해 보는 것이다.

조용한 반격

1993년, 한 경제 연구는 용감한 투자자라면 주식을 사야 한다고 주장했

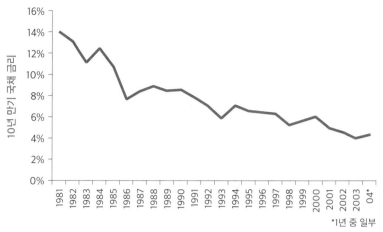

그림 7.1 **금리는 20년 이상 하락하고 채권 가격은 상승했다** (출처: 연방준비은행)

다. 그리고 이를 근거로 맨큐 교수도 채권이 겁쟁이를 위한 투자 상품이라고 주장했다. 맞는 말일지도 모르지만, 1993년에 채권을 산 겁쟁이들은 주식보다도 더 좋은 수익을 얻었다. 맨큐 교수가 이 발언을 한 이후 채권 투자의 수익률과 주식 투자의 수익률은 거의 같았다. 게다가 채권을 산 사람들은 미국 연방 정부가 반드시 채권을 상환하리라는 사실을 알고 있었기에 마음 편하게 투자할 수 있었지만, 주식 투자자들은 큰 위험을 무릅써야 했다.

사실 채권을 매수하기 좋은 시기는 1980년대 초부터 시작되었다. 맨큐 교수가 채권은 겁쟁이들을 위한 상품이라고 말한 시점보다 10년도 더 전이다. 금리는 1980년대부터 20년이 넘도록 지속적으로 크게 하락했고, 이에 따라 채권 투자자들은 그 기간 내내 후한 보상을 받았다.

1980년대 초 레이건 채권을 사라고 권유하는 어느 잡지 기사를 읽었던 기억이 난다. 레이건 채권은 약정된 이자율이 10%를 상회하는 미국 국채였다. 내가 그 기사에 주목했던 이유는 기사를 믿어서도, 레이건 채권을 사려고 해서도 아니었다. 그 기사 내용이 너무 어처구니없기 때문이었다.

이 책에서 일관되게 말하는 것처럼, 채권 역시 사람들에게 외면받을 때가 투자하기에 가장 좋을 때다. 1970년대 후반에서 1980년대 초반까지 사람들에게 가장 뜨거운 관심을 받았던 투자 상품은 금, 보석, 토지, 인상파의 그림 등 실물 자산이었다. 인플레이션 시기, 다들 채권은 겁쟁이 바보들이나 하는 투자라고 생각했다. 그런데 채권이 사람들에게 외면받기 시작한 이후 20여년 동안 채권 투자자들은 최고의 전성기를 누렸다. 수익률은 높고 위험은 낮았다. 말 그대로 환상적이었다. 그렇다면 이러한 추세는 계속될 수 있을까?

신용을 먹어치우는 재정 적자

「심슨 가족」의 한 에피소드에서 우리의 영웅 호머 심슨은 지옥으로 떨어진다. 그에게는 배가 터질 때까지 도넛을 먹어야 하는 다소 혁신적인 형벌이 내려진다. 악마의 일꾼들은 세상의 모든 도넛을 모아서 끝없이 호머의 입에 쑤셔 넣지만, 그는 괴로워하기는커녕 세상의 모든 도넛을 먹고도 여전히 더 많은 도넛을 원한다.

채권시장에도 호머 같은 망령이 떠돈다. 바로 질릴 줄 모르는 미국

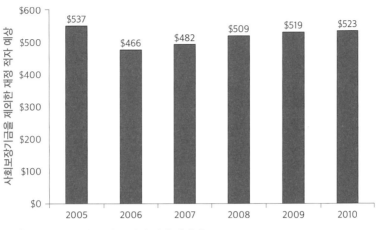

그림 7.2 **5000억 달러의 재정 적자 예상치** (출처: 국회예산처)

연방 정부의 재정 적자다. 만약 미국 정부가 심슨처럼 이용 가능한 모든 신용을 먹어치운다면 주택 소유자와 기업들은 어떻게 될까? 저금리로 빌릴 수 있는 돈이 부족하다면, 대규모의 재정 적자는 결국 금리 상승이란 결과를 불러올 것이다. 1969년에 사망한 더크슨 전 미국 상원의원은 "여기서 10억 달러니, 저기서 10억 달러니 하다가는 곧 실제 돈에 대해 이야기하게 될 것"이라고 말했다고 전해진다. 이것이 그의 실제 발언인지는 확실치 않지만, 미국이 차입하고 있는 엄청난 금액은 분명 실제 돈이다. 이처럼 거대한 재정 적자의 문제점은 신용을 고갈시켜 시장에서 민간 투자를 쫓아낸다는 것이다. 노벨경제학상 수상자인 예일대학교 제임스 토빈James Tobin 교수는 이 문제를 다음과 같이 설명했다.

핵심 쟁점은 '구축 효과crowding out'이다. 연방정부는 적자를 메우기 위해 국채를 발행해 자금을 조달하고 그 이자를 지급한다. 이는 주택, 신규 공장과 설비, 교육 및 연구, 학교, 하수도 시스템, 지방 정부의 도로 건설, 해외 자산 등 미국의 미래에 대한 투자로 이어졌을 민간 저축을 감소시킨다.[3]

재정 적자는 민간 투자를 얼마나 구축하는가? 그림 7.2는 국회예산처가 예상한 재정 적자의 규모를 보여준다. 우리는 적자에 너무 익숙해서 대부분의 경제학자는 음수로 표기할 적자 규모를 양수로 나타낸다.

나는 국회예산처가 발표한 재정 적자 예상치가 다소 낙관적이라고 생각한다. 그럼에도 국회예산처의 전망은 입수 가능한 자료 중에서는 가장 정확하다. 이들은 미국의 재정 적자는 계속 대규모일 것이고, 앞으로 수년간 줄어들지 않을 것이라고 예상한다.

재정 적자 예상치를 볼 때면 '이 예상치가 사회보장기금을 어떻게 설명하는가?'를 물어야 한다. 2000년 대통령 선거 당시 앨 고어 부통령은 "사회보장기금을 자물쇠 달린 상자에 넣어두겠다"라고 이야기했다.[4] 이것이 앨 고어 부통령이 대선에서 가장 강조한 내용이었다. '자물쇠 달린 상자'는 코미디 쇼인 「새터데이 나이트 라이브Saturday Night Live」에서도 다룰 정도였다. 쇼는 재미있었지만 사실 이 주제는 매우 진지하고 심각한 것이다. 부시 대통령은 2008년까지 재정 적자를 절반으로 줄이겠다고 선언했는데, 이는 사실 사회보장기금의 흑자를 이용해 다른 비용을 메꾸려는 심산이었다. 사회보장기금은 흑자를 내고 있기 때문에 이를 다른 계정과 합쳐버리면 일견 적자가 줄어드는 것으로 보인다. 그러나 사회보장기금은 언젠가 미래에 사용될 돈이기 때문에, 나는 이를 '사용이 제한된 돈', 즉 자물쇠 달린 상자에 든 돈으로 여기는 게 낫다고 생각한다. 다시 말해 그림 7.2는 사회보장기금이 자물쇠 달린 상자에 들어 있다고 가정한 적자를 보여준다. 연방 정부가 앞으로도 계속 대규모 재정 적자를 유지할 가능성이 높다는 점을 감안하면, 이러한 적자는 금리에 상승 압력을 가할 것이다. 여기서 상승 압력이 얼마나 높을지를 이해하기 위해, 이 수치들을 좀 더 다양한 관점으로 살펴보도록 하자.

달팽이보다 빠른 거북이

2000년대 중반 후에도 당분간 미국의 대규모 재정 적자는 계속될 것 같지만, 역사적으로 보면 상황이 특별히 암울해 보이지는 않는다.

재미있는 이야기를 하나 먼저 해보자. 달팽이 한 마리가 뉴욕의 센트럴파크를 기어가고 있었다. 그런데 거북이 한 마리가 이 불쌍한 달팽이를 공격해 돈을 훔쳐 달아났다. 경찰이 달팽이에게 무슨 일이 있었는지 묻자 달팽이는 이렇게 말했다.

"모르겠어요, 모든 게 너무 빨리 일어났어요."

달팽이와 거북이의 속도처럼 대부분의 것들은 상대적인 관점에서 바라봐야 한다. 다시 말해 미국의 재정 상태는 전체 GDP와 비교해야 한다. 이렇게 보면 2004년 미국의 재정 상태는 지난 역사를 돌아볼 때 그렇게 나쁘지 않다. 그림 7.3은 특정 연도의 GDP 대비 정부의 부채 비

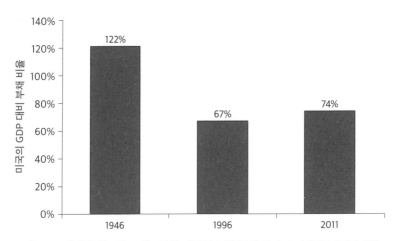

그림 7.3　역사상 최고치보다는 낮은 미국의 누적 부채 (출처: 국회예산처 예산관리부)

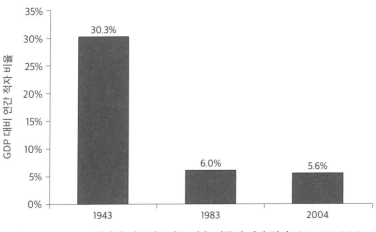

그림 7.4　　　　　역사상 최고치보다는 낮은 미국의 연간 적자 (출처: 국회예산처
　　　　　　　　 예산관리부)

율을 보여준다.

　이 그래프에 나온 3개년은 재정이 극단적으로 악화되었던 시기다. 제

2차 세계대전 중 미국은 막대한 부채를 사용했고, 제2차 세계대전이 끝난 직후인 1946년까지 미국의 부채는 GDP 대비 122%까지 증가했다. 예상대로라면 2011년에 정부 부채는 가장 크게 늘어나 GDP 대비 74%에 이를 것인데, 이는 1946년과 비교하면 크게 낮은 수준이며 1996년과도 별 차이가 없다.

누적 부채 대신 연간 재정 적자를 살펴보면 상황은 훨씬 더 낫다. 6000억 달러는 엄청난 금액이지만 GDP 대비로는 제2차 세계대전 당시보다 훨씬 낮다. 그림 7.4는 특정 연도의 GDP 대비 연간 적자를 나타낸 것이다.

1943년 정부의 연간 적자 규모는 GDP 대비 무려 30%가 넘었다. 국회예산처의 향후 10년 예상치에 따르면 GDP 대비 적자는 2004년에 가장 클 것으로 보이며, 이때 비율은 5.6%다. 2차 세계대전 시절은 물론, 1983년의 6%보다도 적은 수치다(1983년은 레이건 시대 중에서도 가장 적자가 컸던 때다).

계속 5000억 달러의 적자를 기록하면서 경제에 악영향을 끼치지 않는 것이 가능할까? 답은 '그렇다'인 것 같다. 실제로 1980년대 초반 미국은 매년 큰 재정 적자를 기록했지만 경제는 성장했다. 게다가 이때는 엄청난 적자 폭에도 불구하고 금리가 하락했다. 이때 적자가 더 적었더라면 어떤 일이 벌어졌을지 알 수 없지만, 최소한 미국 경제는 GDP 대비 5% 수준의 적자 정도는 감당할 수 있는 것으로 보인다.

그렇다면 적자는 금리에 어떤 영향을 미칠까? 재정 적자는 금리에 약간의 상승 압력을 가져온다. 그러나 공황 상태에 빠질 필요는 없다.

2004년을 기준으로 예상되는 미국의 재정 적자와 부채는 역사적으로 미국이 감당해 왔던 범위 내에 있기 때문이다. 적자와 부채의 향방을 지켜보는 것이 중요하다. 연간 적자와 누적 부채가 예상치를 넘어선다면 금리는 크게 상승할 수도 있다.

안전한 국채에 투자해 돈을 잃는 세 가지 방법

재정 적자가 문제를 일으킬 것이라고 주장하는 사람들은 그 때문에 수십 년 동안 시장이 하락할 것이라고 염려한다. 토빈 교수가 구축 효과에 대해 말했던 것도 1986년이었다. 그로부터 18년 후, 연방준비제도이사회 의장이었던 앨런 그린스펀은 "재정 적자가 점점 늘어나고 있는 것에 대해 대부분의 애널리스트들이 우려하는 한 가지 문제는 국민 저축의 지나친 감소다"라고 말했다.[5] 장기적으로 보면 이런 주장이 옳을 수도 있겠지만, 2000년대 중반까지는 문제가 있다는 증거가 나타나지 않았다.

미국 국채는 세계에서 가장 안전한 투자 상품 중 하나고, 재정 적자가 즉각적인 위험을 불러올 것 같지도 않다. 그러나 투자자들은 다음과 같은 세 가지 방법으로 돈을 잃을 수도 있다. 정부로부터 투자한 돈을 상환받지 못하는 경우, 가치가 떨어진 돈으로 상환받는 경우 그리고 다른 상품에 투자했을 때보다 수익률이 낮은 경우다. 각각의 상황을 한번 살펴보면서 자신의 투자 시점에 대입해 보자.

채권의 첫 번째 위험, 채무 불이행: 가장 극단적인 위험은 미국 정부가 채무 불이행을 선언하는 것이다. 지금까지 채무 불이행을 선언했던 기업과 나라는 많지만, 미국이 이를 선언하는 것은 상상하기가 어렵다. 아주 극단적인 상황을 가정해 보면 미국 정부의 연간 적자 규모는 수조 달러에 이를 수도 있지만, 설사 그렇다 해도 미국 정부는 달러를 무한히 찍어낼 수 있기 때문에 채무 불이행의 위험은 없다. 미국 정부의 채무 불이행이 걱정되는 사람은 차라리 총기나 식료품 같은 물건을 사재기해 놓는 편이 낫다. 나는 미국의 채무 불이행이 '절대' 불가능하다고 말하는 게 아니다. 단지 그럴 가능성은 극히 낮으며, 만약 진짜 이런 일이 발생한다면 투자가 아닌 다른 것—이를테면 우리의 목숨이라든가—을 걱정해야 한다는 뜻이다.

채권의 두 번째 위험, 인플레이션: 채권 투자자에게 두 번째 위험은 상환받는 화폐의 가치가 떨어지는 것이다. 이에 대해 전설적인 공상과학 소설가 로버트 하인라인은 "분기마다 7% 복리로 이자를 지급하면 100달러는 200년 후 1억 달러가 넘겠지만, 그때가 되면 1억 달러에는 아무 가치도 없을 것이다"라고 말한 적이 있다.

우리는 이미 인플레이션에 대해 논의하면서 달러 가치가 하락했을 때 부채 상환의 위험에 대해 이야기한 바 있다. 아직까지 미국의 인플레이션이 위험한 수준이라는 징후는 없다. 그럼에도 인플레이션의 위험은 항상 존재하며, 채권 투자자들에게 가장 심각한 리스크 중 하나다.

대개 국채 금리는 인플레이션율보다 높다. 그러나 국채 금리와 인플

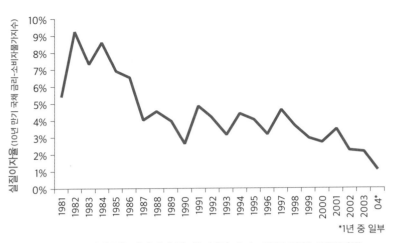

그림 7.5　**인플레이션율을 감안하면 금리는 낮다** (출처: 연방준비은행, 고용통계국)

레이션율의 차이는 변동 폭이 크다. 그림 7.5는 국채 10년물·금리에서
인플레이션율을 뺀 값을 보여준다.

　1980년부터 약 20년간 국채 금리와 인플레이션율의 차이는 계속 감
소해 왔다. 1983년의 채권 투자자는 인플레이션율을 감안하고도 7%의
금리를 받았지만, 2003년의 투자자는 인플레이션율을 감안하면 고작
1%의 금리를 받은 셈이 된다. 즉, 인플레이션율을 고려하면 오늘날의
채권 투자자들은 수십 년 만에 최악의 투자 결과를 얻고 있는 것이다.

　채권의 세 번째 위험, 기회비용: 1989년에 나는 신생 바이오테크 기업
인 프로제닉스 제약Progenics Pharmaceuticals의 최고재무책임자를 맡고 있었
다. 그때 업무와는 별개로 RJR 나비스코의 차입매수leveraged buyout 사례
에 대해 분석 자료를 썼는데,《월스트리트저널》에서 이 자료를 짧게 간

추려 기사화한 적이 있다.[6] 이를 계기로 하버드에서 처음으로 강의 요청을 받았고, 나는 이 영광에 무척 기뻐하며 곧바로 케임브리지로 날아갔다. 하버드에서의 내 첫 번째 강의는 어땠을까? 간단히 대답하자면 아주 엉망이었다.

나는 강의 초반에 RJR 나비스코의 채권 보유자들이 차입매수 때문에 10억 달러 정도 손해를 봤다고 주장했다. 차입매수 결정이 발표된 날 채권시장에 상장되어 있던 모든 RJR 나비스코 채권의 손실을 단순 합산했던 것이다. 이 채권들은 활발히 거래되고 있었기 때문에 차입매수 발표로 가격이 얼마나 떨어졌는지 정확히 계산할 수 있었다.

그런데 한 학생이 채권 보유자들은 아무 손해도 보지 않는다며 내 의견에 반론을 펼쳤다. 이 학생은 RJR 나비스코 채권 보유자들이 만기 시에는 모든 돈을 돌려받을 것이므로 채권의 현재 가격은 무의미하다고 주장했다. 나는 그의 의견에 반박하려 했지만 대부분의 학생들이 이 의견에 동의했다. 내가 약 20분 동안 두서 없는 말로 학생들과 논쟁하던 끝에, 결국은 그 수업을 책임지고 있던 교수가 끼어들어 "제발 그냥 테리가 옳다고 가정하고 넘어갑시다"라고 말해야 했다.

이 문제를 10년 만기 국채에 1000달러를 투자한 경우라고 생각해보자. 채권을 매수했을 때의 금리는 4%라고 가정한다. 채권 매수자가 1000달러를 정부에게 빌려주면 그 대가로 정부는 10년간 매년 40달러를 지불하고 만기에 원금 1000달러를 상환하겠다고 약속한다. 그리고 채권을 매수하자마자 10년 만기 국채의 금리가 4%에서 6%로 뛴다면 어떤 일이 발생할까? 이 투자자는 여전히 10년 동안 매년 40달러를 받을 것이고 만기 시에는 1000달러를 돌려받을 것이다. 이렇게 보면 채권 보유자는 언뜻 아무런 손해도 입지 않은 것으로 보인다. 이것이 강의 때 내 의견에 반대하던 학생이 했던 주장이다.

한편, 금리가 4%에서 6%로 상승했다는 것은 이 채권의 시장 가격이 150달러 떨어졌다는 뜻이다. 이런 상황에서 이 채권 투자자가 잃은 돈은 얼마일까? 0달러? 150달러? 둘 다 아니라면 얼마일까? 경제학자는 약속대로 이자와 원금을 모두 받는다고 해도 이 채권 투자자는 150달러를 손해 보는 셈이라고 이야기한다. 이 손해는 바로 '기회비용'에서 생겨난다. 이 채권 투자자는 금리가 4%일 때 투자함으로써 1000달러로 6%의 수익률을 얻을 수 있는 기회를 잃었기 때문이다. 이는 '가공의 손실'이 아니라, 투자자가 자기 주머니에 확실하게 넣을 수 있었는데도 얻지 못한 '실제적 손실'이다.

첫 번째 하버드 강의에서, 그리고 이후의 여러 강의에서 나는 기회비용이 이해하기 어려운 개념이라는 사실을 알게 되었다. 수준 높은 교육을 받아 '기회비용'의 의미에 대해 확실하게 이해하고 있는 사람들조차도 기회비용을 쉽게 간과한다. 그런데 재미있는 것은, 기회비용이 투자의 측면에서는 제대로 인식되지 못할 때가 많지만 삶의 다른 영역에서는 분명하게 인식된다는 점이다. 일례로 한 유명한 결혼식 축사는 이렇게 시작한다.

"아주 드물지만, 살다 보면 영원히 함께해야 할 것 같은 사람을 만나기
도 합니다. 혹시 그런 로맨틱한 불꽃이 일어도 여기 있는 신랑 신부가

'오, 미안하지만 난 이미 결혼했어요'라고 말할 수 있는 부부가 되길 바랍니다."

　이혼을 원하지 않는 사람들에게 결혼의 기회비용은 다른 짝을 만날 기회다. 실제로 여성이 남편을 세 명까지 둘 수 있지만 이혼은 금지되어 있는 문화권에서도 비슷한 기회비용이 발견된다. 이 문화권의 여성들 대부분은 세 번째 남편을 두지 않았는데, 세 번째 남편이 있는 경우를 보면 십중팔구 매우 잘생긴 남자였다. 계산을 해보면 이런 결혼 제도하에서는 세 번째 남편에 따르는 기회비용이 가장 높다. 그가 미래의 모든 가능성을 배제시켜 버리기 때문이다. 4% 금리의 채권 역시 마찬가지다. 4% 금리의 채권은 채권 투자자를 묶어 그들이 6%의 금리를 누리지 못하게 한다. 그러므로 금리가 4%에서 6%로 오르면 채권 투자자는 손해를 보는 것이다.

채권의 미래는 곧 금리의 미래다

미래를 예측하기는 어렵다(경제학자들은 과거를 예측하는 데는 거의 흠잡을 데 없는 재주를 갖고 있다). 경제학자의 잘못된 예측 중 가장 유명한 것은 예일대 교수였던 어빙 피셔Irving Fisher가 남긴 말이다. 그는 "주가가 영원히 떨어지지 않을 고원에 도달했다"라고 말했다. 피셔 교수가 이렇게 낙관적인 발언을 한 것은 1929년 10월, 그러니까 주식시장이 90% 폭락하고 대공황이 시작되기 직전이었다. 피셔 교수는 세계에서 가장 유명한 경제학자였지만 정확히 잘못된 타이밍에 이런 말을 했다. 이렇게까지 절묘한 타이밍에 잘못된 예측을 했다는 것이 실로 대단하긴 하지만, 다른 경제학자들이라고 해서 크게 다르지는 않다.

내 이웃 중 보스턴 TV 네트워크의 꽤나 유명한 기상학자가 한 명 있다. 가끔 엘리베이터에서 마주치면 나는 그녀에게 두 가지 농담을 던지곤 했다. 첫 번째는 날씨가 나쁠 때는 그녀를 탓하면서 날씨가 좋을 때는 고맙다고 말하는 것이었고, 두 번째는 가끔 예측이 빗나가는 걸 놀리는 것이었다. 나는 이런 농담을 던지며 그녀에게 짓궂은 장난을 치곤 했는데, 그녀가 내가 경제학사라는 사실을 안 뒤부터는 더 이상 장난을 칠 수 없었다.

피셔 교수만큼 극적인 경우는 별로 없지만, 많은 분야의 전문가들이 꽤나 자주 틀린 예측을 한다. 가령 몇십 년 전에 미국으로 들어오는 이민자를 반대하는 기사를 읽은 적이 있다. 기사에는 미국의 모든 국민이 이민자이긴 하나(심지어 아메리카 원주민들도 미국에 정착한 지는 1만 5000년밖에 되지 않았다) 이제 이민자를 받아서는 안 되며, 미국의 땅은 포화 상태에 도달했으므로 앞으로 이민자를 받아들일 수 없다는 사실이 분명하다고 적혀 있었다. 재미있는 지점은, 이민자에 반대하는 이 글이 21세기 기준으로 보면 나라가 거의 텅텅 비어 있는 것이나 마찬가지였던 수백 년 전에 쓰였다는 것이다. 신문은 수백 년 전의 기사를 재인용하며 이민자를 찬성한다고 말하고 있었다.

예측에 실패하는 유형에는 두 가지가 있다. 어빙 피셔는 1920년대의 주식시장 활황이 끝나지 않을 것이라고 잘못된 예측을 했다. 내 경험상, 매우 뚜렷한 추세가 이어질 때는 전환점을 예측하기가 훨씬 더 어렵다. 이것이 수백 년 전 미국이 인구 과잉이라며 이민을 반대하는 기사를 쓴 원작자가 범한 실수였다.

채권시장의 활황은 언제쯤 끝날까? 시장의 전환점을 예측하는 것은 위험하지만 나는 분명히 대답할 수 있다.

"채권시장의 활황은 곧 끝날 것이다. 오늘은 아닐 것이다. 내일도 아닐 것이다. 하지만 곧, 그리고 평생 후회할 것이다."

사실 이 말은 영화 「카사블랑카」(1942)의 마지막 부분에 나오는 대사이며, 채권 전망이 그렇게까지 어둡진 않지만 강세장은 갈 데까지 간 것으로 보인다.

금리는 과연 어디까지 낮아질 수 있을까? 역사적으로 봤을 때 금리는 상당히 낮은 수준까지 떨어질 수 있다. 대공황 때 일부 미국 국채의 금리는 0.02%까지 떨어졌다. 100달러를 투자하면 1년에 고작 2센트의 이자밖에 받지 못한다는 말이다. 비슷한 시기에 3~5년 만기 국채의 금리는 1% 이하였다.[7] 일본의 국채 금리도 2000년 이후 몇 년 동안 1% 미만이었다.

2004년의 미국 국채 금리는 낮은 수준이긴 하나 최저점은 아니다. 금리는 상당히 더 낮아질 수 있다. 그러나 0 이하로는 내려갈 수 없다. 당연한 말처럼 들리지만, 사실 이를 입증하는 것은 꽤 미묘한 문제다. 100달러를 빌려주고 1년 뒤 99달러를 돌려받게 된다면 정부에 돈을 빌려주겠는가? 분명한 대답은 '아니요'이다. 그것보다는 100달러를 안전

금고에 넣어뒀다가 1년 뒤 꺼내는 편이 나을 것이다.

보관비용은 금리의 하한선을 이해하는 핵심이다. 요즘 우리 사회에서는 매우 적은 비용으로도 돈을 안전하게 보관할 수 있다. 오늘 100달러를 저장하면 미래에 최소한 100달러는 돌려받을 수 있다. 다람쥐의 세계에서 이루어지는 저장에 대해 생각해 보자. 다람쥐들은 날이 좋을 때 음식을 묻어두고, 혹독한 시기가 되면 묻어두었던 것을 꺼내 먹는다. 도토리 저장을 '투자'라고 본다면 다람쥐들은 기꺼이 마이너스 금리를 받아들이는 것이다. 다른 동물들이 몰래 먹거나 썩어버리는 탓에 다시 파낼 때는 늘 도토리가 100개보다 적어지기 때문이다. 다람쥐가 도토리 100개를 파묻었다가 나중에 80개만 찾을 수 있다면, 다람쥐는 마이너스 20%의 금리로 저축을 한 셈이다. 그럼에도 도토리를 저장할 수 있는 더 나은 방법이 딱히 없으니 다람쥐는 마이너스 금리를 받아들일 수밖에 없다.

그러나 다람쥐와 달리 우리 사회에는 돈을 저장하는 매우 안전하고 저렴한 방법이 있다. 1년에 몇 달러만 내면 안전 금고를 빌려서 현금을 저장할 수 있고, 문명사회가 무너지지 않는 한 금리는 0 이하로 내려갈 수 없다. 그러니 100달러를 투자해서 100달러보다 적게 돌려준다는 약속은 아무도 받아들이지 않을 것이다.

금리가 0 이하로 내려갈 수 없다는 것은, 이미 채권시장의 호황이 거의 끝물에 다다랐다는 의미다. 확실하게 표현하자면 1980년대 이래로 20년 동안 금리는 12%에서 4% 이하까지 떨어졌다. 채권시장 호황의 66.6%(=4%÷12%)를 이미 누린 것이다.

채권 파티의 종장

1980년대 초에 시작된 채권시장의 호황은 거의 막바지에 다다랐고, 이미 상당 부분 수익을 냈다. 그렇다고 해서 채권에 투자하는 것이 나쁘다는 뜻은 아니다. 다만 '환상적인' 투자 대상은 아니라는 것이다.

채권의 최대 수익률은 쉽게 계산할 수 있다. 금리 4%짜리 10년 만기 국채에 1000달러를 투자하는 경우를 생각해 보자. 채권 투자자는 얼마를 벌 수 있을까? 금리가 이론상의 하한선인 0%로 떨어진다면 채권 가격은 1000달러에서 1400달러로 상승할 것이다. 따라서 10년 만기 국채의 최대 수익률은 40%다.

1980년대 초, 나는 레이건 채권을 매수하라는 조언을 무시했다. 다른 투자자들도 나와 같은 의견이었던 것 같다. 채권형 펀드 투자에 대한 자료를 보면 투자자들은 주식이 약세장이었을 때만 채권을 선호했다는 것을 알 수 있다. 실제로 2002년, 채권형 펀드의 수탁고는 사상 최고치를 기록했다.[8] 이는 투자자들이 투자 기회와 완전히 어긋난 선택을 한다는 걸 보여주는 또 다른 사례다. 1980년대 초까지 채권 투자는 절호의 기회였지만, 투자자들이 열광하기 시작한 시점에는 이미 채권 강세장이 끝을 보이고 있었다.

다큐멘터리 영화 「이것이 스파이널 탭이다」(1984)에서 배우 롭 라이너는 세계에서 가장 시끄러운 밴드와 함께 투어에 나선 영화감독 마티 디버기 역을 맡았다. 이 영화에서 가장 유명한 장면은, 나이젤 터프넬이 밴드의 비밀을 폭로하는 부분일 것이다. 나이젤이 스파이널 탭의 앰프

볼륨은 11까지 올라간다고 말하자, 디버기는 "그러면 소리가 더 크다는 뜻인가요?"라고 묻는다. 나이젤은 "1만큼 더 크다는 말이죠. 아닌가요? 11은 10이 아니니까요. 웬만한 밴드는 앰프를 10으로 맞춰놓고 연주해요. 앰프 볼륨을 10까지 다 올리면 그게 가장 시끄러운 거예요. 볼륨이 10까지 있는데 거기서 뭘 더 할 수 있겠어요?"라고 반문한다. 이에 디버기가 모르겠다고 답하자, 나이젤은 "아무것도 못 해요. 그래서 우리는 한 단계가 더 필요하다면 11에 놓고 연주해요. 하나 더 크다고요"라고 말한다. 그러자 디버기가 말한다.

"그러면 최대치는 그냥 10으로 두고 10에서 소리가 최대로 나게 설정하면 되는 것 아니에요?"

잠시 당황스러운 정적이 흐르고, 나이젤이 "어쨌든 이 앰프는 11까지 올라간다고요"라고 말하며 장면이 끝난다. 여기에서 착안해 '11로 올리다goes to eleven'라는 관용구가 생겨나기도 했다. 이 관용구는 '볼륨을 최대한 높인다'라는 뜻으로 2002년 옥스퍼드 영어사전 신판에 등재되었다. 이 표현을 빌려 말하자면, 채권시장은 11까지 올라갈 수 없다. 채권시장의 호황은 거의 끝났다. 10년 만기 국채의 금리가 4%인데 여기서 어디로 더 갈 수 있겠는가? 나이젤은 "더 이상 갈 데가 없어요"라고 대답할 것이다. 결국 이런 환경에서 채권은 겁쟁이들을 위한 투자 상품이 아니라, 오히려 위험을 감수하는 사람들을 위한 것이다.

금리로부터 투자를 보호하는 법

이런 분석은 투자자들에게 무엇을 시사하는가? 20년 동안 지속되었던 채권시장의 호황은 거의 막바지에 다다랐다. 미국 채권 가격은 하락할 수도 있고, 횡보할 수도 있으며 다시 완만하게 상승할 수도 있다. 확실한 게 있다면, 1980년의 투자자들이 거뒀던 엄청난 수익률의 영광을 잊어야 한다는 점이다. 게다가 인플레이션율을 감안한 실질금리도 오를 가능성이 있다.

과거회고적이며, 어느 특정한 패턴을 찾아내려고 하는 도마뱀의 뇌에는 매우 치명적인 상황이라고 할 수 있다. 채권 가격의 상승을 기억하는 도마뱀의 뇌는 이런 추세가 또다시 반복될 것이라고 예측한다. 그러나 우리는 금리가 0 이하로 내려갈 수 없다는 사실을 알고 있다. 그래서 도마뱀의 뇌와 경제적 합리성 사이에서 첨예한 갈등을 겪는 것이다.

대부분의 사람들이 금리 하락에 지나치게 큰 기대를 걸고 있다. 채권 가격이 상승하고 금리는 하락하는, 결코 계속될 수 없는 20년간의 호황이 도마뱀의 뇌를 유혹하고 있기 때문이다. 이런 때에는 금리 상승의 위험에 대한 노출을 줄이기 위해 투자 포트폴리오를 조정해야 한다. 금리 상승으로부터 우리의 자산을 보호할 방법은 세 가지가 있다.

첫 번째, 돈을 빌릴 때는 고정금리로 빌려라: 고정금리로 돈을 빌리면 위험이 줄어든다. 금리가 오른다면 기존의 저금리를 계속 누리면 되고, 금리가 떨어진다면 금리가 저렴한 대출 상품으로 갈아타면 된다. 따라서 고정금리로 돈을 빌리는 것이 변동금리로 돈을 빌리는 것보다 훨씬 덜 위험하다.

두 번째, 단기로 빌려줘라: 채권 매수자는 돈을 '빌려준' 사람이다. 빌려준 기간이 짧을수록 금리 변동에 따른 위험이 줄어든다. 예를 들어 미국 국채를 매입한다면, 만기가 짧은 것이 긴 것보다 덜 위험하다.

세 번째, 돈을 덜 빌려라: 실질금리가 오르면 부채 부담이 커진다. 금리 상승의 부담을 줄이는 한 가지 확실한 방법은 차입 규모를 줄이는 것, 즉 돈을 덜 빌리는 것이다. 비담보대출이 있는 경우라면 보유하고 있는 주식이나 다른 자산을 팔아서 일부 대출금을 상환하는 것도 괜찮은 방법이다. 담보 대출이 있다면 원금의 일부를 중도 상환해라(부분 중도상환을 허용하지 않는 대출도 있는데, 필요하다면 대환대출을 고려해 봐도 좋다).

이 세 가지 방법에 따라 행동하면 투자자는 금리 변동으로 인한 위험은 줄이고 이익을 얻을 수 있다. 아니, 오히려 금리 상승으로 이익을 얻을 수도 있다. 경제 관련 매체들은 금리 상승이 가져오는 이익은 아무것도 없으며 경제에 타격을 줄 뿐이라고 주장하곤 하지만 이러한 분석에는 두 가지 결함이 있다.

첫째, 경제가 튼튼하면 금리는 상승한다. 저금리를 지속할 수 있는 몇 가지 방법 중 하나는 경기 침체기 혹은 그보다도 더 나쁜 상황이 이어지는 것이다. 대공황 시기에 미국의 금리는 0에 가까웠고, 일본도 버블 이후 경제 침체를 겪었기에 저금리를 누릴 수 있었다.

둘째, 영리한 저축자들에게는 금리 상승이 매우 유리하다. 저축자들은 오늘날의 보잘것없는 이자율보다는 1980년대 초의 초고금리를 선호할 것이다. 다만 금리 상승으로 이익을 얻으려면 금리가 '오른 후에' 채권을 매수하는 것이 중요하다. 따라서 앞에서 소개한 방법들을 따르면 금리 상승으로 이익을 얻을 수 있을 것이다.

돈을 벌려면 도마뱀의 뇌를 제압해야 한다. 앞으로의 올바른 방향은 지난 세대에 유효했던 방향과는 정반대일 가능성이 높다. 금리는 하락하고 채권 가격은 상승했던 과거의 황금기에 더 현혹되지 못하도록 도마뱀의 뇌를 꽁꽁 묶어 제압하라.

도마뱀의 뇌는 강력한 추세가 끝날 때 가장 큰 문제를 일으킨다. 실질금리는 1980년대부터 30년 가까이 계속 하락했다. 이때 실질금리가 다시 오른다면 상당한 고통이 동반될 것으로 예상된다. 대출을 받은 사람들은 실질금리가 낮은 상황이 더할 나위 없이 좋았겠지만, 실질금리가 정상 수준으로 상승함에 따라 이들은 대출을 상환하는 데 훨씬 더 어려움을 느낄 것이다.

3부를 시작하며 주식과 채권에 대해 살펴봤다. 어쩌면 이 이야기들이 진부한 할아버지의 조언처럼 느껴질지도 모르겠다. 예를 들면 영화 「삶의 의미」(1983)에서 내린 결론처럼 말이다. 이 영화는 코미디언들이 "인생이란 무엇인가?"라는 질문을 던지며 시작된다. 이 질문에 대한 답으로 영화는 출생, 다툼, 노화, 죽음을 포함한 무거운 주제를 유머러스하게 바라보며 다음과 같이 결론 내린다.

> 자, 이것으로 영화는 끝입니다. 이제 삶의 의미를 알려드리죠. ……음,
> 별로 특별한 것은 없어요. 사람들에게 친절하고, 기름진 음식을 먹지
> 말고, 때때로 좋은 책을 읽고, 산책하고, 국적이나 신념에 관계없이 모
> 든 사람들과 조화를 이루며 평화롭게 사는 것입니다.

한 편의 떠들썩한 영화가 끝난 후 '사람들에게 친절하라'라는 메시지
는 조금 뻔해 보일지도 모르겠다. 마찬가지로 뇌를 스캔하고, 침팬지
의 생산성에 대해 알아보고, 조개껍데기를 이용한 차익거래에 대해 알
아봤는데 비합리성에 대한 새로운 과학이 더 많은 것을 알려줄 수는 없
을까? 당연히 더 있다. 이 책의 마지막 4부에서는 도마뱀의 뇌를 능가
하는 방법에 대해 새롭고 놀라운 조언을 제공할 것이다. 다만 '도마뱀의
논리'라는 이 혁신적인 접근법은 3부에서 다루는 주식, 채권, 부동산에
대한 명확한 평가를 바탕으로 하므로, 조금 지루할지라도 3부의 마지막
장인 부동산 이야기까지 주의 깊게 들어주길 바란다.

8장

부동산
힘을 길러라, 강해져라, 어려운 시기를 견뎌라

부동산으로 계속 많은 돈을 벌 수 있을까?

1980년대 후반 내 친구 피터와 줄리는 맨해튼의 센트럴파크 서쪽에 있는 아파트를 자그마치 100만 달러가 넘는 값에 샀다. 그들의 아름다운 112평짜리 집은 매우 고급스러웠고, 센트럴파크의 전경이 한눈에 내다보였다. 그런데 피터는 경제 전망을 비관적으로 바라보는 입장이었다. 나는 그러면서도 집을 매수한 까닭이 궁금해 물었다. "경제가 어려워진다면 집값도 떨어지지 않겠어? 너는 경제 전망을 부정적으로 바라보는데, 만약 그렇게 될 경우에 집을 사면 손해를 보는 것 아니야?"

그러자 피터는 이렇게 말했다.

"돈은 직장에서 버는 거고 집에서는 사는 거지."

이것이 내 질문에 대한 피터의 대답이었다. 피터는 돈이야 직장에서 계속 잘 벌 수 있을 것 같고, 부동산 가격은 어떻게 되든 별로 신경 쓰이지 않는다고 했다. 평생 그 아파트에서 살기로 마음먹은 그에겐 집값이 오르든 내리든 아무 상관이 없었던 것이다. '부동산으로 돈을 벌 것이라고 기대하지 말라'라는 피터의 철학은 세 가지 이유로 타당해 보였다.

첫째, 주택 가격은 오르기도 하고 떨어지기도 한다. 그리고 집을 사는 사람이 있다면 당연히 파는 사람도 있어야 거래가 이루어진다. 매도인이 바보가 아닌 이상 주택 가격이 '적정한' 경우에만 판매할 것이다. 그리고 주택 가격은 때때로 엄청나게 오르기에, '적정한'이라는 의미를 충족시키기 위해서는 주택 가격이 떨어지기도 해야 한다. 부동산은 위험한 투자 자산이므로 지속적으로 상승할 것이라고 기대해서는 안 된다. 부동산 시장에도 약세장이 있다는 것이다. 이는 시장이 합리적이라고 믿든(효율적 시장 가설), 비합리적이라고 믿든 상관없이 예측할 수 있는 사실이다.

둘째, 토지와 주택 가격은 역사 속 대부분의 기간 동안 상승과 하락을 반복했다. 미국에서 일어난 가장 명백한 부동산 폭락의 예로는 1930년대의 더스트볼Dust Bowl 사건을 들 수 있다. 하지만 불황이 와야만 부동산 가격이 하락하는 것은 아니다. 예를 들어 1992년부터 2004년까지 일본의 부동산 가격은 매년 하락해 거의 반토막이 났다.[1] 일본은 여전히 세계에서 가장 부유한 나라 중 하나인데도 말이다.

셋째, 경제학에서 가장 중요한 이론 중 하나인 '비교우위론'에 따르면, 대부분의 사람들은 부동산이 아니라 직장에서 돈을 벌어야 한다. 전해지는 이야기에 따르면, 한 물리학자가 1970년 노벨경제학상 수상 자인 폴 새뮤얼슨Paul Samuelson 교수에게 경제학에서 가장 확실하고 중요한 개념을 하나만 꼽아달라고 부탁하자, 그는 한 치의 망설임도 없이 '비교우위'라고 대답했다고 한다. 그러면 비교우위란 대체 무엇이며, 이것이 어떻게 부동산 가격에 대한 피터의 견해를 뒷받침해 주는 것일까?

비교우위는 19세기 데이비드 리카도David Ricardo에 의해 처음 명시된 것으로, 우리(국가 및 개인)는 가장 잘하는 것에 집중해야 돈을 가장 잘 벌 수 있다는 이론이다.[2] 맨큐 교수는 그의 유명한 경제학 교과서에서 타이거 우즈가 직접 자기 집 마당의 잔디를 깎아야 하느냐고 묻는다.[3] 비교우위론은 우즈가 잔디 깎기에 절대 우위가 있다고 해도, 다시 말해 다른 사람들에 비해 잔디를 훨씬 더 잘 깎는다고 해도 잔디 깎기 같은 건 다른 사람에게 맡기고 우즈는 골프채를 잡아야 한다고 말한다.

그렇다면 비교우위가 부동산 가격과 무슨 상관이 있을까? 우리는 대부분 부동산 전문가가 아니다. 우리에게는 각자의 직업에 따른 전문성이 따로 있다. 자, 이제 생각해 보자. 평생 동안 훈련받은 일을 해서 돈을 벌 가능성이 높을까, 아니면 1년에 고작 몇 시간 해본 일로 돈을 벌 가능성이 높을까?

답은 타이거 우즈가 잔디 깎기 대신 골프를 해야 한다는 사실만큼이나 분명하다. 우리는 부동산 전문가가 아니므로 자신의 전문 분야, 즉 직장에서 돈을 벌 생각을 해야 한다. 피터의 수수께끼 같은 말과 경제

이론 사이에는 이런 연관성이 있는 것이다. 우리는 비교 열위가 있는 분야(부동산 매수) 대신 비교 우위가 있는 분야(직장)에서 돈을 벌려고 해야 한다.

그래서 결국 피터의 일과 부동산 투자는 어떻게 됐을까? 재미있게도 피터가 얻은 결과는 비교우위론의 예측과는 정반대였다. 피터는 물론 직장에서도 돈을 잘 벌었지만, 부동산 투자를 훨씬 더 잘했다. 피터의 집은 가치가 치솟았고 그에 따라 순자산은 수백만 달러나 증가했다. 그러니까 피터는 집에서 살기도 했고, 집으로 돈을 벌기도 했다!

경제 이론과 역사는 '집에서는 거주하고, 직장에서 돈을 벌겠다'는 피터의 생각이 옳다고 말한다. 그러나 피터는 실제로 일보다 부동산으로 훨씬 더 많은 돈을 벌었고, 많은 미국인도 이와 비슷한 결과를 얻었다. 사실 미국인들은 언젠가부터 돈을 벌기 위해 부동산 시장에 의존하게 되었다. 주식시장은 거의 5년 동안 횡보한 데 반해, 주택 가격은 꾸준히 상승해 왔기 때문이다. 이에 따라 2000년대 중반까지 미국의 부동산 가격은 순 달러 기준으로도, 자산에서 차지하는 비율로도 사상 최고 수준을 경신해 왔다.[4] 그럼 우리의 주택은 앞으로도 계속 거주 공간도 제공하고, 돈도 벌어다 주며 황금알을 낳는 거위가 되어줄 수 있을까? 아니면 부동산 시장에도 안정이 찾아오거나 혹은 심지어 하락장이 올까?

하버드 경제학자 vs. 대담한 이민자

1980년대 후반 매사추세츠에서는 주택 가격에 관한 흥미로운 대결이 벌어졌다. 한 편에는 세계적으로 유명한 하버드 경제학과 교수 그레고리 맨큐가, 다른 편에는 대학 교육을 받지 않은 포르투갈 이민자 파티마 멜로Fatima Melo가 서 있었다. 부동산 가격을 예측하는 이 대결에서 당신은 누구의 승리에 돈을 베팅하겠는가?

1989년 맨큐 교수와 그의 제자였던 데이비드 웨일David Weil은 '베이비붐과 출생률 급감, 그리고 주택시장'이라는 제목의 논문을 발표했다.[5] 이 저명한 학자들은 논문에서 실질 주택 가격은 2007년까지 47% 하락할 것이며, 과거 40년 동안 가장 낮은 수준에 도달할 것이라고 썼다. 두 학자는 이 부동산 시장 침체가 가져올 여파에 대해서도 분석했다. 그들은 주택 가격이 자신들이 유추한 결과의 반값으로만 떨어져도 향후 20년간의 경제사에서 가장 중요한 사건이 될 것이라고 썼다. 그러면서 주택 가격이 크게 하락해 경제에 심각한 타격을 줄 것으로 내다봤다.

한편 하버드대학교에서 그리 멀지 않은 곳에 살던 우리의 젊은 이민자, 파티마 멜로는 결단을 앞둔 상황이었다. 그녀는 작은 집을 사야 할까, 더 큰 집을 사야 할까 고민하고 있었다. 가족이 늘어나고 있었기에 부부는 현재 필요에 맞는 집을 사거나 아니면 나중을 위해 좀 더 넓은 (그리고 더 비싼) 집을 사야 했다. 파티마는 그들이 살 수 있는 한도 내에서 가장 큰 집을 사야 한다고 남편을 설득했다. 그녀는 집값이 오를 것이라고 예상했다(운 좋게도 경제학 수업을 들은 적이 없었던 것이다!). 가격이 오른다면 부동산 투자의 규모가 클수록 더 많은 수익을 올릴 수 있으니 파티마는 위험을 감수하고 가능한 한 가장 큰 집을 사야 한다고 주장했다. 그녀는 끝내 남편을 설득하는 데 성공했다. 젊은 부부는 그동안 저축한 돈을 긁어모으고 은행에서 최대로 대출을 받아 부동산의 상승에 베팅했다.

맨큐와 파티마 중 누구의 예측이 맞았을까? 복잡한 수학 방정식을 이용해 문제를 풀고 책으로 지식을 배운 학자들이었을까, 가족의 전 재산을 걸 만큼 대담하고 세상 물정에 밝은 파티마였을까? 정답은 그림 8.1을 보면 알 수 있다. 미국 주택 가격은 폭등했다.

그림 8.1은 미국의 주택가격지수를 나타낸 것이다. 가격지수는 동일한 부동산의 재판매가격을 이용해 산출한 수치인데, 이는 동일한 상품의 가격 변화를 비교하는 데 완벽한 측정법이다. 이 방법으로 주택 가

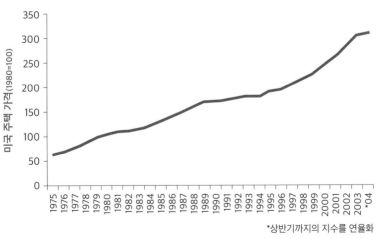

*상반기까지의 지수를 연율화

그림 8.1 **미국 주택 가격의 급등 (출처: 주택감독청)**

격의 변화를 정확히 추적할 수 있다.

교수들은 인플레이션율을 감안하고 주택 가격이 47% 하락할 것으로 예측했지만, 현실에서 주택 가격은 인플레이션율을 감안하고 봐도 크게 상승했다. 교수들이 완전히 틀린 것이다. 게다가 교수들은 주택 가격 하락이 경제를 침체시킬 것이라고도 예측했는데, 완전히 정반대의 현상이 일어났다. 주식시장이 횡보하는 동안 주택 가격이 상승하면서 미국인들의 자산은 늘었고 경제는 잘 유지되었다.

미국 주택 가격의 상승은 굉장히 놀랍다. 주택 가격은 맨큐와 웨일이 암울한 예측을 발표한 이후 큰 폭으로 상승했을 뿐만 아니라 제2차 세계대전 이래 상승을 거듭했다. 게다가 적어도 1975년 이후부터는 매년 상승했는데, 무려 30년 동안 단 한 번도 하락하지 않았다. 정말 놀랍지 않은가?

그렇다면 우리의 대담한 예측가는 어떻게 되었을까? 파티마는 부동산 투자로 상당한 부를 쌓았다. 그녀는 모아둔 돈 5000달러에 대출로 마련한 9만 달러를 더해 첫 번째 집을 샀고, 이 집을 35만 8000달러에 팔았다. 부부는 이렇게 벌어들인 돈으로 세 배나 더 큰 집을 샀다. 그리고 이 새 집의 가격도 크게 올라서 파티마 부부는 50만 달러가 넘는 가계 순자산을 축적할 수 있었다. 그들은 얼마 안 되는, 파티마의 표현에 따르면 '쥐꼬리만 한' 소득에도 불구하고 공격적인 부동산 매수로 부자가 되었다.

물론 맨큐 교수도 다른 의미로는 성공을 거두었다. 그는 젊은 나이에 하버드 경제학과의 종신 교수가 되었으며 몇 권의 경제학 교과서를 써서 수백만 달러를 벌었다.

당신의 집은 과대평가되었는가?

미국에서 주택 가격은 50년 넘게 상승해 왔다. 이런 추세가 향후에도 계속될까? 이 질문에 대해서는 다음 세 가지로 답할 수 있다. 첫째, 주택의 가격 대비 수익 비율(P/E)을 결정하라. 둘째, 주택의 적정 P/E를 계산하라. 셋째, 입맛에 맞게 소금을 쳐라. 쉽게 말해, 지역의 부동산 시장 역학을 감안해서 조정하라는 뜻이다.

주택의 가격 대비 수익 비율은 얼마인가?: 첫 번째 단계는 부동산의 '적정' 가치를 결정하는 것이다. 부동산의 적정 가치는 주식, 채권과 마찬가지로 정확하게 결정하기 어렵지만 대략적으로는 알아낼 수 있다. 적정 가치는 P/E로 계산한다. 주식의 가격 대비 수익 비율은 주가를 주당 이익으로 나눠 계산하는데, 예를 들어 주식에 관한 장에서 살펴봤던 마이크로소프트를 살펴보겠다. 이 책을 쓰는 지금 마이크로소프트의 주가는 28달러이며 연간 예상 수익은 주당 1.27달러다. 이때 마이크로소프트의 P/E는 22다.

부동산의 P/E를 계산하기 위해서는 부동산의 가격을 그 부동산에서 얻을 수 있는 수입으로 나눠야 한다. 임대 부동산의 경우에는 계산하기가 쉽다(다만 세금도 감안해 계산해야 한다는 걸 기억하자). 그러나 소유자가 거주하는 부동산은 임대료가 없다. 이 경우 수입은 다른 사람에게 그 부동산을 임대해 준다고 가정했을 때 세입자가 지불해야 할 추정 임대료를 사용해 계산한다.

예를 들어 나는 가족과 함께 하버드대학교와 하버드 광장 근처에 있는 아파트에서 살고 있는데, 이 집이 아기 침대와 장난감으로 꽉 차서 이사를 해야 하는 상황이 되었다. 그래서 우리 집의 가치를 평가해 보았다. 아파트의 시세는 65만 달러 정도다. 이 집의 가치는 얼마일까? 시장 가치는 영구적이지 않고, 집을 언제 매도할지도 확실치 않은 상황이므로 현재 가격과 독립적으로 가치를 계산해야 한다. 중요한 것은 부동산의 '현재' 임대료다. 나는 집에 거주하고 있으므로 집에서는 아무 수입을 얻고 있지 않지만, P/E를 계산하기 위해 임대료 시세를 '수입' 수치에 대입한다.

우리 아파트의 현재 임대료는 한 달에 약 2800달러다. 가격 대비 수익 비율을 계산하려면 세금을 포함한 모든 비용을 고려해야 한다. 비용을 제한 후 우리 집은 한 달에 약 2000달러의 임대 수입을 창출할 수 있다. 비용을 제하면 연간 2만 4000달러의 임대료 수입이 생기는 것이다. 이렇게 해서 우리 아파트의 P/E는 가격(65만 달러)을 수입(2만 4000달러)으로 나눈 값인 27이다.

주택의 적정 가격 대비 수익 비율은 얼마인가?: 주택의 P/E로는 얼마가 적당할까? 이 질문에 답할 수 있는 한 가지 방법은, 주택의 P/E를 주식

	주식 S&P 500	채권 10년 만기 국채	부동산 주택
위험 혹은 안전도	위험	안전	위험
수익 잠재성	$$	$	$$$
세제 혜택	유리함	보통	아주 유리함
인플레이션 방어	방어 가능	방어 불가능	방어 가능
P/E	18	23	??

표 8.1 **주식, 채권, 부동산의 주요 특성**

및 채권의 P/E와 비교해 보는 것이다. 표 8.1에 서로 다른 투자 자산을 비교하고 주요 특성을 요약해 놓았다.

S&P 500으로 계산한 미국 주식시장의 P/E는 약 18이며, 이는 2004년의 이익 추정치(61.50달러)와 S&P 500의 지수(1101포인트)를 사용해 계산한 값이다.[6] 같은 시점 10년 만기 국채의 수익률은 4.4%로, 이 값을 이용해 P/E를 계산하면 23이 나온다.

그렇다면 주택을 주식, 채권과 어떻게 비교할 수 있을까? 표 8.1은 네 가지 주요한 투자 특성을 보여주는데, 이를 통해 주식, 채권, 부동산이라는 세 가지 투자 대상의 트레이드오프trade-off를 분석할 수 있다. 두 가지 투자 자산을 비교할 때, 투자 특성이 유리할수록 적정 가치가 높아지고 P/E도 높아진다. 예를 들어 두 투자 대상에 대한 평가가 세제 혜택을 제외하고 똑같다면, 세제 혜택이 더 유리한 투자 대상이 더 높은 P/E를 받는다.

특성 1, 위험: 미국 국채를 매수한 투자자는 확실히 투자 원금을 회수할 수 있다. 반면 주식이나 부동산 투자자는 투자 원금을 잃을 위험이 있다.

특성 2, 수익 잠재성: 채권 투자자는 금리가 하락할 경우에 한해 '적당한' 자본 이익을 얻을 수 있다. 이에 비해 주식 투자자와 부동산 투자자는 꽤 높은 수익을 기대할 수 있다. 특히 주택은 레버리지를 크게 일으킬 수 있기에 수익 잠재성이 가장 높다. 실제로 파티마는 부동산에 5000달러를 투자해 불과 몇 년 만에 25만 달러 이상을 벌었다. 1927년 다우존스 산업평균지수를 매수한 투자자가 파티마처럼 50배 수익을 거두려면 2004년까지 주식을 보유했어야 했다.[7] 즉, 평생 동안 주식 투자를 해야 얻을 수 있는 수익을 부동산 투자로는 단 몇 년 만에 벌어들일 수 있다.

특성 3, 세제 혜택: 주식에는 채권보다 유리한 세제 혜택이 주어진다. 배당금, 장기 보유 시의 양도 차익 모두 채권 이자보다 낮은 세율이 적용된다. 그리고 부동산 투자는 세제 혜택에서 단연 가장 유리하다. 양도 차익에 대해 세금 공제를 받는 등 부동산에는 다양한 세제 혜택이 주어진다.

특성 4, 인플레이션 방어: 일반적인 국채는 인플레이션을 방어하지 못한다(일부 채권은 가능하지만). 반면 주식과 주택 모두 인플레이션을 방어할 수 있다.

그렇다면 부동산 투자를 주식, 채권과 비교해 보자. 부동산은 주식과 공통점이 많지만 주식보다 수익 잠재성이 더 크고 세제 혜택도 더 좋다. 수익 잠재성이 높다면 이론적으로는 위험도 더 커야 하지만 지난 수십 년 동안은 그렇지 않았다.

그렇다면 주택의 적정한 P/E는 얼마일까? 위험, 수익 잠재성, 세제 혜택, 인플레이션 방어라는 특성을 고려했을 때 부동산 투자는 주식과 비슷하거나 더 좋아 보인다. 게다가 토지는 유한한 자원이므로 약간의 프리미엄을 주장할 수도 있다. 이렇게 분석해 보면 주택의 적정 P/E는 30까지도 볼 수 있을 것이다. 표 8.2에 부동산의 P/E를 정리해 놓았다.

P/E	가치 구분
30 이상	비쌈
20~30	높음
10~20	괜찮음
10 이하	쌈

표 8.2 **당신의 집은 과대평가되었는가?**

입맛에 맞게 소금을 쳐라: 초등학생들도 아는 내용이지만, 부동산에는 세 가지 핵심이 있다. 입지, 입지, 입지다. IBM 주식을 사고파는 시장은 하나지만 부동산에는 다양한 시장이 있다. 앞서 주택의 '적정 가치'에 대해 일반적인 결론을 알아보긴 했으나, 주택의 P/E는 지역의 환경에 맞춰 조정해야 한다.

사람들은 부동산의 입지에 대해 말할 때 '도시'와 '지역'으로 뭉뚱그려 말하는 경향이 있다. 이를테면 '피닉스의 주택 가격은 15% 올랐지만 버펄로의 주택 가격은 하락했다'라고 말하는 식이다. 그러나 현실에서 입지는 '도시'보다 훨씬 더 세밀한 개념이다.

노스캐롤라이나주 샬럿에 사는 내 친구 존은 지난 몇십 년 동안 입지(와 타이밍)의 중요성을 절감했다. 존은 자신의 경험을 간추려 내게 메일을 보냈다. 그가 보낸 메일의 제목은 '경제적 좌절감'이었다.

> 1985년에 싱글이었을 때 나는 한 아파트를 6만 달러에 샀어. 사무실에서 가까운 곳이라 그냥 산 건데, 그곳은 샬럿 시내에서는 두 블록 떨어져 있었지. 몇 년 동안 그 집은 가격이 떨어지기만 했는데, 고작 3킬로미터 떨어진 곳에 있는 다른 집들은 가격이 오르더라. 결혼하고 1년 뒤인 1993년쯤 그 아파트를 8만 4000달러에 팔고 18만 달러에 다른 집을 샀어. 7년이 흘러 나는 두 아이의 아빠가 되었고, 기존 집을 조금 수리해서 매도했어. 심지어 약간이지만 손해를 보고 판 거였지. 그리고 경기가 하락하던 2001년 6월에 36만 달러를 주고 지금 사는 집을 샀어. 그런데 내가 맨 처음에 샀던 아파트가 얼마인지 알아? 지금은 20만 달러가 넘어!

존은 1985년, 즉 경기가 좋을 때부터 부동산을 소유하고 있었다. 그런데도 가족 구성원에 변화가 생기며 집을 옮기는 바람에 거짓말처럼 돈을 벌지 못했다. 존의 타이밍과 이사는 거주하고 있는 지역 내의 미세한 트렌드를 놓친 것이다. 입지에는 도시, 지역 외에도 다른 요소가 더 있다. 예를 들어 내가 사는 건물만 해도 층과 향에 따라 수익률이 제각각이다. 따라서 주택의 가치 평가를 할 때는 그 지역에 대해 잘 알고 있어야 한다. 성장주의 P/E를 평가할 때는 평균 이상만 되어도 적당하다고 보듯이, 입지가 좋은 부동산이라면 높은 가치 평가를 받아야 마땅하다.

주택시장의 거품을 판단하는 법

『주택시장의 붕괴가 다가온다The Coming Crash in the Housing Market』, 『앞으로의 부동산 하락장에서 돈을 버는 법How to Profit from the Coming Real Estate Bust』과 같은 제목의 책을 보다 보면 주택 소유자들은 간담이 서늘해지곤 한다. 2000년대 중반 미국의 주택시장은 정말 버블일까? 만약 그렇다면 이 버블은 언젠가 붕괴될 것인가? 주택시장에 버블이 존재하는지 판단할 수 있는 솔깃한 단서들이 있다.

첫째, 주택 가격이 임대료보다 훨씬 빠르게 상승했다: 전국의 주택 P/E에 대해서는 밝혀진 것이 없다. 따라서 확실한 P/E 값은 알 수 없지만, 주택 가격이 1982년 이후 43%나 상승했다는 사실은 확실히 알 수 있다. 그림 8.2는 주택 가격 상승률을 임대료 상승률로 나눈 그래프다.

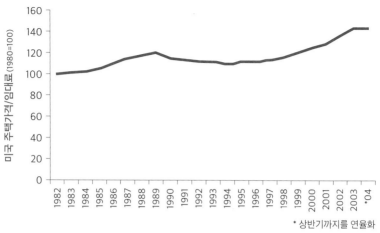

그림 8.2　**임대료보다 더 빠르게 오른 미국의 주택 가격** (출처: 연방주택감독청, 노동통계국)

1982년 이후 주택 가격은 임대료보다 43% 더 올랐다. 실제로 우리 부부도 비슷한 경험을 했다. 우리 아파트의 시세는 지난 5년 사이에 거의 두 배가 된 반면, 같은 기간 임대료는 약 20%밖에 오르지 않았다. 즉, 주택 가격이 임대료보다 훨씬 더 빨리 올랐다. 그럼 이는 지금의 주택 가격이 너무 높다는 뜻일까? 꼭 그렇지만은 않다. 1982년 주택 가격이 지나치게 낮았던 것일 수도 있다. 그러나 지금이 지난 수십 년간의 그 어느 때보다도 부동산을 매수하기에 매력적이지 않은 시기라는 건 부정하기 어렵다.

둘째, 주택 공급이 수요보다 빠르게 증가했다: 경제학자들은 많은 면에서 이상한 사람들이다. 평범한 사람들보다 '수요와 공급'이라는 말을 훨씬 자주 사용하고, 탄력성elasticity에 대해 생각하는 데 지대한 시간을 들인다. 나는 대학 시절에 탄력성이라는 추상적인 개념이 부와 가난의 차이를 만들어낸다는 것을 배웠다. 일단 집이 만들어지면 그것을 다른 것으로 바꾸기가 쉽지 않다. 그래서 부동산 공급은 상대적으로 비탄력적이다. 이 말은 주택 공급이 아주 느린 속도로 변한다는 뜻이다. 반면 탄력적인 것은 변화에 빠르게 반응한다.

그렇다면 주택 수요는 어떨까? 우리의 목숨을 대량으로 앗아가는 어떤 비극적인 재난이 일어나지 않는 한, 주택을 필요로 하는 사람들의 수가 급변하지는 않을 것이다. 그러면 이 말은 '주택 수요' 또한 비탄력적이라는 뜻일까? 그렇지는 않다. 주택 수요는 인구보다 훨씬 더 빠르게 변한다. 불황이 오면 사람들은 거주 형태에 대해 놀라울 정도로 유연해진다. 예를 들어 최근에는 대학을 졸업해 대기업에 취직한 사람이 부모님 집에서 계속 함께 사는 것은 상상하기 어렵다. 그러나 실직을 한다면 그 사람도 부모님과의 동거에 대해 관대해질 것이다. 이처럼 호황기에는 주택 수요가 인구 증가율보다 훨씬 빨리 증가하고, 불황기에는 허리띠를 조이다 보니 주택 수요가 줄어든다. 따라서 주택시장의 공급은 비탄력적이지만 수요는 상대적으로 탄력적이다. 그리고 이러한 시장은 가격이 매우 빠르게 변할 수 있다는 흥미로운 특성을 갖고 있다.

나는 미시간대학교에 다닐 때 이 사실을 배웠다. 지금은 백만장자에다 훌륭한 서퍼가 된 친구 더그는 대학 시절, 매주 토요일이면 축구 경기의 암표를 팔아서 쏠쏠한 재미를 보곤 했다. 이 모습을 보고 친구 스콧과 나도 이렇게 쉽게 돈을 벌어보기로 마음먹었다. 우리는 다음과 같은 전략을 세웠다. 경기장에서 가장 먼 학생 기숙사에 가서, 금요일 밤에 술을 잔뜩 마신 학생들을 찾아 그들이 가진 경기장 표를 1달러에 산다. 그러고 나서 경기장까지 자전거를 타고 가 더 많은 값을 받고 표를 되팔아 수익을 거두는 것이다.

우리는 어느 화창한 토요일 아침, 이 장대한 계획을 실행으로 옮겼다. 그리고 몇 시간 만에 무려 100달러가량을 벌어들였다. 나는 아직도 짜릿했던 첫 번째 거래를 잊지 못한다. 한 커플이 BMW에서 내려 걸어가고 있었고, 나는 남자에게 다가가 표가 필요하냐고 물었다. 남자가 얼마냐고 묻자, 스콧은 '액면가'인 12달러를 불렀다. 그는 즉시 표를 구입했고 우리는 그 자리에서 22달러를 벌었다. 단돈 2달러를 투자해서 말이다!

그다음 주 토요일, 스콧과 나는 아침 일찍 일어나서 적극적으로 표 매입에 나섰다. 지난번의 성공에 고무되어 장당 1달러를 주고 표를 60장도 넘게 샀다. 하지만 자전거를 타고 경기장으로 가는 도중에 암표상들이 엄청난 양의 암표를 파는 걸 보았다. 우리도 서둘러 표를 팔기 시작했다. 처음에는 적당히 저렴한 가격으로 표를 팔았는데, 표의 시세는 금방 급락했다. 한 구매자는 6장을 사고 싶어 했고, 나는 장당 0.25달러를 제안했다. 그런데 경쟁 암표상이 6장을 고작 1달러에 파는 것이 아닌가? 결국 스콧과 나는 투자금을 거의 다 날려버렸다.

도대체 어떻게 된 것일까? 우리는 주택과 마찬가지로, 축구 경기 표의 공급은 비탄력적이고 수요는 탄력적이란 사실을 배웠다. 우리가 표를 팔았던 두 경기 모두 비슷한 수준의 상대와 하는 경기였지만 문제의 두 번째 토요일에는 비 예보가 있었다. 티켓 공급은 늘 10만 석 정도로 일정했지만(미시간대학교의 경기장은 굉장히 큰 편이다) 둘째 주에는 비가 오는 바람에 수요가 다소 줄어든 것이다.

공급은 비탄력적이고 수요는 탄력적인 시장에서 가격 변동은 매우 빠르다. 경기 시간이 가까워지면 구매자가 더 많아지거나 판매자가 더 많아진다. 수요가 살짝만 변해도 구매자가 '너무' 많아지거나 '너무' 적어질 수 있는 것이다. 그리고 이는 표 가격이 아주 높아질 수도, 공짜에 가까운 수준으로 떨어질 수도 있음을 뜻한다. 결국 두 번째 토요일에 나와 스콧은 수십 장의 표를 버려야 했다.

주택시장의 경우 공급은 비탄력적인 반면 수요는 상대적으로 탄력적이다. 다행히 주택시장에는 공급량이 무용지물로 바뀌어버리는 '경기 시작 시간'이 없어서 임대료의 변화가 그렇게까지 극단적이진 않지만, 상대적으로 적은 수요 변화도 임대료에 큰 영향을 미친다. 그리고 중요

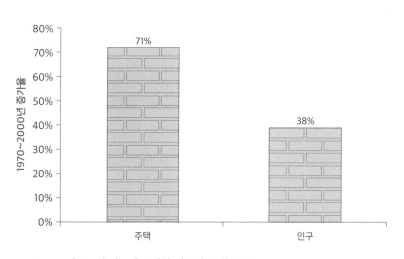

그림 8.3 **인구보다 빠르게 증가한 미국의 주택 공급** (출처: 미국 통계국)

한 사실은, 미국의 주택 공급이 인구보다 훨씬 더 빠르게 증가하고 있다는 것이다. 그림 8.3을 보면 1970년부터 2000년 사이의 인구 증가율과 주택 증가율을 알 수 있다.

이 기간 동안 미국의 주택 증가율은 인구 증가율보다 컸다. 앞서 이야기했듯이 이것이 곧 재앙을 의미하지는 않는다. 같은 기간 동안 미국은 훨씬 더 부유해졌고, 그만큼 집이 더 많이 필요해졌다고 생각하는 편이 타당하다. 그럼에도 주택 공급이 인구보다 훨씬 더 많이 증가했다는 사실은 주택시장의 전망을 예측하는 데 중요한 단서가 된다. 경기가 어려워진다면 주택 수요는 가격에 상당한 부담을 줄 만큼 감소할 것이다.

셋째, 공실이 늘어나고 있다: 그림 8.4는 미국 주택의 임대 공실률을 보여준다. 2004년의 임대 공실률은 역대 최고 수준이다. 이는 임차인들

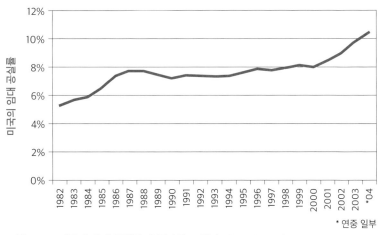

그림 8.4 **미국의 임대 공실률이 증가하고 있다** (출처: 미국 통계국)

에게는 분명 좋은 소식이다. 집주인과의 협상에서 더 우위를 차지할 수 있을 테니 말이다. 반면 임대인에게는 명백하게 나쁜 소식이며, 임대를 놓지 않고 소유한 집에서 거주하는 이들에게도 결코 좋은 소식이 아니다. 잠재적 주택 매수자들은 주택을 매수할지, 임차할지를 먼저 고민하므로 모든 주택 가격은 임대 시장의 영향을 받기 때문이다.

넷째, 일부 지역에서 광적인 믿음이 나타난다: 지금까지 알아봤듯이, 비합리적인 시장은 경제적인 측면보다는 심리적인 측면의 영향을 많이 받는다. 부동산 시장은 통계로는 설명되지 않는 광기의 징후를 최소한 두 가지 이상 보여준다. 첫째로 많은 시장에서 버블을 동반한 광적인 매수세가 나타나며, 둘째로 집값이 절대 떨어지지 않는다는 믿음이 팽배해진다.

내 친구 톰과 플로렌티엔은 최근 보스턴 시내에 집을 샀다. 나는 어느 날 저녁 톰과 우연히 만나 어떻게 지내느냐고 물었다. 그러자 톰은 "너무 힘들어. 새벽 5시에 일어나서 출장을 다녀왔는데 이제는 또 집을 사러 가야 하거든"이라고 대답했다. 나는 꼭 지금 당장 집을 사러 가야 할 이유가 있느냐고 물었다. 오늘은 집에 가서 쉬고, 내일 혹은 여유 있는 날에 사면 되는 것 아닌가? 그러나 톰은 안 된다고 대답했다.

그 시점에 보스턴 부동산 시장은 완전히 광기가 넘치고 있었다. 톰의 경우 사고 싶은 집이 토요일에 매물로 나왔는데, 화요일까지 매수 의사를 밝혀야 기회를 잡을 수 있다고 했다. 보스턴에서는 괜찮은 집이 매물로 나오면 많은 수요자가 공격적으로 매수 의사를 밝히며 몰려든다는 것이었다. 그래서 낙찰가는 일반적으로 매도 호가보다 높게 결정되곤 했다.

우리 아파트와 가까운 아파트 역시 실거래가가 매도 호가보다 높았고, 매물이 나온 지 불과 몇 시간 만에 거래가 성사되었다. 매수자들은 알음알음 좋은 부동산을 알고 있었고, 매도자들이 거절할 수 없을 만큼 매력적인 가격을 재빨리 제시했다. 이런 행태는 한마디로 미친 짓이다. 매수자들은 고민해 볼 시간도 없이 큰 결정을 내려야 한다. 그러나 이렇게 광적인 행태가 전국적으로 나타나지는 않는다. 많은 지역에서는 부동산 시장이 오히려 소강상태를 보이고 있다. 하지만 여전히 몇몇 지역에서는 이런 매수 광풍이 나타난다. 전형적인 버블이다.

광기의 두 번째 징후는 부동산 가격은 절대 떨어질 수 없다는 믿음이 팽배해지는 것이다. '부동산 불경기'를 예상해 보라고 하면 사람들은 일정 기간 집값이 보합세를 이루는 모습에 대해 이야기한다. 부동산 가격이 실제로 하락할 가능성은 아예 생각하지도 않는 것이다. 2장에서 이야기했던 우리 아파트의 입주민 대표들도 주택 매수는 절대 손해를 보지 않는 투자라고 생각했다.

전문 분석가들도 이 믿음에 동의한다. 연방준비은행에서 일하는 경제학자인 존 크레이너John Krainer는 「주택 가격의 거품」이라는 훌륭한 논문에서 "나는 명목주택 가격의 하락이 결코 일반적이지 않다는 관측에 따라, 주택 가격이 현재 수준을 유지할 것이라고 생각한다"라고 썼다.[8] 크레이너 박사는 논문에서 주택 가격이 하락할 가능성을 계속 분석하면서도, 기본적으로는 가격이 떨어지지 않을 것이라고 가정하면서 논문을 시작했다. 시장이 비합리성의 정점에 있을 때 사람들은 하락이 불가능하다고 생각한다. 사람들이 어떤 상품 시장을 광기에 가까울 만큼 철석같이 믿고 있다면 그것은 매력적인 투자 상품이 아니다. 따라서 주택시장은 고평가되어 있다는 심리적 징후가 보인다고 말할 수 있다.

주택시장의 위험 요소들

그렇다면 2000년대 중반의 주택시장은 거품인가? 그런 것은 아니다. 나는 미국 주택의 가격에 거품이 끼어 있다고는 생각하지 않는다. 그러나 주택 가격에는 상당한 위험이 내포되어 있어 가격이 크게 하락할 수도 있다는 데는 동의한다.

　이 대목에서 고개를 갸웃거리는 사람도 있을 것이다. 주택 가격이 많이 하락할 수도 있다면서 왜 거품이 아니라고 하는가? 만약 주택 가격에 정말 거품이 끼어 있다면, 가격이 용납 가능한 선을 훌쩍 넘어가게 될 것이므로 언젠가는 반드시 하락할 것이다. 가령 네덜란드에 튤립 열풍이 불었을 때, 튤립 구근 하나의 가격은 무려 집 한 채와 맞먹을 정도에 이르렀다.[9] 튤립 구근은 햇빛과 물만 있으면 대량으로 생산할 수 있기 때문에 구근을 계속해서 집 한 채 가격으로 파는 것은 불가능했고, 결국 가격이 떨어졌다. 마찬가지로 1990년대 후반 미국 기술주 역시 용납 불가능한 가격에 도달했었다. 예를 들어 당시 시스코의 P/E는 100이 넘었는데, 이는 펀더멘털로는 설명할 수 없는 수준이었다. 시장의 비합리성이 장기간 지속될 수는 있지만 이처럼 비정상적인 가격은 언젠가 하락할 수밖에 없다. 나는 그때 "시스코 주가가 하락하지 않는다면 하버드 박사 학위를 찢어버릴 거야. 이렇게 계속 주가가 높아지는 것은 지금까지 내가 배워온 모든 내용이 잘못되었다는 걸 증명해 주는 일이나 다름없거든"이라고 장담했다. 나 외에도 여럿이 나와 의견을 같이했다. 이처럼 '하락'이라는 단 한 가지 결과만 나올 수 있을 정도로 비합리적인 가격이 형성되어야 버블이라고 장담할 수 있다.

앞서 이야기했듯이 미국 주택 가격에는 이미 경고 신호가 나타나고 있다. 주택 가격은 임대료보다 무한정 빠르게 높아질 수 없으며, 장기적인 주택 증가율이 인구 증가율을 초과할 수도 없다. 따라서 주택시장의 호황기는 곧 막을 내릴 것이다. 그러나 거품이라고 장담할 수 있을만큼 가격이 비싸지는 않다. 따라서 주택 가격의 하락은 피할 수도 있다. 그럼에도 지금의 호황은 지속 불가능한 수준이며, 낙관적인 심리가 지배적이라는 점은 주택시장에 적신호가 켜졌음을 보여준다. 또한 주택시장에는 다음과 같은 추가적 위험도 존재한다.

위험 1, 이자율 상승: 2003년 6월, 10년 만기 국채 금리는 3.11%였고 1년 후인 2004년 6월에는 4.82%였다. 불과 1년 만에 50% 이상 오른 것이다. 이 사실만 봐도 금리가 얼마나 빠르게 오를 수 있는지 알 수 있다. 금리는 어디까지 오를 것인가? 주택 가격에 어떤 영향을 미칠까?

우리는 채권에 대해 논의하면서 두 가지의 핵심적인 사실을 배웠다. 첫째로 1980년대부터 20년간의 금리 추세를 비교했을 때 2004년의 금

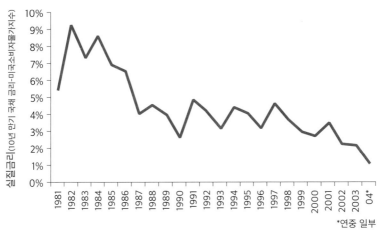

그림 8.5　극도로 낮은 실질금리 (출처: 연방준비은행, 노동통계국)

리는 극도로 낮다는 것, 둘째로 인플레이션을 감안하면 특히나 낮다는 것이다.

그림 8.5는 10년 만기 국채의 실질금리를 보여준다. 실질금리란 이 자율에서 인플레이션율을 뺀 값이다. 경제가 완전히 뒤바뀌지 않는 한 실질금리는 상승할 것이다. 실질금리 상승은 인플레이션율 하락이나 금리 상승을 통해 일어난다. 그렇다면 인플레이션율이 현재 수준에서 떨어지지 않는다고 가정할 때, 금리는 어디까지 오를까? 1994년부터 10년간 실질금리는 평균 3.3%였다. 소비자물가지수는 약간씩 오르고 있고, 2004년 연간 상승률은 3.3%다. 전년 대비 가격 변화율로 측정하면 인플레이션율은 3.1%를 기록하고 있다. 따라서 실질금리가 과거 10년 동안의 평균 수준으로 돌아간다면 10년 만기 국채의 금리는 4.8%에서 약 6.4~6.6%까지 오를 것이다. 사실 이는 금리가 정상적으로 회복

되는 것이라고 말할 수 있다. 2003년 6월의 금리인 3.11%는 비합리적인 수준이며, 따라서 그 후의 상승은 인플레이션을 적절히 보상하는 정도로 복귀한 것으로 보인다.

그럼 6%로 금리가 상승하면 주택 가격은 어떤 영향을 받을까? 주택 가격에는 아주 많은 요소가 영향을 미치므로 정확한 답을 내리기는 어렵지만, 주택 구입자가 급여의 고정 비율로 주택담보대출금을 상환한다고 가정하면 간단히 계산해 볼 수 있다. 가령, 매월 1000달러씩 주택담보대출금을 상환할 수 있는 구매자가 금리가 더 높은 환경에서도 동일한 금액을 상환할 것이라고 가정해 보는 것이다. 이러한 가정하에서 금리의 효과를 살펴보고 그 답을 생각해 보자.

어떤 사람이 매달 1000달러를 불입한다는 조건으로 30년 고정금리 주택담보대출을 받는다면 얼마까지 빌릴 수 있을지 살펴보자. 대출 금리가 낮은 2003년, 이 가상의 구매자는 17만 9000달러를 빌릴 수 있었다. 그리고 2004년 7월의 금리로는 16만 2000달러를 빌릴 수 있고, 실질금리가 '정상' 수준, 약 6%대로 돌아간다면 14만 3000달러를 빌릴 수 있다. 즉, 소득의 일정 비율을 주택담보대출 상환에 쓴다고 가정하면 실질금리가 평균 수준으로 돌아갈 경우 구입 가능한 주택의 가격이 약 20% 낮아지는 것이다.

이런 관점에서 보면 실질금리가 '정상적인' 수준으로 복귀하면 주택 가격도 20% 정도 낮아질 것이라고 추측할 수 있다. 물론 소프트마켓soft market이 와도 매도자들이 가격 인하를 꺼려 해서 매수자들이 기꺼이 예산을 늘리는 상황도 종종 발생하므로 하락폭은 훨씬 적을 가능성도 있

그림 8.6 **금리 상승은 주택 가격에 타격을 입힐 것이다** (출처: 연방준비은행)

다. 한편으로는 금리가 6%를 크게 웃도는 수준으로 변할 가능성 또한 배제할 수 없다.

여기에서 두 가지 결론은 분명해 보인다. 첫째로 1% 내외의 실질금리는 어떻게 봐도 역사적으로는 낮은 수준이기에 상승할 가능성이 매우 높다는 것, 그리고 금리 상승은 주택 가격에 하방 압력을 가할 것이라는 점이다.

하지만 이런 관점에서 생각해 보자. 예로부터 '눈에 보이는 뱀은 잘 물지 않는다'라는 말이 있다. 거의 대부분의 사람은 금리 상승이 주택 가격에 초래할 위험을 알고 있다. 그래서 역설적이지만 금리 상승이 주택시장을 무너뜨릴 가능성은 낮아 보인다. 주택시장을 잡아먹을 늑대가 있다면 그것은 금리 상승이 아닌, 아직까지 우리가 논의하지 못한 형태로 나타날 것이다.

위험 2, 레버리지: 나는 고등학교 물리 시간에 처음으로 '레버리지'라는 개념을 배웠다. 선생님은 반에서 가장 크고 힘이 센 미식축구 선수와 빼빼 마른 학생을 맞붙였다. 시합은 반쯤 열린 문을 미는 것이었다. 미식축구 선수는 문을 닫아야 했고 마른 학생은 문을 더 열어야 했다. 이 실험의 묘미는, 미식축구 선수는 경첩 바로 옆을 밀어야 하는 반면 마른 학생은 경첩에서 가장 먼 가장자리를 밀어야 한다는 점이었다. 결과는 어땠을까? 놀랍게도 빼빼 마른 녀석이 아주 쉽게 이겨버렸다! 레버리지 덕분이었다. 경첩에서 더 먼 지점을 미는 것이 엄청난 이점이었던 것이다.

주택은 두 가지 이유로 부자가 되는 길을 제공해 왔다. 우선 미국의 주택 가격은 제2차 세계대전 이후 지속적으로 상승해 왔다. 그리고 주택은 엄청난 레버리지를 일으켜 비교적 적은 초기 금액으로 매수하는 것이 가능했다. 그레고리 맨큐를 이긴 파티마 멜로의 사례를 떠올려보자. 이 젊은 부부는 9만 5000달러에 집을 사서 35만 8000달러에 팔았다. 부부가 산 집은 277%나 가격이 올랐다. 이들은 여기서 얼마의 수익을 봤을까? 처음에 집을 살 때 부부가 보유했던 현금은 5000달러뿐이었다. 9만 달러의 대출을 일으켜 집을 장만한 것이다. 그리고 집을 팔고 주택담보대출금을 갚은 후, 이 5000달러는 무려 26만 8000달러가 되었다! 이것이 레버리지다. 그림 8.7은 레버리지가 있을 때의 투자 수익률과 레버리지가 없을 때의 수익률을 비교해 보여준다.

레버리지는 상승장에서 엄청난 효과를 발휘한다. 돈을 최대한 많이 버는 규칙은 아주 간단하다. 초기 투자금이 낮을수록 투자 수익률은 높

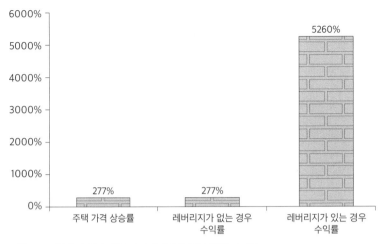

6000%

5000%

4000%

3000%

2000%

1000%

0%

5260%

277%   277%

주택 가격 상승률   레버리지가 없는 경우   레버리지가 있는 경우
                      수익률   수익률

그림 8.7   **상승장에서 레버리지가 수익률에 미치는 영향**

아진다. 만약 초기 투자금이 같은 경우라면 집이 넓을수록 더 많은 이

익이 생긴다. 그러므로 미국 주택시장에서 부자가 되는 방법은 가능한

한 많은 부동산을 사고, 레버리지의 효과를 극대화하기 위해 가능한 한

많은 돈을 빌리는 것이다. 정말 놀랍도록 간단하지 않은가?

그런데 레버리지에는 두 가지 위험이 있다. 하나는 개인적인 차원이

고, 다른 하나는 다른 사람들에게 미치는 일종의 파급 효과다. 미국의

희극 배우인 그루초 막스는 1929년 주식시장이 붕괴했을 때 레버리지

가 가져오는 개인적 차원의 위험을 실감했다.[10] 그는 도박에는 반대하

면서도 평생 모은 돈을 주식에 투자하는 과감한 행보를 보였다. 게다가

신용거래로 주식을 샀다. 1920년대에는 통상적인 증거금률이 10%였

다. 현금을 100달러만 갖고 있어도 1000달러 상당의 주식을 살 수 있었

던 것이다. 당시는 10배의 레버리지 효과를 낼 수 있었고, 투기꾼(혹은

투자자)들은 이를 마음껏 활용해 돈을 벌었다.

신용거래로 주식을 사면 어떤 효과가 있을까? 레버리지를 최대로 사용하면 주가 변동이 10배로 확대된다. 즉, 주가가 1% 상승하면 투자 수익률은 10%가 된다. 그래서 1920년대의 버블 시장에서 사람들은 수익률을 높이기 위해 레버리지에 크게 의존했다. 그루초는 레버리지가 하락장에서 수익률을 크게 감소시킬 수 있다는 것을 발견했다. 신용거래 계좌는 주가가 1% 하락하면 투자 수익률은 10%나 하락한다. 더 중요한 점은, 주가가 10%만 떨어져도 100%의 손실이 발생한다는 것이다.

그리고 마침내 1929년, 주가가 하락하기 시작했다. 그루초는 하락장에서 반대매매되는 것을 피하기 위해 황급히 추가로 현금을 마련했고, 돈을 빌리기까지 해서 증거금을 채워 넣었다. 결국 그는 모든 돈을 잃고 말았다.

레버리지는 그루초 막스에게 경제적 재앙이었다. 또한 그의 신용거래는 다른 투자자들에게도 해를 입혔다. 시장이 정점에 있을 때 막스는 많은 주식을 보유하고 있었다. 그리고 파산한 후에는 아무것도 남지 않았다. 시장이 하락함에 따라 보유한 주식을 매도할 수밖에 없었기 때문이다. 레버리지를 사용한 경우 주가가 하락하면 투자자는 보유한 주식을 강제로 청산당하고 재정적인 어려움에 빠진다. 반대매매는 가격에 추가적인 하방 압력을 가하고, 그로써 주가가 하락하면 더 많은 투자자에게 경제적 고통이 발생한다. 반대매매 또한 더 많이 이루어진다.

추가 증거금 청구는 1929년 금융위기의 주요 원인이었다. 이처럼 1920년대 성행했던 과도한 투자를 억제하기 위해 1934년에 증권거래법이 제정되었고, 증권거래법 제7조는 증거금 사용에 대해 다음과 같이 규정하고 있다.

> 연방준비제도이사회는 유가증권의 구입 또는 보유를 위한 과도한 신용 사용을 방지하기 위해 …(중략)… 모든 유가증권에 대한 개시 증거금 및 유지 증거금과 관련된 규칙과 규제를 제정한다.[11]

연방준비제도이사회는 이 법에 따라 주식 증거금률을 정하고, 몇십 년째 필요 증거금률을 50%로 유지해 왔다. 그래서 현재는 1달러로 2달러어치의 주식밖에 살 수 없다.

반면 부동산은 같은 돈을 가지고도 훨씬 더 많이 살 수 있다. 부동산에 투자할 경우 초기 투자금 1달러당 20달러 정도는 비교적 쉽게 빌릴 수 있다. 초기 투자금이 소액일수록 레버리지의 효과는 막대해진다. 물론 하락할 경우에는 손실도 더 커지지만 말이다.

2000년대 중반에 이르며 주택담보대출 잔액은 사상 최대 수준을 기록하고 있고, 주택 가격에서 차지하는 자기자본home equity은 사상 최저 수준이다.[12] 투자자들은 점점 레버리지를 늘리는 중이다.[13] 아마도 그들은 파티마처럼 홈런을 치기를 바라고 있을 것이다. 그러나 부동산 시장에서의 레버리지는 홈런이 아닌 병살타를 초래할지도 모른다. 쫄딱 망해버린 그루초처럼 말이다.

위험 3, 변동금리형 주택담보대출: 내 조카 브렌트는 몬태나대학교를 졸업하자마자 고향인 앤아버에서 부동산 중개인으로 일을 시작했다. 그리고 일을 시작한 지 얼마 되지 않아 조카는 부동산을 헐값에 매수할 수 있는 절호의 기회를 잡았다. 개발 계획이 수립되며 수많은 아파트가 들어서게 되었고, 시 조례로 그 집들 중 일부가 저소득층에게 할인된 가격으로 공급된 것이다. 대체로 초보 부동산 중개업자들에게는 일거리가 많이 들어오지 않기에 이제 막 일을 시작한 브렌트는 저소득층 기준에 부합했다. 조카는 시세보다 2만 달러 정도 저렴하게 아파트를 살 수 있었다(단, 전매는 2년간 금지되었다). 월 납입액이 제일 적은 방식으로 주택담보대출을 받길 원한 브렌트는 변동금리형 주택담보대출을 선택했다. 이 상품의 금리는 3년 후에 변할 것이다. 변동금리형 주택담보대출은 당장의 월 납입액은 적지만 한편으로는 위험을 초래할 수 있다. 언젠가는 금리가 상승하며 월 납입액이 크게 증가할 수도 있기 때문이다. 나는 브렌트에게 금리가 오를까 봐 걱정이 되지 않느냐고 물었다. 그러자 그는 "금리가 올라가면 그냥 아파트를 팔면 되죠"라고 대수롭지 않게 대답했다.

합리적인 대답처럼 들리는가? 물론 그럴 수도 있다. 하지만 1987년 다우존스 산업평균지수가 하루 만에 500포인트 하락한 것과 똑같은 이유로 조카의 말은 합리적이지 않다. 브렌트가 세운 전략의 문제는, 이 전략을 세운 사람이 브렌트뿐이 아니라는 것이다. 변동금리형 주택담보대출을 받은 사람들 다수는 대출 납입액이 크게 늘기 전에 주택을 매도해야겠다고 생각할 것이다. 이는 코끼리 떼가 작은 문을 통과하려고 동시에 우르르 몰려드는 것과 같은 결과를 불러일으킨다.

이 위험을 이해하기 위해서는 모든 사람의 전략이 불러올 조직적인 효과를 알아볼 필요가 있다. 종종 다른 사람들과 같은 일을 해야 이득을 볼 때가 있다. 예를 들어 미국에서는 오른쪽에서 운전을 하는 편이 훨씬 이득이다. 마찬가지로 모든 사람이 동일한 프로그램을 사용한다면 문서 작업은 더 용이할 것이다. 그러나 앞서 배웠듯이, 투자는 때때로 무리를 피해 가는 것이 더 이익이 되는 게임이다.

1987년 주식시장의 폭락은 '포트폴리오 보험'을 사용하는 바람에 더욱 심각해졌다. 1987년 초 주식시장은 급등하고 있었고 사람들은 더 부유해지길 원했다. 개중에는 주가가 너무 높다고 걱정하는 사람들도 있었고, 이들은 보유한 주식을 일부 정리하거나 공매도, 풋옵션 매수를 사용하는 등 다양한 투자 전략을 이용해 위험을 줄였다. 단, 위험을 줄이는 모든 기술의 문제점은 수익도 함께 줄인다는 점이다.

이런 상황에서 겁은 많지만 탐욕을 자제할 수 없는 투자자는 어떤 선택을 했을까? 그들에게 해답을 제시한 것이 바로 포트폴리오 보험이었다. 포트폴리오 보험의 운용 방식은 다음과 같다. 포트폴리오를 일단 주식으로 채운다. 이는 주가가 상승할 경우 넉넉한 수익률을 채워주는 연료가 된다. 그리고 이 포트폴리오의 '보험'은 주가가 하락하면 주식을 매도하는 계획이다. 주가가 하락하면 투자자는 재빨리 주식을 팔고 안전한 채권으로 넘어간다. 포트폴리오 보험 전략은 주식이 가져다주는 높은 수익률을 누리면서 손실도 방지할 수 있는 탁월한 기술이다. '이론적으로는' 그렇다. 이 전략은 아주 좋은 아이디어처럼 보였고, 수많은 투자자가 앞다퉈 포트폴리오 보험 상품에 가입했다.

포트폴리오 보험을 매수한 사람들은 어떻게 되었을까? 이들은 1987년 주식시장이 폭락했을 때 엄청난 손실을 봤다.[14] 그리고 다른 사람들에게도 엄청난 손실을 입혔다. 1987년 하반기에 주식시장이 하락하기 시작하자 포트폴리오 보험을 보유한 사람들이 주식을 매도했고, 그에 따라 주가는 더 떨어졌다. 다우존스 산업평균지수가 하루 만에 20% 이상 하락하면서 매도세는 절정에 달했다. 비율로 보면 1987년의 하락은 1929년 하락의 거의 두 배에 달했다.[15] 투자자들의 포트폴리오는 결국 1987년의 폭락을 방어하지 못한 것으로 판명되었다. 포트폴리오 보험의 이론적인 분석은 시장이 점진적으로 움직일 것이라는 가정하에서 이루어진 것이다. 그러나 현실에서 주가는 한 번에 큰 폭으로 하락했기에 주가가 소폭 하락하면 주식을 매도하겠다고 생각했던 투자자들은 완전히 잘못된 타이밍에 매도할 수밖에 없었다.

포트폴리오 보험을 이용한 사람이 딱 한 명뿐이었다면 그것은 잘 작동했을지도 모른다. 그러나 이 전략은 너무 보편적이었기에 그 시스템 자체가 매도 열풍을 불러온 것이다. 포트폴리오 보험을 이용한 사람들은 비열한 시장에서 저지를 수 있는 최악의 실수를 했다. 그들은 정점에서 주식을 사고 바닥에서 매도해 버렸다.

마찬가지로 '주택담보대출 금리가 오르면 집을 팔겠다'는 생각을 브렌트 혼자만 하고 있다면 전략이 통할 수도 있다. 변동금리형 주택담보대출이 일반화될 때는 '금리가 오르면 집을 파는' 전략이 위험해진다. 금리가 계속 상승한다면 수백만 명의 주택 소유자들이 주택담보대출 금리가 조정될 때 너도나도 집을 매도하려고 할 것이기 때문이다. 이 시점에 매도해서는 이익을 남기기가 어렵다.

나쁜 일은 종종 절대 피할 수 없는 숙명처럼 보이기도 한다. 그러나 필요한 조치들을 미리부터 취하면 파멸을 피할 수도 있다. 투자자들은 이 사실을 알아야 한다. 사람들이 이 사실을 일찍부터 알았더라면 로버트 브레친이라는 사람을 도울 수 있었을 것이다.

1995년 8월 10일 오후 9시경, 로버트 브레친은 진통제를 과다 복용해 자살을 시도했다. 그는 급히 병원으로 옮겨졌고 강력한 약물 처치로 겨우 목숨을 건질 수 있었다. 그러나 불과 5시간 후인 8월 11일 1시 55분, 브레친은 오클라호마 주립 교도소에서 독극물 주사로 사형당했다.[16] 그는 1급 살인죄로 사형을 선고받았다. 수년간 사형수로 복역한 후 그의 모든 상소는 기각되었고 사형 집행이 임박해졌다. 브레친은 국가에 의해 죽느니 자살을 택해 죽는 시간과 방식을 스스로 결정하기로 한 것이다. 그런데 이마저도 실패했다. 그는 자신의 삶을 전혀 통제할 수 없었다. 언제 죽을지, 어떻게 죽을지조차 말이다.

비열한 시장의 잘못된 편에 서 있는 투자자들은 사형 집행만큼 심각하지는 않지만 브레친과 마찬가지로 통제할 수 없는 결과들과 직면하게 된다. 정점에서 사서 바닥에서 팔아야만 하는 상황에 놓이게 되는 것이다. 비열한 시장에서 돈을 벌기 위해서는 스스로 매수 시점과 매도 시점을 통제하는 것이 매우 중요하다. 변동금리형 주택담보대출을 받으면 주택 매도 시점에 대한 통제력을 잃게 된다. 다른 사람들과 같은 시점에 주택을 매도해야 한다는 압력을 받을 수 있다. 따라서 광기 어린 시장에서 수익을 내고 싶다면 변동금리형 주택담보대출을 피해야 한다.

큰 집에 살고 싶다면 갈아타기를 노려라

나는 부동산을 소유하되, 향후에 더 비싼 부동산으로 갈아탈 계획을 세우라고 조언하고 싶다. 집값이 정말 거품이라면 아무것도 소유하지 않고 임대하는 것이 올바른 전략일 테지만, 내가 보기에 이 책을 쓰는 지금의 집값은 높긴 하나 거품은 아니다. 그러므로 일단 꿈꾸는 집보다 더 작은 집을 소유하는 방법을 제안한다. 이 전략은 집값이 상승하건, 하락하건 상관없이 수익을 낼 수 있다. 어떻게 모든 상황에서 이익을 가져다줄 수 있을까? 궁금증을 해결하기 위해, 주식시장에서는 이와 유사한 전략이 어떤 효과가 있는지 살펴보자.

솔루션 1, 상승하든 하락하든 매도하라: 기술주 거품이 정점에 가까워졌을 때 나는 친누나가 공격적인 기술주 펀드에 퇴직금의 대부분을 투자했다는 것을 알게 되었다. 나는 누나에게 이는 나쁜 투자이며, 어서 주식을 팔아야 한다고 조언했다. 몇 주 후, 누나에게 주식을 매도했는지 재차 물었다. 그러자 누나는 "아니, 아직 안 팔았어. 상승장을 놓치고 싶지 않아"라고 느긋하게 대답했다. 이 문제를 해결하기 위해 우리는 다음과 같은 전략을 생각해 냈다. 누나는 보유 주식의 4분의 1을 매도했다. 만약 주식이 오른다면 여전히 수십만 달러가 주식에 투자된 상태이기 때문에 엄청난 돈을 벌 것이다. 반대로 주식이 하락한다 해도 주식을 꽤 매도했으니 많은 돈을 지킬 수 있을 것이다.

기술주는 하락했고, 누나는 주식을 다시 매수해야 하느냐고 물었다.

나는 고개를 젓고는 이제 4분의 1을 더 매도하라고 조언했다. 주가가 반등하면 수익을 얻을 수 있을 것이다. 그러나 만약 주가가 떨어지면 더 많은 돈을 지키게 될 것이다. 우리는 누나가 보유한 기술주를 완전히 다 처분할 때까지 이 과정을 반복했다. 결국 누나는 나스닥 지수가 최고점인 5000에 달했을 즈음 보유한 주식을 모두 정리했고, 기술주 투자로 짭짤한 수익을 얻을 수 있었다.

어떻게 주식이 오를 때도, 내릴 때도 매도 결정을 내린 것이 좋은 결과를 가져올 수 있었을까? 그 해답은 이것이 심리적인 속임수라는 데 있다. 주식 매도 결정은 이후 주가가 상승할 경우 분명히 이익을 감소시킨다. 나는 누나에게 주식시장이 상승한다면 방금 매도한 주식으로 얻었을 이익에 집착하는 대신 아직 보유 중인 주식이 가져다주는 이익을 음미하라고 조언했다.

주식을 매도할 때 원원win-win으로 생각하는 것은 비합리적이다. 그럼에도 이러한 속임수는 때때로 우리에게 도움이 되는데, 우리가 완전히 이성적인 의사결정자가 아니기 때문이다. 우리는 비합리성 때문에 꽤 자주 투자에 실패하므로, 역으로 비합리성을 우리에게 유리한 방향으로 작용하도록 만드는 것은 매우 대단한 일이다.

상대적으로 작은 집을 소유하는 것도 적절한 심리적 프레이밍으로 원원의 결과를 낳게 한다. 항상 그렇듯이 나는 내 신념에 따라 행동한다. 나와 아내는 60만 달러가 조금 넘는 케임브리지의 아파트에 살고 있다. 우리는 더 많은 아이를 낳을 계획이기에 5년이나 10년 후에는 더 넓은 집에서 살고 싶다. 우리가 갖고 싶은 집의 현재 가격은 100만 달러가 넘는다. 나는 주택시장이 호황이든 불황이든 우리는 돈을 벌 것이라고 확신한다. 주택시장이 좋아진다면 현재 보유한 부동산에서 추가적인 시세 차익을 얻을 것이다. 반대로 불황이 찾아온다 해도 우리가 꿈꾸는 집은 현재 우리가 사는 집보다 하락폭이 훨씬 클 것이므로 지금보다 더 적은 비용을 들여 원하는 집으로 이사할 수 있을 것이다. 결론은 주택을 소유하라. 그러나 지금 당장 비싸고 넓은 집을 살 게 아니라, 일단 작은 주택을 사되 당신이 꿈꾸는 이상적인 집으로 이사할 계획을 세워라.

솔루션 2, 주택담보대출은 고정금리로 받아라: 변동금리형 주택담보대출에 대한 나의 조언은 극단적이다. 조언을 말하기 전에 우선 영화 「이보다 더 좋을 순 없다」(1997)에서 잭 니콜슨이 하는 말을 들어보자.

> "절대, 절대로 다시는 날 방해하지 마시오. 알겠소? 내 말은, '절대로' 방해하지 말란 말이오. 앞으로 30년 후에든, 불이 나든, 내 집에서 쿵 하는 소리가 들리고 일주일 후에 시체 썩는 냄새가 난다 해도, 심지어 그 냄새가 너무 지독해서 기절할 것 같아 손수건으로 코를 틀어막아야 할 때도 문을 두드리지 마시오. 절대 두드리지 말란 말이오. 어떤 경우라도. 이해하겠소?"

나는 니콜슨의 말을 빌려 이렇게 말하려 한다. "1년 안에 이사할 계획이라고 해도, 변동금리 주택담보대출의 월 납입액이 고정금리 주택담보대출의 그것보다 훨씬 적다고 해도 절대, 절대 변동금리 주택담보대출을 받지 마시오. 어떤 경우라도 말이오. 이해하겠소?"

사실 변동금리 주택담보대출을 받아도 괜찮은 예외의 경우가 세 가지 있다. 첫째, 부동산 전문가들은 자신의 전문 분야에서 합리적으로 도박을 하고 싶어 한다. 내 조카 브렌트도 이런 경우에 해당된다. 민첩하게 정점에서 빠져나올 수 있는 사람이 있다면 그것은 시장의 최신 동향을 잘 파악하고 있는 전문가일 것이다.

둘째, 변동금리형 주택담보대출은 곧 부동산을 매도할 사람에게는 완벽한 대출일 수 있다. 예를 들어 2년 후에 이사할 예정이고, 3년 동안은 고정금리를 적용하다가 이후에 변동금리를 적용하는 혼합형 주택담보대출을 받은 경우를 생각해 보자. 이 사람의 변동금리형 주택담보대출은 고정금리형만큼이나 안전하다(물론 이런 상황이라도 계획이 바뀔 수 있기 때문에 변동금리가 조금 더 위험하며, 고정금리는 더 많은 유연성을 제공한다).

셋째, 저축액이 많은 사람들은 변동금리 주택담보대출을 이용할 수 있다. 변동금리를 택했을 때 생기는 문제의 핵심은 주택 소유자가 하락장에서 집을 팔아야 하는 상황에 처할 수 있다는 것이다. 만약 주택 소유자가 저축해 둔 돈이 많고 여유가 있다면 강제로 주택을 매도하지 않을 수 있다.

고정금리 주택담보대출을 감당할 수 있는 것은 너무 많은 위험을 감수하지 않고도 전문가와 과감하게 내기할 수 있는 사람들뿐이다. 은행은 돈이 필요 없는 사람들에게는 더 쉽게 대출을 해준다는 말이 있다. 마찬가지로 변동금리형 주택담보대출이 월 납입액은 비교적 더 낮으나, 이러한 상품은 오히려 고정금리형 주택담보대출의 높은 납입액을 감당할 수 있는 사람들이 이용해야 한다. 그래서 사실 거의 대부분의 사람은 변동금리형 주택담보대출을 피해야 한다.

사실 나의 충고는 연방준비제도이사회 의장이었던 앨런 그린스펀의 조언과는 정반대다.[17] 그린스펀 의장은 2004년 2월 23일에 한 연설에서, 이때까지 수십 년 동안 변동금리형 주택담보대출을 받았던 사람들은 고정금리형 주택담보대출을 받은 사람들보다 훨씬 적은 이자를 부담했다고 말했다. 또한 일부 국가에서는 변동금리 주택담보대출이 훨씬 더 흔하다고 말하며, 고정금리형 주택담보대출은 매우 비싸게 주택 자금을 조달하는 방법이라고 결론을 내렸다.

나는 두 가지 이유로 그린스펀 의장의 의견에 동의하지 않는다. 첫째, 2004년 이후로는 금리가 오를 가능성이 높다. 따라서 변동금리형 주택담보대출의 금리도 조정될 것이고 월 납입액 또한 증가할 것이다. 둘째, 변동금리형 주택담보대출은 금리에 대한 도박이다. 금리 인상률이 시장 기대치보다 낮으면 변동금리와의 대결에서 이긴 것이고, 시장 기대치보다 높으면 패배한 것이다. 변동금리형 주택담보대출을 택한다는 것은 재산을 건 도박이나 마찬가지다. 게다가 이 도박은 전문가들과의 내기이기도 하다.

내 친구 그렉은 다른 분야의 전문가들과 종종 내기를 하곤 했다. 그는 특히 포커를 좋아해서 라스베이거스에서 선수들과 게임을 하며 스스로를 시험했다. 그렉은 선수들과 게임을 했기에 당연히 자신이 질 것이라고 생각했고, 빈털터리가 되기까지 얼마나 오래 버티느냐를 보고 스스로의 능력을 판단했다. 게임이 매우 잘 풀리던 어느 날 저녁, 한 프로 선수가 그렉을 옆으로 데리고 가서 충고했다.

"당신은 훌륭한 플레이어지만 좋은 패를 갖고 있으면 왼쪽 턱 근육이 굳어지는 버릇이 있어요."

그렉이 늘 전문가에게 진 것은 놀랄 만한 일이 아니었던 것이다.

그렉은 포커 선수들과의 게임에서 자신이 돈을 잃을 것이라는 사실을 알고 있었기에 결코 큰 판돈을 건 적이 없었다. 그였다면 절대 전문가들을 상대로 집을 걸고 게임을 하지는 않았을 것이다. 변동금리형 주택담보대출을 받는 것은 전문가들을 상대로 집(혹은 적어도 재산의 상당 부분)을 걸고 게임을 하는 것이나 마찬가지다.

물론 변동금리형 주택담보대출은 월 납입액이 매우 낮다는 점에서 매우 유혹적이다. 어느 날은 아파트 자쿠지에 앉아 있는데, 이웃인 알렉이 케임브리지를 떠나 보스턴 교외에 사놓은 큰 집으로 이사를 가게 되었다고 말을 걸어왔다. 언제나 그렇듯이 나는 "주택담보대출은 고정금리로 받았어요, 변동금리로 받았어요?"라고 물어보았다. 알렉은 변동금리라고 대답했다. 왜 변동금리 주택담보대출을 받았냐고 묻자 그는 "고정금리 주택담보대출로 구매할 여력이 안 되거든요"라고 답했다. 나는 정확히 그 반대의 전략을 추천하고 싶다. 만약 고정금리로 대출을 받을 때 월 납입액이 감당할 수 없는 수준으로 집값이 비싸다면, 보는 눈을 낮춰라. 답은 덜 비싼 부동산을 사는 것이다.

돈은 직장에서 벌고 집에서는 거주해라

2000년대 중반까지 부동산 투자는 미국에서 부자가 되는 불패신화로 여겨졌고, 실제로 그랬다. 주택 가격은 엄청나게 올랐으며 레버리지의 마법 덕택에 사람들은 매우 놀라운 수익률을 얻을 수 있었다. 수백만 명이 넘는 미국인들이 부동산을 통해 부를 창출했다. 유감스럽지만 모두 쉽게 번 돈이었다. 주택시장은 가격도 높은 편인 데다 여러 가지 구조적 위험을 안고 있다.

주택시장이 앞으로 걸어갈 길은 지나온 길보다 덜 장밋빛일 것이다. 물론 운이 좋다면, 지금까지보다는 훨씬 완만한 속도겠지만 계속 상승할 수도 있다. 반대로 운이 나쁘면 한동안 지속적인 하락세를 보일 가능성도 충분하다. 따라서 나는 주택에 대해서는 내 친구 피터의 충고를 들으라고 권하고 싶다.

"집에서는 거주해라. 그리고 돈은 당신이 잘할 수 있는 분야에서 벌어라."

또한 주택시장에 혼란이 오더라도 견딜 수 있도록 대비하라. 생각보다 낙관적인 시나리오가 전개된다고 해도 시장에 심각한 충격이 가해질 수 있다. 그런 충격이 발생하면 자금력이 있는 사람들에게는 좋은 물건을 주워 담을 기회가 올 것이다. 반대로 자금력이 약하면 이런 시기에는 시장에서 퇴출당하고 만다.

강인함이 필요한 영역은 많다. 나는 우간다에 살 때 이를 배웠다. 당시 나는 오토바이를 타고 서부 우간다에 있는 퀸 엘리자베스 공원에 갔다가 제인 구달 연구소에서 침팬지를 돌보는 일을 하는 존을 만났다. 존은 내가 오토바이를 타고 동물 보호 구역을 지나왔다는 말을 듣곤 걱정스럽게 물었다. "오토바이 잘 타세요?" 얼마 전에 배웠다고 답하자, 그는 근심 어린 표정을 지었다. 그러더니 "차를 몰고 공원을 지나갈 때 조심해야 할 동물이 셋 있어요"라고 말했다.

"첫째, 코끼리를 만나면 그 자리에 그대로 서 있으세요. 코끼리는 사람을 진짜로 해치려 하기보다는 그냥 겁만 줄 가능성이 높아요. 그래도 너무 가까워진다면 가능한 한 빨리 도망칠 수 있도록 준비해야 해요. 둘째로 버펄로에게는 절대 맞서면 안 됩니다. 버펄로는 결코 가짜로 겁을 주지 않아요. 뿔에 받히는 것보다는 밟히는 게 나을 거예요. 그리고 셋째, 사자가 가장 힘이 셉니다."

존은 이 부분에서 심히 걱정스러운 표정을 지었다.

"문제는 당신이 사자를 봤을 때는 너무 늦었다는 것이죠. 절대, 절대로 사자에게서 물러서면 안 돼요. 일단 당신이 두려워한다는 걸 눈치채면 사자는 공격할 겁니다. 아, 참, 사자는 얼굴을 좋아하지 않아서 사람을 먹을 때면 얼굴에 앉아서 먹는 경향이 있으니 사자에게 등을 돌려서도 안 돼요. 사자는 약한 동물을 사냥합니다. 사자가 숨어 있을 만한 덤불을 통과할 때는 최대한 소리를 크게 내며 빠르게 운전하세요. 강하고 힘센 동물처럼 행동하는 겁니다."

강하고 힘센 동물처럼 행동하라! 나는 존의 충고를 받아들였다. 덤불 근처를 지나갈 때면 속도를 높여 오토바이를 최고 속도로 몰았고, 소음을 더 크게 내려고 일부러 낮은 기어를 유지했다. 나는 사자들이 무리 안의 아프고 늙은 동물들을 끌어내 사냥하는 모습을 계속 생각했다. 힘 센 동물처럼 행동하면 사자는 나를 내버려둘 것이다. 나는 오토바이를 타고 가면서 코끼리 한 마리를 봤고, 내가 자리에 똑바로 서자 코끼리는 그대로 걸어갔다. 버펄로 한 마리를 봤을 때는 내가 먼저 앞질러 달려 갔다. 사자는 본 적이 없다. 덤불 속에서 사자가 나를 봤다면 분명히 나 의 강인함을 느꼈을 것이다.

주택에 대해 내가 해줄 수 있는 조언은 사자에 대한 존의 조언과 똑같 다. 힘을 길러라. 강해져라. 경제적으로 어려운 시기를 견뎌내라. 힘겨 운 시기의 주택시장에서 고통을 견뎌낸 사람은 먹잇감이 되지 않고 끝 내 비합리성에서 이익을 얻게 될 것이다. 주택에 대한 『비열한 시장과 도마뱀의 뇌』의 조언 역시 지금까지 효과를 봤던 전략과 반대로 하라는 것이다. 고정금리형 주택담보대출을 받고, 미래에 매수할 집보다 더 작 은 집을 소유해라.

물론 이런 전략을 실행하려면 도마뱀의 뇌를 무시해야 하기 때문에 매우 어려울 것이다. 수십 년 동안 최고의 전략은 가능한 한 많은 부동 산을 사고 로켓에 올라타 부자가 되는 것이었기에, 과거회고적인 도마 뱀의 뇌는 우리로 하여금 그것을 반복하도록 부추긴다. 그러나 문제에 대비하려면 오랫동안 효과가 있었던 전략을 오히려 피해야 한다. 이를 따르기는 심리적으로 매우 어렵지만, 그것을 해내는 사람만이 이익을 거머쥘 수 있다.

즉, 미국의 주택 가격은 지속 불가능한 상승이 계속되었던 역사적 기간의 끝자락에 다다랐으며, 부동산 시장은 도마뱀의 뇌가 주택이라는 투자 자산을 싫어하게 될 때쯤 비로소 다시 건강하게 회복될 수 있을 것이다.

4부

진짜 부자는
누구도 믿지 않는다,
자신조차도!

우리는 드디어 도마뱀의 뇌에 대해 알아보는 여정의 끝에 다다랐다. 도마뱀의 뇌는 투자에 아무런 도움이 되지 않지만 그래도 영영 작별할 수는 없는 노릇이다. 그래서 여기서는 도마뱀의 뇌가 왜 우리에게 손실을 가져오는지, 도마뱀의 뇌는 어떻게 만들어졌는지를 보다 자세히 살펴보려 한다. 일단 도마뱀의 뇌에 대해 제대로 이해해야 효과적이며 스트레스도 적은 투자의 청사진을 그릴 수 있기 때문이다.

그리고 마지막으로 '어디에 돈을 투자해야 하는가?'라는 이 책의 핵심 질문에 답을 내린다. 현재 우리가 처한 상황은 토끼를 때려잡고, 은신처를 찾는 데만 빠삭한 우리의 낡은 뇌에 너무나 위협적이다. 도마뱀의 뇌를 알고, 지금 상황을 앎으로써 마침내 "돈을 어디에 투자해야 할까요?"라는 내 제자 애덤의 질문에 놀라운 대답을 해줄 수 있을 것이다.

9장

도마뱀의 뇌에
족쇄를 채워라

영원불변하고 시기적절한 팁

영화 「졸업」(1967)에서 젊은 더스틴 호프먼은 부모님의 친구인 맥과이어 씨에게 부탁도 하지 않았는데 진로에 대한 조언을 받는다.

> "너한테 딱 한마디만 하고 싶구나. 딱 한마디야."
>
> "네. 하세요."
>
> "잘 듣고 있니?"
>
> "네. 듣고 있습니다."
>
> "플라스틱이야."

「졸업」이 개봉했을 당시 플라스틱이 그렇게 좋은 진로였는지는 잘 모르겠다. 그러나 특정 분야에서 일하기에 더 좋은 시기, 더 나쁜 시기라는 것이 있다는 사실은 확신한다. 마찬가지로 비열한 시장에도 특정한 투자를 하기에 좋은 때와 나쁜 때가 있다. 예를 들면 금은 1970년대에는 훌륭한 투자 자산이었지만 1980년대와 1990년대에는 형편없었다.

만약 시장이 합리적이라면 투자는 쉽고 스트레스도 없을 것이다. 효율적 시장 가설이 통하는 동화 같은 세상에서는 모든 투자 자산에 항상 정확한 가격이 매겨진다. 그러니 그 세상에서는 실수를 할까 봐 걱정할 필요도 없고, 눈에 불을 켜고 진짜 가치보다 저평가된 것을 찾아다닐 필요도 없다. 그러나 현실의 시장은 비합리적이고 때때로 아주 비열하다. 이런 특징이 기회도, 위험도 만들어낸다. 종종 가격이 비합리적으로 낮거나 높을 때 투자자들은 말도 안 되게 좋은 거래를 할 수도 있고, 반대로 말도 안 되게 나쁜 거래를 할 수도 있다. 보이지 않는 손은 투자의 성공을 보장하는 세상을 만들지 못했다. 결국 돈을 벌기 위해서는 우리가 나서는 수밖에 없다.

결국 현실 세계에서 투자에 성공하려면 비합리성의 편에 서야 한다. 시장의 광기와 붕괴 사이에서 아슬아슬하게 줄을 타며 이익을 얻는 방법에 대해, 나는 이 책의 종착역에서 두 가지 조언을 해주려 한다. 먼저 9장에서 도마뱀의 뇌를 길들이는 방법을 알아볼 것이고, 10장에서는 다른 사람들의 도마뱀의 뇌를 이용해 돈을 벌 기회를 찾아내며 여정을 마무리할 것이다.

비합리적인 시장에서의 투자는 운동 경기를 준비하는 것과 꽤 비슷하다. 이기기 위해서는 기본적으로 일단 강하고, 빠르고, 경험이 많아야 하며 경쟁 상대에 따라 매번 최적의 전략을 마련해야 한다. 이를테면 1980년대 후반 NBA 챔피언십에서 2회 연속 우승을 차지한 디트로이트 피스톤스가 그랬다. 이들은 매년 플레이오프에서 마이클 조던이 이끄는 시카고 불스를 꺾어야 했다. 불스를 꺾으려면 피스톤스에는 뛰어난 농구 실력은 물론 조던을 상대할 구체적인 전략이 필요했다. 조던을 저지하기 위해 피스톤스는 '조던 룰Jordan Rules'을 만들었다. 그들은 조던이 슬램덩크를 시도하려고 하면 밀쳐버리고 더블팀Double Team 전략을 사용하는 등 조던에게 대적하기 위한 여러 가지 방어 전략을 마련했다. 물론 이 전략은 아이제이아 토머스, 조 듀마스와 데니스 로드먼 등 재능 있는 선수들이 있었기에 가능한 것이었다. 즉, 피스톤스는 첫째로 어떤 경기에서도 빛을 발할 만큼 탄탄하게 기초를 갖춘 훌륭한 선수들, 둘째로 구체적인 상황 중심의 전략을 갖췄기에 불스를 상대로 승리를 거머쥐었다.

비합리적인 금융시장에서 투자에 성공하려면 우리에게도 피스톤스 같은 준비성이 필요하다. 시대를 초월한 기본기, 현재 상황에 따른 기회주의적 행동이 겸비될 때 비로소 달콤한 수익을 맛볼 수 있다. 그래서 이 장에서는 비열한 시장에 대한 영원불변의 법칙을 알려주고, 다음 장에서는 현시대를 위한 시기적절한 조언을 제공하려는 것이다.

합리적인 침팬지와 비합리적인 침팬지

1971년 지구의 날, 미국의 만화가인 월트 켈리는 연재하던 만화 「포고 Pogo」에서 이렇게 썼다. "우리는 가공할 적을 만났다. 그 적은 바로 우리 자신이다." 환경오염의 원인은 인간이기에 인간의 행동이 변해야만 환경을 개선시킬 수 있다는 뜻이었다. 마찬가지로 이 장에서는 투자할 때 왜 내가 스스로에게 가장 큰 적인지 알아보고, 이 내부의 적을 통제할 방법도 배워볼 것이다.

이 책을 시작하며 우리는 비열한 시장이 비합리적 개인으로부터 비롯된다는 증거를 확인했다. 또한 인간의 뇌에서 덜 이성적인 부분인 도마뱀의 뇌가 투자에서 종종 문제를 일으킨다는 사실도 알아봤다. 이제부터는 이러한 뇌의 약점을 보완할 해결책을 찾고 활용할 방법을 알아보려 한다. 그러려면 도마뱀의 뇌가 왜 우리를 파산으로 이끌도록 만들어졌는지부터 살펴보자. 어떤 투자 상황에서 인간은 매우 비합리적으로 행동하는데, 이는 적절한 해결책을 향한 본능이 발달하지 않은 채로 태어났기 때문이다. 금융시장에서 우리는 물 밖에 나와 불안하게 팔딱거리는 물고기와 같다. 금융시장에 나온 인간은 새롭고 부자연스러운 환경에 놓인 동물들과 비슷하다.

우리와 유전적으로 가장 가까운 친척인 침팬지의 경우를 살펴보자. 야생 침팬지는 정신적으로 놀랄 만한 정교함을 보여준다. 나는 1997년 여름 우간다 서부 열대우림에 있는 연구소에서 일할 때 이를 직접 경험했다. 이 연구소는 제인 구달 박사와 함께 연구를 했던 하버드 교수, 리처드 랭햄Richard Wrangham이 1987년에 설립한 곳이다. 연구소의 주요 목표는 자연 환경에서 침팬지를 지켜보고 관찰하는 것이었고, 내가 도착했을 때에는 같은 무리의 침팬지들이 10년 동안 기록·관찰되고 있었다.

나도 침팬지들과 함께 지내다 보니 서서히 그들의 지능을 인정하게 되었다. 하루는 한 무리의 야생 침팬지들을 따라 울창한 초목 지대에 들어갔는데, 동료와 나는 그만 침팬지들을 놓쳐버렸다. 침팬지 무리를 어디서 찾을 수 있을까? 우간다의 동료들은 숲을 가로질러 약 3킬로미터쯤 떨어져 있는 무화과나무까지 가자고 말했다. 그러면서 우리가 침팬지들보다 먼저 무화과나무에 도착할 테니, 점심을 먹으면서 쉴 수 있을 거라고도 말했다. 우간다 사람들은 침팬지들이 어떤 나무가 열매를 맺는지 파악하고 있다는 걸 알고 있었다. 따라서 논리적으로 생각해 보면, 침팬지들이 모일 만한 장소는 그들이 맛있는 음식을 얻을 수 있는 곳일 터였다. 그러면 침팬지들이 언제 도착할지는 어떻게 알 수 있었을까? 침팬지들은 스스로 체온을 조절하는데, 이를 통해 침팬지들이 대충 언제쯤 도착할지 짐작할 수 있었다. 그들은 무화과나무에서 열매를 따먹을 때 종종 숲 바닥의 그늘에서 나와 북슬북슬한 털이 햇볕에 직접 노출될 정도로 나무 높이 올라간다. 침팬지들은 더운 것을 좋아하지 않아서 화창한 날에는 시원한 아침에 무화과나무를 찾아오지만, 문제의 그날처럼 흐릴 때는 조금 늦게 도착하는 경향이 있었다.

우리는 무화과나무로 곧장 걸어가 점심을 먹고 낮잠까지 잤다. 그리고 침팬지들은 예상에 딱 맞춰 도착했다! 아주 놀라웠다. 침팬지들은 정확한 시간에, 정확한 나무에 도착하기 위해 머릿속에 그려진 숲 지도를 사용했다. 그들은 계절에 따라 먹을 수 있는 과일, 날씨 그리고 길을 찾는 방법까지 정확히 알고 있었다. 침팬지들은 이 모든 것을 완벽하게 해냈다. 침팬지는 정말, 정말 영리하다. 우간다의 숲속에서 길을 찾기 위해서는 수년간의 경험이 필요하다. 만약 내가 혼자 남았다면 나는 아무 음식(혹은 침팬지)도 찾지 못하고 진작에 숲속에서 죽었을 것이다. 침팬지들은 대부분의 인간보다 길을 훨씬 잘 찾는다.

그런데 영리한 야생 침팬지들과는 대조적으로 동물원과 연구소에 사는 침팬지들은 지능이 좀 떨어지는 것 같다. 영장류 동물학자인 브라이언 헤어Brian Hare의 재미있는 실험에서 이를 알 수 있다. 브라이언은 애틀랜타의 여키스영장류센터에서 침팬지를 연구했다. 젊고 열정적인 학자였던 브라이언은 침팬지들이 자신을 모방할 수 있는지 알아보기로 했다. 그는 매일 침팬지들 앞에서 물구나무서기를 했다. 침팬지는 보통 물구나무서기 같은 행동을 하지 않기에, 만약 이러한 행동을 한다면 그것은 명백한 모방이었다. 브라이언이 동료들에게 이런 계획을 설명하자 냉소적인 동료들은 그의 순수한 열정을 비웃었다. 그럼에도 브라이언은 굴하지 않고 침팬지들 앞에서 계속 물구나무서기를 했다. 어떻게 되었을까? 침팬지들은 얼마 후 반응을 보이기 시작했다. 다만 물구나무서기처럼 예상했던 반응은 아니었다. 침팬지들은 브라이언에게 자신의 배설물을 던졌다. 목표물을 꽤 잘 겨냥했고, 특히 브라이언의 얼굴을 맞히는 걸 즐기는 것 같았다. 브라이언은 빠르게 물구나무서기 프로젝트를 포기했다.

연구소에 사는 침팬지들은 내가 우간다에서 관찰했던 똑똑한 열대우

림의 길잡이들과는 매우 다른 행동들을 보인다. 연구소에서는 먹이가 제공되므로 할 일이 거의 없고, 먼 거리를 여행하지도 않기에 야생 침팬지들보다 몸무게 역시 훨씬 많이 나간다. 요컨대 연구소의 침팬지들은 너무 많이 먹고, 운동은 거의 하지 않으며 너무 지루해서 재미 삼아 똥을 던지곤 한다(혹시 당신의 상사도?)

침팬지는 매우 영리한 동물인가, 아니면 뒤룩뒤룩 살찐 게으른 동물인가? 답은 '둘 다'이다. 침팬지들의 행동은 그들이 사는 환경에 따라 달라진다. 자연 환경에 있을 때 침팬지의 본능은 그들이 적절한 행동을 하게끔 하지만, 동물원이나 연구소처럼 인공적인 환경에 있을 경우에 본능은 오히려 침팬지가 심각한 곤경을 겪게 만든다.

동물원의 침팬지가 된 투자자

그리 오래되지 않은 과거에 우리 조상들은 작은 무리를 지어 동물을 사냥하고, 식물을 채집하며 식량을 얻었다. 그러다가 농업혁명이 발생하며 인류는 진보했고, 그 후에는 산업혁명과 정보혁명이 우리 세상에 획기적인 변화를 불러왔다. 침팬지에게 동물원이 부자연스러운 환경이듯, 인간에게 현대의 도시는 부자연스러운 환경이다. 최근 몇 년 동안 학자들은 우리 조상이 살던 환경과 우리가 사는 환경의 차이를 통해 개인의 비합리성을 설명할 수 있다는 걸 증명했다. 동물원 침팬지가 이상한 행동을 하는 게 당연하듯, '스스로 갇힌 동물원'에 사는 우리 인간도 이상한 행동을 하는 게 당연한 일이다.

인간의 본능이 산업화된 생활환경에 적합지 않다는 것은 경제 외의 분야에서 폭넓게 연구되어 왔다.[1] 이를테면 대부분의 사람들은 몸에 좋지 않은 음식을 좋아한다. 우리는 왜 건강한 음식을 맛있다고 느끼지 않는가? 일부 학자들은 그 이유가 우리 조상들이 칼로리와 지방이 부족한 세상에 살았기 때문이라고 설명한다. 그들의 이론에 따르면 우리 조상들은 칼로리를 많이 섭취할수록, 특히 지방을 많이 섭취할수록 생존에 유리했다. 우리가 오늘날 '정크 푸드'라고 부르는 것을 많이 먹은 조상은 경쟁자들보다 더 잘 살아남아 번식할 수 있었다. 따라서 인류는 음식, 그중에서도 지방이 많은 음식을 좋아하도록 진화해 온 것이다. 세상이 변해서 이제 포화지방은 심장병을 유발하는 '기피 식품'이 되었지만, 그럼에도 우리는 여전히 조상들이 선호하던 음식을 먹으면 기쁨을 느낀다. 노스웨스턴대학의 윌리엄 아이언스William Irons 교수는 한 과학 논문에서 이 가설을 다음과 같이 요약했다.

> 고대의 환경에서 칼로리가 높은 음식을 선호하는 경향은 당시의 선조들이 환경이 허락하는 내에서 최선의 음식을 선택하게 만들었다. 그러나 이러한 선호는 다양한 음식을 선택할 수 있는 현대의 환경에서도 사람들이 건강하지 못한 음식을 선택하게 만든다.[2]

우리는 조상들과 다른 세상에 살고 있기에 우리 본능이 찾는 음식은 오히려 생존을 더 어렵게 만든다. 심리학자 존 투비John Tooby와 레다 코스미데스Leda Cosmides 교수도 한 논문에서 인간의 논리적 능력에 대해 이와 똑같은 주장을 한다.[3] 조상들에게 좋았던 것이 현대를 살아가는 우리에게는 나쁠 수 있다는 것이다. 이들은 인간이 비합리적이란 주장은 지나치게 단순하거나 완전히 틀린 생각이라고 주장한다. 그들은 인간의 행동을 문맥에 따라 다르게 평가해야 한다고 말한다. 조상들이 살던 곳과 비슷한 환경이라면 우리는 여전히 뛰어난 성과를 올릴 수 있을 것이다. 그러나 새로운 환경에서 우리는 물 밖에 나온 물고기나 다름없기 때문에 큰 전두엽 피질을 가지고도 바보처럼 행동한다. 이런 논리로 심리학자 게르트 기거렌처Gerd Gigerenzer 교수는 이 책의 앞부분에서 우리를 혼란에 빠뜨린 은행원 린다의 질문을 사람들이 이성적으로 사고할 수 있도록 바꿨다. 1장에서 나왔던 린다 문제를 떠올려보자. 대부분의 사람들은 결합 오류 때문에 이 문제를 맞히지 못했다.

31세의 미혼 여성인 린다는 솔직하고 아주 똑똑하다. 철학을 전공했으며 학생 때는 차별과 사회적 정의에 대한 문제에 깊은 관심을 가지고 반핵 시위에 참여하기도 했다.

다음 두 보기 중 무엇이 더 가능성 있어 보이는가?

1. 린다는 은행원이다.
2. 린다는 은행원이고 여성운동에 적극적이다.

기거렌처 교수는 이 문제를 다음과 같이 살짝 바꿨다.

31세의 미혼 여성인 린다는 솔직하고 아주 똑똑하다. 철학을 전공했으며 학생 때는 차별과 사회적 정의에 대한 문제에 깊은 관심을 가지고 반핵 시위에 참여하기도 했다. 위의 설명에 적합한 사람이 100명 있다. 그들 중 몇 명이 은행원일까? 그리고 그들 중 몇 명이 여성운동에 적극적인 은행원일까?

기거렌처 교수가 수정한 문제에서는 대부분의 사람들이 답을 맞혔다.[6] 이와 비슷한 여러 실험에서 기거렌처 교수는 문제가 확률(어떤 것이 더 가능성이 높은가?)로 제시될 때보다 빈도(100명 중 몇 명인가?)로 제시될 때 인간의 뇌가 더 잘 기능한다는 사실을 밝혀냈다. 그러면서 그는 인간의 뇌가 빈도를 다루는 데 더 적합하게 만들어졌다고 주장했다.[5] 인간은 왜 확률보다 빈도에 더 강할까? 그 까닭을 확실히 아는 사람은 아무도 없지만, 나는 우리 조상들이 결과를 빈도의 관점에서 생각했기에 우리 뇌가 이렇게 발달한 것이 아닐까 상상한다. 조상들은 아마도 "이렇게 비가 계속 내릴 때 움막 서쪽에서 맛있는 영양을 잡았던 게 기억나"라고 말하지, "비가 올 때 사냥에 성공할 확률이 7% 증가해"라고 말하지는 않았을 것이다.

기거렌처 교수를 비롯한 여러 연구자들의 논문에서 공통적으로 나오는 결론은, 인간의 비합리적 행동을 다른 방법으로 해석할 필요가 있다는 것이다. 이들은 인간이 비합리적인 것이 아니라, 특정 상황이 인간을 비합리적인 행동으로 몰아간다고 주장한다. 조상의 관점에서 보는 것이 얼마나 가치가 있느냐에 대해서는 학계 내에서도 활발한 논의가 이루어지고 있다. 흥미롭게도 리처드 탈러 교수를 비롯한 여러 행동경제학자들은 인간의 본성이 고대 환경에서 어떻게 만들어졌는지를 고려하는 것은 별 가치가 없다고 생각한다.[6] 이에 반해 조상들의 관점이야말로 인간 본성—비합리적 측면을 포함해—에 대한 모든 연구의 기초가 되어야 한다고 보는 입장도 있다. 나 역시 이쪽에 해당한다.

오늘날 인간이 여러 문제를 겪는 이유가 과거와 다른 부자연스러운 환경 탓이라고 진단하는 관점은 비합리성의 근본 원인을 이해하는 데 큰 도움이 된다. 또한 우리의 마지막 여정에서 제공할 실질적인 조언의 근거가 되기도 한다. 인간은 현대와 다른 환경에 맞게끔 만들어졌고, 바로 이 때문에 투자에서 여러 문제를 겪는다. 즉, 인간은 원래 올바른 투자 결정을 내리기 어렵도록 만들어졌다. 도마뱀의 뇌는 우리 조상들이 식량을 얻고, 맹수를 피해 생존할 수 있도록 도왔지만 현대 환경에서는 우리가 비합리적인 행동을 하도록, 심지어 자멸하도록 이끈다. 투자 결정에 관한 한 환경은 타고난 재능보다도 훨씬 큰 영향을 미친다.

똑똑한데 멍청한 도마뱀의 뇌

우리의 결정은 세 가지 경우로 나눌 수 있다. 도마뱀의 뇌가 미치는 영향이 중립적인 경우, 도마뱀의 뇌가 올바른 해결책으로 인도하는 경우,

도마뱀의 뇌가 기회와 부조화를 이루는 경우다. 금융시장은 세 번째 경우에 속하며 그중에서도 가히 최악의 환경이라고 할 수 있다.

중립적 환경: 1980년대 샌디에이고에 살던 나는 친구 짐과 함께 주기적으로 라스베이거스로 여행을 가곤 했다. 한번은 룰렛 테이블에 앉아 있는 짐이 '흥미로운' 베팅 전략을 사용하고 있는 것을 보았다. 그는 룰렛 공이 빨간색 위에 떨어지면 다음 판에서는 검은색에 베팅했고, 반대로 공이 검은색에 떨어지면 그다음에는 빨간색에 베팅했다. 왜 그렇게 하느냐고 묻자 짐은 "친구, 공이 두 번 연속으로 같은 색깔 위에 떨어질 것 같진 않잖아?"라고 대답했다. 그러나 그의 분석은 틀렸다. 룰렛 휠이 제대로 만들어져 있다면 이전 판을 기억하지 못할 것이다. 설령 10번 연속 빨간색이 나왔다고 해도 그다음 판에 빨간색이 나올 확률은 매번 동일하다.

짐의 논리는 완벽하지 않았지만 그의 베팅 전략은 괜찮았다. 사실 번갈아가며 베팅하는 전략은 매번 빨간색에 베팅하거나, 매번 검은색에 베팅하거나, 맑은 날에만 검은색에 베팅하는 다른 전략들과 이길 확률이 정확히 같으니 말이다. 빨간색이나 검은색에 베팅하는 모든 전략은 기대 수익이 같다. 영화 「풀 메탈 자켓」(1987)에서 해병대 훈련 교관은 누구도 특별히 얕보지 않는다면서 "여기 있는 너희는 모두 똑같이 쓸모없다"라고 말한다. 마찬가지로 룰렛 휠에 대한 모든 베팅 전략 역시 똑같이 쓸모없다. 도박꾼은 돈을 잃고, 카지노만 이익을 얻게 되어 있는 구조인 셈이다.

도마뱀의 뇌는 패턴이 없을 때조차 패턴을 찾도록 설계되었다는 사실을 명심해라. 패턴이 깨졌을 때 우리가 생리적으로 얼마나 놀라는지를 보여주는 연구도 있다. 예를 들어 동전 던지기를 할 때 앞면이 많이 나올수록 다음번에 앞면이 나오면 덜 놀란다. 우리 뇌의 이성적 영역, 즉 전두엽 피질은 앞면이 나올 확률이 언제나 50%라는 것을 알고 있지만 뇌의 일부는 과거를 이용해 미래를 예측하는 것이다.[7] 그래서 룰렛 바퀴를 오래 보다 보면 도마뱀의 뇌가 패턴을 찾는다. 어떤 패턴이 나타나든 그것은 무작위적인 결과라는 걸 전두엽 피질이 명백히 알고 있더라도 말이다.

다행히 룰렛 휠은 우리의 어리석은 도마뱀의 뇌가 사용하는 전략에 중립적이다. 이런 점에서 볼 때, 과거에서 패턴을 찾으려 하는 우리의 비합리적인 뇌는 룰렛처럼 그 전의 결과를 기억하지 않는 환경에서는 무해하다고 할 수 있다.

도움이 되는 환경: 우리의 본능은 카지노에서는 어리석어 보여도 다른 환경에서는 옳은 결정을 내리도록 도와준다. 사실 패턴을 찾으려는 성향을 비롯해 우리 뇌의 여러 가지 특징은 조상들의 삶에 도움을 주기 위해 발달하기 시작했다. 현대 세계는 매우 많은 면에서 부자연스럽기에, 본능적으로 문제를 해결하는 좋은 예는 우리 조상들처럼 수렵채집 생활을 하는 사람들에게서 찾아볼 수 있다. 동물을 사냥하고 식물을 채집해 살아가는 수렵채집 문화는 불과 몇십 년 전까지도 존재했다. 비록 지금은 대부분의 수렵채집 사회가 사라지거나 파괴되었지만 그들이 영

위했던 생활 방식은 인류학적 기록으로 남아 있다.[8]

예를 들어 !쿵산족('!'는 '혀를 차는 소리'로, 코이산어를 포함한 몇몇 언어에서 사용된다)은 최근까지도 칼라하리 사막에서 식물을 채집하고 동물을 사냥하며 살았다. 인류학을 연구하는 리처드 리Richard Lee 교수와 어벤 드보어Irven DeVore 교수는 1960년대에 !쿵산족과 함께 생활했는데, 그들은 !쿵산족이 매우 가혹한 환경에서 사는 데 뛰어나다는 기록을 남겼다. 리 교수에 따르면, !쿵산족은 매우 뛰어난 사냥꾼이며 모래 위에 남아 있는 아주 희미한 발자국만 보고도 몇 분 혹은 몇 시간 전에 동물이 지나갔는지를 정확하게 알아맞힌다고 한다.[9] 패턴을 찾아내고 그것으로 유추하는 능력은 혹독한 사막에서도 !쿵산족이 생존할 수 있게 하는 핵심 기술이었다. 그들은 동물의 미묘한 흔적까지도 읽어낸 덕분에 고기를 얻을 수 있었다.

자연 환경에서 패턴을 찾는 뇌는 멋지게 능력을 발휘할 수 있다. 카지노에서와 달리 자연 환경에서는 패턴을 찾는 것이 좋다. 약 1만 년 앞선 농업혁명 전까지 모든 인간은 수렵채집 활동을 통해 살아갔다. 오늘날에도 우리의 뇌는 여전히 수렵채집 시절 조상의 뇌와 비슷한 성질을 띠고 있다는 증거가 있다.[10] 그중 한 연구는 남자와 여자가 식량을 찾는 능력이 다르다는 것을 보여준다. 거의 모든 수렵채집 사회에서 여성은 식물을 채집하고 남성은 동물을 사냥하는 식으로 분업을 했다. 그 시절은 분유와 우유병이 없었기 때문에 여성은 모유를 수유할 수 있도록 유아들과 함께 이동해야만 했고, 그래서 차별이 없는 사회였음에도 여성과 남성은 각자 다른 역할을 맡았다. 여성은 이동하지 않는 식물성 식량을 찾았고, 남성은 이동하는 동물성 식량을 찾았다. 이렇게 성별에 따른 분업이 이루어졌다는 사실에서 착안해 진화심리학자 어윈 실버먼 Irwin Silverman과 마리온 얼스Marion Eals는 여성이 물체의 위치를 더 잘 기억할 것이라는 가설을 세웠다.[11] 이들은 실험을 통해 여성들이 소위 '사물 위치 기억'이라는 과제에 훨씬 더 뛰어나다는 것을 보여줬다.

나도 수업을 듣는 학생들을 대상으로 이 실험을 해봤는데, 학생들이 답을 낸 후 점수를 공개하기 전에 먼저 세계 각지에서 이루어진 실험 결과를 보여줬다. 20점 만점인 이 실험에서 세계 각지의 남자 평균은 12점, 여자 평균은 14점이었다. 먼저 남학생들의 점수를 공개했는데, 하버드대학교 남학생들의 평균 점수는 16점대였다. 그들은 자신들의 점수가 세계 여자 평균보다도 높은 것을 보고 당연히 자신들이 여학생들을 이겼을 것이라고 생각했다. 그러나 하버드의 여학생들은 거의 만점인 20점에 가까운 점수를 받았고, 이 실험을 할 때마다 여학생들은 늘 가볍게 남학생들을 이겼다.

이 실험에서도 알 수 있듯이 인간은 원시 인류의 문제를 해결하는 데 유리하도록 만들어졌을 뿐만 아니라, 특정 문제를 더 잘 해결하는 쪽으로 진화했다. 자연 환경에서는 우리의 본능이 꽤 괜찮아 보인다. 마치 장래에 사냥꾼과 채집가가 되도록 설계된 것 같다. 리처드 리가 !쿵산족을 표현한 것처럼 우리의 능력은 거의 '초자연적으로' 뛰어나다. 다만 이 원시적인 본능이 부자연스러운 환경에서 나타나면 문제가 생긴다. 그리고 인간의 뇌에 금융시장만큼 부자연스러운 환경은 아마 없을 것이다.

위험한 환경: 이 책에서 반복적으로 이야기하고 보여줬듯이 우리는 팔아야 할 때 사고, 사야 할 때 파는 경향이 있다. 투자는 본질적으로 미래를 예측해야 성공할 수 있는 일이나, 도마뱀의 뇌는 뒤를 돌아보도록 설계되었다. 그래서 도마뱀의 뇌는 우리가 (상승한 후인) 시장의 정점에서는 낙관적인 태도를, (하락한 후인) 시장의 바닥에서는 비관적인 태도를 갖게 한다.

그러나 투자에는 규칙이 없다. 예를 들어 '성장주를 사야 할까?'라고 고민한다면, 아마 다른 투자자들이 성장주를 사지 않는 한 주가는 계속 고평가 상태일 것이기에 그러면 주식을 매도하는 편이 나을 수 있다. 투자는 조상들이 했던 과제와는 근본적으로 다르다. 투자는 과거에 가장 효과가 좋았던 일을 하기보다는 다른 사람들보다 한발 앞서야 한다. 따라서 정보와 올바른 행동 사이에 어떤 안정적인 관계가 있을 수 없다. 너도나도 한발 앞서가려다 보면 우리는 종종 이상한 말을 하게 된다. 예를 들면 "기대대로 마이크로소프트의 실적이 예상치를 넘어섰다. 그러나 어닝서프라이즈가 일반적으로 기대했던 것보다는 작았기 때문에 주가는 시간외 거래에서 떨어지고 있다."

투자에서 유일한 규칙이 있다면, 다른 사람들이 어떻게 행동할지 예측해 그들의 행동으로부터 이익을 얻어야 한다는 것이다. 본능적으로 행동하거나 펀더멘털 자료에 근거한 고정된 규칙으로 투자를 하면 먹잇감이 되기 십상이다.

부자연스러운 환경에서 돈을 버는 여덟 가지 규칙

투자에서 돈을 벌기 위해서는 본능을 정확히 억제해야 한다. 운이 좌우하는 중립적인 도박이나 수렵채집 같은 조상들의 문제와 달리, 투자에서는 우리의 '본능적 반응'을 억제해야 성공할 수 있다. 이 장에서 말하는 모든 투자 조언은 분석력이 한참 모자란 도마뱀의 뇌가 투자 의사결정에 끼어드는 것을 방지하는 방법이다. 단적으로 말해 돈을 벌려면 도마뱀의 뇌에 자물쇠를 채우고 그 자물쇠를 여는 열쇠를 멀리 갖다 버리는 게 좋다. 지금부터는 도마뱀의 뇌를 통제해 투자에 성공하는 8가지 영원불변의 원칙을 알려주겠다.

원칙 1, 감정을 멀리하라, 당신이 톰 크루즈가 아니라면: 1987년 1월, 나는 전설적인 트레이더 폴 튜더 존스 2세의 뉴욕 사무실을 방문했다. 하지만 그는 전세기를 타고 캘리포니아에서 열리는 슈퍼볼 행사에 가서 사무실에 없었다. 폴은 시장의 최신 정보를 얻기 위해 자신의 사무실에 전화했다. 폴은 주식이 오를 것이라고 생각하면서 하루의 장을 시작했다. 그는 이미 전날에 S&P 선물을 대량 매수한 상태였다. 통화를 시작했을 때는 좋은 소식을 들었다. 시장이 크게 상승해 수백만 달러를 벌었다는 것이다. 그러나 통화 도중 주식시장은 갑자기 급락하기 시작했다. 폴은 주가가 떨어지고 있다는 소식을 듣자 시카고 거래소로 전화를 연결해 달라고 했고, 전화가 연결되자 전화기에 대고 소리를 질렀다.

"전부 팔아, 지금! 전부 다!"

잠시 후 시카고 거래소는 폴에게 그가 가진 주식을 전량 매도했다고 알렸다. 빠르게 움직이는 시장에 신속하게 반응함으로써 폴은 큰 수익을 남길 수 있었다. 나는 그때 폴이 시카고 거래소에 주식 선물을 더 많이 매도하라고 지시하는 것을 듣고 깜짝 놀랐다. 그는 매수 포지션을 전부 정리했기에, 이러한 추가적인 매도는 시장이 더 하락할 때 이익을 낼 수 있게 하는 쇼트포지션(하락에 베팅하는 것)을 만드는 것이었다. 폴은 상승에 베팅했다가 순식간에 하락으로 포지션을 바꾼 것이다. 몇 시간이 지난 후 주식은 실제로 큰 폭으로 하락했고, 폴은 수백만 달러 이상을 더 벌었다.

　영화 「탑건」(1986)에서 톰 크루즈가 연기한 주인공 매버릭은 위험한 비행을 벌여 사람들로부터 빈축을 산다. 교관들은 매버릭이 하지 말아야 할 비행의 예를 보여줬다며 비난을 퍼부었다. 그러나 매버릭의 라이벌인 슬라이더는 그에게 "내가 본 것 중 가장 용감한 비행이었어"라고 속삭인다. 마찬가지로 주가 상승에 베팅했다가 잠깐 사이에 하락에 다시 베팅한 폴 튜더 존스의 포지션 전환은 내가 본 것 중 가장 용감한 거래였다.

　「탑건」에서 교관들은 다른 조종사들에게 본능적으로 비행하는 매버릭이 아니라 냉철한 아이스맨처럼 비행하라고 가르친다. 나도 그렇다. 폴 튜더 존스처럼 거래하기를 꿈꿀 수는 있지만, 그의 본능적인 거래를 모방해서는 안 된다. 2장에서 오딘 교수가 "전형적인 투자자들은 정확히 잘못된 방향으로 투자하는 경향이 있다"라고 말했던 것을 기억하라. 그의 연구에서 비전문가들은 나쁜 주식을 사고 좋은 주식을 파는 경향을 보였다. 이런 투자자들에게 곡예비행은 이익보다는 손실을 가져오기 쉽다.

오딘 교수는 주식 거래가 대부분을 위험에 빠뜨린다는 또 다른 연구 결과를 발표했다. 그는 남성과 여성의 차이를 살피기 위해 두 번째 연구에서도 개인 투자자 수천 명의 증권거래 계좌를 조사했는데, 이 연구에는 '남자들은 어쩔 수 없다'는 다소 자극적인 제목이 붙었다.[12]

남자들은 어떻게 '어쩔 수 없는' 모습을 보였을까? 오딘 교수는 연구에 참가한 남성들이 여성들보다 더 나쁜 투자를 한다는 사실을 발견했다. 투자 원금 1달러당 남성은 여성보다 훨씬 적은 수익을 냈다. 이 원인을 조사한 결과, 남성이 여성보다 45% 더 자주 거래한다는 사실이 나타났다. 모든 거래에는 거래 비용이 수반되므로 다른 조건이 전부 똑같다면 투자자가 더 자주 거래할수록 최종 수익이 줄어든다. 남성들의 빈번한 거래가 여성들보다 더 큰 손실을 가져온 것이다. 그렇다면 남성과 여성 중 누가 더 좋은 종목을 선택했을까? 연구에 따르면 성별 상관없이 종목 선택은 똑같이 형편없었다. 평균적으로 모든 거래는 거래를 하지 않은 것에 비해 손실을 입었다. 남성들은 단순히 더 자주 거래했기에 더 낮은 수익률을 거둔 것이다. 이 연구는 남성이 여성보다 수익률이 낮은 이유는 더 빈번한 거래 횟수 때문이지, 종목 선택을 더 못하는 탓이 아니란 결론을 내린다. 그러니 절대 감정적으로 거래하지 마라. 그리고 가능한 한 적게 거래하라. 물론 당신이 폴 튜더 존스 2세나 매버릭처럼 뛰어난 본능을 지녔다면 아무 조언도 필요하지 않겠지만.

원칙 2, 아무도 믿지 마라, 나 자신조차: 1990년대 후반 기술주 버블 시기, 돈을 버는 가장 좋은 방법 중 하나는 공모주 투자였다. 당시 가장 유명한 공모주는 상장 첫날 주가가 600% 이상 상승한 더글로브닷컴$_{TheGlobe.com}$이었다. 더글로브닷컴에 투자한 1만 달러는 몇 시간 만에 6만 달러가 되었다. 확실히 월급보다 나았다! 이뿐만 아니라 다른 수십 개의 공모주들도 상장 첫날 엄청난 상승을 기록했다.

그렇다면 공모주는 어떻게 매수할 수 있을까? 버블 시기에 사람들은 공모주를 받기 위해 온갖 짓을 다 했다. 나는 한 번도 공모주를 살 수 없어서 다른 사람들을 부러워하며 지켜볼 뿐이었다. 그러던 중 이토이즈$_{eToys}$가 기업공개를 한 날, 친구 주디스는 내게 이토이즈 주식으로 2만 달러를 벌어들인 지인에 대해 이야기해 줬다. 그 지인이 이토이즈에 다니는 연줄을 통해 공모주의 일부를 받게 되었다고 했다. 당시 버블이 한창이던 기업공개 환경에서 이는 단순한 거래를 넘어 선물을 받는 것과 같았다.

그리고 2000년 4월 말, 내 브로커인 앤디에게 전화가 왔다. 그는 공모주에 들어갈 기회가 있다고 말했다. 이는 내게 돈을 벌어다 줄 절호의 기회였을까? 전혀 아니었다. 그가 제안한 주식은 AT&T 와이어리스$_{AT\&T\ wireless}$, 종목명은 AWE였다. 내겐 주당 29.50달러에 그 주식을 살 기회가 주어졌지만 나는 끝내 사지 않았다. 위대한 투자서인『어느 주식투자자의 회상』이라는 명저 때문이었다.[13] 이 책은 유명한 투기꾼 제시 리버모어$_{Jesse\ Livermore}$를 모델로 한 인물의 영웅적인 거래를 다루고 있다. 그중에는 주인공이 주식에 대한 정보를 받고, 그와 정확히 반대로 투자해 돈을 버는 이야기가 나온다. 앤디가 AWE 주식에 투자하라고 전화했을 때 나는 이 이야기를 떠올렸다. 다른 주식 공모 때는 전화한 적이 없으면서 왜 이번에는 내게 전화를 했을까? 이유는 여러 가지가 생각났지만, 어떤 것도 이 공모주 투자가 돈을 벌어다 줄 것이라는 상상을 이끌어내지 못했다. 사실 내가 트레이딩의 대가였다면 그 주식을 공매도해서 상승의 반대에 베팅했을 것이다. 하지만 나는 그저 투자 제의를 거절하고 그 주식을 유심히 지켜보는 신중한 전략을 택했다. 그후 어떤 일이 벌어졌을까? AWE의 주가는 크게 하락했다. 아주 잠깐 공모가를 살짝 웃돌다가 금세 5달러 이하로 떨어졌다. 이 경험에서 얻을 수 있는 한 가지 교훈은, 누구로부터도 팁을 받지 말라는 것이다. 그리고 이 '누구'에는 우리 스스로도 포함된다. 스스로에게 팁을 주는 건 어떻게 가능할까? 그리고 왜 우리는 스스로의 팁에 회의적인 태도를 가져야 할까?

뇌를 하나의 결집력 있는 독립체로 생각해서는 안 된다. MIT 교수인 마빈 민스키에 따르면, 뇌는 '서로 다르고 때론 경쟁적인 목표를 가진 마음의 사회'로 이해해야 한다. 더욱 많이 사고하고 인지하는 부분은 전두엽 피질에 있는 반면, 도마뱀의 뇌는 다른 곳에 있다. 또한 최근의 신경과학 연구에 따르면 도마뱀의 뇌는 우리에게 손실을 가져다주는 행동들과 관련되어 있다.

거래하고 싶은 충동이 느껴진다면 그것은 전두엽 피질이 아니라 도마뱀의 뇌가 주는 팁일지도 모른다. 비록 이 낡은 뇌가 조상들을 사냥감이 있는 쪽으로 이끌어줬을지는 몰라도, 우리를 부자로 만들어주지는 못한다. 그래서 뇌가 투자 아이디어라는 팁을 건넨다면 그 팁을 의심스러운 눈으로 바라봐야 한다. 그 아이디어가 과연 합당하고 냉철한 분석을 바탕으로 나온 것인가? 아니면 나도 모르게 마법처럼 생겨난 것인가?

만약 그 아이디어가 지금이 아니면 지나가 버릴 절호의 기회 같고, 당장 실행해야 할 만큼 절박하게 느껴진다면 그것은 도마뱀의 뇌가 작동한 것이다. 나는 충동이 들든 그렇지 않든, 투자 아이디어가 떠오르면 그것을 실행하기까지 최소한 일주일을 기다린다. 이 원칙 때문에 큰 기회를 잃을지도 모르지만, 적어도 수많은 나쁜 결정을 내리는 것만큼은 막을 수 있다.

절대로 다른 사람의 팁을 받아 거래하지 말되, 스스로 떠올린 생각에도 회의적인 태도로 접근하라. 도마뱀의 뇌가 주는 나쁜 팁에 속았을지도 모르니 절대 충동적으로 거래하지 마라. 투자 아이디어가 떠오른다 해도 그것을 실제로 실행하기까지는 상당한 유예 시간을 둬야 한다.

원칙 3, 물타기는 금물이다: 1장에서 우리는 1987년 내가 폴 튜더 존스 2세의 사무실에 갔다가 본 두 가지 메모 중 하나에 대해 이야기했다. 나머지 하나의 메모에는 '실패하는 투자자는 손실을 보고 있는 주식의 평균 매입단가를 낮춘다'라고 적혀 있었다.

무슨 뜻일까? 3단계로 분석해 보자. 첫째, 평균화란 무슨 뜻인가? 둘째, 손실을 보고 있는 주식의 평균 매입단가를 낮춘다는 것은 무슨 뜻인가? 셋째, 실패하는 투자자는 손실을 보고 있는 주식의 매입 평균단가를 낮춘다는 말은 무슨 뜻인가?

투자의 평균화란 기존 포지션에 주식을 더한다는 뜻이다. 예를 들어 나는 1990년대 초에 마이크로소프트 주식을 사기 시작했다. 내가 매입한 가격은 주당 약 2달러였다. 그 후 몇 년 동안 나는 점점 더 높은 가격에 주식을 추가 매수했다(결국 주당 가격은 60달러까지 올랐다). 주식을 더 많이 매수하자 마이크로소프트 주식에 지불한 매입 단가가 변했다. 2달러에 매수한 원래 주식과 더 비싸게 산 주식이 합쳐지면서 평균 매입단가가 오른 것이다. 이렇게 기존의 투자 규모를 늘리는 것을 평균화라고 한다.

손실을 보고 있는 주식의 평균 매입단가를 낮춘다는 것은 최초 매수 이후 '하락한' 주식을 더 많이 매수한다는 뜻이다. 그리고 '실패하는 투자자는 손실을 보고 있는 주식의 평균 매입단가를 낮춘다'라는 말은, 형편없는 투자자들은 주가가 떨어질 때 추가 매수를 한다는 뜻이다. 다시 말해, 그들은 돈을 잃게 만든 종목에 더 많은 돈을 던져 넣는다. 이는 모든 주식 거래에서 가장 빈번하게 저지르게 되는 실수 중 하나다. 실제로 『어느 주식투자자의 회상』에서는 이를 첫 번째 교훈으로 언급한다.

> 나는 정확히 잘못된 투자를 했다. 면화는 손실이 났는데도 계속 보유하고 있었고, 밀은 수익을 내는데도 매도해 버렸다. 투기를 하며 저지르는 실수들 가운데 가장 큰 실책은 손실이 난 종목의 매입단가를 낮추려고 하는 것이다. 언제나 손실이 나는 것은 팔고, 수익이 나는 것을 보유해라.

폴 튜더 존스 2세의 메모는 전혀 새로운 이야기가 아니지만(『어느 주식 투자자의 회상』은 1923년에 처음 출판되었다), 비합리성의 과학과 연결 짓는 것은 확실히 새로운 접근이다. 대니얼 카너먼 교수는 인간의 심리가 손실을 다루는 비합리적인 방식을 연구했다. 1장에서 봤듯이 우리는 손실에 직면했을 때 더 비합리적으로 행동한다. 심지어는 자존심을 회복하기 위해 집까지 거는 도박도 불사한다. 이렇게 손실을 피하려는 본능적인 욕구는 역설적으로 훨씬 더 많은 손실을 초래한다.

나는 골드만삭스에서 일할 때 이런 사건을 목격했다. 당시 회사채 부문 보스가 매매 결정을 검토하기 위해 트레이더들을 만나고 있었다. 그는 한 트레이더의 매매 내역을 보고 격노해서 그것을 쓰레기통에 버려버렸다. 그러고는 이렇게 말했다.

"벌고 있는 종목은 다 팔아버리고 잃고 있는 종목만 들고 있군. 오늘 장이 끝나기 전에 여기 있는 쓰레기들을 다 팔아치우지 않으면 내일 아침에 자네 책상은 없을 거야."

노련한 투자자들조차도 잃고 있는 종목에 매달려 평균 매입단가를 낮추고 싶은 충동과 싸우곤 한다. 이 기본적인 실수를 범한 골드만삭스의 트레이더도 약 8년의 투자 경력을 가진 베테랑이었고 1년에 100만 달러 이상을 벌어들이고 있었다. 실제로 폴 튜더 존스가 책상 위에 그런 메모를 써놓았다는 건, 그조차도 실수를 하지 않으려면 이 말을 상기해야 할 필요가 있었다는 방증이다. 절대 손실이 난 종목을 추가 매수하지 마라. 포지션을 늘리는 건 가격이 오를 때만 해야 할 일이다.

원칙 4, 적립식 분할매수를 하지 마라: 실패하는 투자자는 손실을 보고 있는 주식의 평균 매입단가를 낮춘다. 이 말에 동의한다면 '적립식 분할매수Dollar-cost Averaging' 방식으로 투자해서도 안 된다. 적립식 분할매수란 무엇이며, 왜 이것이 '손실을 보고 있는 주식의 평균 매입단가를 낮추는 것'과 똑같다고 하는 걸까? 모틀리 풀 웹사이트에 올라온 다음의 기사를 한번 살펴보자.

> 적립식 분할매수는 불안정한 시장에서 계좌를 보호하는 좋은 방법이 될 수 있다. 시장의 오르내림과 관계없이 일정한 금액을 정기적으로 투자함으로써 시간이 지남에 따라 주식을 적립하는 방법이다. 이 방법의 장점은 주가가 떨어지면 주식을 더 많이 매수할 수 있고, 주가가 오르면 덜 살 수 있다는 것이다.

일반적인 통념은 적립식 분할매수가 좋은 방법이라고 말한다. 어떤 사람들은 주기적으로 월급에서 일정 금액을 떼어 주식에 투자하기도 한다. 이 방식 역시 적립식 분할매수의 일종이다. 합리적인 방법처럼 느껴지는가? 사실 적립식 분할매수는 지속적으로 오르는 주식에 투자한다면 이익을 얻을 수 있는 전략이다. 강세장에서는 가격이 하락할 때가 곧 기회이기에, 모틀리 풀에서 설명하는 것처럼 '하락'하는 동안 더 많은 주식을 매수할 수 있다는 것이 '장점'이다. 그러나 장기적인 약세장에서는 이 방식이 오히려 불리하다. 예를 들어 이토이즈 주식을 적립식 분할매수한 투자자를 생각해 보자. 매달 이토이즈의 주가가 하락함에 따라 이 투자자는 같은 금액으로 더 많은 주식을 매수하게 된다. 즉, 모틀리 풀의 기사처럼 '주가가 떨어지면 주식을 더 많이 매수할 수 있다.' 매우 훌륭하다. 이토이즈가 파산 신청을 하지만 않았다면. 파산 신청 시점에서 이토이즈 주식의 가치는 제로가 되었다.

적립식 분할매수는 하락하는 주식에 대해서는 효과가 없다. 일본 니케이지수는 1989년에 4만 포인트를 돌파했고 15년 후 1만 2000포인트로 떨어졌다. 따라서 그 15년 동안 일본 주식을 적립식 분할매수한 투자자는 손실 중인 종목의 포지션을 늘리면서 평균 매입단가를 낮춘 것이다. 즉, 하락하는 종목을 점점 더 많이 보유하게 된 것이다. 설사 1989년에 일본 주식의 전망을 낙관했더라도 적립식 분할매수보다는 그때 당장 사는 편이 나았다. 평균 매입단가를 낮추며 주식을 모으는 것보다 훨씬 더 싸게 살 수 있고, 15년 동안 손실을 견디며 침체기를 보내지 않을 수도 있었을 것이다.

하락장에서 평균 매입단가를 낮추는 전략은 실수를 하고선 똑같은 방식으로 더 많은 돈을 내다버리는 것이나 다름없다. 그런데 이게 사실이라면 왜 적립식 분할매수 전략이 그렇게 인기 있는 것일까? 답은 평생을 강세장에서 살아온 도마뱀의 뇌가 적립식 분할매수를 좋아하기 때문이다. 사실 도마뱀의 뇌는 과거에 효과가 있었다면 뭐든 좋아한다.

지금까지 미국에서는 적립식 분할매수를 하면 항상 '장기적으로' 수익을 거두었다. 미국의 역사를 통틀어 주식은 결국 늘 회복되었고 새롭게 고점을 경신하곤 했기 때문이다. 몇 번의 극단적인 하락이 있긴 해도, 무려 200년 동안 강세장이 유지되었던 미국 주식시장에서 적립식 분할매수 전략은 분명 효과적이었다. 하지만 주가가 지속적으로 하락하면 이 전략은 이익을 내지 못할 것이다. 장기적인 약세장에서의 주가 하락은 단순한 일시적 후퇴가 아니다. 더 큰 하락으로 가는 과정 중 하나다. 적립식 분할매수는 강세장에 적합한 전략이다. 이는 다람쥐가 먹이를 쌓아놓는 것과 같다. 먹이를 쌓아놓는 다람쥐의 전략은 완벽하기 그지없다. 단, 악랄한 곰이 없을 경우에만 말이다.

적립식 분할매수로 미국 주식에 투자하는 것은 백미러를 보고 운전하는 행위나 다름없다. 지난 20년 동안은 훌륭한 전략이었지만 그것이 미래의 수익을 보장하지는 않는다. 앞으로도 강세장이 계속되리라는 비밀 정보를 얻은 게 아닌 이상 적립식 분할매수 방식으로 투자하지 마라. 적립식 분할매수는 손실 중인 종목의 포지션을 늘려 평균 매입단가를 낮추는 것과 똑같은 꼴이 될 수 있다. 원칙 3을 명심해라.

원칙 5, 뮤추얼펀드의 운용 보고서를 열지 마라: 영화 「오스틴 파워」(1997)의 엔딩 크레디트가 올라갈 때 주인공 오스틴 파워가 말괄량이 같은 바네사의 사진을 찍는 모습이 나온다. 파워는 연신 사진을 찍어대며 "이것도 무시하고, 저것도 무시해. 그냥 사진 찍는 나를 깡그리 무시해"라고 말한다. 나도 투자자들에게 똑같이 말하고 싶다. "외부 정보를 최대한 무시해, 그냥 깡그리 무시해."

현대의 미디어와 기술이 너무 발달한 나머지 우리는 요즘 거의 즉각적으로 정보를 얻는다. CNBC와 블룸버그TV 등 경제 방송으로 모든 사람이 속보를 접할 수 있고, 개인 투자자라도 월스트리트의 전문가와 동시에 기업 실적 발표를 들을 수 있다. 이전 시대에는 정보가 투자자에게 도달하기까지 오랜 시간이 걸렸다. 예를 들어 1815년 워털루 전투가 영국 금융시장에 미친 영향을 생각해 보자. 전투 초기에 나폴레옹이 승리할 것 같다는 보고가 전달되자 영국 시장은 급격히 나빠졌다. 시장이 급락하고 매도자들이 패닉에 빠진 사이 네이선 마이어 로스차일드Nathan Meyer Rothschild는 침착하게 매수에 나섰다. 며칠 후 나폴레옹이 패배했다는 소식이 런던에 전해지며 시장은 급상승했고, 로스차일드는 편안하게 돈을 벌 수 있었다.[14] 그는 왜 다른 사람들이 앞다퉈 매도할 때 정반대의 선택을 했을까? 그의 훈련된 비둘기들이 영국 해협을 가로질러 전달한 정보를 미리 들었기 때문이다. 그래서 프랑스군이 패배했다는 소식을 며칠 앞서 알았고, 큰돈을 벌 수 있었던 것이다.

그렇다면 우리 모두 CNBC를 보고 실적 발표를 들으면 로스차일드가 될 수 있을까? 아마 대부분은 '아니요'라고 대답할 것이다. 뉴스가 전해질 때는 수익이 나는 투자를 하기에 너무 늦는 경우가 대다수다.

영화 「월스트리트」(1987)에서 악명 높은 금융가 고든 게코는 주인공 버드 폭스에게 "잠에서 좀 깨는 게 어때, 친구? 만약 네가 안에 있는 게 아니라면 넌 바깥에 있는 거야"라고 충고한다. 내부에 있는 사람들만이 뉴스를 통해 투자에서 수익을 볼 수 있다. 만약 당신이 내부에 있는지 확실하지 않다면, 당신은 내부에 있는 것이 아니다.

사람들이 저지르는 최악의 실수는 뉴스를 보고 거래하려는 것이고, 그다음으로 최악의 실수는 뉴스를 보려는 것이다. 사람들은 정보를 잘 무시하지 못한다. 카너먼과 트버스키 교수의 실험 하나는 쓸모없는 정보가 분석에 미치는 영향을 보여준다. 이 실험의 참가자들은 유엔에 속한 국가들 중 아프리카 국가가 몇 퍼센트나 될지 어림해 보라는 요청을 받았다. 그리고 대답하기 전 실험 참가자들 앞에서 회전판을 돌려 임의의 숫자를 보여줬다. 합리적인 사람이라면 회전판을 돌려서 나온 쓸모없는 정보에 휘둘리지 않을 것이다. 그러나 이들은 정보를 무시하지 못했다. 회전판에서 높은 숫자를 본 사람들은 낮은 숫자를 본 사람들보다 유엔에 속한 아프리카 국가들의 비율을 더 높게 추측했다.[15]

우리는 관련 없는 정보에 영향을 받는다. 이 '앵커링 효과Anchoring Effect'는 여러 실험에서 입증되었다. 앵커링은 협상을 할 때 먼저 제안을 하는 것이 유리한 이유 중 하나다. 처음에 나온 숫자가 무엇이든, 그것은 최종 결과에 영향을 주기 때문이다.

정작 TV에 나오는 전문가들의 분석에 동의하지 않는데도 이들의 의견 때문에 손해 보는 거래를 한 적이 있는가? 그렇다면 정보를 무시하는 것이 얼마나 어려운지, 그리고 정보를 접함으로써 얼마나 비싼 대가를 치를 수 있는지 알고 있을 것이다. TV 뉴스를 무시해라. 뮤추얼펀드의 운용 보고서도 열어보지 않는 편이 도움이 될 수 있다. 실제로 투자실적을 자주 확인할수록 오히려 성과가 나빠진다는 증거가 있다.[16] 손실을 보면 그 상황에서 빠져나오기 위해 감정적인 결정을 내리기 쉽기 때문이다. 앞서 배웠지만 대부분의 거래는 나쁜 아이디어이며, 그중에서도 최악은 감정적인 거래다.

정보를 무시할 수 없다면 정보를 피하는 게 상책이다. 간단한 방법은 정보 수집 속도를 거래 기간에 맞추는 것이다. 데이트레이더라면 반드시 TV를 켜고 실시간으로 정보를 확인해야 하겠지만, 1년에 몇 번만 포트폴리오를 조정하는 사람이라면 가능한 한 많은 정보를 피해야 한다. 나는 보고서를 1년에 한 번만 보거나, 심지어 농부들이나 보는 농사력을 읽는 투자자가 야간에 콘퍼런스 콜을 챙겨 듣는 투자자보다 더 높은 수익을 내지 않을까 종종 생각한다. 그러니 가능한 한 낮에는 TV를 끄고 포트폴리오를 열어보지 말길 바란다.

원칙 6, 나를 위해 정보를 조작해라: 내 친구이자 『행운에 속지 마라』의 저자인 나심 니콜라스 탈레브는 그의 고객이었던 한 회사에 대해 이런 이야기를 들려주었다. 스위스의 한 회사는 헤지 거래(현물 자산의 위험을 줄이기 위해 현물 시장에서의 포지션과 반대의 포지션을 취하거나 선물, 옵션을 이용하는 투자 전략)를 하기 위해 나심의 회사를 고용했다. 이 거래는 스위스 국내 투자와 해외 투자가 결합된 형태로 이루어졌다. 얼마간 투자가 진행되었고 아주 높은 수익률이 났다. 그러나 이 회사는 만족하지 않았다. 전체적으로는 수익이 났지만 국내 투자에서 입은 손실보다 해외 투자에서 번 돈이 더 많아 이익을 남긴 것이었기 때문이다. 표로 이 거래의 손익을 정리해 보면 다음과 같았다.

스위스 투자	손실
해외 투자	이익
총계	이익

이들은 특히 스위스 국내 투자에서 손실이 난 것을 보고 화를 냈다. 나심은 결국 돈을 벌었다는 사실이 중요하다는 걸 설명하기 위해 노력했지만 고객들은 화를 멈추지 않았다. 결국 거래 내역을 다음과 같이 보고하고 나서야 그들은 겨우 진정했다.

총계: 이익

불쾌한 손실을 눈여겨볼 필요가 없게 되자 고객은 드디어 만족했다. 어리석어 보일 수도 있지만 리처드 탈러 교수는 대부분의 사람들이 그가 '심리적 회계Mental Accounting'라고 부르는 것에서 이러한 비합리성을 보인다고 주장했다.[17] 예를 들어 이자율이 2%인 저축 계좌를 유지하면서 이자율이 18%인 신용카드 대출을 받으려는 것이다. 합리적인 투자자라면 대출을 받지 않고 저축 계좌에 있는 돈을 사용할 것이다.

실제로 계좌가 나뉜 게 아니더라도 사람들은 심리적 회계를 분리해서 유지하는 경향이 있다. 이는 비용도 많이 들고 비합리적인 선택이 될 수 있다. 어느 날 저녁 나는 퍼트리샤와 쇼핑을 하러 나갔다. 그녀는 세포라에서 비싼 크림을 발견했다. 그 크림은 작은 튜브 하나에 135달러나 했다. 내가 그 크림을 살 생각이냐고 묻자 퍼트리샤는 "사긴 하겠지만 오늘은 돈을 너무 많이 썼으니 내일 아침에 다시 와서 살 거야"라고 말했다. 퍼트리샤는 하루 단위의 지출이라는 심리적 회계를 가지고 있었던 것이다. 이 비합리적인 회계 시스템 때문에 그녀는 지금 사면 쓰지 않아도 될 추가적인 시간, 주차비, 기름값을 지불하기로 했다.

그리고 다른 사람들과 마찬가지로 내게도 심리적 회계를 유지하려는 경향이 있고, 그 탓에 투자에서 손해를 보기도 했다. 나는 2002년 초에 금광 회사의 주식을 사기 시작했다. 연방준비제도이사회의 완화적 통화정책 때문에 금값이 상승하고 금광업체들의 이익이 늘어날 것이라고 생각한 탓이었다. 내 금 투자는 어떻게 됐을까? 처음 매수한 이후 금값은 50% 이상 올랐고, 많은 금광주가 두 배로 상승했다. 금을 매수하기로 한 결정은 전적으로 옳았던 것이다. 하지만 나는 금 투자로 아무런 수익도 거두지 못했다. 왜 그랬을까? 물가연동채권을 제외하고는 어떤 투자 상품도 거래하지 않는 계좌로 금 관련주를 샀기 때문이다. 금광 주식은 변동성이 상당히 크다. 그래서 금값이 떨어질 때마다 이 계좌 잔고는 급격히 쪼그라들었고, 이 때문에 나는 스스로가 바보처럼 느껴졌다. 결국 정확히 잘못된 타이밍에 주식을 매도하고 만 것이다.

당시 나는 일종의 심리적 회계 때문에 고통을 받고 있었다. 금은 인플레이션을 헤지하는 상품이다. 대부분의 사람들은 금값이 낮은 세상에서 더 높은 수익률을 맛본다. 그래서 금값이 떨어지고 있던 시기에 나의 총잔고는 개선되고 있었다. 금값이 하락할 때 나의 전체적인 포지션은 다음과 같았다.

금 투자	손실
금 이외의 투자	이익
총계	이익

그래서 사실 금값이 떨어졌을 때 기뻐했어야 했지만, 심리적 회계에 얽매이다 보니 금 투자의 손실에 온 신경을 빼앗긴 것이다. 나는 스스로를 위해 나심이 고객들을 위해 마련한 해결책과 같은 방법을 사용했다. 예전에는 각각의 계좌를 분리해 살폈지만, 지금은 총체적인 포지션을 살펴볼 수 있는 소프트웨어를 사용한다. 여기서 얻은 교훈은, 스스로를 위해 약간의 '정보 조작'이 필요하다는 것이다. 우리는 언제나 도마뱀의 뇌가 활성화되어 파괴적인 행동을 이끌어내지 않도록 경계해야 한다. 그러려면 도마뱀의 뇌를 자극하지 않기 위해 조심할 필요가 있다. 이는 곧 어떤 정보가 우리를 감정적으로 만드는지 예상해야 한다는 의미다. 투자 포지션을 볼 때는 종합적으로 살펴라. 특히 방어적인 포지션과 보호되고 있는 다른 포지션은 꼭 함께 살펴봐야 한다.

원칙 7, 올인해야 할 때를 알아라: 이 책에서 몇 번 만나보았던 MIT 로켓 과학자인 내 친구, 크리스를 기억하는가? 그는 세계적인 얼티밋 프리스비 선수이기도 하다. 얼티밋 프리스비는 축구와 미식축구의 요소를 결합한 스포츠다. 크리스는 여러 해 동안 국내와 국외 경기를 주름잡았던 보스턴의 팀 '죽음 아니면 영광Death or Glory', 일명 'DoG' 팀의 핵심 멤버였다. DoG는 1996년 세계선수권대회에서 스웨덴을 21 대 13으로 꺾었는데 이 경기에서 크리스는 여덟 개의 골을 넣었고, 그중 일곱 개는 경기장 끝에서 끝까지 가로질러 넣은 것이었다.

어떻게 크리스는 세계적인 공격수 중 한 명이 되었을까? 물론 공격수에게는 수비수보다 빨리 달릴 수 있는 주력이 필수지만, 크리스의 성공 요인은 그뿐만이 아니었다. 크리스는 종종 자신보다 더 빠른 상대와도 경기를 했다. 그런데도 그는 더 빠른 수비수들을 상대로도 꾸준히 득점을 올리고, 속도가 비슷한 상대 선수보다 우위를 차지했다. 나는 크리스에게 그 비결을 물었다. "너는 어떻게 너보다 빠른 선수를 앞지르는 거야?" 그러자 크리스는 이렇게 대답했다.

"나는 늘 최소한 두 가지의 다른 움직임을 만들어. 그리고 조금이라도 유리한 쪽이 생기면 그쪽에 전력을 다하지."

크리스는 의외로 계속 전속력으로 달리지는 않는다. 오히려 그는 유리한 자리를 차지하려고 빈 공간을 노리며 요리조리 신중하게 움직인다. 수비수가 제대로 반응하지 못하는 특정 방향을 포착해 내는 것이다. 그렇게 일단 빈 공간을 발견하면 크리스는 전속력으로 질주한다.

이와 반대로 경험이 부족한 선수들은 거의 항상 전력을 다해 열심히 뛴다. 일견 잘하는 것처럼 보이지만 이들은 실상 자주 득점을 올리지는 못한다. 이 선수들은 노력은 많이 하지만 보상은 거의 받지 못한다. 투자도 비슷하다. 많은 이들이 항상 '올인' 하는 경향이 있다. 매일 최대 한도의 자본을 위험에 노출시킨다는 뜻이다. 월스트리트는 대부분의 돈을 주식에 투자하라고 조언하곤 한다. 그러나 이 조언을 따르는 것은 위험한 행로에 몸을 완전히 내맡기는 셈이다.

물론 올인 전략은 강세장에서 높은 수익률을 가져다준다. 하지만 문제는 시장이 하락할 때 불거진다. 크리스는 항상 적어도 두 가지의 움직임을 취할 수 있는 태세를 갖춰놓음으로써 최고의 공격수가 되었다는 걸 기억해 보라. 전 재산을 전부 위험 자산에 투자하면 비합리적으로 가격이 낮아졌을 때도 더 이상 매수할 여력이 남지 않게 된다. 또한 올인 전략은 단순히 매수 기회를 놓치는 것 이상의 비용을 초래한다. 그러면 도마뱀의 뇌는 정확히 잘못된 타이밍에 활성화될 가능성이 높다. 이는 좋은 매수 기회가 왔는데도 투자자들이 잘못된 매도 결정을 하게 만든다.

나는 투자자들에게 항상 현금을 보유하고 있어야 하며, 모든 자산을 쏟아붓는 투자는 극히 드물어야 한다고 조언한다. 이런 철학으로 투자하면 상황에 따라 언제든 유연하게 움직일 수 있다.

포커 게임에서도 비슷한 교훈을 얻을 수 있다. 월드 포커 시리즈에는 플레이어가 언제든지 '올인' 할 수 있는 '무제한no-limit'의 규칙이 있다. 내가 관찰한 결과 훌륭한 선수와 평범한 선수는 올인의 타이밍에서 큰 차이를 보였다. 훌륭한 선수들은 이길 가능성이 높은 패가 들어왔을 때 올인하는 경향이 있으나, 평범한 선수들은 이길 가능성이 낮은 패를 들고도 올인을 '지르는' 함정에 자주 빠졌다. 포커에서 이기기 위한 핵심은 패를 언제 내려놓아야 하는지 아는 것이다. 즉, 좋은 패를 쥐고도 더 베팅하지 않고 그만둬야 할 때를 알아야 한다. 훌륭한 선수들은 종종 꽤 괜찮은 패를 쥐고도 패를 덮는다. 나중에 있을 더 큰 기회를 잡기 위해 차라리 지금 몇 달러를 잃는 편을 택하는 것이다.

당신의 투자 포지션을 충분히 보수적으로 유지해라. 다른 사람들이 당황함으로써 내게 기회가 생길 때, 위험을 증가시키든 감소시키든 자유롭게 선택할 수 있어야 한다. 올인할 시점은 매우 신중하게 선택하고, 재빨리 위험 비중을 줄여나가야 한다.

원칙 8, 미니바의 열쇠를 받지 마라: 나는 호텔에 묵을 때 미니바 열쇠를 받지 않는다. 애초에 열쇠가 없으면 미니바 속 음식을 먹고 싶은 유혹을 피하려고 꾹 참아야 할 필요가 없기 때문이다. 인생을 되짚어 보면, 대부분의 유혹은 저항하는 것보다 피하는 편이 훨씬 나았다. 가끔 미니바는 없고 대신 테이블 위에 음식을 올려놓는 호텔들도 있는데 그럴 때 나는 프런트에 전화해서 음식을 치우게 한다. 한번은 아주 늦은 밤에 체크인한 바람에 음식을 치워달라고 할 여유가 없었는데, 그때는 일단 불완전한 예방책이나마 써야 했다. 나는 초코바와 간식 위에 수건을 덮어놓았다. 간식거리가 방 안에 있다는 사실은 여전히 알고 있지만, 적어도 내 눈에 보이지 않게 만든 것이다.

앞서 봤듯이 우리의 투자 본능은 돈을 버는 시장 기회와 반대 방향으로 향하곤 한다. 기분 좋은 투자는 손실을 볼 확률이 높고, 손실을 볼 것 같은 투자는 좋은 투자일 때가 많다. 이는 때때로 더 적은 선택지가 주어졌을 때 오히려 더 큰 이익을 얻는 역설적인 상황으로 이어진다. 일반적으로는 선택권이 많아야 더 유리하지만, 미니바의 간식 섭취나 감정적인 투자 결정처럼 본능이 우리를 나쁜 선택으로 이끄는 경우라면 아예 선택권을 제한하는 편이 더 나은 결과를 가져오기도 한다. 『오디세이』에도 이런 이야기가 나온다. 트로이 전쟁에서 집으로 돌아오는 길에 오디세우스는 한 섬을 지나게 되는데, 그곳은 아름다운 노랫소리로 뱃사람을 홀려 죽게 만드는 '세이렌'이 사는 섬이었다. 여신 키르케는 오디세우스에게 세이렌의 위험성을 경고하고 해결 방법을 알려준다.

누군가가 무심코 너무 가까이 다가가 사이렌의 노래를 듣는다면 그의 아내와 아이들은 다시는 그의 얼굴을 보지 못할 것이다. 세이렌은 푸른 들판에 앉아 달콤한 노래로 그를 죽음에 이르게 하기 때문이다. 하지만 당신이 직접 세이렌의 노랫소리를 듣고 싶다면 돛대 가운데에 서서 선원들에게 몸을 묶도록 시켜라. 노랫소리를 들으면 당신은 사람들에게 밧줄을 풀어달라고 애원하게 될 것이다. 그러면 당신의 몸을 더 세게 묶으라고 선원들에게 미리 지시를 내려놓아야 한다.[18]

키르케의 조언에 따라 오디세우스는 세이렌의 노랫소리를 듣고도 살아남는다. 오디세우스는 자신의 몸을 돛대에 묶고 배에 있는 다른 모든 선원에게는 귀를 밀랍으로 막으라고 명령해 세이렌의 노랫소리를 듣지 못하게 했다. 오디세우스는 세이렌의 노랫소리를 들었지만 배나 선원들을 통제할 수 없었기에 죽음의 해안에 가까이 갈 수 없었다. 자신의 선택권을 제한함으로써 정확히 목표를 달성한 것이다.

이 이야기에서 영감을 받은 '돛대에 잡아매기Mast-Strapping'란 용어는 자제력에 관한 과학 논문에서 선택권이 더 적은 상황이 어떻게 더 나은 결과로 이어질 수 있는지를 설명하는 말로 사용된다. 물론 자기 통제에 아무 문제가 없다면 더 많은 선택지를 갖는 편이 더 낫겠지만, 경제적 측면에서 돛대에 잡아매기는 대다수 사람들에게 아주 유용한 도구가 된다. 투자에서 발생하는 주요 문제 중 하나는, 너무 자주 거래하고 싶은 충동이 든다는 것이다. 거의 모두가 이 문제로 고통받고, 나 역시 예외가 아니다. 충동적인 거래가 나쁘다는 걸 잘 알면서도 시장을 지켜

볼 때면 매번 거래하고 싶은 유혹이 든다. 그래서 나는 거기에 현혹되지 않기 위해 '돛대에 잡아매기'를 한다. 가장 먼저 한 일은 가족의 금융 자산 대부분을 거래당 100달러를 지불해야 하는 종합증권사 계좌에 묶어두는 것이었다. 수수료가 훨씬 싼 증권사도 있는데, 왜 굳이 100달러나 지불해야 하는 계좌를 만든 걸까? 내 경우 이 100달러는 거래 빈도를 줄여주는 효과가 있었다.

사실 원래는 거래당 5달러를 청구하는 증권사 계좌에 소액을 넣어두었는데, 거래에 대한 충동이 일 때면 수수료가 낮은 이 계좌를 이용해 마음껏 거래를 했다. 이 방법으로 나는 지나치게 많은 거래를 하지 않도록 스스로를 옭아맬 수 있었지만 완벽한 해결책은 아니었다. 5달러짜리 계좌로도 너무 많은 거래를 해버린 것이다. 이 실험을 1년 정도 하다가 나는 이 계좌를 닫아버렸다. 그리고 보다 안전한 두 번째 돛대에 잡아매기 전략은 지금까지 완전히 성공적이다. 거래할 때마다 100달러나 들기 때문에 충동적으로 거래하지 않게 되었다.

나는 투자의 대가들을 제외하면 거의 모든 사람이 충동적으로 거래하지 않을 수 있는 전략을 구상해야 한다고 생각한다. 구체적인 방법은 사람마다 다를 것이다. 거래당 비용이 100달러나 들어도 여전히 거래를 계속할 사람은 많을 것이고, 그러므로 내게 적합했던 이 해결책이 모두에게 효과가 있다고는 말할 수 없다.

돛대에 스스로를 잡아매려 할 때 한 가지 문제가 있다. 보통 우리에게 많은 선택지를 제공함으로써 이익을 얻는 사람이 있다는 것이다. 호텔들이 미니바에 초코바를 듬뿍 마련해 놓는 것처럼 우리에게 거래를 부추기는 회사들이 항상 존재한다. 그러므로 유혹에 빠지지 않도록 자신만의 투자 환경을 구축하는 영리함이 필요하다.

한번은 친구 더그(기억하는가? 백만장자 서퍼 말이다)의 금연을 도와준 적이 있다. 더그는 담배를 한 대라도 피우면 나에게 즉시 전화를 걸어 패배를 인정하고 100달러를 주기로 했다. 계약은 1년으로 정했고, 더그는 1년 내내 담배를 피우지 않았다. 이 바보 같은 계약이 더그에게 왜 효과가 있었을까? 그 이유는 이 방법이 더그의 정신에 딱 맞는 방식이었기 때문이다. 더그와 나는 서로에게 약간의 경쟁심이 있어서, 더그는 아주 적은 금액이라도 내게 돈을 내야 한다는 것을 정말로 불쾌해했다. 게다가 그는 솔직해서 담배를 몰래 피우고 나에게 시치미를 떼지는 않을 사람이었다. 마지막으로 전화를 해서 즉시 패배를 인정해야 한다는 점이 더그가 강력한 억제력을 발휘하도록 만들었다.

모든 투자자에게 적용되는 진리가 있다면 감정적인 거래를 피해야 한다는 것이다. 이를 실천하려면 감정적인 거래 자체가 아예 불가능하도록 스스로를 돛대에 잡아매야 한다. 유혹에 저항하려 하지 말고 애초에 유혹의 싹을 잘라버려라. 단, 나를 잡아매는 구체적인 방법은 개인마다 다를 것이다.

레드존에서는 절대 거래하지 않는다

"행복한 가정은 모두 비슷하지만 불행한 가정은 저마다 다른 이유로 불행하다."

톨스토이의 『안나 카레니나』는 이렇게 이야기를 시작한다. 이와 유사하게, 성공한 투자자들은 모두 똑같이 자기파괴적인 투자 결정을 피하지만 실패한 투자자들은 저마다의 방식으로 낭패를 본다.

구체적인 내용은 조금씩 다르지만, 성공한 투자자에게 보편적으로 배울 점이 있다면 모두 각자의 내면에 숨어 있는 도마뱀의 뇌를 잘 통제한다는 것이다. 내가 제시한 투자 조언은 모두 이성적인 통제력을 되찾고 도마뱀의 뇌에서 벗어나기 위한 노력과 관련되어 있다. 도마뱀의 뇌는 먹이와 그늘 찾기처럼 도마뱀과 비슷한 행동을 할 때는 유용하지만, 금융시장에서는 우리의 적이다.

원유 트레이더인 내 친구 데이비드는 일을 하며 본능에 의한 실수를 피하는 방법을 배웠다. 4장에서 본 데이비드의 비밀 중 하나는 '언제가 진짜 매수 타이밍인지 안다'는 것이었다. 그리고 나는 1980년대 어느 날 데이비드의 또 다른 비밀을 알게 되었다. 당시 나는 원유 가격이 상승할 것 같아서 데이비드에게 원유 선물을 1계약(원유 1000배럴에 해당) 매수해 달라고 했다. 원유 가격이 1센트 오를 때마다 10달러의 이익이 생기는 포지션이었다. 하지만 원유 가격은 내가 매수한 직후부터 하락하기 시작했다. 손실이 10달러, 30달러, 70달러로 눈덩이처럼 불어났다. 전혀 재미있지 않았다. 게다가 그때 나는 학생이었기에 그 금액은 당시 내 순자산의 상당 부분을 차지했다. 나는 30분 정도 손실의 고통을 참았는데, 그때쯤 추정 손실은 200달러를 넘어 있었다. 나는 데이비드를 찾아가 "이제 빠져나와야겠어"라고 말했다. 그러자 그는 "사실 이미 매도한 지 오래야. 그저 네가 얼마나 고통을 참을 수 있는지 보고 싶어서 말하지 않았을 뿐이야"라고 천연덕스럽게 대답했다.

몇 년간 데이비드를 관찰한 결과 그는 손실 포지션에서 매우 빨리 빠져나온다는 사실을 알 수 있었다. 지난날 나의 원유 선물 포지션을 거의 즉각적으로 매도해 줬던 것처럼 말이다. 그는 손실 포지션 때문에 경제적·감정적으로 고통받기보다는 빠르게 적은 손실을 보는 걸 선택했다. 데이비드는 자신의 투자 철학을 "레드존에서는 거래하지 않는다"라는 말로 요약한다. 수익 포지션은 오래 유지하지만 손실 포지션, 즉 레드존에 있는 포지션은 매우 빠르게 정리한다는 의미다.

그리고 나는 이 '레드존'을 보다 넓게 해석한다. 나는 사람들이 '심리적' 레드존에서도 거래하지 말아야 한다고 생각한다. 그렇다면 심리적 레드존의 정의는 어떻게 내릴 수 있을까? 그 답을 알기 위해 음란물에 대한 대법원 판결을 잠시 참고해 보겠다. 1964년 한 사건에서 포터 스튜어트라는 판사는 하드코어 포르노를 한마디로 정의할 수는 없지만 "보면 안다"라고 말한 바 있다.[19] 마찬가지로 심리적 레드존에 대한 객관적인 정의는 없다. 하지만 심리적 레드존에 있다면 그냥 '자연스럽게 안다.' 어떤 투자가 당신을 갉아먹고 있다면 그 포지션을 정리할 생각을 하라(물론 그러한 판단은 냉정하게 이루어져야 한다). 레드존을 피하는 구체적인 방법은 사람마다 다르지만 결과는 모두 같아야 한다.

예를 들어 레드존 밖에 있는 투자자라면 첫째, 몇 주 동안 휴가를 떠나서 시장을 처다보지 않을 수 있어야 하고 둘째, 어떤 포지션이든 늘리거나 줄일 수 있어야 하며 셋째, 아무것도 매수하거나 매도할 필요 없이 어떤 시장에서든 나타나는 큰 가격 변동을 감수할 수 있어야 하고 마지막으로 투자에 대한 고민 없이 잠자리에 들 수 있어야 한다.

레드존에 돌입하지 않을 수 있게 자신만의 시스템을 구축한 사람들은 결코 감정이나 시장 상황에 휘둘려 결정을 내리지 않는다. 돈을 버는 첫 번째 단계는 도마뱀의 뇌가 감정적인 투자 결정을 내리지 못하게 막는 것이다. 도마뱀의 뇌는 쉽게 멈출 수 없다. '그저 잡아둘' 뿐이다. 도마뱀의 뇌를 억제할 수 있다면 비로소 비열한 시장에서 이익을 얻기 위한 첫발을 내디딘 것이다.

10장

가장 비열한 시장에
투자하라

유일한 실패는 투자를 하지 않는 것이다

우리는 이 여정의 시작에서 내 제자 애덤을 만났었다. 그의 질문은 "돈
을 어디에 투자해야 할까요?"였다. 1980년대 초, 나도 줄곧 같은 질문
과 씨름했다. 당시 나는 캘리포니아 남부에 살아서 수시로 친구 게리와
함께 서핑을 하곤 했다. 서퍼들은 실제로 파도를 타는 것보다 훨씬 더
오랜 시간 동안 파도를 기다리며 바다를 떠다닌다. 게리와 나는 이 시
간 동안 계속 돈을 버는 법에 대해 토론했다. 나는 주식이 최고의 투자
대상이라고 주장했지만 게리는 부동산의 손을 들어줬다.

　이때 나는 주식을 사랑해 마지않았다. 주식이 말도 안 될 정도로 저

렴했기 때문이다! 다우존스 산업평균지수는 1000포인트 수준이었고 환상적인 기업들의 주가수익비율은 한 자릿수였다. 한편 부동산이 최고의 투자 대상이라는 게리의 주장은 수요와 공급을 근거로 했다. 해변가에 있는 부동산은 공급이 제한적이지만 햇빛을 쬐고 싶은 사람들의 수요는 무제한이라는 것이었다.

게리와 나는 각자의 신념에 따라 행동했다. 나는 가진 돈을 몽땅 주식에 투자했고, 게리는 적극적으로 부동산을 사들였다. 그는 계약금을 모으면 바로 임대 부동산을 매입했고, 임대료에서 가능한 한 모든 돈을 짜내서 비용을 최소화했다. 그는 심지어 사람을 쓰지 않고 자신이 직접 해변가의 집을 청소하기도 했다. 그리고 계약금을 낼 수 있을 만큼 돈을 모으면 곧바로 또 다른 부동산을 매수하면서 자신의 부동산 제국을 확장했다.

나와 게리 중 누가 옳았을까? 1980년대 초에 주식에 투자하는 것이 더 나았을까, 아니면 캘리포니아 남부 부동산에 투자하는 것이 더 나았을까? 주가는 1000% 이상 폭등한 반면 부동산 가격은 꾸준히 오르긴 했으나 속도가 더뎠다. 그럼 내가 맞았다는 뜻인가? 그건 또 아니다. 앞에서 이야기했듯이 부동산은 주식보다 레버리지를 훨씬 많이 일으킬 수 있다. 따라서 게리의 공격적인 전략은 주식시장에서 얻을 수 있는 수익률보다 훨씬 높은 수익률을 가져다줬다.

게리와 나, 둘 다 채권에는 관심이 없었지만 채권 역시 같은 시기 매우 높은 수익률을 제공했다. 1980년에는 채권 투자, 특히 장기 채권에 투자하면 두둑한 보상을 얻을 수 있었다. 이때는 주식, 채권, 부동산 모두 급등해 올바른 투자를 하기 쉬운 시기였다. 유일한 실수가 있다면 투자를 아예 하지 않는 것이었다. 이 시대의 투자자들에게는 리스크에 대한 보상이 매우 넉넉하게 주어졌다. 따라서 애덤이 1980년대에 똑같은 질문을 했다면 답은 분명했을 것이다. "가능한 한 많은 돈을 빌리고 견딜 수 있는 한 많은 리스크를 감수해 돈을 긁어 모아라!" 일반적인 통념에서는 충분한 인내심을 갖추고 높은 수익률을 추구하는 투자자라면 여전히 큰 리스크를 감수해야 좋은 투자를 할 수 있다고 말한다. 이것이 정말 사실일까?

지금 이 순간을 직시하라

인간 본성의 특이점은, 자신이 사는 별스럽고 흥미로운 시대를 그저 평범하다고 생각하게끔 만들어졌다는 것이다. 그리고 현대사회는 매우 빠르게 변화하는데도 우리는 현세대의 일시적인 유행이 영구적일 것이라고 착각하며 시대에 뒤처지곤 한다. 어쩌면 이처럼 변화를 과소평가하는 성향 역시 조상의 과거를 반영한 것일지도 모른다. 우리 조상들은 적어도 농업이 발명되기 전까지 수만 년 동안 중요한 특성들이 전혀 변하지 않는 세상에서 살았다.

그러나 이런 성향은 원시 인류에게는 도움이 되었을 수도 있지만, 급변하는 현대사회에서는 별로 도움이 되지 않는다. 심지어 오늘의 유행이 내일의 손실이 될 수도 있는 금융시장에서는 훨씬 더 그렇다. 내 친구 매트는 현재 상황에 대한 명확한 인식이 무엇보다 중요하다는 것을 한 사건에서 절감했다.

몇 년 전 매트는 다뉴브강이 내려다보이는 부다페스트의 한 레스토랑에서 로맨틱한 저녁 식사를 했다. 바이올리니스트가 열정적으로 연주하면서 테이블로 다가왔고, 한 곡을 끝낸 후 매트에게 신청곡이 있는지 물었다. 매트는 데이트 상대 앞에서 유쾌하고 여유 있는 말투로 "블루 다뉴브'는 어떤가요?"라고 말했다. 그러자 바이올리니스트가 대답했다. "방금 연주한 곡이 바로 그거였는데요."

마찬가지로 투자의 신이 우리에게 어떤 투자 환경을 바라느냐고 묻는다면 모두 입을 모아 "주식, 채권, 부동산 강세장을 주세요"라고 대답할 것이다. 어디에 투자하든 리스크를 보상받을 수 있는 환경 말이다. 그런데 우리가 이렇게 말하면 투자의 신은 "지난 시장이 바로 그런 환경이었단다"라고 대답할 것이다.

그동안 우리는 비정형적이고 지속 불가능한 시기를 지나왔다. 2000년대 중반이 되기까지 주가는 몇십 년 동안 정상적인 속도보다 3배가량 빠르게 올랐다. 금리는 제로 수준으로 떨어지면서 저렴한 주택담보대출이 가능해졌고, 이는 부동산 시장의 상승을 부채질했다. 마지막으로 막대한 무역 적자가 쌓이며 미국은 국제 거지가 되기에 충분한 부채를 갖게 되었다. 이러한 추세 중 지속 가능한 것은 아무것도 없다. 그러나 이 필연적인 변화가 반드시 파멸과 우울을 의미하지는 않는다. 이론적으로 주가는 무한히 상승할 수 있으며(비록 더 느린 속도이긴 하나), 금리도 낮게 유지될 수 있고(더 이상 하락할 수는 없더라도), 무역 적자가 흑자로 전환되면 고용 증가가 나타날 수 있다(이것이 실질 임금을 낮추는 것을 의미하더라도).

사실 진짜 위험은 거시경제적 변화가 아니라 우리의 심리에 도사리고 있다. 우리는 세계의 지속 불가능성을 인식하지 못하도록 만들어졌다. 분명 앞으로 펼쳐질 금융계는 과거 세대가 경험한 천국과는 다를 것이다. 상황이 악화될 수밖에 없다는 것이 경제적 진실이다. 그러나 심리적 진실은 더욱 무섭다. 바로 우리 대부분은 모든 변화가 일어난 후, 수익을 도모하기에는 너무 늦어버린 시점에 이를 깨닫게 되리라는 것이다.

현재의 금융 환경은 도마뱀의 뇌에게 '크립토나이트'와 같다. 슈퍼맨이 크립토나이트 때문에 초능력을 잃었듯, 도마뱀의 뇌는 강력한 추세가 나타나면 곤경에 빠지고 만다. 과거회고적인 도마뱀의 뇌는 패턴이 반복되지 않을 때 말 그대로 '깜짝 놀란다.' 리스크를 항상 넉넉하게 보상받던 황금기의 투자자들은 투자 손실에 매우 취약해졌다. 도마뱀의 뇌는 경제의 당연한 현상들과 부딪히도록 만들어졌기 때문이다. 우리의 도마뱀의 뇌는 말하자면 투자 시장에서 가장 별 볼 일 없는 존재다.

지금은 리스크에서 벗어나야 할 때일까?

애덤의 질문에 대해 『비열한 시장과 도마뱀의 뇌』는 주식, 채권, 부동산 세 가지 투자 대상 중 어느 것도 높은 수익률을 제공하지는 않을 것 같다고 답하겠다. 거시경제 분석에 따르면 이렇게 전통적인 투자 대상은 2004년 기준으로 적정 가격에서 꽤 비싼 가격까지 광범위하게 평가되고 있다. 중요한 사실은, 그 어느 것도 저렴해 보이지는 않는다는 점이다. 물론 표준적인 경제 분석에 따르면 세 가지 모두 지나치게 비싼 가격도 아니다. 따라서 우리는 비교적 온화한 투자 환경을 맞이하게 되리라고 결론을 내릴 수 있을 것이다.

그러나 비합리성의 과학은 더 비관적인 결론을 내놓는다. 우리 인간은 과거에 효과적이었던 행동을 똑같이 하도록 만들어졌는데, 하필 투자에서 리스크를 감수하면 높은 보상이 따르는 시기를 이제 막 지나왔다. 또한 미래에 높은 성과를 얻을 수 있는 가장 좋은 지침은 인기 없는 상품에 베팅하는 것이다. 월스트리트와 메인스트리트, 그리고 신고전주의 학파(효율적 시장 가설을 지지하는)와 행동경제학자(시장이 비합리적이라고 믿는 학파)까지 모두가 리스크를 감수하면 보상을 받는다는 쪽에 돈을 걸고 있다.

단편소설 「실버 블레이즈」에서 셜록 홈즈는 독특한 방법으로 사건을 해결한다. 동료인 그레고리 경감이 "내가 관심을 가져야 할 또 다른 점이 있나요?"라고 묻자, 홈즈는 "밤중에 개가 이상했던 것 말입니다"라고 대답한다. 경감이 개는 밤에 아무것도 하지 않았다고 항변하자 홈즈는 조용히 말한다. "바로 그게 이상하다는 겁니다." 셜록 홈즈는 '짖지 않은 개' 덕분에 사건을 해결한다. 이 책에서 내리는 결론도 비슷하다. 오늘날 가장 좋은 투자법은 통념과 정반대로 '위험을 줄이는 것'이다.

효율적 시장 가설은 높은 수익을 얻고 싶다면 높은 리스크를 감수해야 한다고 주장한다. 하지만 시장은 종종 매우 비합리적이기에 '위험을 감수해야만 보상을 받을 수 있다'는 방정식은 역전될 수 있다. 나는 이 책을 쓰는 지금이 그런 때라고 생각한다. 저위험 투자, 심지어는 거의 아무 지출도 하지 않는 투자가 장기적으로 부자가 되는 길일 수 있다.

투자에 성공하려면 시장이 비합리적으로 저평가될 때까지 저위험 투자를 택해 몸을 웅크리고 있어야 한다. 금융계가 비관론으로 가득 차고 다른 사람들이 위험 자산을 파는 시점이 오면 준비된 현명한 투자자들은 헐값에 투자 상품을 건져 올릴 수 있을 것이다.

"어디에 투자해야 하나요?"라는 질문에 내 대답은 각자가 안정적이라고 느끼는 수준보다도 위험을 훨씬 낮게 줄여야 한다는 것이다. 도마뱀의 뇌는 지난 1980년대부터 무려 20년간 지속 불가능한 수익률에 익숙해졌다. 따라서 우리는 미래를 지나치게 낙관하고 있을 확률이 높다. 우리는 우리 생각보다도 더 많은 위험을 감수하고 있다. 이제부터 투자 위험을 줄이는 조언을 듣고 싶은 독자들을 위해, 지금 즉시 활용할 수 있는 여덟 가지 방법을 소개하겠다.

1. 위험이 낮은 자산에 더 많은 돈을 배분하라

주식을 일부 매도해라. 성장주에서 가치주로 비중을 옮겨라. 현금 및 단기증권 보유를 늘려라.

2. 인플레이션과 디플레이션을 방어할 수 있는 상품을 사라

물가연동채권이나 인플레이션 연동 채권을 사라. 가격이 오를 만한 상품을 만드는 회사의 주식을 매수해라.

3. 단기 채권을 사라

곧 만기가 도래하는 채권을 매수하고 장기 채권을 매도해라.

4. 더 작은 집에 살아라

5년 후 거주하고 싶은 집보다 저렴한 집을 보유하라.

5. 고정금리 담보대출을 받아라

변동금리 담보대출은 위험하다.

6. 해외 통화에 투자하라

유로나 엔화 채권을 사라. 미국 외의 국가에서 돈을 벌어들이는 기업의 주식을 사라.

7. 부채를 갚아라

보상은 오직 역경을 견딜 수 있는, 그리고 거기에서 이익을 얻을 수 있는 탄탄한 재정을 갖춘 사람들에게만 돌아간다. 우위에 설 수 있도록 부채를 줄여라.

8. 안전한 직장을 구하라

지금은 식당을 차리거나 스타트업에서 일하기 위해 지루하지만 안정적인 직장을 떠날 만한 시기가 아니다.

저위험 투자가 위험한 단 한 가지 경우

투자 위험을 줄이기 위해 내가 제안한 조언은 다음과 같은 세 가지의 거시경제학적 진실에 근거를 두고 있다.

첫째, 주가 성장률이 경제 성장률보다 영원히 높을 수는 없다.

둘째, 금리는 0% 아래로 내려갈 수 없다.

셋째, 미국이 영원히 무역적자 상태를 유지할 수는 없다.

이 세 가지는 틀림없는 '사실'이지만 이러한 변화에서 이익을 얻기 위해 올바른 투자 상품을 선택하는 것은 '예측'의 영역에 해당한다. 그리고 모두가 알겠지만 경제 예측은 아주 틀린 결론에 도달할 때가 많다.

작가 아이작 아시모프는 공상과학 소설『파운데이션』시리즈에서 경제 예측보다 훨씬 더 어려운 것을 시도한다. 이 책의 세계관은 '심리역사학'이 사회의 미래를 예측할 수 있다는 것을 전제로 한다. 개인의 행동은 알 수 없지만 사회적 경향은 확률 법칙에 근거해 충분히 예측할 수 있다는 것이다. 이 책에서 심리역사학자 해리 셸던은 앞으로 수백 년 동안 일어날 일을 정확하게 예측한다. 위대한 셸던의 사후에도 사전 녹음된 셸던의 홀로그램은 정기적으로 수 세대의 지도자들에 의해 재생되고, 그의 예측은 노스트라다무스도 혀를 내두를 정도로 정확히 맞아떨어진다. 그러나 결국 해리 셸던이 설립한 파운데이션은 그의 예측과

정반대로 '뮬'이라는 돌연변이에 의해 정복당하고 만다. 소설에서조차 예측은 들어맞을 수 없는 것이다! 뮬 같은 지도자가 나타날 가능성은 확률적으로 매우 낮았기에 심리역사학은 이러한 뜻밖의 사건 전환을 예측할 수 없었다.

하나 재미있는 점은, 온라인 백과사전 위키피디아가 아시모프의 심리역사학에 대한 설명에서 거시경제학을 '참조 주제'로 연결시켜 놓았다는 것이다. 심리역사학과 마찬가지로 경제 예측은 새롭고 가능성 낮은 사건의 영향을 예측하는 데 매우 취약하다.

경제학에서 '뮬' 같은 역할을 하는 사건이 있다면 그것은 정보기술에 의한 생산성 향상일 것이다. 정보기술은 모든 사람에게 큰 영향을 미쳤다. 정보기술은 우선 내게 '지식 노동'에서 제조업에 이르기까지 영향을 미쳤다. 현재 하버드경영대학원은 전자 강좌 플랫폼을 사용하는데, 이는 교수로서의 내 삶을 훨씬 윤택하게 만들어줬다. 또한 내 장인어른은 고급 손전등을 제조하는 미국 회사에서 일하시는데, 이 회사 역시 정보기술의 큰 도움을 받고 있었다. 한번은 손전등 공장을 방문했을 때 거대한 작업장에서 똑똑해 보이는 기계와 직원 세 명이 일하고 있었다. 사람들은 기계를 유지하고 원료를 공급하는 일만 했다. 기계 덕분에 고작 세 명의 인력으로도 엄청난 양의 손전등을 생산할 수 있는 것이다. 모든 사람이 나와 비슷한 경험을 하고 있으며, 이보다 더 극적인 일도 허다하게 일어난다. 정보기술은 날마다 셀 수 없는 방법으로 제조업과 서비스업을 바꿔놓고 있다. 위대한 경제학자 존 메이너드 케인스가 예견한 것처럼 정보기술의 발달은 인간이 더 많은 여가를 누리면서도 물질적으로 풍요롭게 사는 세상을 불러올지도 모른다.

생산성은 미국의 경제 문제를 해결할 수 있는 잠재력을 가지고 있다. 향후 미국 경제를 비관적으로 보는 사람들 중 많은 이들이 엄청난 규모의 개인 부채와 정부 부채를 문제로 지적한다. 가령, 핌코PIMCO의 시장 전문가인 빌 그로스Bill Gross는 2004년 7월 1만 내외인 다우존스 산업평균지수가 5000포인트까지 하락할 것이라고 예측한다.[1] 그가 비관론을 제기하는 근거 중 하나는 경제 규모를 기준으로 측정한 미국의 총부채가 역사상 최대 수준이며, 심지어 버블 시기였던 1920년대를 능가한다는 점이다. 엘리어트 파동이론의 추종자로 유명한 로버트 프렉터Robert Prechter 역시 비슷한 부채 통계를 인용한다. 그는 심지어 다우지수가 1000포인트 이하로 떨어질 수 있다는 비관적인 전망을 한다. 빌 그로스의 견해는 낙관주의로 보일 정도다.[2]

실제로 부채 수준은 매우 높다. 게다가 우리가 지고 있는 부채는 많은 측면에서 '비교적' 새롭다. 최초의 '플라스틱' 화폐는 1950년에 발명되었고, 신용카드는 1970년대 초 마그네틱 띠가 발명된 후에야 비로소 광범위하게 사용되기 시작했다.[3] 신용카드가 보편화된 지금은 거의 모든 사람이 부채 잔고를 끌고 다닌다. 이제 부채는 매우 자연스럽게 받아들여진다. 그러나 시장의 비합리성과 주기성을 주장하는 학자들은 신용 중독자들이 생활습관을 검소하고 알뜰하게 바꾸면 경제가 위축될 수 있다고 지적한다. 우리 사회의 부채가 번영을 위협하는 것이다.

SF소설『파운데이션』에서 가능성이 없던 사건이 심리역사학의 허를 찌른 것처럼, 비정상적으로 높은 수준의 생산성은 부채가 가져올 필연적인 결과를 바꿔놓을지도 모른다. 나도 비슷한 행운 덕분에 몇 년 전 부채와의 한 판 승부에서 살아남은 적이 있다. 나는 박사 과정생일 때, 창업을 함께하고 사장 겸 최고재무책임자로 재직했던 생명공학 스타트 업 프로제닉스 제약의 기업공개를 준비했었다. 잘만 하면 나는 내 주식 을 매도함으로써 자전거를 타는 학생에서 백만장자로 인생을 완전히 뒤바꿀 수도 있었다. 하지만 시장이 변덕스럽다는 것을 알고 있었기에 너무 빨리 김칫국을 마시지는 말자고 혼자 결심했다. 아니, 적어도 돈 을 막 쓰지는 말자고 생각했다. 내 목표는 현금이 통장에 들어오기 전 까지는 계속 가난한 학생처럼 행동하는 것이었다. 물론 이는 금세 불가 능한 목표로 판명되었다. 내 지출은 생각할 수 있는 거의 모든 방법으 로 슬금슬금 커져갔다. 택시를 더 자주 타고, 에피타이저를 더 많이 시 키고, 뉴욕에 갈 때는 기차 대신 비행기를 이용했다. 이러한 소비는 곧 수천 달러의 빚으로 돌아왔다. 그래도 나는 느긋했다. 곧 돈이 들어올 것이었으니 말이다.

그러나 일이 그렇게 술술 풀릴 리는 없었다. 프로제닉스는 몇 달 동 안이나 기업공개를 하려고 시도했지만 번번이 실패했고, 결국 공모를 포기하기로 결정했다. 내게는 팔 수 없는 주식과 빚만이 남았다. 그로 부터 약 1년 후, 그동안 회사를 성공적으로 경영한 프로제닉스는 다시 한번 기업공개 절차를 밟기 시작했다. 나는 이번에도 진짜 돈이 들어오 기 전까지는 검소한 생활을 하자고 마음먹었고, 역시나 실패했다. 다행 히도 이번에는 상장에 성공해 쉽게 빚을 갚을 수 있었다.

생산성 증가율이 비정상적으로 높게 유지된다면 내가 프로제닉스 덕분에 부채를 모면할 수 있었던 것처럼 나라의 부채도 금방 해결될 수 있다. 만약 우리 모두가 정보기술 덕분에 훨씬 더 부유해진다면 앞으로 얻을 횡재를 조금 당겨 쓰는 것은 아무런 문제도 되지 않을 것이다. 지금 우리 사회의 높은 부채나 무역 적자도 미래의 부를 미리 당겨 쓰는 '논리적인 선행 소비'로 볼 수 있다.

그러나 반대로 생산성 증가율이 다시 역사적 평균 수준으로 회귀할 수도 있다. 만약 그렇게 된다면 우리는 기존의 부채와 부채가 가져올 결과에서 옴싹달싹 못 하게 될지도 모른다. 결국 부채에서 벗어나려면 높은 생산성 증가율이 반드시 필요하다는 것이다. 생산성 증가율이 충분히 높다면 금융 자산은 계속해서 늘어날 수 있다. 주가 성장률이 경제 성장률보다 높을 수 없고, 금리가 계속 하락할 수 없으며, 소비가 줄어든다고 해도 말이다. 따라서 생산성은 향후 가장 주의 깊게 지켜봐야 할 유일한 펀더멘털 지표다. 저위험 투자에는 생산성 증가가 주도하는 호황을 놓칠 수 있다는 위험이 따른다. 금융시장이 계속 상승하면 저위험 투자 전략은 고위험 전략보다 수익률이 낮을 수밖에 없을 것이다.

괴로움 없는 결실은 없다

내 하버드대학 동료 교수 한 명은 두 가지 조언을 건네며 의사결정에 관한 강의를 마친다. 첫째, 담배를 피운다면 끊어라. 둘째, 덜 부러워하라. 언뜻 보면 두 번째가 훨씬 쉬울 것 같지만, 실제로는 금연 쪽이 더 쉽다. 저위험 전략으로 포트폴리오를 수정한 사람들은 자신이 매도한 고위험 투자 자산이 계속 오를지도 모른다는 가능성에 맞서야 한다. 그러나 좌절 없이 성공하는 사람이 어디 있겠는가. 나 역시 프로제닉스를 설립하고 성공시키기 전까지 많은 어려움을 겪었다.

나는 생명공학 스타트업인 프로제닉스의 설립 초기에 최대 투자자 폴 튜더 존스 2세를 만난 적이 있다. 그는 일이 어떻게 진행되고 있는지 물었고 나는 잘 풀리고 있다고 대답했다. 자리에 앉아 있던 그는 불쑥 내게로 걸어와 나를 벽 쪽으로 몰아세우고는 이렇게 말했다.

"당신은 한계까지 몰릴 것을 예상해야 해요. 그리고 성공한다면 그때가 바로 그 한계점에 도달한 것이죠."

폴은 선견지명이 있었다. 프로제닉스가 성공하기까지 우리는 두 번이나 파산할 뻔했고 직원들에게 급여를 주지 못하는 등 여러 번 위기를 헤쳐나가야 했다. 나는 엄청난 스트레스를 받았다. 해외 여러 나라에서 과학자들을 초빙해 왔고, 그들 중에는 어린 자녀를 둔 가장도 있었기에 거기서 오는 압박은 엄청났다.

저위험 투자 전략 역시 스트레스를 받을 가능성이 높다. 우리는 한계까지 압박받을 수 있다는 것을 예상해야 한다. 틀림없이 모든 게 장밋빛으로 보이는 시점이 올 것이다. 그럴 때면 질투심에 나도 모르게 위험한 투자의 대열에 올라타고 싶어진다. 이렇게 감정적인 순간은 전략을 변경하기에 아주 최악의 타이밍이다.

고위험 전략을 선택한 이를 부러워할 필요는 없다. 생산성이 역사적 수준을 크게 상회하고 리스크에 대한 보상이 계속 이루어진다면 모두

가 이익을 얻을 것이다. 그런 장밋빛 세계가 계속되면 기회가 크게 늘어나고 임금이 상승하며, 자산의 가치가 증대되므로 보수적인 투자 전략을 선택한 사람들까지도 직간접적인 혜택을 받는다.

또한 국가적 번영에서도 이익을 얻을 수 있다. 현재는 베이비붐 세대의 은퇴가 미국 예산에 심각한 압박을 가할 것으로 예측된다. 이에 따르면 2000년대 중반 기준 5000억 달러에 달하는 연간 예산 적자는 수조 달러까지도 치솟을 수 있다. 이런 상황에서는 세금이 오르며 사회보장 같은 혜택도 줄어들게 된다. 그러나 생산성 향상이 이뤄지면 우리는 베이비붐 세대의 은퇴가 가져올 재앙을 피할 수 있다. 생산성 향상으로 번영을 맞이하면 세금이 낮아지는데도 정부 혜택은 오히려 늘어나며 기회도 확대될 것이다. 즉, 금융시장이 계속 성장한다면 위험 자산을 소유하지 않은 사람이라도 간접적으로 상당한 이익을 얻을 수 있다.

안타깝게도 질투는 인간 본성에 가까운 것 같다. 성경의 십계명 중에도 '이웃의 집을 탐내지 마라. 이웃의 아내, 하인, 하녀, 소, 나귀 그 어떤 것도 탐내지 마라'라는 항목이 있지 않은가. 성경에 이런 조항을 넣어야 했던 것을 보면 아무래도 시기와 탐욕은 어쩔 수 없는 인간 본성의 일부인 것 같다.

질투를 포함한 인간의 충동을 억제하는 한 가지 기술은 인식의 틀을 바꾸는 것이다. 즉, 투자를 바라보는 방식을 바꾸라는 뜻이다. 우리는 저위험 투자 전략을 일종의 '보험'으로 여길 필요가 있다. 자동차보험을 가입해 놓고서 "올해 한 번도 보험을 사용하지 않았어!"라고 불평하는 사람은 없지 않은가? 오히려 사고 없이 한 해를 보냈다는 사실에 안심하며 가슴을 쓸어내린다. 만약 저위험 투자 전략을 보험으로 생각한다면, 이 보험이 사용되지 않았다고 해도 마찬가지로 기뻐해야 한다. 저위험 투자는 침체기에 대한 담보 또는 가격이 비합리적으로 낮아지는 순간을 위한 '투자 대기자금'으로 생각해야 한다.

저위험 투자를 가로막는 장애물

그럼에도 위험을 줄이는 문제는 통 쉽게 해결되지 않는다. 이번에도 역시나 도마뱀의 뇌가 근본적이고 심리적인 장벽을 만들기 때문이다. 유명한 행동주의 심리학자인 B. F. 스키너 교수가 은퇴할 무렵, 한 무리의 학생들이 그에게 장난을 쳤다. 강의 중에 학생들은 다음과 같은 비밀 계획을 짰다. 스키너 교수가 왼쪽으로 움직이면 그를 향해 미소를 짓고, 반대로 오른쪽으로 움직이면 눈살을 찌푸리고 노트만 쳐다보기로 한 것이다. 그러자 강의가 끝날 때쯤 스키너 교수는 왼쪽 팔을 벽에 거의 붙인 채 강의실 한쪽에 서 있었다. 학생들이 보낸 미묘한 신호에 의해 왼쪽으로 움직였던 것이다. 스키너 교수의 연구에서 가장 중심이 되는 내용은 '사람을 포함한 모든 동물은 즐거운 행동은 반복하고, 고통스러운 행동은 피하도록 설계되어 있다'는 것인데, 스키너 교수 본인이 이를 직접 보여준 셈이다.

이처럼 인간의 두뇌는 세상을 살아가는 데 도움이 되도록 자극-반응 메커니즘을 가지고 있다. 내 경우는 보스턴 공항에 갈 때마다 나만의 자극-반응 행동이 일어난다. 항구 아래로 통하는 터널에 들어서면 어김없이 그 자리에서 과속 단속을 하던 경찰관의 불쾌한 모습이 떠오르고 자연스레 속도를 줄인다. 살면서 또다시 과속 딱지를 떼일 수는 있겠지만, 적어도 전에 딱지를 뗐던 그 자리에서만큼은 절대 아닐 것이다.

스키너 교수의 학생들은 그에게 속임수를 썼다. 자극-반응 행동 수정은 사이렌을 울리는 경찰관을 만나거나 뜨거운 난로에 손을 데는 것보다 더 미묘하다. 인간은 사회적 동물이고, 다른 사람과의 상호작용을 통해 즐거움과 고통을 얻는다. 학생들은 표정으로 스키너 교수가 왼쪽으로 움직이면 '보상'을 주었고 오른쪽으로 움직이면 '벌'을 주었다. 스키너 교수는 무의식적으로 보상받는 행동을 더 많이 하고, 벌받는 행동을 덜 하기 시작했다. 그러다가 벽에 딱 붙어 서게 되었던 것이다. 인간도 다른 동물들과 마찬가지로 과거에 보상이 따라온 행동을 다시 반복하는 뇌 구조를 가지고 있다.

인간의 자극 보상 시스템은 파괴적인 행동을 낳기도 한다. 나는 중독 치료에 성공한 한 코카인 중독자와 대화를 나눈 적이 있다. 그는 자신의 이전 생활 방식을 이렇게 묘사했다.

"한 무리의 친구들이 모을 수 있는 최대한의 돈을 가지고 오면 전형적인 밤이 시작되죠. 우리는 마약의 소굴인 크랙하우스로 차를 몰고 가 마약을 즐겼어요. 마약을 하고, 뻗어 있기를 번갈아 하다 보면 우리의 저녁 시간은 금세 지나갑니다. 보통 한 크랙하우스에서 다른 크랙하우스로 옮겨 다니는데, 이 과정은 모든 돈을 소진해야만 끝나죠. 거의 모든 크랙하우스에는 마약과 섹스를 거래할 여성이 있고, 돈이 비교적 많은 날이면 마약과 섹스를 함께 구매하곤 해요. 이 광란의 밤은 모두가 빈털터리가 되고 마약 중독자들이 잠자리를 찾을 때에야 비로소 끝이 납니다. 그리고 다시 잠에서 깨어나면 환상적인 밤을 다시 시작하기 위해 돈을 구하러 다니고요."

그리고 친구들을 차로 데려다준 어느 날 밤, 나와 대화를 나눴던 사람은 뒷좌석에 남겨져 있던 커다란 코카인 덩어리를 우연히 발견했다고 한다. 그는 자신의 행운을 믿을 수 없었고 그날 밤 기대하지 못했던 황홀경을 즐겼다. 이다음이 중요하다. 이후 몇 년 동안 그는 차에서 내릴 때마다 코카인을 발견했던 그 자리를 다시 확인하곤 했다고 말했다. 스키너 교수가 학생들에게 당한 것처럼, 이 중독자의 뇌도 강력한 보상에 의해 바뀌었던 것이다.

우리는 그와 다를 바 없이 과거에 기쁨을 느꼈던 장소에서 보상을 찾는다. 아마도 이 자극-보상 시스템은 자연 환경에서 살았던 우리 조상들에게 적합한 방식이었을 것이다. 그러나 이런 도파민 추구는 산업화된 사회에 사는 현재의 인간에게는 심각한 문제를 일으킬 수 있다. 나는 두 가지 측면에서 인간의 자극-반응 시스템을 무서워하는데 그중 하나가 약물 중독이고, 다른 하나는 투자다.

거의 모든 사람이 투자에 대한 자극-반응 시스템 때문에 돈을 잃는다. 인간은 성공한 경험으로부터 생겨나는 도파민 하이dopamine high를 추구한다. 이 시스템은 조상들을 유용한 행동으로 이끌었지만 투자의 세계에서는 거의 완벽하게 빈곤을 불러일으킨다. 투자는 어제, 오늘, 내일 최고의 전략이 매일매일 다른, 변화하는 게임이기 때문이다.

자극-반응 시스템으로 투자하는 사람들은 앞으로 효과가 있을 전략이 아니라 이미 효과를 본 전략을 사용하려 든다. 예를 들어 1990년대 주식시장의 엄청난 상승을 경험한 후, 투자자들은 주식시장의 버블이 꺼질 즈음인 2000년에도 뮤추얼펀드에 3090억 달러에 이르는 기록적인 금액을 투자했다. 그리고 2001년과 2002년 2년 동안은 주식 펀드에 고작 40억 달러를 투자하면서 2003년에 도래한 거대한 상승장을 완벽하게 놓쳤다. 2003년의 투자자들은 주식 펀드에 1500억 달러 이상을 투자했지만[4] 2004년 7월 중순까지 주식은 하락세를 보였다. 과거의 성공에 집착하는 자극-반응 시스템은 금융시장에서 절대 수익을 내지 못한다. 우리는 한 세대 동안이나 리스크를 감수하면 큰 보상을 받아왔다. 그러니 도마뱀의 뇌는 같은 행동을 반복하려 할 것이고, 이는 저위험 투자 전략으로 포트폴리오를 조정하는 데 상당한 걸림돌이 된다.

당신의 위험 임계점은 얼마인가?

나의 하버드대학교 퇴직금은 하버드가 선택한 대형 투자회사에 예치되어 있다. 이 투자 회사는 웹사이트에서 각 개인에게 맞는 투자 조언을 제공한다. 위험을 얼마나 감수할 수 있는지 여부, 은퇴까지 남은 기간 등 일련의 질문에 답하면 투자자의 답변을 보고 컴퓨터 프로그램이 주식, 채권, 현금을 각각 얼마씩 보유해야 하는지 제시해 주는 식이다.

컴퓨터 전략가는 나에게 무려 퇴직금의 80%를 주식에 투자하라고 제안했다! 나는 모든 질문에 정직하게 대답했지만 이 조언에는 전적으로 반대한다. 컴퓨터 전략가와 나는 왜 의견이 다른 것일까?

일반적인 투자 조언(내 퇴직금이 예치된 투자회사도, 다른 투자회사도 대부분 비슷하다)은 두 가지 핵심 전제를 기초로 한다. 첫째, 시장은 효율적이다. 둘째, 시장은 효율적이므로 많은 돈을 벌고 싶다면 고위험을 감수해야 한다. 그리고 주식은 위험 자산이므로 틀림없이 수익성이 높다(이 말도 안 되는 논리는 내가 만들어낸 것이 아니다). 그러므로 투자자는 게임에 장기간 참여해야 하고 주식시장의 오르내림을 감수할 수 있어야 한다는 것이 이들의 견해다.

따라서 일반적으로 투자 조언을 할 때는 먼저 두 가지 질문을 던진다. 당신은 장기간 게임에 참여할 수 있는가? 그 과정에서 위험을 감수할 수 있는가? 만약 두 가지 질문에 대한 대답이 모두 '예스'라면 그들은 거침없이 트럭에 올라타 주식을 매수하라고 조언한다.

나는 확실히 투자라는 게임에 장기적으로 참여하고 있고, 변동성을 좋아한다. 내게 상승과 하락이 주는 스릴은 너무 강력해서 도박꾼들의 심정도 이해가 갈 정도다. 따라서 그들의 생각대로 시장이 효율적이라면 나처럼 위험을 좋아하는 장기 투자자는 위험한 주식을 사야 한다. 그러나 시장이 효율적이지 않으면 굳이 위험을 감수하지 않고도 높은 수익률을 거둘 수 있다. 몇몇 연구들은 저위험 투자가 고수익을 거두는 상당한 기간이 있다는 것을 발견했고, 나는 2000년대 중반이 바로 이러한 시기라는 결론을 내렸다. 내 결론이 맞는다면 우리는 리스크를 적게 지면서도 가장 높은 수익률을 거둘 수 있다.

누군가가 의견을 내면 '현시 선호Revealed Preference'라는 경제학 개념을 생각하게 된다. 말을 듣지 말고 행동을 관찰하라는 것이다. 내 장인어른은 몇 해 전 현시 선호를 직접 경험하셨다. 주식시장 버블 이후 하락에 접어들기 시작했을 때쯤, 나는 장인어른께 운용회사를 통해 보유하고 있던 주식을 매도하라고 조언해 드렸다. 장인어른은 내 말을 듣고 곧장 운용회사에 매도 결정을 알렸다. 그랬더니 그 회사의 책임자 중 한 명이 전화를 걸어 왜 바닥에서 매도하려 하느냐고 물었다. 장인어른은 대답 대신 그에게 질문을 던졌다.

"그럼 당신은 당신의 자산을 어디에 투자했나요?"

"꽤 오랫동안 현금으로 들고 있습니다."

장인어른은 전화를 끊고는 낮은 목소리로 욕을 퍼부었다. 영화 「스윙어즈」(1996)에도 비슷한 이야기가 나온다. 이 영화에서 실연의 슬픔에 잠긴 마이크는 유쾌한 친구 트렌트, 일명 빅 티에게 데이트 방법을 알려 달라고 한다. 마이크가 "여자한테 전화번호를 받으면 얼마나 기다렸다가 전화해야 하는 거야?"라고 묻자, 빅 티는 "너무 빨리 전화하면 여자들을 겁줘서 쫓아버릴지도 몰라. 3일이 가장 적당해"라고 대답한다. 그러자 마이크는 빅 티에게 너는 얼마 만에 전화를 거냐고 다시 질문을 던진다. 이 질문에 빅 티는 아무렇지도 않게 "6일"이라고 답한다.

그러니까 온당한 질문은, 내가 나의 조언을 따르고 있느냐는 것이다. 사실 완전히 그렇지는 않다. 우리가 가야 할 길은 저위험 투자 전략이라고 철석같이 믿으면서도 나는 여전히 전 재산의 10% 정도를 주식에 투자하고 있다. 게다가 포트폴리오에는 현재 고공행진 중인 IT주식도 포함되어 있다. 왜냐고? 재산의 10%를 주식에 투자하는 것은 현재 내가 감정적으로 받아들일 수 있는 가장 낮은 위험이기 때문이다.

이는 도마뱀의 뇌를 진정시키려는 노력의 일환이다. 나의 전체 투자 인생에서 가장 높은 수익률을 가져다준 것은 위험한 투자였고, 그래서 내 도마뱀의 뇌는 쉽게 돈을 벌었던 그 무모한 시절로 끊임없이 되돌아가려 한다. 비록 도마뱀의 뇌를 억제하기 위해 전두엽 피질을 사용하고 있을지라도, 재산의 10% 정도의 낮은 위험을 소화해야만 도마뱀의 뇌가 날뛰는 걸 진정시킬 수 있다.

투자 전략을 엄밀히 검사하는 방법은 전략이 효과가 없을 때 내가 어떻게 느끼는지를 알아보는 것이다. 주식시장이 급상승하고 내가 선택한 저위험 투자 전략이 0% 수준의 수익률을 내고 있으면 내 도마뱀의 뇌는 비명을 지른다. '이 바보야! 당장 주식을 사란 말이야!' 그런 때를 대비해 주식에 얼마라도 투자를 하고 있어야 한다. 그러지 않으면 도마뱀의 뇌가 발동해 정확히 잘못된 타이밍에 위험한 투자 자산을 매수하도록 만들 것이다.

견딜 수 있는 가장 적은 위험을 받아들여라. 이것은 시장이 효율적이라는 관점을 근거로 한 주류의 조언과 정확히 반대되는 말이다. 효율적 시장이라는 환상의 세계에서는 주식시장의 높은 수익률을 얻으려면 견딜 수 있는 '최대한'의 위험을 감수해야 한다. 그러나 현실의 시장은 비합리적인 데다 비열하기까지 하므로 우리는 견딜 수 있는 '최소한'의 위험만을 취해야 한다.

광기와 붕괴에서 이익을 얻는 네 가지 원칙

『비열한 시장과 도마뱀의 뇌』는 우리가 새로운 버블의 한가운데에 있다고 진단한다. 주식, 채권, 부동산 각각이 버블 상태에 있지는 않으나, 위험 감수 그 자체가 버블이다. 위험을 감수하면 보상이 따랐던 시기 때문에 우리는 지나치게 비싼 도박을 지나치게 많이 하게 되었다.

그래서 이 책이 내리는 결론은, 대부분의 사람이 투자 위험을 줄여야 한다는 것이다. 도마뱀의 뇌는 과거를 잊지 못하고 계속 위험한 투자를 하라고 요구하지만 정보기술 혁명으로 생산성이 극적으로 향상되지 않는 한 위험한 투자는 우리에게 실망스러운 결과를 안겨줄 것이다. 나는 기회에 대비하기 위해 투자 위험을 줄이라고 조언하고 싶다. 물론 이 조언은 개인의 상황과 취향에 따라 조정이 가능하다. 다음은 비열한 시장에서 이익을 얻는 네 가지 핵심 원칙이다.

첫째, 다른 사람들과 다르게 행동하라: 돈을 버는 한 가지 방법은 다른 사람들이 팔 때 사고, 살 때 파는 것이다. 즉, 돈을 벌고 싶으면 다른 사람들이 하지 않는 행동을 해라. 인간에게는 타인의 행동을 똑같이 따라 하고 무리의 일부가 되고 싶어 하는 본능이 있기에 이는 쉽지 않다. 실제로 한 연구는 사회적 고립이 고통을 유발한다는 사실을 밝혀내기도 했다. 한 명이 뇌 사진 촬영 장치에 앉아 있는 동안 가상의 인물 두 명과 공을 주고받는 컴퓨터 게임을 했다. 처음에는 실험 참가자에게도 다른 두 명이 공을 자주 패스해 줬다. 그러나 두 번째에서는 공을 자기들끼리만 주고받고, 실험 참가자는 배제한 게임을 했다. 이때 따돌림을 당한 실험 참가자의 뇌에는 신체적 고통을 느낄 때와 같은 전기적 패턴이 나타났다.[5] 그러므로 다른 사람들과 다르게 행동할 때는 집단의 일원이 되고 싶어 하는 인간의 본능적인 욕망을 극복해야 하는 것이다.

이 연구는 또 다른 흥미로운 결과를 보여줬다. 바로 인지 능력을 더 많이 사용한, 정확히 말해 전두엽 피질의 활성화 수준이 높은 사람일수록 고통을 덜 느꼈다는 것이다. 이 책의 주요 주제 중 하나다. 성공하려면 전두엽 피질이라는 이성적인 영역을 사용해 도마뱀의 뇌를 강력히 통제해야 한다.

둘째, 도파민 중독에서 탈출하라: 돈을 버는 또 다른 방법은 잘되지 않았던 투자 상품을 사고, 잘된 투자 상품을 파는 것이다. 우리는 다른 동물들과 마찬가지로 '반복하는' 뇌를 가지고 있다. B. F. 스키너의 유명한 실험처럼 인간을 포함한 동물들은 이전에 보상받았던 행동을 반복하는 경향이 있다. 이에 따라 우리는 수익을 냈던 투자를 사랑하고, 손실을 냈던 투자는 싫어한다.

우리 뇌는 전에 효과가 있었던 행동을 할 때 쾌락을 유발하는 도파민으로 목욕을 한다. 스펜서 존슨Spencer Johnson과 케네스 블랜차드Kenneth Blanchard는 베스트셀러『누가 내 치즈를 옮겼을까?』에서 이 본질을 포착했다. 특별한 변화가 없는 세상에서 치즈를 찾는 가장 좋은 방법은 이전에 치즈를 발견했던 장소로 돌아가는 것이다. 하지만 변화가 존재하는 세상에서 치즈를 찾는 가장 좋은 방법은 새로운 곳을 찾는 것이다.

금융시장은 자극-반응 시스템을 사용하기에 최악의 환경이다. 우리 대부분이 과거의 승자와 사랑에 빠지기 때문에 앞으로 오를 투자 상품이 아닌 이미 오른 투자 상품을 사는 경향이 있다. 따라서 올바른 결정을 내리려면 우리에게 감정적 보상을 주는 것과 정반대의 것을 선택해야 한다. 적어도 투자의 영역에서만큼은 도파민 중독으로부터 벗어나 인지 능력을 발휘해 행동을 통제해야 한다. 그러므로 한 세대 동안 효과가 있었던 것과 정반대로 행동해야 한다는 걸 명심하라.

셋째, 감정적으로도 현실적인 투자 계획을 세워라: 돈을 버는 세 번째 방법은 자신의 한계를 이해하고 실행할 수 있는 투자 계획을 세우는 것이다. 플라톤의 『소크라테스의 변론』에서 델포이의 신탁은 소크라테스가 '가장 현명한 사람'이라고 말한다. 소크라테스는 자신의 결점을 알았기에 "어떻게 이럴 수가 있지?"라고 묻는다. 그리고 현명하다고 널리 알려진 한 남자와 대화를 나눈 후 소크라테스는 이런 결론을 내린다.

"나는 우리 중 누구도 정말 아름답고 좋은 어떤 것을 안다고 생각하지 않는다. 그런데 그는 아무것도 모르지만 안다고 생각하고, 나는 내가 모른다는 걸 안다. 그래서 그보다 내가 나은 것이다."

플라톤은 소크라테스가 자신의 부족함을 알기에 가장 현명한 사람이라고 주장한다. 투자에서도 마찬가지다. 성공적인 투자를 하고 싶다면 자신의 비합리성을 철저히 알아야 한다. 어떤 사람들은 아주 비정상적인 환경에서도 완벽한 투자를 해내곤 한다. 예를 들어 1987년에 매사추세츠의 한 익명의 남성은 주당 15.75달러에 EMC 주식 1000주를 매수했고, 13년 동안 이 주식을 보유했다. 그사이에 1000주는 주식 분할로 4만 8000주가 되었으며 주가는 100달러 이상까지 상승했다.[6]

이 투자자는 13년 동안 참을성 있게 수익이 나는 포지션을 유지해 1만 6000달러를 500만 달러로 만들었다. 그와 대조적으로, 대부분의 투자자들은 수익은 너무 빨리 거둬들이는 반면 손실이 나는 종목은 너무 오래 붙잡고 있다. 심지어 위대한 투자자들도 수익이 나는 종목은 너무 빨리 팔고 손실이 나는 종목은 절대 팔지 않으려 하는 경향이 있다. 1940년 투자서의 고전 『고객의 요트는 어디에 있는가』에서 저자 프레드 셰드Fred Schwed, Jr.는 "위대하고 현명한 투자자가 사망한 뒤 유언 집행인들이 금고를 열어보면 보통 금고 뒤쪽에 고이 보관된, 오래전 잊힌 꿈도 희망도 없는 증권 뭉치가 있다"라고 썼다.[7]

그렇다면 EMC 주식을 보유하고 있는 이 투자자는 어떻게 이익을 취하고 싶은 유혹을 뿌리쳤을까? 그는 단순히 까먹은 것이었다! 그는 원래 3000주를 샀다가 2000주를 팔았고, 계좌 휴면 통지를 받기 전까지는 자신이 주식을 소유하고 있다는 사실을 까맣게 잊어버리고 있었다.

그처럼 투자했다는 사실 자체를 잊어버릴 수 없다면, 자신의 약점을 미리 대비해야 한다. 자주 발생하는 문제는 투자자가 '완벽한' 계획을 가지고 있어도 정확히 잘못된 타이밍에 감정적인 거래를 한다는 것이다. 그래서 나는 저위험 투자 전략을 세우고도 도마뱀의 뇌를 저지할 수 있을 만큼의 돈을 계속 주식에 투자한다. 개개인은 비합리성이 발휘되는 순간을 예측하고 미리 예방할 수 있도록 자기 자신에게 맞는 투자 계획을 세워야 한다.

넷째, 당신의 신념을 지킬 수 있을 만큼 강해져라: 중학교 시절 내 친구 폴은 학교 체육대회에서 500미터 달리기 시합(가장 긴 경주였다)에 나간 적이 있다. 상대 선수는 아이들을 괴롭히는 불량배 무리 중 한 명인 지미였다. 친구들과 나는 폴이 이기길 간절히 바랐고, 시작하기 몇 분 전에 그의 주위에 모여 있었다. 폴도 이 시합이 학교 전체의 질서에 어떤 영향을 끼칠지 알고 있었다. 그는 진지하고 침착한 태도로 우리에게 이렇게 말했다. "내가 초반에 지고 있어도 긴장하지 마. 내 전략은 뒤에서 치고 나가는 거야. 걱정 마. 이기는 건 나일 테니까."

그 경주는 세 바퀴를 도는 것이었다. 한 바퀴를 돌자 폴이 미리 얘기했던 대로 그는 절망적으로 뒤처졌다. 승리를 확신한 지미는 구경하는 학생들 속에 있는 자신의 친구들에게 승리의 제스처를 보내기 시작했다. 그리고 드디어 마지막 바퀴에 다다랐을 때, 폴은 속도를 내기 시작해 지친 지미를 쉽게 추월할 수 있었다.

케인스는 시장은 투자자가 자금력을 유지할 수 있는 기간보다 더 오랫동안 비합리적으로 유지되는 경향이 있다고 말했다. 따라서 비합리적인 시장에서 이익을 얻고 싶다면 경주에서 일정 기간 뒤처질 수도 있다는 걸 미리 예상해야 한다. 물론 목표는 잠깐 동안 선두에 있는 게 아니라 장기적으로 더 많은 돈을 버는 것이니, 이게 큰 문제가 아니라는 것 또한 알아야 하고 말이다. '오마하의 현인' 워런 버핏조차도 1990년대 후반에는 거품이 낀 주식에 투자하는 것을 거부해 사람들의 비웃음을 샀다. 버핏은 고평가된 주식들을 매수하지 않는 전략을 고수했는데, 이 주식들은 버블이 꺼지기 전까지 계속해서 가격이 상승했다. 그때 버핏은 단기적 이익을 놓쳤고 사람들은 "버핏도 한물 갔다"라며 조롱했다. 그럼에도 버핏은 비범할 정도로 강한 정신력이 있었기에 계속 버텨 번영을 누릴 수 있었던 것이다. 대부분의 평범한 투자자들과 달리 그는 끝까지 자신의 계획을 고수했다.

투자의 청신호를 포착하는 법

미국 금융시장은 두 가지 의미에서 최근 몇 년 동안 '비열'했다. 첫째, 그림 10.1에서 볼 수 있듯이 모든 주요 투자 자산의 수익률이 낮아졌다. 그럼 2000년대 후반 이래로 미국 금융시장에는 좋은 시절이 올까, 아니면 더 실망스러운 시절이 올까? 결론부터 말하자면 후자일 것이다. 그렇다면 언제쯤 다시 위험을 감수해야 할까? 나는 섣불리 침체기가 얼마나 지속될지를 예측하기보다는 세 가지의 '청신호'에 초점을 맞추라고 권하고 싶다.

첫째, 위험에 대한 노출이 낮다: 위험자산을 사도 될 때가 되면 사람들은 일반적으로 위험한 투자 포지션을 갖고 있지 않을 것이다. 주식은 채권보다 위험하다. 따라서 위험자산을 매수해야 할 적기에는 포트폴리오에서 주식의 비중이 미미할 것이다. 마찬가지로 빚을 지는 것은 위험하기에 부채 수준이 낮다는 것도 전환의 신호다. 이는 높은 저축률, 높은 주택지분가치, 경상수지 흑자라는 근거에서 명확히 드러난다.

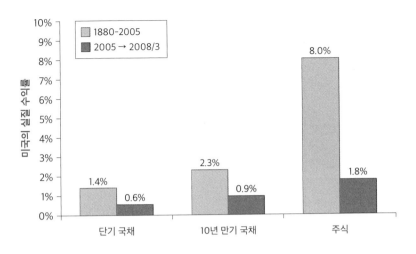

그림 10.1 **대미국 금융시장의 수익률이 낮아졌다**
(출처: 로버트 바로Robert Barro, 《저널오브이코노믹스》, 연방준비은행, 다우존스)

둘째, 위험 매수 가격이 낮다: 위험자산을 사도 될 때가 되면 매수가가 낮아진다. 주식 밸류에이션이 낮아지고 주식 배당금은 채권시장 수익률을 상회한다. 부동산은 가치 상승을 가정하지 않고도 양의 현금 흐름을 창출한다.

셋째, 위험 매수를 반대하는 정서가 퍼져 있다: 경멸만큼 투자의 수익성을 확실하게 나타내는 지표는 없다. 위험자산에 투자해도 좋을 때가 되면 '바보만이 위험을 감수한다'는 말이 상식으로 받아들여질 것이다. 미국의 주택 가격이 최근 가장 두드러진 예다. 최근까지도 부동산은 '손해 볼 수 없는 투자'로 여겨졌다. '손해 볼 수 없는' 투자라고 인식되는 것들을 늘 조심하자. 손해를 보는 것은 이런 투자다.

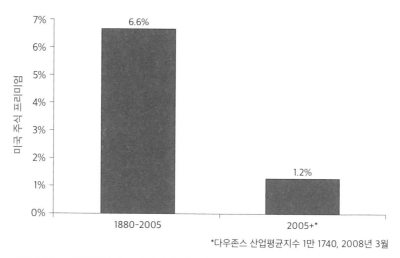

그림 10.2 **미국 주식의 프리미엄이 낮아졌다** (출처: 로버트 바로,
《저널오브이코노믹스》, 연방준비은행, 다우존스)

우리는 '손해 볼 수 없는' 아이디어를 찾기보다는 '바보 같고 돈을 벌
수 없을 것 같은' 아이디어를 찾아야 한다. 이 말은 일반적인 투자 위험
뿐만 아니라 구체적인 투자 자산에 대해서도 적용된다. 우리는 안전한
투자가 유행할 때 반대로 위험을 감수해야 한다. 예를 들어 부채는 나
쁘다는 믿음이 만연해 있다면 그것은 리스크를 감수하면 높은 수익을
얻을 수 있다는 좋은 신호다. 일반적으로 '주식을 피해야 한다'고 말할
때를 기다려라. 확실하지 않은 예측이 아닌 눈에 보이는 사람들의 심리
를 이용해 투자할 수 있게 될 때, 당신은 비로소 도마뱀의 뇌의 유혹을
지혜롭게 이겨낼 수 있을 것이다.

고대의 뇌가
현대의 시장에서 이길 단 하나의 방법

이 책의 조언을 따라 도마뱀의 뇌를 길들이는 것은 쉽지 않다. 아니, 솔직히 말하면 매우 어렵다. 그러나 돈을 벌기가 이처럼 어렵기에 오히려 우리는 돈을 벌 수 있다. 만약 돈을 버는 게 매우 쉽다면 기회는 누구에게나 포착되어 금방 사라지고 말 것이다.

흥미롭게도 투자에 성공하기 위해 화려한 수학 기술이나 천재 수준의 IQ는 필요하지 않다. 그 대신 훨씬 더 희귀하고 다루기 힘든 것이 필요하다. 댄 골먼Dan Goleman이 '감성지능(EQ)'이라고 부르는 것이다.

감성지능은 타고나는 것이 아니다. 감성지능은 다른 방식의 똑똑함이
다. 자신의 감정을 알고 올바른 결정을 내리기 위해 사용하는 것, 감정

을 잘 다스리는 것, 열정과 끈기로 스스로에게 동기를 부여하는 것, 좌절 앞에서도 희망을 유지하는 것, 공감과 연민을 보여주는 것, 부드럽게 상호작용하는 것, 관계를 효과적으로 관리하는 것을 의미한다.[1]

골먼은 인생에서 목표를 달성하기 위해서는 IQ보다 감성지능이 더 필요하다고 주장한다. 마찬가지로 성공적인 투자에도 감성지능이라는 극히 드문 능력이 필요하다. 과잉된 시장에서 이익을 얻기 위해서는 자기 인식, 자신감, 인내심, 정신적 강인함이 필요하다. 성공하는 투자자는 조롱에 용감하게 맞서며 오랜 기간 동안 저조한 수익률을 인내해야 한다. 영화 「컬러 오브 머니」(1989)에서 폴 뉴먼은 톰 크루즈에게 "이겨서 번 돈은 월급보다 두 배 더 달콤하다"라고 말한다. 마찬가지로 나는 현명한 투자를 통해 얻는 돈이 월급보다 훨씬 더 달콤하다는 것을 깨달았다.

금융시장이 우리를 좌절시키는 이유는 우리의 뇌가 과거를 돌아보도록 만들어졌기 때문이다. 시장은 비합리적이며, 도마뱀의 뇌는 우리를 손실로 이끈다. 도마뱀의 뇌는 앞으로 상승할 투자 상품은 결코 매수하려 하지 않을 것이고, 지금까지 올랐던 투자 상품만 계속 선택하려 할 것이다. 우리를 좌절로 이끌고 가는 이 공식은 시장만큼이나 오래되었고 나는 그것이 앞으로도 불변하리라고 믿는다.

도마뱀의 뇌는 항상 우리를 좌절시키겠지만 비열한 시장의 구체적인 내용은 다양한 양상을 보이며 변화무쌍하게 바뀌어나갈 것이다. 오늘날 대부분의 사람들은 위험 자산이 고평가된 상태라도 매수하고 싶어

한다. 그리고 재미있는 건, 위험을 매수하기 좋은 시기가 되면 대부분의 사람들은 '위험'이라고 하면 치를 떨면서 투자 세계의 폭탄 대피소 안에서 몸을 움츠린다는 점이다. 우리의 본능은 투자 기회와 정확히 어긋나며, 그래서 시장은 한없이 비열하게만 느껴진다. 다행히도 자기 인식과 남들과 다르게 행동할 용기를 갖춘 사람들에게 비합리성은 달콤한 이익을 얻을 기회를 끊임없이 제공한다.

투자에서의 성공하려면 감성지능을 이용해 도마뱀의 뇌에 족쇄를 채우는 일이 기본이 되어야 한다. 다행히도 감성지능은 근면, 자기반성, 훈련으로 높일 수 있다. 따라서 도마뱀의 뇌를 이해하고 길들이기 위해 노력하는 투자자라면 누구나 비열한 시장에서 수익과 만족을 얻고, 오래도록 번영할 수 있을 것이다.

미주

한국어판 서문

1. "올 성장률 1%도 위험, 기업이 신나서 뛰게 하는 수밖에 없다", 조선일보, 2023년 5월 9일

2. "빚 못 갚는 연체자 급증 '제2 카드 대란' 올 수 있다", 조선일보, 2023년 5월 3일.

프롤로그

1. Personal communication. See Chapter 7.

2. Leading Wall St. Firms' Asset Allocation Recommendations (for 2004). Dow Jones Newswires, December 31, 2003.

3. Investment Company Institute, www.ici.org, 2004 Fact Book, 88.

4. Federal Reserve Survey of Consumer Finances, www.federalreserve. gov.

5. Berkow, R., *The Merck Manual of Medical Information: Home Edition* (New York:Pocket, 1999), 1303.

6. U.S. Food and Drug Administration. Aspirin for Reducing Your Risk of Heart Attack and Stroke: Know the Facts. www.fda.gov.

1부   당신은 왜 돈을 벌지 못했는가?

1장   비이성적 인간

1. Those interested in more detail can see: Glimcher, P. W., *Decisions, Uncertainty, and The Brain: The Science of Neuroeconomics* (Cambridge, MA: MIT Press, 2003).

2. Medawar, P.B., An Unsolved Problem of Biology (London: H.K. Lewis, 1952), 3.

3. Harig, B., "Woods 'Uncomfortable' with His Game," ESPN.com, April 26, 2004.

4. Tversky, A., and D. Kahneman, "Extensional versus Intuition Reasoning: Conjunction Fallacy in Probability Judgment," *Psychological Review* 90 (1983): 293-315.

5. Burrough, B., and J. Helyar, *Barbarians at the Gate* (New York: HarperCollins, 1990).

6. Burnham, T., and J. Phelan, *Mean Genes* (Cambridge: Perseus, 2000), 83-104.

7. Tversky, A., and D. Kahneman, "Evidential Impact of Base Rates,"

Judgment under Uncertainty: Heuristics and Biases, D. Kahneman, P. Slovic, and A. Tversky, eds. (Cambridge: Cambridge University Press, 1982), 154.

8. Svenson, O., "Are We All Less Risky and More Skillful Than Our Fellow Drivers?" *Acta Psychologica* 47 (1981): 143-148.

9. Ross, M., and F. Sicoly, "Egocentric Biases and Availability and Attribution," *Journal of Personality and Social Psychology* 37 (1979): 322-336.

10. Peters, T.J., *In Search of Excellence* (New York: Harper & Row, 1982), 56.

11. Lichtenstein, S., B. Fischhoff, et al., "Calibration of Probabilities," *Judgment under Uncertainty: Heuristics and Biases*, D. Kahneman, P. Slovic, and A. Tversky, eds. (Cambridge: Cambridge University Press, 1982), 306-334.

12. Roth, G., and M. Wulliman, eds., *Brain Evolution and Cognition* (New York: Wiley, 2001), Chapters 16 and 17.

13. Minsky, M.L., *The Society of Mind* (New York: Simon and Schuster, 1986).

14. Lech, R.B., *Broken Soldiers* (Urbana: University of Illinois Press, 2000).

15. Cialdini, R.B., *Influence: The Psychology of Persuasion*, rev. ed. (New York: Quill/William Morrow, 1993).

16. Gazzaniga, M., *The Mind's Past* (Berkeley: University of California Press, 1998).

17. McGurk, H., and J. MacDonald, "Hearing Lips and Seeing Voices," *Nature* 264 (1976): 746-748.

18. Harlow, J.M., *Recovery from the Passage of an Iron Bar through the Head* (Boston: David Clapp & Son, 1869).

19. Thaler, R.H., *The Winner's Curse: Paradoxes and Anomalies of Economic*

Life (Princeton, NJ: Princeton University Press, 1992); Gilovich, T., D. Griffin, et al.,eds., *Heuristics and Biases: The Psychology of Intuitive Judgment* (Cambridge:Cambridge University Press, 2002).

20.   Schwager, J., *Market Wizards: Interviews with Top Traders* (New York: Prentice HallPress, 1989), 117-140.

21.   Guth, W., R. Schmittberger, et al., "An Experimental Analysis of Ultimatum Bargaining," *Journal of Economic Behavior and Organization* 3, no. 4 (1982): 367-388.

22.   Roth, A.E., "Bargaining Experiments," *Handbook of Experimental Economics*, J.H. Kagel and A.E. Roth, eds. (Princeton, NJ: Princeton University Press, 1995). Roth, A.E., V. Prasnikar, et al., "Bargaining and Market Behavior in Jerusalem, Ljubljana, Pittsburgh, and Tokyo: An Experimental Study," *American Economic Review* 81, no. 5 (1991): 1068-1095.

23.   Hoffman, E., K. McCabe, et al., "On Expectations and the Monetary Stakes in Ultimatum Games," *International Journal of Game Theory* 25 (1996): 289-301.

24.   Cameron, L., "Raising the Stakes in the Ultimatum Game: Experimental Evidence from Indonesia," *Economic Inquiry* 37, no. 1, (1999): 47-59.

25.   Henrich, J., R. Boyd, et al., "In Search of Homo economicus: Behavioral Experiments in 15 Small-Scale Societies," *American Economic Review* 91, no. 2 (2001): 73-78.

26.   Sanfey, A.G., J.K. Rilling, et al., "The Neural Basis of Economic Decision-Making in the Ultimatum Game," *Science* 300 (2003): 1755-

1758.

27. Burnham, T.C., "Pride, Status and Hormones: Rejectors in an Ultimatum Game Have High Levels of Testosterone," manuscript, 2004.

28. Kahneman, D., and A. Tversky, "Choices, Values, and Frames," *American Psychologist* 39, no. 4 (1984): 341-50.

29. Leeson, N., with E. Whitley, *Rogue Trader: How I Brought Down Barings Bank and Shook the Financial World* (Boston: Little Brown, 2000).

30. Skinner, B.F., "'Superstition' in the Pigeon," *Journal of Experimental Psychology* 38(1947): 168-172.

31. Tversky, A., and D. Kahneman, "Judgment Under Uncertainty: Heuristics and Biases," *Science* 185 (1974): 1124-1131.

32. Laibson, D., "Golden Eggs and Hyperbolic Discounting," *The Quarterly Journal of Economics* 112, no. 2 (1997): 443-477.

2장 비합리적 시장

1. Smith, V.L., "An Experimental Study of Competitive Market Behavior," *The Journal of Political Economy* 70 (1962): 111-137.

2. Bachelier, L., *Théorie de la Spéculation* (Paris: Gauthier-Villars, 1900).

3. Bernstein, P., *Capital Ideas: The Improbable Origins of Modern Wall Street* (NewYork: Free Press, 1992).

4. Malkiel, B., *A Random Walk Down Wall Street* (New York: Norton, 1973).

5. Siegel, J.J., *Stocks for the Long Run*, 2nd ed. (New York: McGraw-Hill, 1998).

6. MacKay, C., *Memoirs of Extraordinary Popular Delusions* (London: R. Bentley, 1841).

7.   Shiller, R., *Irrational Exuberance* (Princeton, NJ: Princeton University Press, 2000).

8.   Shiller, R., "Investor Behavior in the 1987 Stock Market Crash: Survey Evidence," Cowles Foundation Discussion Papers (#853), 1987.

9.   Siegel, J., "The Stock Market Crash of 1987: A Macro-Finance Perspective," Rodney L. White Center for Financial Research Working Papers (#24-88), 1988.

10. Smith, V.L., G.L. Suchanek, et al., "Bubbles, Crashes and Endogenous Expectations in Experimental Spot Asset Markets," *Econometrica* 56 (1988): 1119-1151.

11. Investment Company Institute, www.ici.org, 2004 Fact Book, 88.

12. "The Death of Equities: Why the Age of Equities May Be Over," *Business Week* (August 13, 1979).

13. Investment Company Institute, www.ici.org, 2004 Fact Book, 88. bnotes.

14. Prechter, R., *Conquer the Crash: You Can Survive and Prosper in a Deflationary Depression* (Hoboken, NJ: John Wiley & Sons, 2002), Figure 7.1.

15. Odean, T., "Do Investors Trade Too Much?" *American Economic Review* 89 (1999):1279-1298.

16. De Bondt, W., and R. Thaler, "Does the Stock Market Overreact?" *Journal of Finance* 40 (1985): 793-808.

17. Thaler, R., ed., *Advances in Behavioral Finance* (New York: Russell Sage Foundation, 1993).

18. Berkshire Hathaway annual report 2003, 2.

19. Fuller & Thaler Asset Management, www.fullerthaler.com.

20. Popper, K., *The Logic of Scientific Discovery* (London: Hutchinson, 1959).

21. Tobias, A., *Money Angles* (New York: Linden Press, 1984).

22. Asch, S., "Studies of Independence and Conformity: 1. A Minority of One against a Unanimous Majority," *Psychological Monographs* 70 (1956): 1-70.

23. Profet, M., "The Evolution of Pregnancy Sickness as Protection to the Embryo against Pleistocene Teratogens," *Evolutionary Theory* 8 (1988): 177-190.

24. Lo, A., and D. Repin, "The Psychophysiology of Real-Time Financial Risk Processing," *Journal of Cognitive Neuroscience* 14 (2002): 323-339.

2부   비열한 시장을 움직이는 큰손

3장   미국 경제의 갈림길

1. Keynes, J.M., "Economic Possibilities of Our Grandchildren," *Essays in Persuasion*(London: Macmillan, 1972).

2. Federal Reserve, www.federalreserve.gov.

3. Bureau of Economic Analysis, www.bea.gov, Table 2.1.

4. Bureau of Labor Statistics, www.bls.gov, Foreign Labor Statistics.

5. Office of Management and Budget, Congressional Budget Office, see Figure 7.4 of this book.

6.   Bureau of Labor Statistics, www.bls.gov.

7.   Office of Management and Budget, Congressional Budget Office, see Figure 7.3 of this book.

8.   Darwin, C., *On the Origin of Species by Means of Natural Selection, or the Preservation of Favoured Races in the Struggle for Life* (London: John Murray, 1859), Chapter 3.

9.   Diener, E., "Cross-Cultural Correlates of Life Satisfaction and Self-Esteem," *Journal of Personality and Social Psychology* 68, no. 4 (1995): 653-664. Diener, E., E. Sandvik, et al., "The Relationship between Income and Subjective Well-being: Relative or Absolute?" *Social Indicators Research* 28, no. 3 (1993): 195-224.

4장   인플레이션

1.   Friedman, M., and A.J. Schwartz, A Monetary History of the United States: 1867-1960(Cambridge: National Bureau of Economic Research, 1963), 695.

2.   Roth, A.E., and X. Xing, "Turnaround Time and Bottlenecks in Market Clearing: Decentralized Matching in the Market for Clinical Psychologists," *Journal of Political Economy* 105 (1997): 284-329.

3.   Friedman, M., and A.J. Schwartz, *A Monetary History of The United States*: 1867-1960(National Bureau of Economic Research, 1963), 696.

4.   Quiggin, A., *A Survey of Primitive Money; The Beginning of Currency* (London: Methuen, 1907), 250.

5.   Einzig, P., *Primitive Money in Its Ethnological, Historical, and Economic Aspects*, 2nd ed. (New York: Pergamon Press, 1966), 310.

6.   Angell, N., *The Story of Money* (Garden City, NY: Garden City Publishing Company, 1929), 88-89.

7.   Mankiw, N.G., *Macroeconomics*, 5th ed. (New York: Worth Publishers, 2003), 79.

8.   Connolly, B., and R. Anderson, *First Contact*: New Guinea's Highlanders Encounter the Outside World (New York: Viking Penguin, 1987).

9.   Ringer, F., *The German Inflation of 1923* (London: Oxford University Press, 1969).

10.   Bopp, K., "Hjalmar Schacht: Central Banker," *The University of Missouri Studies* xiv, no. 1 (1939): 13.

11.   Bresciani-Turroni, C., *The Economics of Inflation; A Study of Currency Depreciation in Post-War Germany* (New York: A.M. Kelley, 1968).

12.   Tyran, J., and E. Fehr, "Limited Rationality and Strategic Interaction— The Impact of the Strategic Environment on Nominal Inertia," University of St. Gallen Department of Economics working paper series, 2002.

13.   Bernanke, B.S., and K. Carey, "Nominal Wage Stickiness and Aggregate Supply in the Great Depression," *Quarterly Journal of Economics 111* (1996): 853-883. Bordo, M.D., C.J. Erceg, et al., "Money, Sticky Wages and the Great Depression," American Economic Review 90 (2000): 1447-1463.

14.   Fischer, S., "Why Are Central Banks Pursuing Long-Run Price Stability?" in *Achieving Price Stability* (a symposium sponsored by the Federal Reserve Bank of Kansas City, 1996), 7-34.

15. Summers, L., "Commentary: Why Are Central Banks Pursuing Long-Run Price Stability?" in *Achieving Price Stability* (a symposium sponsored by the Federal Reserve Bank of Kansas City, 1996), 35-43.

16. Wincott Memorial Lecture, London, September 16, 1970.

17. Federal Reserve, www.federalreserve.gov; see Figures 6.3 and 6.4 of this book.

5장 달러와 환율

1. Grabbe, O., "The Rise and Fall of Bretton Woods," *Chapter 1 in International Financial Markets*, 3rd ed. (Englewood Cliffs, NJ: Prentice-Hall, 1996).

2. International inflation rates from the International Monetary Fund, country information, www.imf.org.

3. Bresciani-Turroni, C., *The Economics of Inflation; A Study of Currency Depreciation in Post-War Germany* (New York: A.M. Kelley, 1968).

4. Powell, J., *A History of the Canadian Dollar* (Ottawa: Bank of Canada, 1999).

5. The value of the Canadian dollar over time: Federal Reserve, www. federalreserve. gov; see foreign exchange rates, historical data.

6. Statistics Canada, national income and expenditure accounts. Catalogue no. 13-001-PPB, Fourth Quarter 2000.

7. Statistics Canada, www.statcan.ca.

8. The value of the Mexican peso over time: Federal Reserve, www. federalreserve.gov, see foreign exchange rates, historical data.

9. Federal Reserve, dollar indexes, historical data, www.federalreserve.

gov.

10. International Monetary Fund, www.imf.org.

11. "The End of the Affair?" *The Economist* (February 18, 2004).

12. Mr. Norfield and Ms. Foley are quoted in the same article: Litterick,
D., "Euro Below 85Cents after Duisenberg U-Turn over Intervention,"
telegraph.co.uk, October 17, 2000.

13. "Big Mac Index," *The Economist* (May 27, 2004).

3부   정글 같은 투자시장에서 살아남기

6장   주식

1. All data in this section from Siegel, J.J., *Stocks for the Long Run*, 2nd ed.
(New York: McGraw-Hill, 1998).

2. Dow Jones, www.djindexes.com.

3. Dimson, E., P. Marsh, et al., *Triumph of the Optimists: 101 Years of
Global Investment Returns* (Princeton, NJ: Princeton University Press, 2002),
34-38.

4. Arnott, R., and P. Bernstein, "What Risk Premium Is 'Normal'?"
Financial Analysts Journal 58 (2002): 64-85.

5. Hawking, S., *A Brief History of Time*, 10th anniversary edition (New York:
Bantam, 1988), 129.

6. Ibid., 128.

7.   Ibid., 129.

8.   Chomsky, N., "Confronting the Empire," Z Magazine 16, no. 3 (January 27, 2003).

9.   Taleb, N.N., *Fooled by Randomness: The Hidden Role of Chance in the Markets and in Life* (New York: Texere, 2001). Taleb, N.N., *The Black Swan* (New York: Random House, 2005).

10. Galbraith, J.K., *The Great Crash* 1929 (New York: Houghton Mifflin, 1979).

11. *Wall Street Journal.*

12. Microsoft conference call, July 22, 2004.

13. *Wall Street Journal.*

14. *Wall Street Journal*; see Table 3.1 of this book.

15. Dow Jones, www.djindexes.com.

16. "Bearish Merrill Strategist under Fire," Cnnfn, November 22, 2003.

17. Leading Wall St. Firms' Asset Allocation Recommendations (for 2004), Dow Jones Newswires, December 31, 2003.

18. Federal Reserve; see Figures 6.3 and 6.4 of this book.

19. Siegel, J.J., *Stocks for the Long Run*, 3rd ed. (New York: McGraw-Hill, 2002), 361.

7장   채권

1.   Mehra, R., and E.C. Prescott, "The Equity Premium: A Puzzle," *Journal of Monetary Economics* 15 (1985): 145-162.

2.   Siegel, J.J., *Stocks for the Long Run*, 2nd ed. (New York: McGraw-Hill, 1998), and related Table 8.1 in this book.

3. Tobin, J., "How to Think about the Deficit," *New York Review of Books* 33, no. 14(September, 25, 1986).

4. Presidential debate, Boston, MA, October 3, 2000.

5. Federal Reserve Chairman Alan Greenspan's prepared remarks at the Conference on Bank Structure and Competition, sponsored by the Federal Reserve Bank of Chicago, Chicago, Illinois, May 6, 2004.

6. Burnham, T.C., "Limits on Liability Actually Are What Invite the LBOs," *Wall Street Journal*, February 1, 1989.

7. Orphanides, A., "Monetary Policy in Deflation: The Liquidity Trap in History and Practice," Federal Reserve Publication, 2003.

8. Investment Company Institute, www.ici.org, 2004 Fact Book, 122.

8장 부동산

1. The Japan Real Estate Institute, Urban Land Price Index (Nationwide), www.reinet.or.jp.

2. Ricardo, D., *On the Principles of Political Economy and Taxation* (London: John Murray, 1817).

3. Mankiw, N.G., *Principles of Economics*, 2nd ed. (Fort Worth, TX: Harcourt College Publishers, 2001).

4. Office of Federal Housing Enterprise Oversight and Federal Reserve; see also Figure 7.1 of this book.

5. Mankiw, N.G., and D.N. Weil, "The Baby Boom, the Baby Bust, and the Housing Market," *Regional Science and Urban Economics* 19 (1989): 235-258.

6.   S&P 500 (July 2004) 1101, Earnings estimate for S&P $61.50 for 2004 (Goldman, Sachs & Co.).

7.   Dow Jones, www.djindexes.com.

8.   Krainer, J., "House Price Bubbles," Federal Reserve Bank of San Francisco Economic Letter (#2003-06), 2003.

9.   MacKay, C., *Memoirs of Extraordinary Popular Delusions* (London: R. Bentley, 1841).

10.   Marx, G., *Groucho and Me* (Classics of Modern American Humor Series) (New York: AMS Press, 1991).

11.   Securities and Exchange Commission, www.sec.gov.

12.   Federal Reserve, Consumer Credit, www.federalreserve.gov.

13.   Mortgage Bankers Association, www.mbaa.org.

14.   Dow Jones, www.djindexes.com.

15.   Mortgage Bankers Association, www.mbaa.org.

16.   "Killing Hope—The Imminent Execution of Sean Sellers," Amnesty International, December 1, AMR 51/108/1998, 1998.

17.   Federal Reserve Chairman Alan Greenspan's prepared remarks at the Credit Union National Association 2004 Governmental Affairs Conference, Washington, DC, February 23, 2004.

4부 진짜 부자는 누구도 믿지 않는다, 자신조차도!

9장 도마뱀의 뇌에 족쇄를 채워라

1.   Bowlby, J., *Attachment and Loss.* Vol. I: *Attachment* (New York: Basic Books, 1969). Bowlby, J., *Attachment and Loss.* Vol. II: *Separation, Anxiety, and Anger* (New York: Basic Books, 1973). Wilson, E.O., *Sociobiology: The New Synthesis* (Cambridge, MA: Belknap Press of Harvard University Press, 1975). Wilson, E.O., *On Human Nature* (Cambridge, MA: Harvard University Press, 1978). Tooby, J., and L. Cosmides, "Evolutionary Psychology and the Generation of Culture: I. Theoretical Considerations," *Ethology & Sociobiology* 10 (1989): 29-49. Barkow, J.H., L. Cosmides, et al., *The Adapted Mind: Evolutionary Psychology and the Generation of Culture* (New York: Oxford University Press, 1992). Irons, W., "Adaptively Relevant Environments versus the Environment of Evolutionary Adaptedness," *Evolutionary Anthropology* 6, no. 6 (1998): 194-204.

2.   Irons, W., "Adaptively Relevant Environments versus the Environment of Evolutionary Adaptedness," *Evolutionary Anthropology* 6, no. 6 (1998): 194-204.

3.   Tooby, J., and L. Cosmides, "The Past Explains the Present: Emotional Adaptations and the Structure of Ancestral Environments," *Ethology & Sociobiology* 11 (1990): 375-424.

4.   Gigerenzer, G., "The Bounded Rationality of Probabilistic Mental Modules," *Rationality.* K.I. Manktelow and D.E. Over, eds. (London and New York: Routledge, 1993), 284-313.

5. Gigerenzer, G., "Ecological Intelligence: An Adaptation for Frequencies," *The Evolution of Mind*, D. Cummins and C. Allen, eds. (Oxford: Oxford University Press, 1998), 107-125.

6. Personal communication.

7. Kahneman, D., and A. Tversky, "Variants of Uncertainty," *Judgment under Uncertainty: Heuristics and biases*, D. Kahneman, P. Slovic, and A. Tversky, eds. (Cambridge: Cambridge University Press, 1982), 512.

8. Shostak, M., *Nisa, the Life and Words of a !Kung Woman* (Cambridge, MA: Harvard University Press, 1981). Hill, K., and M. Hurtado, *Ache Life History: The Ecology and Demography of a Foraging People* (New York: Aline De Gruyter, 1996). Chagnon, N., *Yanomamo*, 4th ed. (New York: Harcourt Brace Jovanovich, 1992).

9. Lee, R., *The Dobe Ju/'hoansi* (New York: Harcourt Brace, 1993), 42.

10. Barkow, J.H., L. Cosmides, et al., *The Adapted Mind: Evolutionary Psychology and the Generation of Culture* (New York: Oxford University Press, 1992).

11. Silverman, I., and M. Eals, "Sex Differences in Spatial Abilities: Evolutionary Theory and Data," *The Adapted Mind: Evolutionary Psychology and the Generation of Culture.* J.H. Barkow, L. Cosmides, and J. Tooby, eds. (New York: Oxford University Press, 1992), 573.

12. Barber, B.M., and T. Odean, "Boys Will Be Boys: Gender, Overconfidence, and Common Stock Investment," *Quarterly Journal of Economics 116, no. 1 (2001): 261–292.*

13. Lefèvre, E., *Reminiscences of a Stock Operator* (New York: G.H. Doran, 1923).

14. Morton, F., *The Rothschilds: Portrait of a Dynasty* (reprint edition) (New York: Kodansha International, 1998), 48-50.

15. Tversky, A., and D. Kahneman, "Judgment under Uncertainty: Heuristics and Biases," *Science* 185 (1974): 1124-1131.

16. Thaler, R., A. Tversky, et al., "The Effect of Myopia and Loss Aversion on Risk Taking: An Experimental Test," *Quarterly Journal of Economics* 112, no. 2 (1997): 647-661.

17. Thaler, R., "Mental Accounting and Consumer Choice," *Marketing Science* 4, no. 3 (1985): 199-214.

18. Homer, *The Odyssey*, book XII.

19. U.S. Supreme Court, *Jacobellis v. Ohio*, 378 U.S. 184 (1964).

10장 가장 비열한 시장에 투자하라

1. Gross, B., "Dow 5,000," *PIMCO Investment Outlook* (September 2002).

2. Prechter, R., *Conquer the Crash: You Can Survive and Prosper in a Deflationary Depression* (Hoboken, NJ: John Wiley & Sons, 2002), 79.

3. Diners Club, www.dinersclub.com.

4. Investment Company Institute, www.ici.org, 2004 Fact Book, Table 13, 122.

5. Eisenberger, N., M. Lieberman, et al., "Does Rejection Hurt? An fMRI Study of Social Exclusion," *Science* 302 (2003): 290-292.

6. Flaherty, J., "'Buy and Forget' Pays Off Big," *New York Times*, December 3, 2000.

7. Schweb, F., Where Are the Customers' Yachts? or, *A Good Hard Look*

at Wall Street (New York: Simon & Schuster, 1940), 26.

에필로그

1. Goleman, D., *Emotional Intelligence: Why It Can Matter More Than IQ* (New York: Bantam Books, 1995).

옮긴이 이주영

이화여자대학교 경제학과를 졸업하고 증권사에서 투자 및 분석 업무를 담당했다. 현재 바른번역 전문 번역가로 활동하고 있다. 옮긴 책으로는 『슈퍼개미 마인드』, 『하버드 머스트 리드: 스타트업 기업가정신』, 『하워드 막스 투자와 마켓 사이클의 법칙』, 『기업가』, 『트러스트 팩터』 등이 있고, 《하버드 비즈니스 리뷰 코리아》 번역에도 참여했다.

비열한 시장과 도마뱀의 뇌

초판 1쇄 인쇄 2023년 6월 13일
초판 4쇄 발행 2024년 7월 19일

지은이 테리 버넘
옮긴이 이주영
펴낸이 김선식

경영총괄이사 김은영
콘텐츠사업본부장 임보윤
책임편집 문주연 **디자인** 윤유정 **책임마케터** 이고은
콘텐츠사업1팀장 성기병 **콘텐츠사업1팀** 윤유정, 정서린, 문주연, 조은서
마케팅본부장 권장규 **마케팅2팀** 이고은, 배한진, 양지환 **채널2팀** 권오권
미디어홍보본부장 정명찬 **브랜드관리팀** 안지혜, 오수미, 문윤정, 이예주
뉴미디어팀 김민정, 이지은, 홍수경, 서가을 **크리에이티브팀** 임유나, 변승주, 김화정, 장세진, 박장미, 박주현
지식교양팀 이수인, 염아라, 석찬미, 김혜원, 백지은
편집관리팀 조세현, 김호주, 백설희 **저작권팀** 한승빈, 이슬, 윤제희
재무관리팀 하미선, 윤이경, 김재경, 임혜정, 이슬기
인사총무팀 강미숙, 지석배, 김혜진, 황종원
제작관리팀 이소현, 김소영, 김진경, 최완규, 이지우, 박예찬
물류관리팀 김형기, 김선민, 주정훈, 김선진, 한유현, 전태연, 양문현, 이민운
펴낸곳 다산북스 **출판등록** 2005년 12월 23일 제313-2005-00277호
주소 경기도 파주시 회동길 490
대표전화 02-704-1724 **팩스** 02-703-2219 **이메일** dasanbooks@dasanbooks.com
홈페이지 www.dasan.group **블로그** blog.naver.com/dasan_books
용지 신승지류유통 **인쇄** 민언프린텍 **코팅 및 후가공** 제이오엘앤피 **제본** 국일문화사

ISBN 979-11-306-4363-2 (13320)